Zukünfte des Computers

Herausgegeben von
Claus Pias

D1702692

diaphanes

Eine Publikation im Rahmen von *Museutopia – Schritte in andere Welten*, Karl Ernst Osthaus-Museum Hagen.

Mit Unterstützung der Stiftung Kunst & Kultur des Landes NRW

1. Auflage
ISBN 3-935300-56-5
© diaphanes, Zürich-Berlin 2005
www.diaphanes.net

Umschlaggestaltung: Thomas Bechinger und Christoph Unger
Druckvorstufe: 2edit, Zürich
Druck: Stückle, Ettenheim

Inhalt

Vorwort

Nichts ist so notorisch zukunftsverdächtig wie die Rede vom Computer, und schon deshalb ist das meiste an ihr so spannend wie die Zeitung von gestern. Man möchte sie frühestens in zehn oder zwanzig Jahren noch einmal lesen. In den Fortschrittsgeschichten und Erfolgsbiographien der Branche haust eine ewige Wiederkehr des Gleichen: immer mehr Speicher, immer mehr Rechenleistung, immer mehr Geschwindigkeit, oft nur schlicht darauf hoffend, daß Quantität denn auch in Qualität umschlagen möge. Diese Logik hat durchaus ein technikhistorisches Datum und einen epistemischen Grund. Das berühmte Grundlagenpapier des Mathematikers John von Neumann, der *First Draft* von 1945,[1] hatte eine abstrakte Ebene in den Computerbau eingezogen, die gerade durch ihr Absehen von der Materialität der Apparate ein nahezu unendliches Wachstum der einzelnen Bestandteile ihres Schemas versprach: Kontrolleinheit (*CC*), Arithmetikeinheit (*CA*) und Speicher (*M*), Input (*I*) und Output (*O*), das Ganze binär, zentral getaktet und sequenziell. Keine der Alternativen der letzten 50 Jahre (sei es Multivalued Logic, Harvard Memory Architecture, Very Long Instruction Word, Massive Parallel Processing oder Quantum Computing) konnte sich dagegen behaupten.[2]

Der hier vorliegende Band verfolgt ein anderes Interesse, denn wie kein anderes technisches Objekt der zweiten Hälfte des 20. Jahrhunderts vermochte der Computer zugleich die Befreiungswünsche und Einheitsträume unterschiedlichster Diskurse um sich zu versammeln. Ob Wissenschaft oder Kunst, Politik oder Soziales, ob Ökonomie oder Ökologie, Erziehung oder Arbeit: Kein Bereich scheint von der Frage des Computers unberührt geblieben zu sein und kaum irgendwo bleibt die Diagnose eines fundamentalen Umbruchs, eines neuen Zeitalters oder zumindest einer historischen Erschütterung aus – sei sie nun als vorsichtige Vermutung oder pathetische Proklamation geäußert und sei sie affirmativ-utopisch oder warnend-dystopisch gewendet. So ist die Geschichte des Digitalcomputers eben nicht nur eine Fortschrittsgeschichte, sondern zugleich (und mehr noch) eine Geschichte von wechselvollen Hoffnungen oder Befürchtungen, eine Geschichte der Wunsch- und Albträume, in denen gestern das Morgen geträumt wurde und die heute eine Archäologie unserer Gegenwart ermöglichen. Hinsichtlich solcher – vergangener wie gegenwärtiger – »Zukünfte des Computers« mag man vielleicht drei Dinge einleitend festhalten:

Erstens wird man die Kybernetik, die in den 40er Jahren aus der Zusammenkunft von Neurophysiologie, Rechnerbau und Informationstheorie hervorge-

---

1. John von Neumann, *First Draft of a Report on the EDVAC*, Moore School of Electrical Engineering, University of Pennsylvania, 30.6.1945; vgl. dazu M. D. Godfrey/D. F. Hendry, »The Computer as von Neumann Planned It«, in: *IEEE Annals of the History of Computing*, 15/4(1993), S. 27-75.
2. Wolfgang Coy, »Die Von-Neumann Architektur«, Vortrag auf der Tagung *100 Jahre John von Neumann*, Berlin, 1.-2. Dezember 2003; einen Überblick über die derzeitigen Diskussionen gibt Dietmar Dath, *Schöner Rechnen. Die Zukunft des Computers*, Berlin 2002.

gangen ist, als *systematischen* Entstehungsherd von Zukünften betrachten müssen. Einerseits, weil ihr im Begriff der »nichtdeterministischen Teleologie« (Norbert Wiener) selbst schon eine eigentümliche Form der Zukünftigkeit innewohnt, andererseits (und grundlegender) aber, weil sie das Wissen um den Menschen nachhaltig irritiert. So hatte etwa Warren McCulloch 1943 einen abstrakten, logischen Kalkül entworfen, dessen ›Verkörperungen‹ Menschen und Maschinen, Gehirngewebe und Elektronenröhren gleichermaßen sein sollten und damit die folgenreiche Rede vom »Elektronengehirn« propagiert. Zu jedem denkbaren Gedanken ließe sich dann nämlich – so McCullochs rasante Konsequenz – ein Netzwerk konstruieren, das ihn schaltet und damit denkt.[3] Mit dieser neuen, ›experimentellen‹ Epistemologie, die sowohl das menschliche Selbst als »computationally constituted« (McCulloch) beschreiben, als auch dem konkreten Bau von Rechnern dienen sollte, vollzog sich eine Entwurzelung (oder Dekonstruktion *avant la lettre*) der Anthropologie: Der Mensch erschien als besonderer Fall der Informationsmaschine und die Informationsmaschine als besonderer Fall des Menschen. Die philosophischen Konsequenzen waren weitreichend: Für Arnold Gehlen beispielsweise zeichnete sich in der Kybernetik eine Objektivierung des Geistes ab, die gleichbedeutend war mit der Vollendung der Technik und der letzten technischen Stufe der Menschheitsgeschichte.[4] Und für Max Bense öffnete sich eine versöhnende »Sphäre des technischen Seins [die] umfassender ist als die Sphäre dessen, was man Natur oder Geist nennt […] *Der Mensch als technische Existenz*: das scheint mir eine der großen Aufgaben einer philosophischen Anthropologie von morgen zu sein.«[5] Nicht vergessen werden sollte dabei die atemberaubende Geschwindigkeit, mit der kybernetische Episteme ausschwärmten – nicht zuletzt nachdem Norbert Wiener der neuen Ordnung der Dinge, in der »Lebewesen und Maschinen« gleichermaßen unter die Bedingungen von »Communication and Control« fallen sollten, zur Popularität verholfen hatte.[6] Es sind tausende Publikationen, die in dieser ersten Welle der Kybernetik, bis in die frühen 70er Jahre hinein Cyborg-Geschichte(n) verschiedenster Art schrieben und dabei einerseits die Grenze zwischen Science und Fiction zunehmend verwischten, andererseits aber die Kybernetik als neue Mitte (nach deren 1948 ausgerufenem Verlust) imaginierten, die das Reich der ausfransenden, erodierenden oder sich voneinander entfernenden Wissensprovinzen wieder einen sollte. Überall stehen dabei die gleichen Modelle und stereotypen Diagramme von Steuerung, Regulation und zirkulärer Kausalität als Antwort auf ein Bedürfnis nach veränderten Formen des

---

3. Warren S. McCulloch/Walter Pitts, *A Logical Calculus of the Ideas Immanent in Nervous Activity* in: *Bulletin of Mathematical Biophysics*, 5 (1943), S. 115-133.
4. Arnold Gehlen, Die Seele im technischen Zeitalter, Hamburg 1957, S.14-22.
5. Max Bense, »Kybernetik oder die Metatechnik einer Maschine« [1951], in: *Ausgewählte Schriften*, Bd. 2: *Philosophie der Mathematik, Naturwissenschaft und Technik*, Stuttgart 1998, S. 429-446.
6. Norbert Wiener, *Kybernetik. Regelung und Nachrichtenübertragung im Lebewesen und in der Maschine* [1948], Düsseldorf 1992. Daß dieses Buch für mathematische Laien kaum zu lesen ist, tat dem Erfolg des Begriffs keinen Abbruch.

Regierens bereit, die ihre Zukunftsoptionen aus einem produktiven Verhältnis von Störung und Selbststeuerung schöpfen, dessen paradiesisches Stabilitätsversprechen nicht anders als utopisch zu nennen wäre, würde es nicht gerade dadurch der Utopie selbst ihre Grundlage entziehen.[7]

Zweitens wird man den Computer als technisches Artefakt und soziale Erfindung *historisch* betrachten müssen, denn seine Geschichte geht ebensowenig in der Kybernetik auf wie diese wiederum auf ihn reduzierbar wäre. (Im Gegenteil ist sogar zu anzunehmen, daß die Gründung und Professionalisierung der Informatik einen bewußten Ausstieg aus den ›luftigen Träumen‹ der Kybernetik bedeutete.[8]) Zukunftsprognosen aus der Frühzeit der Digitalrechner (Thomas Watsons berühmtes ›Der Weltmarkt für Computer beträgt fünf Exemplare‹ usw.) sollten seit den 60er Jahren eine unvermutete Wende erfahren, für die sich verschiedenste Gründe anführen ließen. Man mag dabei an die Vorstellungen einer ›Mensch-Maschine-Symbiose‹ (Joseph Licklider) denken, in deren Folge der Computer arbeitswissenschaftlich evaluiert und die Figur des ›Users‹ erfunden wurde; man mag den generationsmäßigen Wechsel, das Entstehen von Hakkern und die Techniken der *ad hoc*-Programmierung an Minicomputern anführen; man mag an die Experimente mit Computern auf den Gebieten der Literatur, Kunst und Musik erinnern, entlang derer sich ein Verständnis des Computers als Medium herausbildete; und man müßte auf Time-Sharing-Systeme und Netzwerke verweisen, die neue Arbeits- und Wissensformen propagierten.[9] Auf diese und andere Verwandlungen des Computers beziehen sich seit den späten 60er Jahren Begriffe wie postindustrielle Gesellschaft,[10] Informations-,[11] Kontroll-[12] oder Netzwerkgesellschaft.[13] Sie alle arbeiten seitdem in unterschiedlicher Weise und Konsequenz an ›Zukünften des Computers‹, insofern sie soziale Kommunikationsformen oder ökonomische Rationalitäten, politische Steuerungen oder rechtliche Ordnungen, destabilisierte Identitätsmuster oder de-routinisierte Arbeitsprozesse zu charakterisieren suchen, die jeweils nicht ohne Bezug auf technologische Gegebenheiten adressiert werden können.

7. Zumindest nach deren Verständnis bei Karl Mannheim, *Ideologie und Utopie*, Bonn 1929.
8. Wolfgang Coy, »Zum Streit der Fakultäten. Kybernetik und Informatik als wissenschaftliche Disziplinen«, in: *Cybernetics/Kybernetik. Die Macy-Konferenzen 1946-1953*, Hg. C. Pias, Bd. 2, Zürich 2004.
9. Vgl. als zeitgenössische Zukunftsprojektionen bspw.: *Communication and Electronics − 2012 A.D.*, Proceedings of the IRE, 50(1962); Dennis Gabor, *Inventing the Future*, London 1963; Theodore J. Gordon/Olaf Helmer-Hirschberg, *Report on a Long-Range Forecasting Study*, Santa Monica (RAND P-2982) 1964. Dagegen am Ende des Jahrzehnts bspw.: James Martin/Adrian R.D. Norman, *The Computerized Society*, Englewood Cliffs 1970. Die Liste ließe sich erheblich verlängern.
10. Alain Touraine, *La société post-industrielle*, Paris 1969; Daniel Bell, *The Coming of Post-Industrial Society. A Venture in Social Forecasting*, New York 1973.
11. Jean François Lyotard, *La Condition postmoderne*, Paris 1979.
12. Gilles Deleuze, »Postskriptum über die Kontrollgesellschaften« [1990], in: *Unterhandlungen 1972-1990*, Frankfurt/M. 1993, S. 254-262.
13. Manuel Castells, *The Rise of the Network Society*, Cambridge/Mass. 1996; Pierre Levy, *L'intelligence collective. Pour une anthropologie du cyberspace*, Paris 1995; Michael Hardt/Antonio Negri, *Empire*, Cambridge/Mass. 2000.

Drittens mag man die ›Zukünfte des Computers‹ als *genitivus subjectivus* zu lesen, mithin also als *methodische* Frage danach, welche Zukünfte erst durch Eigenschaften oder Fähigkeiten des Computers und erst *in* Computern vorstell- oder rechenbar werden.

Dazu zählt in erster Linie das Verhältnis von ›Zeitlichkeit und Zukünftigkeit‹ (Mihai Nadin) in Programmen selbst, das sich zwischen der (deterministischen und damit zeitlosen) Abarbeitung von Vor-schriften eines Codes einerseits und der (autopoietischen und damit kontingenten) Selbstbezüglichkeit von komplexen Systemen entfaltet. Mit der Möglichkeit einer ›offenen‹ Zukunft der Computer stehen und fallen beispielsweise die Aussichten der KI, die Lernfähigkeit von Systemen oder die Emergenz von Wissens in Simulationen. Man mag dies auf die Unterscheidung von Kalkül und Geschichte zuspitzen und darin nicht zuletzt eine philosophische Wendung zu ›Sein und Zeit der Maschinen‹ (Bense), zu ihrer ›Dauer‹ (Wiener mit Bergson) oder ›Sorge‹ (Heidegger) ausmachen.[14]

In zweiter Linie zeichnet sich eine Veränderung des Geschichtlichen selbst durch den Computer ab, die das tradierte Verhältnis zwischen dem ›Schreiben‹ und dem ›Machen‹ von Geschichte irritiert.[15] Bereits in den 40er Jahren hatte Ossip Flechtheim den Begriff der »Futurologie« eingeführt und als ›Dritten Weg‹ zwischen die Ideologie und Utopie bezeichnet.[16] So sehr man heute − nicht zuletzt aus der Rückschau auf unzählige ›falsche‹ Prognosen − über dieselbe lächeln mag, so ernst wurde sie als Methode der rechnergestützten Extrapolation vor wenigen Jahrzehnten genommen. »Ich bin überzeugt«, schrieb Pierre Bertaux 1963, »daß die Zukunft denjenigen Menschengruppen gehören wird, die zuerst und am klarsten einsehen, daß die ›Prospektive‹, die Vorausschau, die technische Voraussage, welche sich nur mit Hilfe staatlicher Denkmaschinen verwirklichen läßt, die rentabelste aller Investitionen ist.«[17] Solche ›Staatlichen Denkmaschinen‹ (oder näherhin: computergerüstete *Think Tanks*) spielten während des Kalten Krieges eine nicht unerhebliche Rolle, insbesondere die legendäre *RAND Corporation* mit den maßgeblich von Herman Kahn beförderten Verfahren der Szenario-Entwicklung und ihrer *Synthetic History*. Der militärischen Paranoia des Überraschtwerdens entsprungen, stellten sie in Aussicht, alles, was zum ›Ernstfall‹ führen oder in ihm geschehen könnte, immer schon gerechnet zu haben. Kahns berühmtes Diktum vom ›Denken des Undenkbaren‹[18] bezog sich eben nicht nur auf jene inkommensurablen Hochrechnungen von Millionen Toten, sondern zugleich auch auf die Inkommensurabilität eines Rechenprozesses, der so aufwendig war, daß er nicht mehr in menschlichen

14. Mit all den erkenntnistheoretischen Problemen, denn nur im Fall des Kalküls würden Seins- und Erkenntniskategorien zusammenfallen.
15. Michel de Certeau, *Das Schreiben der Geschichte*, Frankfurt/M. 1991.
16. Ossip K. Flechtheim, »Ideologie, Utopie und Futurologie«, in: *Atomzeitalter,* 3(1964), S. 70-73; ders., *Futurologie. Der Kampf um die Zukunft,* Köln 1970; und natürlich Stanislaw Lem, *Summa technologiae* [1964], Frankfurt/M. 1976.
17. *Maschine − Denkmaschine − Staatsmaschine. Entwicklungstendenzen der modernen Industriegesellschaft,* Protokoll des 9. Bergedorfer Gesprächskreis, 1963 (http://www.stiftung.koerber.de/)
18. Hermann Kahn, *Thinking About the Unthinkable,* New York 1962.

Lebenszeiten hätte durchgeführt werden können – eines Rechenprozesses, der durch eine endlose Iteration von Szenarien all das erscheinen lassen sollte, woran niemand gedacht hätte. Hier ist der brisante Kern dieser Art von Zukünften des Computers zu vermuten: Es sind Zukünfte, die weder von ihrem Ende als gegenweltliches, utopisches So-Sein, noch von einer leitenden Ideologie als Extrapolation der Gegenwart, noch überhaupt als Erzählung gedacht werden. Vielmehr rechnet die *Synthetic History* der Szenarien systematisch einen Fächer von Möglichkeiten und Wahrscheinlichkeiten und kartographiert damit eine Landschaft des Virtuellen, die sich den Kategorien des Geschehens oder Nicht-Geschehens, den Unterscheidungen von wirklich oder unwirklich entzieht. Die virtuellen Ereignisse oder Zukünfte, von denen sie handelt, sind vielmehr solche, die mit einer gewissen Wahrscheinlichkeit immer schon eingetreten *sind*. Und ob ein Ereignis passiert oder nicht passiert, ist für dieses Wissen von derselben ontologischen Qualität. Was daran interessierte, waren besonders die Ereignisse an den Rändern zum Unmöglichen – die noch möglichen aber doch höchst unwahrscheinlichen Wunder und Katastrophen, zu deren Erforschung im Auftrag eines (bald nicht mehr nur militärisch) eingreifenden *contingency management* der Computer diente.[19]

Die Aufgabe der Zukunft war also, mit Bertaux gesprochen, die Zukunft selbst zur Aufgabe der Kybernetik zu machen. Und das heißt, sie zur Domäne des Computers zu erklären, zum Einsatzgebiet verschiedenster Interventionspolitiken und indirekter Formen des Regierens, die sich nicht mehr auf feste Einheiten, sondern eher auf ›Milieus‹ und ›Kräftefelder‹ beziehen.[20] Und man mag darin – zum Guten oder Schlechten – eben jene jüngst vergangenen Zukünfte erkennen, die unsere Gegenwart sind.

★ ★ ★

Die hier versammelten Beiträge sind bewußt heterogen gehalten. Sie führen auf diese Weise das Gespräch zwischen Informatikern, Künstlern und Kulturwissenschaftlern fort, das 2002 im Rahmen der Ausstellung *Museutopia – Schritte in andere Welten* am Karl Ernst Osthaus-Museum in Hagen begann und den Ausgangspunkt dieses Buches bildete.[21] Dabei lassen sich drei Themenschwerpunkte ausmachen:

Der *erste* Teil versammelt Beiträge zur ›Epoche‹ des Computers im mehrfachen Wortsinn, d.h. ebenso als Takt und Unterbrechung wie als prägnanten Zeitraum. Die Aufsätze von MARTIN WARNKE und MIHAI NADIN behandeln dabei in unterschiedlicher Weise die Frage des Endes: einerseits in Form eines ironi-

---

19. Hermann Kahn, *On Escalations*, New York 1965.
20. Michel Foucault, *In Verteidigung der Gesellschaft. Vorlesungen am Collège de France (1975-1976)*, Frankfurt/M. 1999.
21. Aus den etwa 40 Einzelpublikationen, die innerhalb dieses Projekts entstanden, seien nur zur Orientierung genannt: Michael Fehr/Thomas W. Rieger (Hg.), *Museutopia – Schritte in andere Welten. Eine Dokumentation*, Hagen 2003; Michael Fehr/Jörn Rüsen/Thomas Rieger (Hg.), *Thinking Utopia*, New York/Oxford 2004; Jörn Rüsen/Michael Fehr/Annelie Ramsbrock (Hg.), *Die Unruhe der Kultur. Potentiale des Utopischen*, Weilerswist 2004.

schen Kommentars über die ›Grenzen des Wachstums‹ und das Ende der infor-
matischen Fortschrittsgewißheit, andererseits im Hinblick auf die ›Enden der
Programme‹ (das deterministische Legat des Computers) und seine Öffnung
oder Erweiterung zu einer semiotischen Maschine. Frieder Nake und Margret
Schwarte-Amedick beschreiben eine Epoche des Computers im zweiten
Wortsinn: einerseits die Anfänge einer computergestützten Zukunft der Kunst
in den 60er Jahren, die eine (heute noch virulente) Vermittlung der *Two Cultures*
in Aussicht stellte, andererseits die gleichzeitigen Umbrüche, Versprechen oder
Drohungen einer kommenden Arbeitswelt, der die Arbeit (nicht) ausgeht. Ein
Gespräch mit Herbert W. Franke kreist um die Möglichkeiten der Science
Fiction-Literatur, solche und andere Zukünfte des Computers im Experimen-
tierfeld des ›Als ob‹ zu thematisieren.

Der *zweite* Teil versammelt Beiträge, in denen es um wechselseitige Schatten-
würfe von Mensch und Maschine geht. Der Beitrag von Georg Trogemann
handelt von der Überwindung des Determinismus durch Interaktion und um
eine Neubestimmung des Mensch-Maschine-Verhältnisses im Zeichen eines
Entwerfens, das mit Emergenz, d.h. mit Kontrollverlust der Zukunft umzugehen hat. Frank Dittmanns Periodisierung der Künstlichen Intelligenz verweist
auf die wechselseitigen Aktualisierungen und Irritationen des Wissens vom
Menschen und der Maschine bei den historisch wechselnden Versuchen, Äquivalente zwischen ihnen herzustellen. Die Beiträge von Thomas Kamphus-
mann/Michael Gerhard und Cornelia Sollfrank handeln von heterogenen
Kollektiven und Netzwerken von ›Aktanten‹, innerhalb derer Ereignisse der
Kommunikation oder Kunst nicht mehr an eine Sphäre des spezifisch Menschlichen gebunden sind – sei es, daß das Schreibzeug aus der Verborgenheit tritt
und an der ›Intelligenz‹ dessen mitarbeitet, was kommuniziert; sei es, daß in der
›net.art‹ die Begriffe von Identität und Autorschaft *ad absurdum* geführt werden.
Geert Lovink warnt am Beispiel der jüngsten Geschichte der Medienkunst
jedoch vor leichtfertigen Vereinigungsphantasien von Kunst und Wissenschaft
und einer (Selbst-)Überschätzung ihrer Innovationskraft.

Der *dritte* Teil versammelt unter dem Begriff ›Computopia‹[22] Beiträge, die sich
mit dem Computer als Option gesellschaftlicher Bedingungen beschäftigen. In
Richard Stallmans nunmehr zwanzig Jahre altem Manifest[23] soll ein ›informa-
tischer Imperativ‹ der freien Software die Beförderung der Freiheit und die Vermehrung des Reichtums der Gesellschaft einer zukünftigen Informationsgesellschaft leiten. Wolfgang Pircher historisiert diese Unternehmung innerhalb
einer Geschichte der marxistischen Befreiungslogik, bei der eine dem Kapital
entzogene (Wissens-)Arbeit zur Wiedergewinnung des Paradieses führt. Der

---

22. Er geht m.W. auf Ted Nelson zurück: ders., »Computopia and Cybercrud«, in: Roger Eli
Levien, *Computers in Instruction: Their Future for Higher Education*, Santa Monica (RAND R-
0718-NSF/CCOM/RC), 1971. Gibt man ihn heute mit unterschiedlichen domain-Namen ein,
findet sich wenig Utopisches: Ein Computer-Rollenspiel, ein Computerhändler (»for sale«) und
eine Computer-Beratungsfirma…
23. Erstmals in: *Dr. Dobb's Journal of Software Tools*, 10/3(1985); im vorliegenden Band mit den
Erweiterungen von 1993.

Beitrag von Claus Pias verweist auf die kulturelle Erfindung der Universalität und Medialität des Computers im Rahmen der PC-Bewegung, die Visionen einer neuen (ludischen und computerliteraten) Kultur nährte. Volker Grassmuck beschäftigt sich mit der gegenwärtigen ›Dialektik‹ dieser Aufklärung, in der eine Zweiklassengesellschaft von überwachten Content-Konsumenten und Informatikindustrie bevorsteht, die die Universalität des Computers selbst bedroht. Rena Tangens antwortet auf diese Kolonialisierungsstrategien des *Empire* mit historischen und gegenwärtigen Beispielen von Möglichkeiten einer aktivistischen Computerpolitik der Netzwerke und Hacks. Zuletzt entwirft Otto E. Rössler entlang der Frage der künstlichen Welten und der Personwerdung (s)ein utopisches Projekt *Lampsakus* als eine virtuelle Welt der Versöhnung von Wahrheit und Güte.

★ ★ ★

Der Dank des Herausgebers gilt allen Autorinnen und Autoren, die – zuweilen unter erheblichem Zeitdruck – dieses Buch möglich gemacht haben; er gilt Peter Gerwinski, der seine Übersetzung des *GNU-Manifesto* zur Verfügung gestellt hat; Tina Schulz für die Transkription des Interviews mit Herbert W. Franke; Joseph Vogl für Anregungen und Gespräche; besonders aber Michael Fehr, der das Projekt angeregt und finanziell unterstützt hat.

Claus Pias

EPOCHEN DES COMPUTERS

Martin Warnke

Size Does Matter

»›Mehr, mehr!‹ schrie der kleine Häwelmann«

»Es war einmal ein kleiner Junge, der hieß Häwelmann. Des nachts schlief er in einem Rollenbett und auch des nachmittags, wenn er müde war; wenn er aber nicht müde war, so mußte seine Mutter ihn darin in der Stube umherfahren, und davon konnte er nie genug bekommen.«

Vielleicht kennen Sie aus Kinderzeiten noch Theodor Storms Märchen vom ›Kleinen Häwelmann‹[1]. Es ist hoch passend auf unser Thema, denn es handelt sich um einen kleinen Jungen, der, wie wir gerade gehört haben, *nie genug* bekommen konnte. Nach einigem Vorgeplänkel geht es schließlich in höhere Instanzen mit seinen Gelüsten, denn selbst die Mutter versagte vor den nimmersatten Ansprüchen, und der Mond mußte einspringen:

»›Junge‹, sagte der gute alte Mond, ›hast du noch nicht genug?‹

›Nein‹, schrie Häwelmann, ›mehr, mehr! Leuchte, alter Mond, leuchte!‹ und dann blies er die Backen auf, und der gute alte Mond leuchtete; und so fuhren sie zum Walde hinaus und dann über die Heide bis ans Ende der Welt, und dann gerade in den Himmel hinein.«

Das infantile Himmelreich der Computerleute ist genau dieses Immer-Mehr, weil sie nämlich vom Häwelmann nichts gelernt haben, von dem ihre guten Mütter ihnen zum Einschlafen gruselig vorgelesen haben. Irgendwann dann doch volljährig und dennoch Kind geblieben, lautet nämlich – man lese es in jeder x-beliebigen Computerzeitschrift nach – lautet also ihr Bekenntnis, auszusprechen mit einem taxierenden Blick auf sie selbst und ihre Gefährten: Size Does Matter – es kommt doch und unbedingt auf die Größe an, auf das Immer-Mehr und Immer-Größer.

Doch nicht nur die Computerleute sind anfällig für diesen Slogan, und so trägt die derzeit letzte filmische Inkarnation des Monsters aus dem All, Godzilla – ein ziemlich kapitales Ungeheuer –, genau diesen Slogan in seinem Kino-Untertitel,[2] und daher kommt der Titel dieses Vortrags.

Die schiere Quantität ist hier von zentralem Belang – als würde Engels' ›Dialektik der Natur‹[3] wieder ihr Haupt aus dem gewiß geglaubten Grabe erheben und erneut fröhlich Quantität in Qualität umschlagen lassen. Es geht um obere und untere Grenzen von Informationsclustern, um die Frage also auch, ob dem Immer-Mehr nicht doch irgendwelche Grenzen gesetzt sind.

1. Theodor Storm, »Der kleine Häwelmann«, in: *Sämtliche Werke*, Band 4, Hg. D. Lohmeier, Frankfurt/M. 1988., S. 21-24 (Erstausgabe 1849).
2. Sony Corp.: *Godzilla – Size Does Matter*, 1998. Bild ebenfalls Sony 1998 http://www.pathfinder.com/fortune/1998/980608/mov.html.
3. Marx-Engels-Archiv, Band II, 1925. Verfaßt 1873-1883. *MEW*, Band 20.

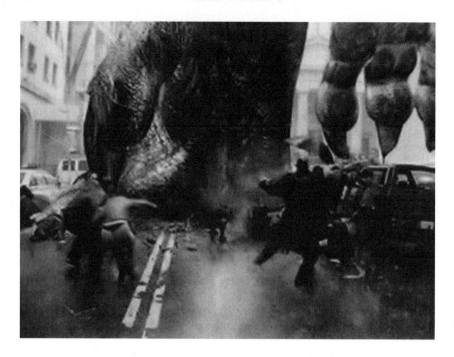

Um zum Kleinen Häwelmann zurückzukommen; hier geschieht kurz vor dem Ende der Geschichte folgendes:

»Leuchte, alter Mond, leuchte!‹ schrie Häwelmann, aber der Mond war nirgends zu sehen und auch die Sterne nicht; sie waren schon alle zu Bett gegangen. Da fürchtete der kleine Häwelmann sich sehr, weil er so allein im Himmel war. Er nahm seine Hemdzipfelchen in die Hände und blies die Backen auf; aber er wußte weder aus noch ein, er fuhr kreuz und quer, hin und her, und niemand sah ihn fahren, weder die Menschen noch die Tiere, noch auch die lieben Sterne.«

Die Physik dieses Jahrhunderts hat herausgefunden, daß bei der Materie ein grenzenloses Immer-Mehr nicht drin ist: Haben Sterne lange genug geschienen, verlöschen sie, manche degenerieren zu Zwergen oder Schwarzen Löchern. Und werden Atomkerne immer schwerer, so zerplatzen sie wie Seifenblasen, nur ist das nicht entfernt so lustig. *Daß* sie zerplatzen, liegt daran, daß bei ca. 60 Kernbausteinen, Protonen oder Neutronen, die Energiebilanz pro Teilchen im Verbund eines Kerns am günstigsten ist, da bleiben die Nukleonen hübsch beisammen, alle profitieren davon.[4]

Geht man zu hoch in der Nukleonenzahl – aber was heißt hier *man, Gott* müßte es vielleicht heißen – also erfindet man Elemente mit 250 oder mehr Bausteinen, so zerplatzen die Dinger von selbst: spontane Kernspaltung findet statt, aus solcherart Kernen läßt sich nichts Stabiles mehr zimmern: Sie sind zu schwer. Auch bei weniger dicken Kernen, ab 200 Nukleonen etwa, gibt es keine stabilen Isotope mehr, sie entledigen sich ihrer Überfülle durch radioaktive Flatulenzen.

4. Bernhard Bröcker, *dtv-Atlas zur Atomphysik*, München 1976, S. 72.

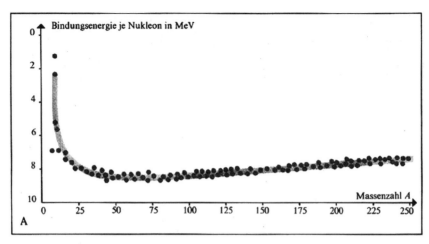

Die Bindungsenergie je Nukleon in Abhängigkeit von der Massenzahl

Es gibt Barrieren, etwa die ›kritische Masse‹ bestimmter Urankerne, zu denen man besser nicht vordringt, soll nicht die überschüssige Bindungsenergie plötzlich und heftig abgeladen werden.

Dem Kleinen Häwelmann widerfährt am Ende auch Beängstigendes, von Seiten der sehr leichten Kerne, der Wasserstoff-Isotope Deuterium und Tritium, die man durch einige Überredung zur Fusion bewegen kann, damit sie schwerer und dicker werden, wobei sie heftig strahlen:

»Leuchte, alter Mond, leuchte!‹ rief er, und dann blies er wieder die Backen auf und fuhr quer durch den ganzen Himmel und gerade darauf los. Es war aber die Sonne, die gerade aus dem Meere heraufkam. ›Junge‹, rief sie und sah ihm mit ihren glühenden Augen ins Gesicht, ›was machst du hier in meinem Himmel?‹ Und – eins, zwei, drei! nahm sie den kleinen Häwelmann und warf ihn mitten in das große Wasser. Da konnte er schwimmen lernen.«

Ich hatte es selbst bisher nicht geglaubt, aber: Es gibt eine Analogie zwischen der Struktur der Materie und der Struktur der Information, es gibt eine magische Zahl, und, wie Sie noch sehen werden, auch eine minimale Einheit für die Information, um die niemand herumkommt.

Dem Immer-Mehr sind Grenzen gesetzt, etwa im Sinne Hölderlins: »Nah ist / Und schwer zu fassen der Gott. / Wo aber Gefahr ist, wächst / Das Rettende auch.«[5] Oder in der Klavierspieler-Variante: Ist die Not am größten, ist das Pedal am nächsten.

Oder aber, um Theodor Storm ein letztes Mal zu Wort kommen zu lassen:

»Und – eins, zwei, drei! nahm sie den kleinen Häwelmann und warf ihn mitten in das große Wasser. Da konnte er schwimmen lernen…

Und dann?

Ja und dann? Weißt du nicht mehr? Wenn ich und du nicht gekommen wären und den kleinen Häwelmann in unser Boot genommen hätten, so hätte er doch leicht ertrinken können!«

1. Indiz: Prof. A. Donda

Die Kunst ahnt vieles, was die Wissenschaft erst viel später wissen wird: Antike bildende Künstler haben schon die Ferne blau wiedergegeben, bevor die Physiker eine Erklärung für dieses Phänomen fanden. Neben Theodor Storm ist Stanislaw Lem nach der Vorverhandlung mein erster Kronzeuge in der Hauptsache, und zwar in Gestalt seines Professors A. Donda,[6] der eine Wissenschaft zu erfinden hatte, für die es bereits einen Namen gab – und, im Falle Dondas, auch schon einen Lehrstuhl.

Die Wissenschaft hieß ›Svarnetik‹, und im Verlauf der svarnetischen Forschungen – der Untersuchung der Grenzbereiche des Rationalismus zum Irrationalismus – ließ Donda einen Computer unaufhörlich mit Informationen füttern, mit Beschwörungsformeln von Schamanen aus der ganzen Welt. In der Geschichte stellte sich dann eine Sensation heraus:

---

5. Friedrich Hölderlin, »Patmos«, in: *Sämtliche Werke und Briefe*, Band 1, Frankfurt/M. 1992, S. 350.
6. Stanislaw Lem, »Professor A. Donda«, in: *Die Ratte im Labyrinth*, Frankfurt/M. 1982, S. 238-269.

»»Es ist geschehen!‹ rief er schon auf der Schwelle. ›Jetzt ist es sicher. Ganz sicher. […] Was schaust du so? Ganz einfach – was wiegt eine Information? […] Jetzt weiß ich es. […] Das Wissen einer ganzen Enzyklopädie wiegt etwa ein Milligramm.‹‹[7]

Der Rechner wurde, unmerklich erst, dann aber völlig unzweifelhaft, mit jedem Bit schwerer. Information hat eine Masse! Damit nicht genug: es gab auch eine kritische Informationsmasse, bei deren Erreichen alle Informationsspeicher ihre Arbeit einstellen, die nach dem Professor und von ihm selbst so genannte ›Dondasche Barriere‹:

»Die Materie verwandelt sich in Energie, Energie und Materie sind nötig zur Erzeugung von Information, und die Information kann wieder in sie übergehen […]. Jenseits der kritischen Masse verschwindet sie wie weggeblasen.«

Und jetzt kommt der entscheidende Satz: »Jede Zivilisation, die das nicht vorausahnt, läuft bald selbst in die Falle. Je mehr sie erfährt, desto mehr nähert sie sich der Ignoranz, der Leere.«

So, und nun wird Lem explizit und nennt Roß & Reiter, hier: Basis und Exponent für die kritische Informationsdichte:

»Überall, wo die Dichte eine Million Bits pro Kubikmillimeter überschreitet, entsteht eine äquivalente Anzahl von Protonen – und Leere.«[8]

Was bedeutet das? Vor allem, was heißt das, ausgedrückt in vernünftigen Maß-Einheiten, umgerechnet etwa auf das menschliche Maß (oder müßte es heißen *die* Maß?), nämlich einen Liter oder eine Million Kubikmillimeter? Ganz einfach: Zehn hoch zwölf. Eine Million Millionen Bits oder ein Terabit pro Liter.

Die magische Zahl, die Sie sich schon einmal merken können, lautet:

zehn hoch zwölf.

Bei dieser Konzentration von Bits pro Liter geschah das Unsägliche, beschrieben von Stanislaw Lem bereits im Jahre 1976:

»Die Katastrophe hatte sich genauso zugetragen, wie vom Professor vorausgesehen. Am heftigsten traf es die zivilisierten Länder. Wie viele Bibliotheken waren im letzten Jahrzehnt computerisiert worden! Und nun verdampfte von Bändern, Kristallen, Feritscheiben, Kryotronen im Bruchteil einer Sekunde ein Ozean von Wissen. […] Je höher jemand auf der Leiter des Fortschrittes emporgestiegen war, desto tiefer stürzte er herunter.«[9]

2. Indiz: Der Mensch

Bevor wir bei Gelegenheit wieder in irgendwelche himmlischen Gefilde steigen, geht es erst einmal zurück auf den Menschen als das Maß aller Dinge, zu seinem Zentralnervensystem, das von jeher als das eigentliche Vorbild für die symbolverarbeitenden Maschinen gelten kann: zum menschlichen Gehirn.

7. Ebd., S. 257f.
8. Ebd., S. 260.
9. Ebd., S. 264.

Man weiß nicht, wo die Informationen sitzen, sollte es überhaupt so etwas geben bei uns im Oberstübchen. Man weiß zumindest, daß die kleinste vollständig isolierbare funktionale Einheit für Hirnfunktionen die einzelne Nervenzelle, das Neuron ist. Eine quantitative Betrachtung des Menschen unter informationsverarbeitendem Aspekt wird also Neuronen zählen müssen, und was glauben Sie, was dabei herauskommt? Gerhard Roth, der prominente Hirnforscher aus Bremen, faßt den Stand der Forschung[10] in einer Zahl zusammen: eine Billion oder, ausgedrückt in Zehnerpotenzen

zehn hoch zwölf.

Es gibt zwar Tiere, Elephanten und Wale, die ein sehr viel größeres Gehirn haben, aber in der oberen Gewichtsklasse – um 1,4 kg und aufwärts – darf der Mensch als dasjenige Tier gelten, das pro Gramm Körpergewicht den meisten Brägen ausbildet, mehr sogar als Elephant und Wal, also eine Spitzenstellung einnimmt. Nur die Spitzmaus im Federgewicht übertrifft uns um das Doppelte, und sie gilt ja auch als ziemlich gewitzt und hat *doch* keine zehn hoch zwölf Neuronen.[11] Wir können uns also auf *unsere* zehn hoch zwölf durchaus etwas einbilden, sie als weiteres Indiz für einen Extremalwert in der Welt der Informationen verzeichnen.

3. Indiz: Very Large Databases

Und wer hält den Rekord bei maschinellen Informationsansammlungen? Das ist glücklicherweise gut bekannt, denn, wie sollte es anders sein: Es gibt natürlich eine eigene Disziplin, die Wettbewerbe und Tagungen veranstaltet, wer unter den Informationsclustern den Größten hat.

Very Large Databases heißt der Sport, und zusammengefaßt hat das alles sehr schön die *Winter Corporation* in Boston, Massachusetts, weil sie nämlich ihr Geld mit so etwas verdient. Man könnte meinen, da verfolge einen etwas, die Firma hieße nicht per Zufall ausgerechnet ›Winter‹, und außerdem spielt wieder die Vorsilbe Tera die entscheidende Rolle, Tera oder eine Million Millionen oder eine Billion oder

zehn hoch zwölf.

»Winter Corporation, a consulting and research firm specializing in large database technology, announced the world's largest known commercial databases at The VLDB Summit in Beverly Hills, California. Winter Corporation awarded 17 ›Grand Prizes‹ in its worldwide VLDB Survey Program, an annual research examination of the trends and directions of large database technology. [...] Winners in the 1998 program were announced by Richard Winter, President of Winter Corporation, who directs the VLDB Research Program [...]. Sears, Roebuck and Co., Hoffman Estates, Illinois, outpaced all systems [...]. The

---

10. Gerhard Roth, *Das Gehirn und seine Wirklichkeit*, Frankfurt/M. 1996, S. 42.
11. Ebd., S. 53ff.

system contains 4.63 terabytes and is implemented in the NCR Teradata DBMS [...].«[12]

Da haben wir's schon wieder:

Tera – zehn hoch zwölf.

Auch Godzilla zeigte den Computerleuten, was ein wirklich großes Ding ist: Er, in digitaler Daseinsform in der aktuellen SONY-Produktion, war zu groß für's Intranet der Computergraphik-Firmen. Ihn nach dem Modellieren ins rechte virtuelle Licht zu rücken, paßte in keine Leitungen mehr. Man mußte doch tatsächlich zum guten alten Handbetrieb zurückkehren:

»Finally, the group devised an elaborate scheme that involved more than 1,000 transportable 5G-byte tapes from Exabyte Corp. in Boulder, Colo., and countless hand couriers.«[13]

Sie haben's doch eben auch gehört, oder? 1.000 GigaByte-Bänder. Tausend Giga sind ein Tera, und das sind schon wieder

zehn hoch zwölf.

Size does Matter.

4. Indiz: Weißt du wieviel WebSites stehen?

Als viel gilt, wenn nicht gar als alles, was das World Wide Web hergibt. Natürlich stammen viele Hinweise für diesen Text daraus, weil es immer Leute gibt, die ihre Ergüsse publik machen; da findet sich vieles. Das Web hat dabei die angenehme Eigenschaft zu vergessen – die mittlere Lebensdauer eines html-Dokuments im Web beträgt 45 bis 70 Tage[14] – und so ist in diesem tätigen Vollzug des ›Erinnerns‹ das Web vielleicht das modernste ernst zu nehmende Modell eines Gedächtnisses überhaupt.

Bis eine kalifornische Firma namens *Alexa* das Vergessen obsolet machte: sie hat das ganze Web auf Bänder geschrieben und stellt dieses Daten-Grab allen Nutzerinnen und Nutzern worldwide mittels eines Browser-Zusatzes zur Verfügung. Kein ›Error 404‹ mehr. Alles noch da.

Die Online-Version von *Wired Magazine* meldete am 14. Oktober 1998: »While it may not be the Library of Alexandria, it contains more information than that great temple of learning did. And it fits onto 44 tapes.« Diese vierundvierzig Bänder sind der Library of Congress als digitale Skulptur überreicht worden. »Digital artist Alan Rath used the tapes and four monitors to create ›World Wide Web 1997: 2 Terabytes in 63 inches.‹«[15]

Zwei Terabytes. In der Größe einer Schuhschachtel, das sind vielleicht zwei bis drei Liter Volumen. Tera, eine Million Millionen oder:

zehn hoch zwölf.

---

12. http://www.wintercorp.com/VLDB
13. http://www.computerworld.com/home/print.nsf/all/9805254FFE
14. *Die Zeit*, 5.11.1998, S. 46.
15. http://www.wired.com/news/news/culture/story/15615.html

5. Indiz: Elektronendämmerung

Wie ist es nun bestellt um die materielle Basis des rasanten technischen Fortschritts der Computerindustrie? Welche Wachstumsbarrieren drohen uns Kleinen Häwelmännern seitens der Kristallstruktur der Materie?

Da gibt es einen ganz eindeutigen Befund, und Sie wären mir nicht bis hier
gefolgt, wenn Sie nicht schon ahnten, wie er aussähe: es ist das Ende des Mooreschen Gesetzes, des Felsens in der Brandung bei allem stürmischem und unvor-
hersehbarem Wandel.

Moores Gesetz sagt nämlich aus, daß sich alle 18 Monate die Packungsdichte
bei Mikroprozessoren und Speicherchips verdoppelt und die Schaltzeiten sich
halbieren, und zwar mit ungeheurer Stetigkeit seit Beginn der Entwicklung
dieser Bauteile.[16]

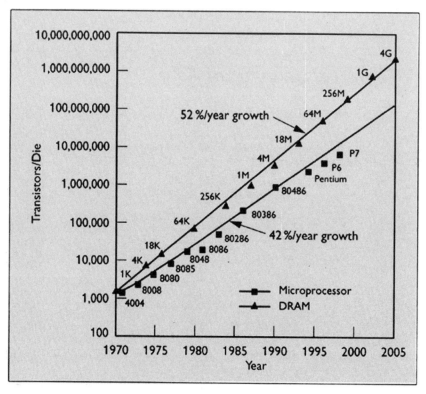

Mooresches Gesetz: Die Zahl der Transistoren auf einem Halbleiter verdoppelt sich etwa alle
18 Monate

16. Hier diente die *Communications of the ACM*, 41/8(1998), S. 50 als Quelle für diese bekannte
Gesetzmäßigkeit und für die Graphik.

Dieser Trend ist nicht beliebig fortsetzbar, denn er beruht auf der Technik der Elektronik, die immer eine gewisse Zahl von Atomen in einem Kristallgitter benötigt, um daraus Schalter bauen zu können, so ca. 1.000 Stück. Deshalb kann die Miniaturisierung nicht beliebig weit gehen, sie würde die technologische Basis der Elektronik unterlaufen, und was danach kommt, weiß noch niemand genau.

Diese Grenze ist bei Femtosekunden-Schaltzeiten erreicht, würde das Mooresche Gesetz ungebrochen bis dahin gelten, und sie wäre erreicht ungefähr im Jahre 2028. Das ist gar nicht mehr so lange hin. Ich werde dann gerade erst vor acht Jahren pensioniert worden sein.

Und um wieviel hätte sich die Schaltzeit seit Beginn der elektronischen Ära verkürzt, die mit Mikrosekunden schaltete? Um 10^{-3}, der Mikrosekunde, geteilt durch 10^{-15}, der Femtosekunde, macht mal wieder

zehn hoch zwölf.

Erneut markiert eine Spanne von zwölf Größenordnungen die realistische Erwartung ungebremsten exponentiellen Wachstums. Sieht man sich die Kurven zum Mooreschen Gesetz einmal genau an − vielleicht mit einem gewissen paranoiden Augenaufschlag −, wird man beobachten, daß sie bereits durchhängt, also auf der logarithmischen Skala schon längst keinen schnurgeraden Verlauf mehr hat! Längs einer linearen Achse hätte man schon längst den deutlichen Beginn einer Sättigungskurve, dem Menetekel aller derer, die sich im ›Immer-Mehr‹ häuslich eingerichtet haben.

Voraussagen zur Marktdurchdringung des WWW finden übrigens ebenfalls die berühmte Sättigungs-Hysterese mit etwa derselben Zeitspanne bis zum tragischen Stillstand:[17]

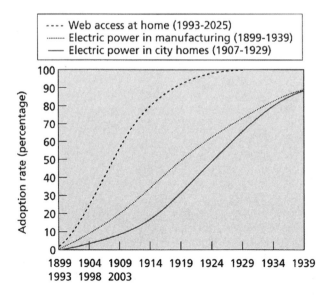

17. *Computer*, May 1998, S. 110.

Wer nun immer noch nicht die Elektronendämmerung kommen spürt, dem kann ich auch nicht mehr helfen.

6. Indiz: Die Neun Milliarden Namen Gottes

Zurück zum Himmel, seinen Sternen, seinen Göttern.

»Dies ist ein ziemlich ungewöhnlicher Auftrag‹, sagte Dr. Wagner«, der Sales Manager für die Mark V, dem Computer in Arthur C. Clarkes SF-Shortstory *The Nine Billion Names of God*.[18]

Der Lama des tibetanischen Klosters erklärt, worum es geht:

»Es handelt sich um ein Projekt, an dem wir seit gut dreihundert Jahren arbeiten − genauer gesagt, seit der Begründung unseres Klosters. Für Ihre Anschauungen mag das alles recht fremdartig klingen, aber ich hoffe, Sie sind bereit, mich unvoreingenommen anzuhören.‹

›Selbstverständlich.‹

›Eigentlich ist es ganz einfach. Wir haben uns vorgenommen, eine Liste aller möglichen Namen Gottes zusammenzustellen.«

Tätiger Glaube als Informationsverarbeitung. Das war nicht nur 1953 neu, das wäre es auch heute noch. Den Computertechnikern, die zusammen mit ihrer Maschine auf das Dach der Welt gekraxelt sind und sie dort am Laufen halten, erfahren kurz vor dem Ende, das nicht nur das Ende ihrer Mission ist, was Zweck und Ziel der ganzen Unternehmung ist. Wir hören kurz in ihr Gespräch hinein:

»Also, die glauben, wenn sie alle Namen Gottes aufgeschrieben haben − und sie schätzen, daß es ungefähr neun Milliarden davon gibt −, daß dann Gottes Wille erfüllt ist. Daß die Menschheit vollendet hat, wofür sie geschaffen wurde, und daß danach wir und die Welt und alles überflüssig sind. [...] Wenn wir unsere Aufgabe beendet haben, wenn die Liste vollständig ist, kommt Gott und macht Schluß, einfach so [...] aus und vorbei!‹

›Völlig klar. Wenn wir unsere Arbeit abgeschlossen haben, geht die Welt unter.«

Na, wenn das nicht zum Thema paßt! Und noch dazu, weil auch die magische Zahl wieder vorkommt:

Neun Milliarden Namen à neun Buchstaben eines speziellen Alphabets − eine der Vorgaben das Lama − ergeben, wenn man für das Alphabet vorsichtshalber zwei Byte pro Zeichen ansetzt, man kann ja nie wissen, was diese Asiaten da wieder für komische Buchstaben verwenden:

$$9 \times 10^9 \times 9 \times 2 \times 8 \text{ Bit} = 1296 \times 10^9 \text{ Bit, und das sind wieder gut}$$
$$\text{zehn hoch zwölf.}$$

---

18. Arthur C. Clarke, »Alle Namen Gottes«, in: *Die andere Seite des Himmels*, München 1963. S. 5-13 (original: *The Nine Billion Names of God*, New York 1953), S. 188-195. Daß Goldmann die tatsächliche Zahl der Namen Gottes zunächst verschwieg, mag zu Denken geben. Erst 1982 verriet Heyne in seiner Ausgabe − aus der hier auch zitiert wird − den Lesern deutscher Zunge die fatale Zahl. Auf den Seiten 451-461.

Wundert Sie das noch?

Und werden Sie sich etwa über den Ausgang der Story wundern? Die beiden reiten nämlich wieder in die Ebene, um am Tag des Abschlusses der Arbeiten wieder nach Hause zu fliegen, als folgendes geschieht:

»›In einer Stunde sollten wir unten sein‹, rief er Chuck über die Schulter zu. Dann dachte er daran, warum sie hier waren, und fügte hinzu: ›Ob der Rechner inzwischen mit dem Programm durch ist? Das wäre jetzt ungefähr fällig.‹

Chuck antwortete nicht, deshalb drehte George sich nach ihm um. Er konnte eben noch Chucks Gesicht erkennen, ein helles Oval, das dem Himmel zugewandt war.

›Schau‹, flüsterte Chuck, und nun blickte auch George zum Himmel auf. Irgendwann tut man alles zum letztenmal. Über ihnen erloschen die Sterne.«

Der kürzeste Name Gottes

Die deutsche SF, so geht die Sage, ließ sich nicht lumpen. Einer der Autoren der beliebten Perry-Rhodan-Serie erfand den minimalistischen Gegen-Plot zu Clarkes Geschichte: den *kürzesten* Namen Gottes. Und wenn es nicht so gewesen sein sollte, so wär's doch exzellent erfunden. Und es geht uns an, weil das kleinste Informationscluster noch zu benennen war.

Der kürzeste Name Gottes muß natürlich lauten – ganz im Sinne von Thomas Pynchons »Paranoiker, für den sich alles organisch in freudigen oder bedrohlichen Schichten um sein eigenes pulsierendes Ich herum anordnet«[19] – der kürzeste Name Gottes muß also lauten:

$$I$$

wie das englische Personalpronomen, das zugleich das Zeichen für ein Bit ist.

19. Thomas Pynchon, *Die Versteigerung von No. 49*, Reinbek 1986, S. 110 (original: *The Crying of Lot 49*, London 1967). Daß der Name Gottes schon auf der allerersten Seite erscheint, auch, daß »Godzilla« in diesem Roman vorkommt (auf S. 48), sei hier nur so nebenbei angemerkt.

Mihai Nadin

Zeitlichkeit und Zukünftigkeit von Programmen

Ein Computerprogramm ist eine Maschine. An dieser Beschaffenheit von Programmen führt kein Weg vorbei. Aber solange wir nicht einsehen, was daraus folgt, bleibt diese Aussage so wahr wie jede Binsenweisheit.

Warum ist ein Programm eine Maschine? Und wenn dem so ist, was sind dann die Konsequenzen für unser Verständnis der Zeitdimension (der Zeitlichkeit) und insbesondere der »Zukünftigkeit« von Programen? Diese Frage hat pragmatische Implikationen: Wir sind gegenwärtig in Programmierungen verstrickt wie in kaum eine andere menschliche Aktivität. An nahezu allen Tätigkeiten – der Produktion von Waren, Maschinen, Nahrung oder Medizin, Kunst und Spielen – sind Programmierungen in großem Maßstab und vielfältigen Formen beteiligt. Wir erfinden neue Werkstoffe durch Berechnungen bevor wir sie tatsächlich ›machen‹; wir erforschen im Medium des Computers neue Medikamente; wir entwerfen die Zukunft (Architektur, Städtebau, Kommunikation, Produkte) mit Programmen; wir bestimmen Bildung, Politik, Kunst und Krieg neu, wenn wir unsere Ziele durch Programme ausdrücken. All die unsichtbaren Computer, die in unsere Welt eingebettet sind (*ubiquitious computing*) und die Gesamtheit unseres Daseins bestimmen, wurden programmiert und werden laufend umprogrammiert. Die zeitlichen Aspekte des Programmierens anzusprechen bedeutet daher, die Bedeutung und Wirksamkeit einer Form von Praxis anzuerkennen, die den Menschen in einer neuen Epoche der Menschheitsgeschichte definiert.[1]

Aber was heißt es, zu programmieren? Nehmen wir eine einfache Prozedur wie die Fakultätsfunktion. Sie wird in größeren Zusammenhängen oft benutzt, auch wenn sie nicht so schrecklich wichtig ist. Jedenfalls ist sie ein gängiger Bestandteil der mathematischen Beschreibung von Welt. Die Fakultät einer Zahl n wird angeschrieben als $n!$ und ist mathematisch definiert als

$$n! = [(n-1) \cdot (n-2) \ldots \cdot 3 \cdot 2 \cdot 1] = n \cdot (n-1)!$$

Selbst diejenigen, die sich gemeinhin weigern eine Formel anzusehen (›Mathematik liegt mir nicht!‹), werden – wenn sie sich nur einen Moment Zeit nehmen – bemerken, daß man die Fakultät von n berechnen kann, indem man die Fakultät von $(n-1)$ berechnet und das Ergebnis mit n multipliziert, also $n! = (n-1)! \cdot n$. Bei $n = 1$ ist die Fakultät offensichtlich 1. Das bedeutet, daß man zur Berechnung der Fakultät 1 mit 2 multiplizieren muß, dann das Ergebnis mit 3, das neue Ergebnis mit 4, so lange bis n erreicht ist. Ein Zähler führt Buch darüber, wie die Zahlen von 1 bis n ansteigen.

---

1. Vgl. Mihai Nadin, *The Civilization of Illiteracy*, Dresden 1998 (dt.: *Jenseits der Schriftkultur*, Dresden 1999).

Wie geht nun ein Computerprogramm damit um? Man kann, wie ich gerade gezeigt habe, die Fakultät computergerecht bestimmen als:

Programmzeile	Bedeutung der Programmzeile
(define (factorial) n)	
(if (=n1),	heißt, daß wenn $n = 1$ ist,
1	wird der Wert 1
(*n (factorial (-n1))))))	multipliziert (*) n mit der Fakultät von $(n - 1)$.

»Wo ist hier die Maschine?«, werden jetzt nicht nur diejenigen fragen, die wenig von Computern verstehen. Wie wir aus der Literatur oder eigener Erfahrung mit Maschinen wissen, nimmt eine Maschine etwas namens Input (Eingabe), macht etwas damit und produziert ein Ergebnis als Output (Ausgabe).

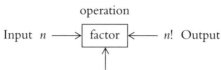

Abb. 1: Die Maschine »Fakultät«

Das gilt unabhängig davon, ob die Maschine nun Steine zertrümmert, Salami aus rohem Fleisch macht oder einem bestimmten Rhythmus folgt, der durch Gewichte kontrolliert wird, die ein Rad drehen (wie bei der mechanischen Uhr). Nehmen wir eine andere Darstellung der Maschine an, die wir »Programm Fakultät« genannt haben. In diesem Fall ist der Input die Zahl 6, deren Fakultät berechnet werden soll.

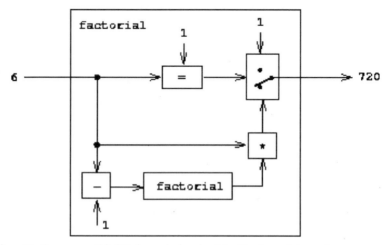

Abb. 2: Das Programm »Fakultät« kann als abstrakte Maschine betrachtet werden.

Wir erkennen verschiedene Teile, die dekrementieren (6, 5, 4, ...), die multiplizieren (*) und die Gleichheit prüfen. Wir erkennen auch einen zweiwertigen Schalter und eine Fakultäts-Maschine, die eine Zahl nimmt und ihre Fakultät berechnet. Es ist offensichtlich, daß unsere Maschine eine andere Maschine enthält, die Fakultät (*factorial*) heißt. Das macht sie – in der Sprache der Automatentheorie – zu einer unendlichen Maschine. Außerdem müssen wir, wenn unser Programm geprüft werden soll, es an einen Evaluator (Auswerter) oder Interpreter schicken. Einfach gesagt heißt das, es zu testen, um herauszufinden, was von dem Programm zu erwarten ist.

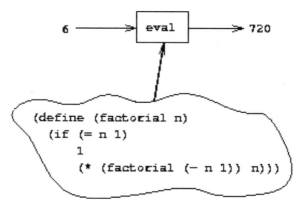

Abb. 3: Der Evaluator emuliert eine Fakultät-Maschine und erzeugt den Wert für 6!

Der Evaluator nimmt die Beschreibung einer Maschine (das Programm) als Input und emuliert ihre Funktionsweise. Dementsprechend erscheint der Evaluator als eine universale Maschine, d.h. er ›weiß‹, wie alle Programme arbeiten. Man kann sich solch einen Evaluator als ein Ding vorstellen, das auf den Plan eines zukünftigen Hauses schaut und so etwas wie ein Prüfsiegel ausgibt oder darauf hinweist, daß das Bad im zweiten Stock keinen Wasseranschluß hat. Der gleiche Evaluator kann aber auch das Design einer Webpage oder ein Rezept für Hühnersuppe oder die Konstruktionspläne eines neuen Autos prüfen und dabei eine zweckdienliche Auswertung geben, an der sich Handlungen orientieren. Kein menschliches Wesen kann das Wissen oder gar die Weitsicht besitzen, die erforderlich ist, um jene »Programme« zu prüfen, die wir Architekturentwurf, Webdesign, Kochen oder Automobilbau nennen (um bei diesen wenigen Beispiele zu bleiben). Eine unbegrenzte Skala von Programmen zu bewerten ist schlicht unmöglich. Daß die Evaluation von Programmen denoch möglich ist, sobald wir es mit einem beschränkten Bereich des Wissens zu tun haben, und daß sie notwendig für alle Berechnungen folgt, durch die das Programm diesen beschränkten Bereich definiert, hängt mit der Weise zusammen, in der Programme Wissen repräsentieren und damit, was wir von Programmen erwarten. Kurz gesagt: Gödels Unvollständigkeitstheorem[2] verspricht, daß eine Beschrei-

---

2. Kurt Gödel, »Über formelle unentschiedbare Sätze der *Principia Mathematica* und verwandter Systeme I«, in: *Monatsh. Math. Phys.*, 38(1931), S. 173-198.

bung innerhalb eines begrenzten Bereichs vollständig und widerspruchsfrei sein
kann.

Haben Sie bis zu diesem Punkt irgendeinen Verweis auf die Zeit bemerkt?
Nein. Der Grund ist ganz einfach: Maschinen sind zeitlos; sogar die Maschine,
die wir Evaluator oder Interpreter nennen ist zeitlos. Solange nicht etwas in der
Maschine kaputtgeht, wird sie endlos und einförmig die Funktionen erfüllen, für
die sie erdacht wurde. Die Maschine wiederholt sich selbst *ad infinitum* (oder
zumindest so lange, bis sie physisch zerbricht) ohne davon Notiz zu nehmen.
Wenn sie einen Zähler besitzt, zeigt der Stand des Zählers an, wie ›fern der
Unendlichkeit‹ sie ist. Ihr ordnungsgemäßes Verhalten, ihre Vorhersagbarkeit,
bildet den Grund ihrer Existenz. Das ihr zugrundeliegendes Prinzip ist der
Determinismus, die Sequenz von Ursache und Wirkung. Gleichwohl gibt es
einen impliziten Zeitfaktor: Die Ursache geht der Wirkung voraus. Doch tatsächlich ist dieser Zeitfaktor ebenfalls auf eine Maschine reduzierbar, genauer:
auf eine, die Zeitintervalle mißt. Daß Zeit mehr ist als ein Intervall – so wie der
Raum mehr ist als bloße Distanz – ist eine Vorstellung, mit der wir uns möglicherweise im späteren Verlauf der Diskussion über Zeitlichkeit (und Zukunft)
von Programmen beschäftigen müssen.

Haben wir erst einmal den Determinismus als grundlegendes Prinzip aller von
Menschenhand gemachten Maschinen anerkannt – sei es in der Form von Artefakten oder von ›geistigen‹ Maschinen [*mental machines*] – erkennen wir auch,
daß René Descartes (1596-1650) der ›Schutzheilige‹ dieser Weltsicht ist.[3] Die
westliche Zivilisation eignete sich seine Perspektive (Ist der Mensch auf eine
Maschine reduzierbar?) an und modifizierte sie nur gelegentlich. (Aus Gründen,
die anscheinend mit einem gesunden Überlebensinstinkt oder bloß mit Oppor-
tunismus zu tun haben, behauptete Descartes, daß nur Tiere, nicht aber menschliche Wesen auf Maschinen reduzierbar seien.) Konsequenterweise adaptierte
die westliche Zivilisation die Rationalität seines grundlegenden Beitrags – den
Reduktionismus – und gab jeden Anspruch auf ein ganzheitliches Verständnis
der Welt auf. Descartes und anderen folgend, kann alles Seiende in seiner ganzen
wunderbaren Komplexität gehandhabt werden, indem man das Ganze in Teile
bricht und dann jede einzelne Komponente vom deterministischen Standpunkt
der Ursache-Wirkung-Sequenz her beschreibt. Innerhalb dieses Leitbildes einer
vereinheitlichten Welt bieten Maschinen eine gute Beschreibung des Lebendigen als Verkörperung einer Funktionalität, die über niederkomplexe Elemente
errreicht wird. Die Cartesianische Revolution erstreckt sich bis ins Computerzeitalter, gleichwohl wir inzwischen beginnen, einige ihrer Grundsätze in Frage
zu stellen, je mehr wir im Verständnis der Unterschiede zwischen dem Lebendigen und dem Physikalischen voranschreiten. Insbesondere mit dem Computer
wird der überkommene Begriff der Maschine befragt. Sie ist nicht länger durch
Getriebe, Gewichte oder elektrische Spulen bestimmt und wird nicht mehr aus-

---

3. René Descartes, *Discourse de la méthode pour bien conduire sa raison et chercher la vérité dans les
sciences*, Leiden 1637.

schließlich durch Energie gesteuert. Stattdessen spielt Information (vor allem in Form von Daten) die entscheidende Rolle.

Gewiß ist hier nicht der Ort, noch einmal die Chronik des Determinismus zu schreiben oder einen weiteren Kreuzzug des Anti-Determinismus zu beginnen. Es ist auch nicht der Ort für eine Abrechnung mit den unzähligen Fragen, die er unbeantwortet gelassen hat. Ohne jedoch die grundlegende Sichtweise zu verstehen, die er etabliert hat – und damit die Herausforderungen zu begreifen, die uns bei der Kritik dieser Sichtweise und beim Aufbau einer neuen begegnen – können wir nicht einmal die einfachsten Fragen hinsichtlich der Zukunft der *computation* beantworten. Manche sehen diese Zukunft bereits in den Programmen angelegt, die wir heute schreiben; andere in neuen Computertechnologien (Computer mit Licht, DNA-Computer, Quantencomputer usw.). Und wieder andere sehen diese Zukunft in einem Computer, der als lebendiges Etwas oder zumindest als hybrides Etwas (an dem lebendige Teile mitwirken) zu verstehen ist, das zu antizipatorischen Leistungen fähig wäre.

Einige von uns begriffen jedoch schon früh, daß der Computer (als eine Maschine) in keiner Hinsicht interessanter ist als ein Abakus. Wir zweifelten nicht, daß ein automatisierter Abakus schneller ist als jeder Virtuose in der Benutzung dieser ziemlich alten arithmetischen Maschine. Wir zweifelten nicht, daß ein automatisierter Abakus sehr viele Operationen pro Zeitintervall abarbeiten kann (d.h. daß er schnell sein kann), daß er (selbst mit primitiven Registern) Datenmengen jenseits unserer eigenen Gedächtnisleistung speichern kann und daß er ein funktionaler Hort all unserer arithmetischen Bedürfnisse werden könnte. Anders gesagt, er würde alles für uns ›wissen‹, was es über Arithmetik zu wissen gilt. Was wirklich meine Aufmerksamkeit auf diese Maschine namens Computer lenkte – der Begriff *computer* wurde ja im 19. Jahrhundert für eine Tätigkeit benutzt, die von Menschen ausgeübt wurde – war ein ganz andere Frage: Weiß der Abakus um die Arithmetik? (Der Mensch, den man seiner Tätigkeit wegen *computer* nannte, wußte um die Arithmetik und wahrscheinlich noch um einiges andere.) Mehr noch: Wenn er es tut, wie beeinflußt dieses Verstehen dessen, was berechnet wird, das Ergebnis? Und noch einmal: Wenn er weiß, wie kommt es dazu? (Die menschlichen *computer* hatten gelernt und lernten erneut, sobald sie neuen Daten ausgesetzt wurden.) Wo kommt das Wissen der Maschine her? (Das Programm, das von den berufsmäßigen *computern* ausgeführt wurde, hatte die Form astronomischer Tabellen.) Bevor ich diese persönliche Abschweifung beende, möchte ich noch einen Hinweis hinzufügen. Mein Computer – der, den ich studieren und programmieren sollte – existierte nicht; er stand nur auf Papier.[4] Heute hört sich das absurd an, doch es war die Wirklichkeit in jenem Teil der Welt – Rumänien –, in dem das Absurde ›erfunden‹ wurde. (Man erinnere sich nur an Eugen Ionescos absurdes Theater und Tristan Tzaras Dada-Bewegung.) Und das war mein großes Glück, denn eigentlich han-

---

4. Am Polytechnischen Institut in Bukarest (1955-1960) programmierte ich auf Papier und führte das Debugging auf Papier durch. Beides hätte genausogut auch in meinem Kopf geschehen können.

deln Computer *(computation)* von Programmen und nicht von Schaltern, Röhren, Elektronen, Speichern, Tastaturen und all dem, was die notwendige, aber keinesfalls hinreichende Hardware ausmacht.

Computer entstanden bloß als eine Möglichkeit, die Mathematik zu automatisieren. Menschliche *computer* waren langsam, machten Fehler, wurden krank und nahmen sich auch mal frei. Ein automatisiertes Verfahren war da erheblich angemessener und wirtschaftlicher. Vor dem digitalen Computer versuchten andere, das gleiche Ziel mit Mitteln zu erreichen, die ihrer Zeit entsprachen. John Napier (1550-1671), der schottische Erfinder der Logarithmen, versuchte (um 1610) die Aufgabe der Multiplikation zu vereinfachen. (Diesem Zweck dienten die sogenannten Napierstäbchen.) Blaise Pascal (1623-1662) arbeitete an Addiermaschinen (1641); Gottfried Wilhelm Leibniz (1646-1617), den ich für den ›Vater des Digitalen‹ halte, führte den Binärcode ein; Wilhelm Schickart (1592-1653) baute eine (von Kepler beschriebene) Maschine, die anspruchsvolle Operationen durchführte; Joseph-Marie Jacquard (1752-1834) baute einen Webstuhl, der fähig war, komplizierte Muster zu generieren (Computergrafik vor dem Computerzeitalter). Viele haben versucht, die Geschichte dieser frühen Versuche automatischer Berechnungen zu schreiben, und viele haben Geschichtchen geschrieben, weil der Gegenstand ins fiktive Sujet verführt. Augenscheinlich ist Charles Babbage (1791-1871) durch seine zwei Maschinen – die *Difference Engine* und die *Analytical Engine* (die anscheinend nie gebaut wurde) – besonders geeignet für solche Bücher, ebenso wie William Stanley Jevons (1835-1882), der 1896 eine Maschine zur Lösung logischer Probleme baute.[5] Durch verschiedene Erzählungen wurde man auf E. O. Carissan (1880-1925) aufmerksam, einen Leutnant der Französischen Infanterie, der einen mechanischen Apparat konstruierte, der natürliche Zahlen faktorisierte, um ihre Primzahleigenschaft zu testen. Und wir wissen von Leonardo Torres y Quevedo (1852-1936), der ein elektromechanisches Gerät für Schach-Endspiele herstellte (oder berühmt dafür ist, dies angeblich getan zu haben).

Diese kurze Aufzählung (die viele Details überspringt) verweist auf ein Verständnis von Zeitlichkeit, das deutlich über den gegenwärtigen Gebrauch des Wortes »Programm« hinausgeht. Jedes der gerade genannten Individuen – ob Wissenschaftler oder nicht – programmierte, aber eben in dem Sinne, in dem der Abakus programmiert wird, nicht aber die digitale Maschine, die im Zentrum heutiger Computer waltet. Man mag dagegenhalten, daß der Abakus ›festverdrahtet‹ ist, daß er, mit anderen Worten, sein eigenes Programm ist. Die Abhängigkeit von der Hardware ist den mechanischen und elektromechanischen Apparaten implizit. Napiers Rechenstäbchen und Pascals Additionsroutinen sind zeitlos. Noch heute würden sie es uns erlauben, Berechnungen mit dem gleichen Maß an Genauigkeit auszuführen wie in jenen Tagen, in denen sie entwor-

---

5. In *Logical Machines* (November 1887, veröffentlicht in *The American Journal of Psychology*) beschrieb Peirce die Maschinen von Jevons und von Marquand. Er wies auch darauf hin, daß eine Untersuchung des Übergangs von solchen Maschinen zum Webstuhl Jacquards »very much for the improvement of logic« leisten würde (vgl. *The Writing of Charles S. Peirce (Peirce Edition Project)*, Vol. VI, 1982, S. 72).

fen wurden. Noch heute dient der Jacquard-Webstuhl als Modell für programmierte Muster, mit dem einzigen Unterschied, daß wir in einem Programm mehr Daten bewältigen und den »digitalen Webstuhl« nahezu in Echtzeit umstellen können.

Da ich Babbage erwähnt habe, verdienen zwei Dinge hervorgehoben zu werden. Babbage erweiterte die Bedeutung des Wortes »Maschine«, das dem Begriff der Antriebsmaschine in der großen Industrie entsprach, so, daß es nun auch die Verarbeitung mathematischer Einheiten umfaßte. Als Denkbild beeinflußte diese Metapher das zukünftige Verständnis von Maschinen, die zur Informationsverarbeitung bestimmt waren. Manche[6] schrieben Charles Sanders Peirce einen Computer zu, der die elektromagnetischen Schalter eines Hotelsystems (das die Zimmer als reserviert, belegt oder frei anzeigt) benutzte. Peirce ging weit über Babbage hinaus, wie er selbst zu dessen Tod schrieb:[7]

Aber die Analytical Engine ist fraglos das verblüffendste Werk der menschlichen Erfindungskraft. Sie ist so kompliziert, daß kein Menschengeist ihre Arbeitsweise durch Zeichnungen und Beschreibungen verfolgen kann, und ihr Schöpfer mußte eine neue Notation erfinden, um ihr gerecht zu werden.[8]

Er wies aber auch präzise darauf hin, daß »every reasoning machine [wie Peirce sie nannte …] is destitute of all originality, of all initiative. It cannot find its own problems«.[9]

Die Automatisierung ballistischer Kalkulationen in Howard Aikens (1900-1973) *Mark I* und die Artillerie-Berechnungen auf der »general purpose electronic machine«, dem *ENIAC* an der Moore School der University of Pennsylvania, sind in der Tat die Marksteine des *computing*. Automatisierte Mathematik ist gewissermaßen das Kürzel für die ersten Computer. Hinter dieser nur banalen scheinenden Beobachtung verbirgt sich der Ursprung nahezu aller Fragen, die uns heute im Hinblick auf Computer beschäftigen. Das verlangt nach einer Erklärung. Descartes begründete die Reduktion von Allem auf die Sequenz von Ursache und Wirkung und die Reduktion des Lebendigen auf die Maschine als Verkörperung des Determinismus. Diese Reduktion endet in der Beschreibung

6. Kenneth L. Ketner, »The Early History of Computer Design: Charles Sanders Peirce and Marquand's Logical Machines«, in: *The Princeton University Library Chronicle*, XLV/3(1984); Martin Gardner, *Logic Machines and Diagrams,* 1959.
7. Charles Sanders Peirce, »Logical Machines«, in: *The American Journal of Psychology*, November 1887, S. 70.
8. Charles Sanders Peirce, »Charles Babbage«, in: *Nation* 13 (9. November 1871), S. 207-208 (zitiert nach: *The Writing of Charles S. Peirce (Peirce Edition Project),* Vol. II, 1984, S. 457-459, hier S. 458).
9. Im gleichen Aufsatz gab Peirce einige Details zu Babbage:
»About 1822, he made his first model of a calculating machine. It was a ›difference engine,‹ that is, the first few numbers of a table being supplied to it, it would go on and calculate the others successively according to the same law« (ebd., S. 457).
»He discovered the possibility of a new *analytical* engine to which the sufference engine was nothing; for it would do all the *arithmetical* work that that would do, but infinitely more; it would perform the most complicated *algebraical* processes, elimination, extraction of roots, integration, and it would find out for itself what operations it was necessary to perform« (ebd, S. 458).

der Zeit als Dauer und des Lebendigen als Funktionalität (die die Maschine ausdrückt). Das Programm des Descartes'schen Maschinentyps ist einmal und für alle Zeit gegeben. Es ändert sich nicht, weil sein Laufzeitverhalten sich so lange nicht ändert, bis seine Bestandteile zerbrechen. In der deterministischen Maschine gehört die implizite Zeitdimension zu ihrem Funktionieren, das von den physikalischen Eigenschaften der Komponenten diktiert ist. Solch eine Maschine existiert, wie auch alles übrige in Descartes' Welt, in der Zeitdimension einer Existenz, die auf Dauer reduziert ist.

Mit dem Erscheinen des Computers wird diese stillschweigende Annahme fragwürdig: Für die Klasse mathematischer Beschreibungen der Physik der Ballistik, insbesondere Artillerie-Berechnungen, können wir uns eine Maschine vorstellen, die diese Berechnungen automatisiert. Mit anderen Worten: Der Determinismus einer Physik, die durch mathematische Gleichungen der Ballistik beschrieben wird, ist dergestalt, daß seine Verarbeitung automatisiert werden kann. Man kann solche Gleichungen auf viele andere Probleme hin generalisieren. Die Erkundung des Weltraums kommt ebenso in den Sinn wie die einfache Beschreibung eines Fußballspiels. Man kann die Mathematik eines bestimmten ballistischen Problems als Ansatz benutzen, mit dem viele Phänomene von praktischer Bedeutung modelliert werden können. Wenn wir wissen, wie man die komplizierten Beschreibungen handhabt, wissen wir bereits, wie man die simpleren Fälle handhabt, die von der Simulation eines Billardspiels bis zur Herstellung von Spielen mit einer gemeinsamen *engine* und zum Bau eines Raketenleitgeräts reichen. Die Abstraktion mathematischer Beschreibungen, auf die ich gleich zurückkomme, machen sie zu geeigneten Kandidaten für eine unendliche Vielzahl von konkreten Anwendungen.

Das ist keine geringe Aufgabe. Aber es ist lange noch nicht das, was wir meinen, wenn wir von »Computern« und »Programmen« sprechen. Wir müssen noch genauer werden. Ballistische Gleichungen, so komplex sie auch sein mögen, sind nur ein kleiner Aspekt der Mathematik. (Inzwischen wurden sie substantiell verbessert.) Bei allen praktischen Anwendungen (z.B. der Steuerung einer Kanone) ist eine dedizierte Maschine nicht mehr als eine Beschreibung der Aufgabe, für die sie bestimmt ist. Die stillschweigende Annahme ist die der Descartes'schen Maschine: Sie arbeitet in einer Welt, die gleichförmig, wiederholbar und vorhersagbar ist. Selbst die Vielzahl der Anwendungen, die sie eröffnen mag, wird auf die gleiche Weise behandelt. Sobald wir die Spezialmaschinen hinter uns lassen und das Reich der universellen Berechenbarkeit betreten, lassen wir auch die Schranken des Reduktionismus hinter uns. Wir sehen uns gezwungen, entweder den Gedanken eines kontinuierlichen Übergangs von rein physikalischer zu individueller und gesellschaftlicher Existenz anzunehmen, oder aber die Veränderlichkeit anzuerkennen und Wissen als einen Prozeß zu begreifen.

Weitere Fragen, die dabei in den Blick geraten und unsere Überlegungen leiten sind:

– Ist alles auf eine mathematische Beschreibung reduzierbar? Präzision gegenüber Ausdruckskraft!

– Ist alles in der Sprache von 0 und 1 beschreibbar?

– Ist Boole'sche Logik der Ausdruck aller möglichen logischen Entscheidungen, die wir im Leben treffen (unabhängig davon, ob wir entscheiden, was wir zum Frühstück essen wollen oder wie wir den genetischen Code verstehen)?

Auf dem Computer als automatisierter Mathematik liegt ein cartesianischer Fluch: Wenn etwas auf eine mathematische Beschreibung reduzierbar ist – oder wenn unsere mathematischen Beschreibungen abstrakt genug sind – ist alles berechenbar. Viele Wissenschaftler und Ingenieure leben nach dieser Vorstellung. Sie simulieren Leben in Computerform und studieren es, als sei es real – so real wie unsere Haut und unser Schmerz, wie Geburt und Tod – nur eben in globalem Maßstab. Andere lenken unsere Aufmerksamkeit auf eine einfache Erkenntnis: Unsere Beschreibungen, ungeachtet des Mediums in dem sie entstehen, sind Konstruktionen. Ihre Bedingungen sind nicht unähnlich den Bedingungen alles anderen, das wir konstruieren, sind physikalischer Begrenztheit unterworfen, aber zugleich auch nicht mehr als Erzeugnisse unseres Bewußtseins. Solche Bewußtseinsprodukte zielen auf das Verständnis des Kontextes, in dem unsere individuelle und kollektive Menschwerdung stattfindet.

Heute halten wir den Grundsatz der mathematischen Beschreibung für eine notwendige Bedingung, um etwas durch Berechnung auszudrücken wie wir sie kennen und benutzen. Wir fügen ihm die Erwartung einer logischen Beschreibung hinzu. Berechenbar meint, durch eine berechenbare Funktion ausgedrückt zu werden. Daß diese Bedingung absolut unzureichend ist, liegt am Faktor der Zeit. Stellen wir uns vor, wir hätten alles, was uns etwas bedeutet (für unsere Arbeit, unser Vergnügen, unsere Forschung) in berechenbare Form gebracht. Und stellen wir uns vor, wir hätten genügend Rechenleistung, um unsere Daten zu verarbeiten. Die verfügbare Zeit wird solche Bemühungen begrenzen. Denn berechenbare Funktionen können unentscheidbar oder wenigstens schwer zu behandeln sein. Das bedeutet, daß zu ihrer Auswertung mehr Zeit benötigt würde, als uns im Leben eines Individuums oder einer Generation zur Verfügung steht. Komplexität hat ihren Preis. Descartes hatte keine Eile. Für ihn war der Rhythmus der Uhr schnell genug, um an ihm entlang das Lebendige als eine bloße Maschine zu beschreiben, die sensorische Information verarbeitet. Heute, wo die Uhren sehr schnell geworden sind – der Herzschlag der digitalen Maschinen auf unseren Schreibtischen hat die Gigahertz-Grenze überschritten –, hoffen wir, etwas von der Komplexität zurückzugewinnen, die in stabileren Zeiten aufgegeben worden war. Von einem Berechnen *(computing)*, das auf dem Prinzip der Reaktion beruht und in Programmen ausgedrückt wird, die wie Maschinen wirken, bis hin zu antizipatorischem Berechnen werden wir viele unserer Grundannahmen revidieren müssen. Prozesse werden zusammen mit dem Bit von einem Antebit (ante aus *antecapere*, die ursprüngliche Form für Antizipation) beschrieben werden. Aber die faszinierendsten Probleme, die es anzusprechen gilt, liegen außerhalb des Gebietes, in dem automatisierte Mathematik und automatisierte Logik (manchmal auch Vernunft genannt) unsere gegenwärtigen theoretischen und praktischen Forschungen unterstützen.

Das führt die drängende Frage der Sprache herauf, in der unsere Untersuchung zu beschreiben wäre. Wenn wir gewillt sind, die Zeit anzuerkennen, müssen wir mit Prozessen umgehen. Das Wort beschreibt eine dynamische Größe (etwas, das sich in der Zeit entfaltet). Und während es sich entfaltet, berührt es etwas anderes. Im mechanischen Zeitalter meinte »bearbeiten« die Beeinflussung der physikalischen und chemischen Erscheinung von Substanzen, die verändert, geschützt, verbunden oder getrennt werden sollten. Heute bezieht sich das Verb auf eine abstrakte Größe namens Information. Tatsächlich können Computer nur in Verbindung mit dem Objekt ihres Funktionierens verstanden werden, nur als Daten (die gegenständliche Form der Information) prozessierend. Zu ignorieren, daß unsere Vorstellung von Information von der Thermodynamik abstammt, hieße blind durch eine Welt zu stolpern, die auf der Prämisse unserer Akzeptanz der Gesetze der Thermodynamik konstruiert ist.

Ein genauerer Blick darauf, wie Information definiert ist, mag daher mehr über die Zeitdimension von Programmen aussagen als die Programme selbst. Shannons Genie (und Richtung) ist vielleicht dem von Descartes vergleichbar. Er betrachtete Information strikt aus der Perspektive des Ingenieurs: Gib mir einen Input, den meine Maschine erwarten kann, und ich werde sicherstellen, daß die Bearbeitung dieses Inputs sich nicht zur Unkenntlichkeit verändert. Sein Blick richtete sich auf Kommunikation und demgemäß beschäftigte er sich mit allem anderen als den physikalischen Eigenschaften des Trägers. Bedeutung wird ignoriert, und das heißt, daß insbesondere die semantische Dimension von keinerlei Belang ist. Was ich hier beschreibe ist wohlbekannt, und ich selbst habe mich verschiedentlich mit diesem Problem einer ausschließlichen Benutzung von Syntax beschäftigt.[10] Aber eines muß hier noch hinzugefügt werden: Syntax – so wie wir sie von der Semiotik her kennen, auf die ich gleich zurückkomme – ist zeitlos. Sie umfaßt nur die Beschreibung des Trägers, nicht die Bedeutung der Botschaft und noch weniger die pragmatische Dimension. Während er für die Bell Telephone Company arbeitete, war Shannon mit dem Preis für das Senden einer Botschaft durch eine Telefonleitung beschäftigt. Er bemerkte, daß ein großer Teil dessen, woraus eine Botschaft sich zusammensetzt, Wiederholung ist (das, was wir Redundanz nennen). Demnach war für Shannon Information das Gegenteil von Redundanz, also jenes Teils, der im Vollzug einer Kommunikation nichts Neues mit sich bringt. Wenn Sie vor der Lektüre dieser Zeilen von Shannons Theorie nur wußten, daß er a) »der Begründer der Informationstheorie ist« und nach der Lektüre dieser Zeilen Ihr Wissen zu b) »Informationstheorie ist eine reduktionistische Theorie« verdoppelt haben, dann habe ich ein bißchen (ein Bit) zu Ihrem Wissen beigetragen.

Zuletzt klebte die amerikanische Öffentlichkeit an ihren Fernsehgeräten und verfolgte den Ausgang eines öffentlichen Prozesses. (Martha Stewart, die in den USA ein Begriff ist, stand vor einem Geschworenengericht.) Das war ein typisches Shannon-Experiment. Es gab vier Anklagepunkte, aufgrund derer die Geschworenen zum Urteil »schuldig« oder »nicht schuldig« kommen mußten. Fernsehkameras aus aller Welt blickten auf das Gerichtsgebäude in Manhattan,

---

10. Mihai Nadin, »Consistency, completeness, and the meaning of sign theories: The semiotic field«, in: *The American Journal of Semiotics*, 1/3(1982), S. 79-88.

und Tausende warteten auf das Ergebnis. Als der Sprecher dann das Urteil der Geschworenen verkündete, begann eine seltsame Vorstellung von Botschaftern: Sie liefen los und schwenkten bunte Schals – rot für schuldig in Punkt 1 usw. Die Fernsehzuschauer hatten keinen Zugang zu dem Farbcode, den die Journalisten zuvor abgesprochen hatten, und von denen jeder der erste sein wollte, der das Urteil öffentlich macht. Die anfängliche Ungewißheit – schuldig oder nicht in Punkt 1 usw. – wurde jedesmal halbiert, wenn ein Läufer mit einem bunten Schal die Stufen herunter rannte. Wenn die Geschworenen selbst auf den Stufen gewesen und all jene Sätze benutzt hätten, die im Gerichtssaal verlesen wurden, wäre die Information letztlich die gleiche gewesen. Der Text, den sie vorgelesen hätten, wäre informationell äquivalent zur Farbe der Schals gewesen. So ist ein Bit definiert als die Information, die benötigt wird, um die Ungewißheit des Empfängers auf die Hälfte zu reduzieren, gleichgültig wie hoch diese Unsicherheit zuvor war. Es ist ein logarithmisches Maß, und die Formel lautet vollständig:

$$H = -\sum_{i=1}^{n} p_i \log p_i$$

Sie besagt, daß Information – definiert auf den Annahmen des reduktionistischen Maschinenmodells – eine Ware ist, meßbar wie Energieverbrauch oder wie Stromflüsse. In dieser Hinsicht bleibt jedes Programm, das auf der Annahme beruht, Entropie sei ein gutes Modell für Informationsdynamik, grundsätzlich im Reich physikalischer Größen und ihrer deterministischen Gesetze. Das ist das Modell des Trägers (das Zeichen), der auf seine Erscheinung (die Syntax) reduziert ist.

Im Bereich des Lebendigen, das zwar immer das Physikalische einschließt aber nicht darauf reduzierbar ist, bestimmt die Entropie nur zum Teil die Dynamik des Ganzen. Dementsprechend ist Shannons Informationstheorie die angemessene Grundlage für alle Programme, die künstliche Maschinen betreffen. Aber sobald man zu lebenden Computern oder zu den vielversprechenden hybriden Computern (Lebendiges und Künstliches in einer funktionalen Verbindung) übergeht, ist die Vorstellung von Information nicht länger angemessen. Mit dem Lebendigen muß die Zeit in ihrem Reichtum – d.h. nicht mehr bloß als Dauer und nicht mehr bloß als eindimensionaler Vektor – anerkannt und in der Programmierung mitgedacht werden.

In den letzten Jahren ist die Boltzmann'sche Gleichung

$$S = k \log W$$

(mit S für die Entropie, k für die Boltzmann-Konstante und dem Logarithmus der Zustände eines Systems W), die hinter Shannons Arbeit steht, verschiedentlich überprüft worden. Constantin Tsallis[11] gehört zu denen, die bemerkt haben, daß manche Systeme unter bestimmten Umständen eine Verringerung der Entropie durchlaufen. Diese neue Theorie der Unordnung zieht die Dynamik

11. Constantine Tsallis/V. Latore/M. Barager/A. Rapisarda, »Generalization to non-extensive systems of the rate of entropy increase: the case of the logistic map«, in: *Physics Letters* A, 273(2000).

der Selbstorganisation in Betracht. Leo Szilard[12] bemerkte die Abnahme der Entropie in lebenden Systemen, als er biologische Prozesse beschrieb. Mit diesem Vorwissen ist es wichtig einzusehen, daß die Informationstheorie früher oder später neu formuliert werden muß, um der fundamental anderen Dynamik des Lebens gerecht werden zu können.

Meine eigene Position ist, daß Antizipation das ist, was das Lebendige von Nicht-Lebendigem unterscheidet und daß antizipatorische Computer nur dadurch erreicht werden können, daß Information grundlegend neu definiert wird, um nicht nur die semantische Dimension einzuschließen, sondern vor allem, um eine Pragmatik möglich zu machen. Von einem Berechnen, das auf dem Prinzip der Reaktion beruht und in Programmen ausgedrückt wird, die wie Maschinen wirken, bis hin zu antizipatorischem Berechnen werden wir viele unserer Grundannahmen revidieren müssen. Prozesse werden zusammen mit dem Bit von einem Antebit beschrieben werden. Das Bit wird zweckmäßig das Reich des Wahrscheinlichen (und alle postfaktischen, statistischen Informationen) beschreiben, während das Antebit das Reich des Möglichen (und alle präfaktischen Möglichkeiten) beschreiben wird. Das bringt uns zurück zur Frage der Implementierung von Informationsverarbeitung auf dem, was wir Computer nennen (informationsverarbeitende Maschinen oder genauer: Programme).

Die Mathematik erlaubt uns unter anderem, das zu beschrieben, was wir Realität nennen. Sie ist aber nicht der einzige Weg der Beschreibung. Sogenannte natürliche Sprachen können dem gleichen Zweck dienen. Bilder in dieser oder jener Form sind auch Beschreibungen. Ebenso Klänge. Einige fachspezifische Bedeutungen von Beschreibung bilden die »Sprache« dieser Fächer: die Formalismen der Chemie (chemische Formeln sind wohldefinierte Mittel der Beschreibung), der Genetik oder der Logik (die sich auf das Schließen bezieht). Es soll uns hier nicht beschäftigen, daß diese Mittel nicht nur beschreiben was ist, sondern zugleich auch Mittel sein können, etwas herzustellen, das nur in unserem Kopf ist. Was aber niemals ignoriert werden sollte, ist die komplementäre Natur des Analytischen (Beschreibung) und des Synthetischen (Design). Programme sind das beste Beispiel dieser Bedingtheit.

Mathematische Beschreibung drückt das aus, was wir deklaratives Wissen nennen. Man kann generalisieren im Hinblick auf ein deklaratives Wissen, wie es sich in Logik, Chemie, Genetik usw. ausdrückt. Es berücksichtigt das, was ist, aus seiner bestimmten Perspektive. Die ballistischen Gleichungen zum Beispiel, deren Lösung die Automatisierung in einem Computerprogramm vorantrieb, beschreiben die Physik, auf der die Artillerie beruht. Daß aber zu einer Kanone mehr gehört als nur eine Flugbahn, ist allen bekannt – sogar denen, die noch nie eine bedient haben. Aber zu praktischen Zwecken beschreibt das Programm zur Geschützleitung die Physik eines Balles, der von A nach B geworfen wird. Das

12. Leo Szilard, »Über die Entropieverminderung in einem thermodynamischen System bei Eingriffen intelligenter Wesen«, in: *Zeitschrift für Physik*, 53(1929), S. 840-856 (vgl. auch ders., »On the decrease of entropy in a thermodynamic system by the intervention of intelligent beings«, in: *Behavioral Science,* 9(1964), S. 301-310.)

Programm ist nicht länger nur Ausdruck eines deklarativen Wissens, sondern eines imperativen Wissens: Wie trifft man ein Ziel, selbst wenn sich dieses von B nach C bewegt, während wir von A aus zielen?

Im Vergleich zur Mathematik gehört die Informatik, die Programme als Ziele hat und dem Maschinenbau nicht unähnlich ist, in das Gebiet des imperativen Wissens. Sie besteht aus Prozeduren, die Beschreibungen davon sind, wie Handlungen ausgeführt werden. Und wie jede andere Prozedur – etwa einen Nagel in die Wand schlagen – beruht sie auf Rekursion: Sie hat ihre eigenen Handlungen zum Vorbild, sie ist selbstreferentiell. Es gibt eine implizite Zirkularität: Alles an ihr ist repetitiv (definiert in den Begriffen dessen, was wiederholt wird, d.h. in Begriffen ihrer selbst). Vereinfacht gesagt, werden die ganzen Bemühungen von einer Strategie der Dekomposition gelenkt: Spalte die Handlung in Teile. Wenn jedes Teil eine wohldefinierte und identifizierbare Aufgabe hat, kann diese Aufgabe ein Modul in anderen Prozeduren werden. Dieser Abstraktionsprozeß garantiert Effizienz: Man muß nicht jedesmal das Hämmern von Nägeln neu erfinden, wenn es notwendig wird. Unter denselben Vorzeichen spricht Rekursivität von der erfolgreichen Reduktion einer Aufgabe in unabhängige Prozeduren. Darum sind Computer aus Maschinen gemacht, die Maschinen enthalten, die Maschinen enthalten *ad infinitum*. Jedes Detail ist in diesem Prozeß unterdrückt. Die Bedeutung solcher Module soll unabhängig von allen Parametern sein, die für die Aufgabe nicht wesentlich sind. (Erinnern wir uns an das Programm »Fakultät«: Die Prozedur Fakultät ist unabhängig von der Größe der Zahl *n*. Man stelle sich eine Prozedur vor, die das Volumen eines komplexen Objektes zurückgeben soll: Die Parameter des Objekts oder die Eigenschaften seiner Oberfläche oder die Dichte des Materials sollten die Kalkulation nicht beeinflussen.)

Wir sollten uns über folgendes im klaren sein: Deklaratives und imperatives Wissen können ausschließlich zusammenhängend betrachtet werden. Es ist leicht einsehbar, wie deklaratives Wissen (man nehme eine mathematische Gleichung, die die Reflexion eines Lichtstrahls in einem Spiegel beschreibt) in imperatives Wissen »übersetzt« werden kann (ein Computerprogramm, das die Reflexion zeigt). Es ist jedoch wesentlich komplizierter, imperatives Wissen (die Beschreibung einer Szene) zu benutzen, um deklaratives Wissen aus ihm abzuleiten (eine Deduktion wie: Es muß etwas geben, das die Reflexion behindert). Gleichwohl ist dies eine Operation, die sehr häufig durchgeführt wird (z.B. bei der Interpretation von Bildern, die mit digitalen Kameras aufgenommen wurden).

Es gibt nur einen Grund auf diesen Aspekten zu beharren, nämlich klarzustellen, daß eine Prozedur um so effektiver ist, je abstrakter sie ist (vorausgesetzt sie ist eine angemessene Prozedur). Abstraktion bedeutet letztlich ein Ausschließen, ein Ausquetschen der Zeit. Wir können Programme nur aus Modulen zusammensetzen, wenn diese zeitunabhängig sind. Zusammengesetzte Prozeduren haben keine interne Zeit; ihr Bezug zur Dauer ist ein Bezug zu ihrer internen Dynamik, nicht jedoch zu der der Welt. Die Raum- und Zeiteffektivität von Programmen innerhalb des reduktionistischen Konzepts des Computers betrifft den Raum (Speicher) und die Zeit (Synchronisationsmechanismen), die in der Verarbeitung und nicht im Gegenstand liegen. Mit Computern öffnen sich Maschinen jedoch der Zeit durch die Dimension der Interaktivität. Während jede andere Maschine zeitlos ist, eröffnen Computer die Möglichkeit, durch Daten gesteuert zu werden, die der Ordnung des Ereignisses angehören (wie in einem Spiel, das gespielt wird), und erlauben darüber hinaus, die Ordnung des Ereignisses zu reflektieren oder auch (wie in der Robotik) eine Ordnung des Ereignisses einzuführen, innerhalb derer besondere Aufgaben erfüllt werden können oder komplexes Verhalten entsteht. Diese neue Dimension verändert das deterministische Schema erheblich.

Um Interaktivität zu erreichen, verlassen sich Programme auf mathematische und logische Beschreibungen, die die Dynamik der erwarteten Handlung reflektieren. Wenn man für eine Textverarbeitung die Möglichkeit einer Rechtschreibkorrektur in Echtzeit haben möchte, muß man eine dynamische Beobachtung der Handlung bereitstellen, die Schreiben heißt. Augenscheinlich wird die Beschreibung und Implementierung in Programmen umso umfangreicher, je komplexer die Handlung wird – man denke nur an Zielerkennung auf mikroskopischer Ebene (einen Inhaltsstoff eines Medikaments zu verfolgen, während er sich durch das Gewebe bewegt und ihn möglicherweise bis zur gewünschten Region »führen«) oder in interplanetarem Maßstab (die Landung auf dem Mars brachte hier viele Beispiele). Auf diesem Niveau unterscheiden wir nicht länger Dauern (die deterministische Reduktion von Zeit), sondern variable Zeiten: langsamer als Echtzeit, Echtzeit, schneller als Echtzeit. Wir erkennen die Tiefe der Zeit, wie in der Synchronizität; oder wie in parallelen Strömungen von Zeit (während Prozeß 1 sich entfaltet, entfaltet sich Prozeß 2, abhängig oder unabhängig, auf der gleichen Zeitskala oder auf einer anderen); oder wie in unterschiedlichen Richtungen (der Zeitvektor ist bidirektional und vielleicht sogar multidirektional).

Aus diesem Blickwinkel muß das Maschinenmodell so überarbeitet werden, daß die scharf getrennten Eigenschaften der Black Box (Input, Output, Zustände) anders definiert sind. Insbesondere die lokale Zustandsvariable, die den aktuellen Zustand des Computers beschreibt, muß auf eine Weise bestimmt werden, die Veränderungen zuläßt. Computer mit veränderlichen Zustandsvariablen beziehen sich nicht nur auf triviale Aufgaben der Automation (wie etwa die Verwaltung eines Bankkontos), sondern auch auf hochkomplexe Aufgaben (wie kooperatives Gestalten in Netzwerken). Funktionale Programmierung ist in solchen Fällen nicht angemessen; imperatives Programmieren, das neue Methoden zur Beschreibung und Handhabung abstrakter, modularer Programmbestandteile einführt, ist hingegen eine der vielen Methoden, die für solche Zwecke entwickelt werden. Jene Beschreibung des Lebendigen, die wir Genetik nennen, ist offensichtlich besser an die Aufgabe angepaßt, Interaktivität zu unterstützten. Das erklärt auch, warum neue Formen des Computers, die auf Abstraktionen bestimmter Wissensfelder beruhen (wie z.B. Genetik, Quantenmechanik, DNA-Analyse) dort erscheinen, wo wir zeitbasierte Phänomene zu fassen versuchen. Aus der Sicht zeitlicher Prozesse ist ein Stein etwas anderes als ein lebendes Etwas. Mit der Heraufkunft antizipatorischer Computer[13] wird dies mehr und mehr deutlich.

Max Bense, der kämpferische Prophet einer rationalistischen Ästhetik in einem Land pervertierter spekulativer Philosophie, bemerkte treffend: »Nicht die mathematische Beschreibung der Welt ist das Entscheidende, sondern die aus ihr gewonnene prinzipielle Konstruierbarkeit der Welt«.[14] Unglücklicherweise, konnte er bei der Arbeit (wie im Privaten) nicht zur rechten Zeit aufhören. Er machte weiter und sprach von der »planmäßigen Antizipation […] einer zukünftigen künstlichen Realität«, und zuletzt, wie zur Vergewisserung: »Nur antizipierbare Welten sind programmierbar, nur programmierbare sind konstruierbar und human bewohnbar.« Keiner seiner illustren Studenten (die man durch Gratwanderungen am Irrationalen leicht aufmischen konnte) bemerkte, wie das deterministische Denken ihren Meister am Ende zu einer völlig verdrehten Vorstellung von der Bedeutung des Computers geführt hatte. Doch Bense hatte immerhin die Größe eines *agent provocateur*. Im Vergleich dazu sind die neuen Theoretiker der »Computerästhetik« bestenfalls Pygmäen und zu selbstverliebt, um zu lesen, was andere schon lange vor ihnen geschrieben haben.

Konkurrente Prozesse, d.h. solche, die zwar parallel auftreten, aber deswegen noch nicht die gleiche Zeitmetrik haben, sind nur ein Bild für die Komplexität der Gleichzeitigkeit von interaktiven Programmen. Die Zeitlichkeit von Programmen, die schon heute adaptive Qualitäten haben und evolutionäre Eigenschaften zeigen, ist völlig anders als die der üblichen »Dosenprogramme«. Ihre Zukunft unterscheidet sich von dem, was die Industrie heute darunter versteht, wenn sie die nächste Version eines Programms oder eines Betriebssystems veröffentlicht. Wenn wir die Fragen der Zeitlichkeit und Zukünftigkeit von Programmen anzusprechen, kommen wir schnell zu der Schlußfolgerung, daß Technologie als Verkörperung der erfolgreichen Benutzung von Programmen zwar die Performance begrenzen kann, aber nicht – wie es bisher geschieht – auch die Steuerung der Inhalte. Sobald Interaktivität zur treibenden Kraft wird, sollte es uns möglich sein, über ein aufgabenbasiertes Computing hinaus zu einer pragmatischen Neubegründung zu gelangen. Mit anderen Worten: Statt routinemäßig die Dosenprogramme zeitloser Applikationen unter der Leitung eines Betriebssystems zu starten (Textverarbeitung, Grafikprogramm, Browser usw.), sollte es uns möglich sein, pragmatische Vorgänge auszuführen – etwa möchte ich meine Daten für Kollegen in aller Welt bereitstellen –, die interaktiv die angemessenen Applikationen auswählen und sie so benutzen, wie wir – User in einer deterministischen Funktion – es heute tun. Dieser Rollentausch wird den Verwaltungsaufwand obsolet machen, und unsere Frage nach der Zeitlichkeit von Programmen bekommt eine neue Bedeutung: Ist die Co-Evolution von Lebendigem und Programmen möglich?

---

13. Mihai Nadin, »Anticipation – A Spooky Computation«, in: *CASYS, International Journal of Computing Anticipatory Systems*, 6(1999), S. 3–47.
14. Max Bense, *Einführung in die informationstheoretische Ästhetik*, Reinbek 1969.

Tief im Inneren der digitalen Maschine liegen zwei Elemente, die das Computing ermöglichen und kontrollieren: ein »Alphabet« und eine »Grammatik«.
Diese zwei zusammen bilden eine Sprache – Maschinensprache. Das Alphabet
besteht aus zwei Buchstaben (0 und 1); die Grammatik ist die Boole'sche Logik
(die zwar seit Boole leicht modifiziert wurde, aber grundsätzlich noch das Gerüst
von Regeln bildet, nach dem die binäre Sprache von Ja und Nein, in der unsere
Programme geschrieben sind, Sinn macht). Der Assembler – mit einem Minimum an »Worten« und Regeln um bedeutungsvolle »Aussagen« zu machen –
setzt auf der Maschinensprache auf; und darauf wiederum die Ebene der Darstellung in »formalen Sprachen«, in denen Programme geschrieben oder automatisch generiert werden. Solche Programme müssen evaluiert, interpretiert und
ausgeführt werden. Ich beschreibe hier strukturelle Details, die wir alle kennen,
die uns aber nur selten beschäftigen. Meine Absicht ist ganz einfach: Ich möchte
meine These vertiefen, daß Computer semiotische Maschinen sind (und die ich
schon vor 20 Jahren aufgestellt habe[15]). Zu viele Leser haben meine Formulierung übernommen (mit oder ohne Anführungszeichen oder Nachweis), ohne zu
kapieren, daß das als These allemal trivial ist. Was meine Kollegen – von denen
manche respektable Autoren und in semiotischen Verbänden tätig sind, die sie
legitimieren – völlig übersehen, ist die Notwendigkeit zu verstehen, daß so eine
Beschreibung nur Sinn macht, wenn sie das Verständnis dessen vorantreibt, was
wir beschreiben. Zu sagen, daß der Computer eine semiotische Maschine ist,
heißt zu begreifen, daß das, was an diesen Maschinen zählt, nicht die Elektronen
sind (oder, in Zukunft, Licht oder Quanten), sondern Information, die in semiotischen Formen ausgedrückt ist, und zwar insbesondere in Programmen. Wir
benutzen Repräsentationen (die das Verhältnis zwischen dem, was ein Zeichen
darstellt, und der Art, wie wir es darstellen, reflektieren) und verarbeiten sie. Das
ist das Shannon'sche Modell. (Oder sollte man sagen: das Bell Telephone-
Modell?) Außerdem versuchen wir, wenn wir Computer benutzen, unseren
Repräsentationen Bedeutung zu geben. Da in der Maschine selbst (oder in dem
Programm, das eine Maschine ist) kein Platz für eine semantische Dimension ist,

15. Meine Beschäftigung mit dem Computer als semiotischer Maschine begann um 1976
(Mihai Nadin, »The Repertory of Signs«, in: *Semiosis*, 1(1976), S. 29-35; ders., »Sign and Fuzzy
Automata«, in: *Cahiers de Linguistique Théorique et Appliquée*, XIV/1(1977)). 1981/82 war ich als
semiotischer Berater für das User Interface von Apples *Lisa* tätig und kündigte den »Computer
als semiotische Maschine *par excellence*« an (Mihai Nadin, »Visual semiotics: methodological
framework for computer graphics and computer-aided design«, Konferenz: *The Designer and the
Technology Revolution*, Rochester Institute of Technology, New York, 13.-15. Mai 1982).
Bis Mitte der 90er Jahre forcierte jedoch das semiotische Establishment in den USA, Südamerika
und Europa die Semiologie (im Gegensatz zur Peirce'schen Semiotik). Man war noch nicht einmal so weit gekommen, das Visuelle als einen Bereich semiotischer Forschung anzuerkennen.
Als die sogenannten Semiotiker sich dann entschlossen, den Computer zu berücksichtigen,
machten sie sich nicht die Mühe nachzusehen, ob über ihre »Entdeckung« schon einmal etwas
publiziert worden war (z.B. Gerd Döben-Henisch, »Semiotic Machines. Theory, Implementa-
tion, Semiotic Relevance«, *8th International Semiotic Congress of the German and the Netherlands
Semiotic Societies*, 6. August 1996; Karin Wenz, »Representation and self-reference: Peirce's sign
and its application to the computer, in: *Semiotica*, 143–1/4(2003), S. 199–209; *10th International
Congress of the German Association for Semiotic Studies* (DGS), Kassel, 19.-21. Juli 2002).

richten wir Ontologien ein (Datenbanken, die Enzyklopädien und Wörterbüchern nicht unähnlich sind) und bewirken Assoziationen/Verknüpfungen. So funktionieren normalerweise Suchmaschinen; das ist es, was hinter dem Wort »googlen« und hinter unserer Tätigkeit steht, wenn wir etwas suchen und dazu Wissensquellen im WWW ausmachen.

Doch auch unsere Ontologien, ob nun handgemacht oder automatisch generiert, stehen ›auf den Schultern‹ der Sprache von Nullen und Einsen (von Ja und Nein) und auf der Boole'schen Algebra dieser primitiven Sprache. Jeder ordentliche Semiotiker sollte spätestens jetzt erkennen, daß die Mittel der Darstellung aktiv das Dargestellte beeinflussen und verändern. Sie sind nicht neutral, sondern konstitutiv für den Deutungsprozeß, der unsere Art des Denkens bestimmt und unsere Handlungen beeinflußt. Zu behaupten, daß Computer semiotische Maschinen sind, heißt zu begreifen, daß der Interpretant, d.h. die unendliche Semiose (der Zeichenprozeß durch den wir Teil jener Zeichen werden, die wir interpretieren) dazu führt, daß wir unterschiedlich handeln, unterschiedlich denken und uns unterschiedlich ausdrücken als zu jener Zeit, als noch Sprache (und Schriftkultur) das beherrschende Medium des Ausdrucks, der Kommunikation und der Bedeutung war.

Die extreme Genauigkeit eines Alphabets von zwei Buchstaben und einer scharfumrissenen Grammatik geht zu Lasten der Ausdrucksfähigkeit. Je genauer wir sind, umso weniger ausdrucksreich ist das Ergebnis. In Begriffen der Zeitlichkeit von Programmen – und von Zukünftigkeit im besonderen – heißt das, daß wir nur die Zeit ergreifen und sie zum Teil von Programmen machen müssen. Aber dazu muß der Computer, wie er es teilweise schon tut, nicht nur die syntaktische Dimension übersteigen, sondern auch die semantische Funktion der Zeichen aus denen Programmiersprachen gemacht sind. In dem Moment, in dem *computations* pragmatisch durch das gesteuert werden, was wir tun, werden sie in eine Zeitdimension gelangen, die kohärent mit unserer eigenen ist – und werden die Variabilität von Zeit reflektieren. Wir sind, was wir tun, d.h. wenn wir Programme in das, was wir ersinnen und planen, ausführen und bewerten – somit also in unsere eigene Selbstverfassung – integrieren, richten wir uns selbst nicht als Benutzer, sondern als Teil des Programms ein. Damit das geschehen kann, müssen noch viele konzeptuelle Hürden überwunden werden. Wir müssen uns darum kümmern, Information neu zu definieren, das Alphabet und die Logik neu zu definieren, die Qualität als notwendiges Gegenstück zur Quantität wiederzuentdecken und das Digitale und das Analoge zusammenzudenken. In meinem Programm, das noch ein wenig radikaler ist, heißt das, nicht nur die deterministischen Reaktionsformen des Physikalischen zu praktizieren, sondern auch die antizipatorische Einzigartigkeit des Lebendigen.

Aus dem Englischen von Claus Pias

Frieder Nake

Und wann nun endlich »Kunst« – oder doch lieber nicht?

I

Der Lochstreifen war, zur Rolle geformt, in das Lesegerät eingelegt. Der Zeichenkarton – durchaus von guter Qualität, nicht etwa das perforierte, leicht transparente und aufgerollte Billigpapier für den *Plotter* – war sorgsam winkelgerecht auf der Milchglasplatte des Zeichentisches justiert und befestigt worden. Die Tuschefüller waren noch einmal überprüft und in die Halterung des Zeichenkopfes eingehängt worden. Der Zeichen-Schlitten war von Hand an die Nullposition des Automaten gesteuert worden. Das war bedeutsam, denn die Nullposition auf dem Zeichentisch mußte mit jener korrespondieren, die der Rechner als abstrakten Ausgangspunkt angenommen hatte. Typisch dafür war »unten links«.

Ein kurzes Drücken der Start-Taste löste den Zeichenvorgang aus, der dann, kam es zu keiner unvorhergesehenen Störung, automatisch ablief: spannend! Was würde die visuelle Interpretation des binären Codes des Lochstreifen als Liniengrafik hervorbringen und aufzeichnen? Man schrieb ein Datum im September 1965. Die weltweit dritte Ausstellung von Computerkunst wurde vorbereitet[1].

Das automatische Zeichnen brauchte seine Zeit. Die Komplexität der entstehenden Zeichnung war vergleichsweise hoch. Die Erfahrung sagte, daß angesichts des Durchmessers der Lochstreifenrolle mit deutlich mehr als einer Stunde gerechnet werden mußte, bis die Zeichnung fertig wäre. Das Fernsehteam hatte es insofern gut, als die langsamen, aber emsigen Bewegungen des Zeichenkopfes über dem Papier, das Senken und Heben der Tuschefüller, das Zeichnen von Linien und das Aufsuchen neuer Startpunkte, aber auch das beständig ruckweise Vorrücken des Lochstreifens – daß all das offenbar noch eine Zeit lang andauern mußte, um die angestoßene und somit ausgelöste Zeichenoperation zu Ende kommen zu lassen – daß all dieses Geschehen vor allem aber durchaus seinen

1. Ab 1953 gab es Ausstellungen von Grafiken, die mit Analogrechnern oder auf Oszillographen erzeugt worden waren: Ben F. Laposky als erster in den USA, wenige Jahre später Herbert W. Franke in Deutschland. In seinem Buch *Ästhetische Redundanz* (Quickborn b. Hamburg 1962) bildet Kurd Alsleben Analoggrafiken ab, die er ausstellte. Die ersten Ausstellungen *digital* und also algorithmisch berechneter Grafiken sind: Georg Nees in der Studiengalerie der TH Stuttgart (Februar 1965), A. Michael Noll und Bela Julesz in der Howard Wise Gallery in New York (April 1965) sowie Frieder Nake und Georg Nees in der Galerie Wendelin Niedlich in Stuttgart (November 1965). Die vermutlich weltweit erste Promotion ist die von Georg Nees in Stuttgart bei Max Bense (Georg Nees, *Generative Computergrafik*, München 1969). Frühe Darstellungen geben Herbert W. Franke, *Computergrafik, Computerkunst*, München 1971 (in zweiter, überarbeiteter Auflage Berlin 1985); Abraham A. Moles, *Kunst und Computer*, Köln 1973; Frieder Nake, *Ästhetik als Informationsverarbeitung*, Wien/New York 1974. Eine umfangreiche Übersicht bis 1970 enthält Heike M. Piehler, *Die Anfänge der Computerkunst*, Frankfurt 2002.

Konsole des Rechners Standard Elektrik ER 56, Mitte der 1960er Jahre im Rechenzentrum der TH Stuttgart (Vordergrund); hinter der Glasscheibe einige der Schränke, die Speicher und Prozessorteile enthalten. Die Bedienung ist in höchstem Grade interaktiv und automatisch, auf niedrigster Stufe.

filmischen Reiz besaß. Großaufnahme, Totale, Geräuschuntermalung, überraschende Kehren und Kapriolen waren gegeben, visuelles Material entstand genug, um später eine Minute oder zwei – mehr würden es ja schwerlich werden – von interessanten Bewegungen eines automatischen Zeichners schneiden zu können.[2]

Nach einiger Zeit, die angefüllt war mit Gesprächen zum technischen und ästhetischen Hintergrund, platzte der Regisseur mit der Frage heraus, warum der Künstler (war er das?) nicht jetzt, gerade jetzt, da die Grafik doch sehr nett aussähe, den ganzen Vorgang stoppe und das Werk für beendet erkläre. Der Angesprochene war leicht verdutzt, war der Lochstreifen doch sichtbarlich noch längst nicht abgearbeitet. Subjektiv auf Grund seines zwischenzeitlichen Geschmacks-Urteiles abzubrechen, wie hätte er das begründen und rechtfertigen können? Hier lief ein Experiment ab, dessen genaue Bedingungen er gesetzt hatte. Es mußte zu Ende gebracht werden. Wissenschaftlich hätte der Gedanke an Abbruch nie aufkommen können. Geschmack und Gefallen hatten keine Rolle im Experiment zu spielen. Wir waren im ästhetischen Labor, nicht im Künstler-Atelier. Es ging um ästhetische Objekte, berechnete Artefakte, nicht um sog. Kunstwerke. Offensichtlich verstand der Regisseur nichts oder nur wenig, so bekannt er auch sein mochte. Etwas vollständig Neues, so dachten wohl einige der anwesenden Zeugen, war im Entstehen. Geschmack und Gefallen? Wie abgeschmackt! Stil statt Wahrheit?[3]

---

2. In einer *Panorama*-Sendung 1966 wurde der Zeichenmaschine ein malender Affe an die Seite gestellt.

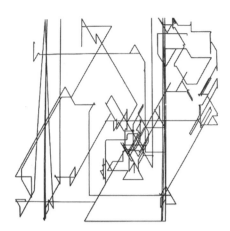

Frieder Nake, »13/9/65 Nr. 7«:
Zufälliger Polygonzug.
Tusche auf Papier, 40×40 cm

Allerdings konnte der Kunstgedanke wohl schon aufkommen. Die auswärtigen Beobachter waren ja nur deswegen anwesend, weil ähnliche Artefakte wie das, was hier entstand, in Ausstellungen aufgetaucht waren. Der Kunstanspruch war erhoben worden, er stand im Raum, auch wenn er hier geleugnet wurde. Also mußte sich der »Künstler« dem auch stellen. Was er, kam es zu Fragen des Geschmacks und des ästhetischen Urteils, nur höchst widerwillig tat.

Die geschilderte Szene gehört der *Vergangenheit* an. Das ist klar. Die beigefügten Abbildungen dürften das belegen. Der jetzige Kontext aber verlangt, daß ich über *Zukünftiges* schreibe. Ich will es gern auch tun und werde auf die eben geschilderte Szene später zurück kommen. Angemerkt sei aber, daß in jener Szene eine Zukunft des Computers gegenwärtig war, deren Bedeutung die Anwesenden sich bewußt gewesen sein mögen oder auch nicht – es ist gleichgültig. Erst heute, oder: heute mit der Sicherheit des Rückblicks erst, können wir sagen, daß damals eine Zukunft anbrach.

2

Eilfertig hatte mancher es voraus gesagt. Es gab eine Zeit, wo man apokalyptische Vorhersagen von den frühen Hypertextlern geradezu erwartete, wenn sie an Podiumsdiskussionen teilnahmen. Andere sprachen es gern nach, ob gefragt und ungefragt: das gedruckte Buch wird verschwinden, und zwar binnen kurzer Zeit. Das war klar. Ein Einfallspinsel, wer das nicht sehen oder eingestehen wollte oder konnte. Die Vorteile und die Besonderheiten waren doch so offenkundig.[4]

3. Erst ein paar Jahre (oder waren es Jahrzehnte?) konnte Lambert Wiesing seinem Buch diesen Titel geben.
4. Wir ersparen es uns und den Leserinnen, den einen oder anderen Zeugen für die optimistischen Hypertext-Prophezeiungen aufzurufen. Es tut nichts zur Sache, wer es war. Die Peinlichkeiten aber einmal zu sammeln und in Erinnerung zu rufen, wäre schon ein lohnendes, ein lüstern machendes Unterfangen.

Heute, zwanzig Jahre nach dem Orwellschen Jahr 1984, müßte das Buch nun wirklich außerhalb gewisser luxurierender Zirkel, die gewaltige Summen bereit wären, für seinen Erwerb zu bezahlen, nicht mehr zu finden sein. Das Gegenteil scheint jedoch der Fall zu sein. Es wird gedruckt wie wild und die Kaufhäuser, man denke, sind voll von Büchern.

Wer – so ging das damalige, bei Hypertext-Anhängern beliebte Argument – wollte und dürfte sich als lesender Mensch noch der Gewalt der schreibenden Menschen, dem Terror der Autoren also, unterwerfen und sich von denen die Gangart seines Lesens diktieren lassen! Bekanntlich führte das Regiment des Buches doch dazu, daß man nur *linear*, von vorn nach hinten und oben nach unten und links nach rechts, zu lesen gezwungen war. Zwar konnten wenige nur nachvollziehen, wovon so gesprochen wurde. Wer nämlich wirklich las, der las selten streng von vorn nach hinten. Wenn es spannend war, in einem Roman vielleicht, den der Autor sich nun mal so ausgedacht hatte (wozu war der denn der Autor?), da tat man das gern, in Anerkennung der Arbeit des Autors. Doch jederzeit nahm jede Leserin sich heraus, ganz nach Belieben und Notwendigkeit von einer Seite zur anderen, von einem Kapitel zu einem anderen zu springen. Das Buch erleichterte das auf großartige und benutzungsfreundliche[5] Weise. Dennoch hielt sich das Argument vom Zwang zum linearen Bücherlesen und von der Freiheit des Umgangs mit dem Hypertext für ein paar Jahre, bevor es leise dahin welkte. Eine absonderliche Schmierenkomödie.

Was mag es sein, konnte man sich fragen in jenen 1980er Jahren, als es um Hypertext und bald um Hypermedien ging –, was mag es sein, das kluge, nachdenkliche, kreative Menschen, Menschen noch dazu, die man schätzte, dazu verleitete, um einer Vorhersage willen den blanken Blödsinn vom blauen Himmel herab zu beschwören? Was war, um noch kurz bei dieser Episode zu verweilen, die mir als Einleitung zu einer Betrachtung anderen Inhaltes dienen soll, was war denn der *Fall* bei der Hypertext-Zwischenstufe der digitalen Medien, beim Heraufziehen der neuen, damals wirklich noch relativ unentwickelten (digitalen) Medialität?

Der Fall war, daß man seit einigen Jahrhunderten schon Ketten von Buchstaben in Form von besonders – und oft schön! – geformten Schrifttypen zu Wörtern, Sätzen, Absätzen, Kapiteln, zu Essays und Erzählungen oder anderen Abhandlungen zusammen setzte und als Druckerschwärze auf Papier zur vervielfältigten Erscheinung brachte. Der Fall war, daß solche vervielfältigten Exemplare von Druckstoff in den Händen von anderen zum Lesestoff wurden. Der Fall war, daß der typische Leser ein Buch anders behandelte, wenn es als Roman erkennbar war oder als Lehrbuch oder Nachschlagwerk.

Der Fall war, daß der typische Leser höchst selten ein Buch von vorn nach hinten las. Der Fall war in der Mehrzahl der Fälle ein eher unstetes Blättern, ein springendes Lesen, ein Betrachten der Abbildungen, ein Suchen nach Stichwörtern oder Überschriften, ein Anpassen des Lesestoffes an die besonderen Gegebenheiten der Leseperson. Der Fall war aber schließlich auch, daß jene Buch-

---

5. *Pun intended.*

autoren, die den, wie sie behaupteten, nicht-linearen und deshalb emanzipativen Hypertext propagierten, für die Zwecke ihrer Propaganda flugs das Diktat des Zwangs zum linearen Lesen erfunden hatten, einen Pappkameraden also aufgestellt hatten – für den einzigen Zweck, ihn sogleich wieder aufzuspießen und gemeinerweise abzuschießen.

Es war weiter zu beobachten, wie dem verdutzten Leser da eingeredet wurde, er habe bisher immer auf Seite 1 oben links begonnen zu lesen und auf der letzten Seite unten rechts damit aufgehört. Kaum einer erinnerte sich, das jemals getan zu haben. Da es unseren fröhlichen Hypertext-Pionieren aber darum ging, etwas revolutionär Neues in die Welt zu setzen, eine Zukunft anfangen zu lassen, mußten all die armen Trottel gewöhnlicher Leser auf eine erzwungene lineare Weise gelesen haben, wie kein Hypertextautor jemals hätte zugeben wollen, daß er das auch gelegentlich tat. Schlimmer noch: er schrieb durchaus seine eigenen Bücher nach wie vor in stumpfer Linearität, entschuldigte sich zwar im Vorwort kurz dafür, gab das Schreiben, was konsequent gewesen wäre, aber nicht auf. Schade eigentlich. Manches wäre uns erspart geblieben.

Das Buch aber, dessen notwendiges Ende im Terror seiner Linearität angelegt war – das Buch feiert seither eine ungeheuer umfangreiche Produktion. Anscheinend schrecken noch nicht einmal steigende Euro-Preise davon ab, sich dem Trommelfeuer von neuen Werken, Neuauflagen, Kompendien und Kompilationen auszusetzen. Um Hypertext ist es still geworden, er ist im Hypermedium aufgegangen. Dieses erfreut sich wachsender Popularität, wenngleich es nicht alles sonst in den Schatten stellt. Es ist eher so gekommen, wie zu anderen Zeiten auch: das Neue hat seinen Platz neben dem Alten gefunden; das Alte ist nicht einfach das Alte geblieben, es hat sich unter dem Einfluß des Neuen gemausert zu einem Anderen.[6] In seiner Form als Internet oder, besser gesagt, als *world wide web*, ist das grandioseste aller Hypermedien in ständiger Betrachtung und Ergänzung. Ein unglaubliches Pulsieren, eine Orgie des *unfinish*.[7] Welcher Stumpfsinn, das hypermediale Geschehen mit dem Buch vergleichen zu wollen und zum Gegensatz von linear und nichtlinear zu stilisieren.

Was soll die Anekdote? Sie soll ein Schlaglicht auf unseren Umgang mit Vorhersagen werfen, speziell auf Vorhersagen im Bereich der digitalen Medien. Der Wunsch, von einer Fessel zu befreien, eine Beschränkung zu überschreiten, die vielleicht gar als schmerzlich empfunden worden sein mag, eine Einheit zu erreichen, die lange schon ein Traum gewesen sein konnte, solche Wünsche scheinen uns gelegentlich den skeptisch-aufklärerischen Blick zu trüben. Wo das geschieht, schiebt der interessierte Wunsch rasch die nüchterne Wirklichkeit zur Seite und erfindet sich eine neue, die er braucht, um als Wunsch erscheinen zu können.

---

6. Gewiß gibt es viele Studien zur Kultur- und Technikgeschichte des Alten und Neuen. Auf eine sei verwiesen: Carolyn Marvin, *When old technologies were new. Thinking about electric communication in the late nineteenth century*, Oxford 1988.
7. »In fact, ›unfinish‹ defines the aesthetic of digital media.« (Peter Lunenfeld (Hrg.), *The digital dialectic*, Cambridge/ Mass. 1999, S. 7).

Die Behauptung einer maßlosen linearen Fesselung des armen Bücherlesers diente den smarten Hypertext-Agitatoren als Begründung der emanzipatorischen Kraft, die von einer hoch gelobten, *verlinkten* Organisation des Betrachtungsgegenstandes ausgehen würde. In Wahrheit war abzusehen, daß es bei der Hypertextualisierung um nichts weiter gehen konnte als um die Zertrümmerung des stringenten Gedankenganges und um die Verstreuung von Beliebigkeiten und Assoziationen in solch einer Weise, daß niemand merken sollte, daß das stille und langsame Wissen, das aus der fortgesetzten Erfahrung des Tätigseins stammte, abgelöst werden sollte durch laute und schnell veränderliche Datenmassen, die pulsierende Sammlungen bilden sollten.

In Kalifornien, wo bekanntlich fast nur die Sonne scheint, tauchten bald schon nach dem *free speech movement* die *Community Utility Services* auf. Das waren so etwas wie die ersten Vorboten vom Glauben an eine direkte Demokratie, die umso direkter werden würde, je mehr sie technologisch unterstützt würde. In den CUS, wie sie selbstverständlich sofort genannt wurden, suchte sich jener anarchische Geist seine US-amerikanische Form, der hierzulande zum »Kinderladen« wurde. Wir ahnen es: die beiden Möglichkeiten des Neuen traten so auf und links und rechts des Atlantik auseinander, die soziale und die technologische Form.

3

Software wird an eine Hardware gebunden. Die Verkoppelung zweier Systeme recht unterschiedlicher Art, das ist *der* Computer, von dem wir alle reden. Sagen wir nicht so: »der Computer«, wenn wir eigentlich sagen sollten: »das Programm X«, vielleicht mit dem Zusatz »auf meinem Computer«.

Der Computer ist eine Maschine, die eine kurze Vergangenheit hat, so etwa sechzig Jahre (im Jahr 2004 gesagt), zwei knappe Generationen erst, und die ganz so, wie sie ist, zu gar nichts taugt. *Hardware* eben – Blech- und Eisenware. Die merkwürdige maschinen-artige Erscheinung der *Software* dagegen wirkt auf das Blech ein wie der Kuß der berühmten Märchenprinzessin auf das eher ekelige Froschmaul: der Kuß entlarvt das Maul sofort als zu einem Prinzen gehörig. Jedes Mal, wenn dieser froschmäulige und auch sonst froschartige Prinz per Kuß erweckt wird, werden Gefühle, Erwartungen und Aktivitäten der Beteiligten sogleich in rasende Bewegung versetzt.

Die merkwürdige Eigenschaft unserer Computermaschine, Maschine nämlich dergestalt zu sein, daß sie ohne eine zusätzliche semiotische Schicht keine funktionierende Maschine ist, daß sie jedoch mit ihrer Zeichenummantelung, mit ihrer Zeichenhaut Gewaltiges und immer wieder Neues zu leisten in der Lage ist – diese kennzeichnende Eigenschaft macht die Vergangenheit, noch mehr aber wohl die Zukunft des Computers aus. Wir nennen deswegen die Hardware auch gern die *semiotische Maschine* und die Software das *algorithmische Zeichen*.

Wir wissen, daß Zeichen nicht existieren können, ohne einen Träger zu besitzen. Auch daß sie eine Sorte von Dingen sind, die man »Ding« kaum nennen darf, da sie doch stets dazu da sind, zwei andere Dinge in ein mögliches Verhältnis zueinander zu setzen. Diese Verhältnissetzerei ist tatsächlich nichts anderes als eine je neue Interpretation. Das gilt ganz allgemein von den Zeichen und ihren Prozessen und man kann es heute nun wirklich überall nachlesen, was auch gut ist. Die Zeichen sind jedoch erst dadurch so überaus wichtig geworden, weil die Computermaschine sie ergriffen hat, weil also neuerdings etwas auch *maschinell* vonstatten gehen kann, das unsere ur*menschliche* Fähigkeit der Zeichenverwendung betrifft. Die semiotische Maschine wird im Verein mit den ihr aufsitzenden algorithmischen Zeichen zum instrumentalen Medium.[8] Womit wir, so glaube ich, die digitale Medialität zwar etwas abstrakt, aber doch recht genau gekennzeichnet haben.[9]

Hier aber möchte ich auf die frühe Geschichte der Computerkunst zurückblicken. Sie soll uns aus heutiger Perspektive willkommener Anlaß für eine Aussage über eine anbrechende Zukunft sein. Um Nachsicht bitte ich hierbei insofern, als ich mir herausnehme, relativ essayistisch zu bleiben. Ich begebe mich damit in Gefahr, Regeln wissenschaftlichen Anstandes zu verletzen. Dessen bin ich mir bewußt. Ich hoffe, die dafür reklamierte Unbekümmertheit werde die Leserin eher ein wenig heiter stimmen, den Herausgeber aber nicht gleich entsetzen[10] und darüber hinaus einer zukunftsorientierten Spekulation zuträglich sein.

4

Fast so frühzeitig wie das Schachspiel haben ästhetische Objekte – gemeinhin *Kunstwerk* genannt[11] – zu den frühen Zukünften des Computers gehört. Spätestens im Jahr 1945 beginnt bekanntlich die Auseinandersetzung mit der algorithmischen Lösung des Schachproblems. Konrad Zuse wählt das Spiel als eines der Beispiele, mit denen er die Möglichkeiten seines *Plankalküls* vorführt.[12] Aus dem Krieg und der Hauptstadt des Deutschen Reiches ins entfernte Allgäu entkommen mit einem Lastwagen, auf dem sich eine seiner Computerschöpfungen befand, die Zuse in einer Scheune im Dorf Hinterstein aufbaute, war er plötzlich zu ingenieur-ungemäßer Untätigkeit verurteilt, da der elektrische Strom ausblieb.

Zuse verlegte sich daraufhin auf Papier und Bleistift und entwarf ein Beschreibungsschema, das geeignet wäre, Rechenvorschriften so exakt festzuhalten, daß

---

8.   Hier soll gern auf Heidi Schelhowe, *Das Medium aus der Maschine*, Frankfurt/New York 1997, verwiesen sein, wo nämlich der Begriff vom instrumentalen Medium entwickelt wird.

9.   Man mag das nachlesen durch einen Blick auf: Frieder Nake, »Das algorithmische Zeichen«, in: W. Bauknecht/W. Brauer/Th. Mück (Hrsg.), *Informatik 2001. Tagungsband der GI/OCG Jahrestagung 2001*, Bd. II, S. 736–742.

10.   Dem Herausgeber, Claus Pias, bin ich im übrigen für seinen bewiesenen Langmut zu großem Dank verpflichtet.

11.   Der Ausdruck »Kunstwerk« war in den Kreisen der Informationsästhetik um Max Bense verpönt. Die Kunst-Behauptung kommt einer unaufgeregten Betrachtung von Artefakten stets in die Quere. Das ist unschön.

12.   Konrad Zuse, *Der Computer, mein Lebenswerk*, München 1970.

Der Zuse *Graphomat Z64* im Rechenzentrum der TH Stuttgart, um 1965

sie einerseits von Menschen interpretiert, andererseits von der Maschine ausgeführt werden könnten. Die erste Programmiersprache höherer Art, würden wir heute sagen, entstand. Der heute anerkannte Erfinder des digitalen Computers, der Erbauer der Hardware, wurde auch zum Vordenker kalkülhafter Programmiersprachen, die in linearer Notation[13] festhielten, welche Datenstrukturen die Hardware anlegen und welche Operationen sie an ihnen, wären sie denn mit konkreten Einzeldaten bestückt, ausführen sollte.

Auch von John von Neumann wird berichtet, daß er zur Übersicht über das Geschehen, dem die Hardware zu unterwerfen sei, wenn eine Folge von Elementen zu sortieren wäre, zu einem Mittel griff, das bei späterer Software-Entwicklung eine große Rolle spielen sollte: das Flußdiagramm.[14] Von Neumann skizzierte ein wildes Geflecht von Pfeilen und Rechenoperationen, das für alle Fälle exakt beschrieb, was eine programmierbare Maschine zu tun hatte, um folgsam ein Verhalten an den Tag zu legen, das bald schon als *künstliche Intelligenz* gebrandmarkt resp. für die Rettung aus selbst verschuldeter Unmündigkeit gehalten wurde.

Die Geschichte ist bekannt. Millionen wurden in verschiedenen Währungen ausgegeben, um die Maschine der Künstlichen Intelligenz zu entwickeln, jenes

13. Nicht ganz trifft das so zu. Die Notation des *Plankalkül* geht zwar entlang der Linie, doch die Linie ist eher eine Notenlinie, hat also mehrere Höhen, die Unterschiedliches bedeuten. Der *Plankalkül* wird zur ersten Programmiersprache mit nicht rein linearer Notation, noch bevor diese entsteht. Siehe auch: Konrad Zuse, *Der Plankalkül*, Berichte der GMD, 63(1972).
14. Donald E. Knuth, »Von Neumann's first computer program«, in: *Computing Surveys*, 2(1979), S. 247–260.

Elektronengehirn, jene Gesellschaft des Geistes,[15] jene Versammlung von Agenten und autonomen Hausgeistern, die doch jedesmal nur das taten und befolgten, was auf erstaunlich distanzierte Weise von natürlicher Intelligenz in formal strenger Form zu Papier gebracht worden war. Die Spanne also, möchte ich sagen, zwischen einer konkreten Maschine, die gewisse Interpretationsleistungen auszuführen imstande ist, und einem jetzt und hier gemachten Zeichenangebot, das es nun tatsächlich galt zu interpretieren – die Spanne zwischen Hardware und Software also – gab und gibt Anlaß zu den bewunderungswürdigsten Leistungen an Präzision und Geschwindigkeit der Maschine und zu den erstaunlichsten Fantastereien des Menschen.

Derselbe Zuse, von dem die Rede war, konstruierte in seinen etwas späteren Jahren noch eine vergleichsweise einfache Maschine, die gleichwohl erstaunliche Folgerungen zeitigte und ebenfalls zum Ausgangspunkt von Spekulationen der Sorte »Künstliche Intelligenz« wurde. Die Rede ist von der Zeichenmaschine *Graphomat Z 64* des Erfinders Konrad Zuse. Wir sind ihr in der ersten Anekdote schon begegnet. Er war selbst zwar malend tätig, hat ein Oeuvre hinterlassen. Seine Zeichenmaschine haben andere benutzt, um mit ihr *künstliche Kunst* zu produzieren. So nannte Max Bense die Zeichnungen, die Georg Nees im Februar 1965 an die Wände der Studiengalerie des Studium Generale der damaligen TH Stuttgart gehängt hatte.[16]

5

Die künstlerische Zukunft des Computers hatte 1963 am Massachusetts Institute of Technology mit der Dissertation von Ivan E. Sutherland begonnen. Er trug deren wichtigste Ergebnisse auf der Spring Joint Computer Conference vor.[17] Entdeckt hatte er das Prinzip, mit einem Computer durch visuelle Zeichen zu kommunizieren und nicht nur auf symbolische Weise. Die Zeichen auf dem Bildschirm waren damals noch höchst flüchtig und flackerten bedrohlich. Die sog. Kommunikation war eine recht einseitige, man müßte sagen: es herrschte ein etwas verschämt-militärischer Befehlston. Darauf aber kam und kommt es nicht an.[18]

Bemerkenswert war vielmehr, daß der Computer Zeichnungen erzeugte, die auf Grund ihrer algorithmischen Herkunft *doppelt* existierten, und die umge-

15. Marvin Minsky, *The society of mind*, New York 1985.

16. Georg Nees/Max Bense, *computer-grafik. rot 19*, Stuttgart 1965.

17. Ivan E. Sutherland, »Sketchpad. A man-machine graphical communication system«, in: *Proc. 1963 Spring Joint Computer Conference*, AFIPS Conference Proc., Vol 23, S. 329-345. – Unter gleichem Titel 1980 bei Garland Publ. Inc., New York.

18. Man soll aus der Tatsache, daß der Mensch der Maschine im Befehlston entgegentritt, einerseits kein Geheimnis machen, andererseits nicht allzu viel über die Kommunikation schließen. Dennoch behält die Spekulation eine gewisse Attraktivität, aus dem befehlenden Ton der Äußerungen an den Computer Schlüsse über die geistige Verfassung der Kommunikanten zu ziehen.

kehrt verdoppelt sein mußten, um algorithmisch erzeugt werden zu können. Aus der Differenz der beiden Seiten ihrer doppelten Daseinsweise konnten jene Zeichnungen zu »Zeichen« werden, zu interpretierbaren Gebilden also.

Zeichen waren Zeichnungen selbstverständlich längst vorher und immer schon gewesen. Sagen wir lieber: als Zeichen hatten sie schon immer angesehen werden können, was auch geschehen war. Nur: sie waren Zeichen gewesen nur für uns, für den Menschen, für das semiotische Tier also.[19] Wenn wir wahrnehmen, so können wir gar nicht anders, als Zeichen zu sehen und zu schaffen. Die Verdoppelung der Zeichnungen auf und im Computer aber ermöglichte es dem Computer nun plötzlich, auch so etwas zu versuchen, was wir immer schon und ständig taten: die Relationen also, mit denen er als Maschine gezwungen war umzugehen, als Zeichen zu nehmen. So wurde er zur semiotischen Maschine und die Haßliebe zwischen ihm und uns beruht in dieser Sicht gerade darauf, daß wir uns im Zeichen und vor allem in den Prozessen der Zeichen, den Semiosen, so heftig begegnen: das semiotische Tier und die semiotische Maschine.[20]

Wir sind das Interpretieren gewohnt und üben uns ständig in ihm, sobald wir einem Zeichen begegnen – was schon dadurch fortlaufend geschieht, daß wir einfach nur da sind. Der Maschine wurden nun ähnliche Interpretationsleistungen zugemutet, wenngleich in einem spezifischen Sinne stark reduziert. Zeigte der Mensch nämlich auf einen Teil einer Zeichnung auf dem Bildschirm, so sollte die Maschine erstens herausfinden, *worauf* er da gezeigt hatte. Sie sollte zweitens jedoch schließen, *was* er mit dem Zeigen meinen mochte. Sie sollte so etwas wie die Bedeutung des Zeigens herausfinden. Das sollte sie darüber hinaus sofort und in größter Eile ausführen.

Die Verdoppelung des algorithmischen Bildes war für diese Aufgabe insofern entscheidend, als der Computer kein Seh-Organ besaß und deswegen eine Verbindung vom angezeigten Grafikelement zur Datenstruktur herstellen mußte, die dem Grafikelement entsprach. Mit dem Datenstruktur-Element konnte er etwas anfangen, denn das *besaß* er. Das Licht auf dem Bildschirm dagegen blieb ihm fremd und verschlossen. Sollte eine »Interpretation« stattfinden, so mußte sie über das projizierte Licht, von ihm ausgehend, zwar eingeleitet werden; ihr Ziel jedoch konnte solch eine Interpretation erst in der Ursache dieses Lichtes finden. Sie lag in der Struktur.

---

19. So sagt Felix Hausdorff in der Verkleidung seines Pseudonyms Paul Mongré, die er vielleicht dann anlegte, wenn er mit literarischen Texten seinen guten Ruf als Mathematiker nicht aufs Spiel setzen wollte.

20. Von hier nimmt auch mein Vorschlag seinen Ausgang, die verrückte Erscheinung der Künstlichen Intelligenz zu erklären. Es ist ja ausgeschlossen, daß jene superintelligenten Hirne christlich-jüdischer Art, die sich in den Computer hinein veräußern wollen, das Absurde solchen Vorhabens nicht erkannt hätten. Sie nehmen es auf sich, einen Schein für sein Wesen auszugeben und ein notwendig falsches Bewußtsein für korrekt und *up to date* zu erklären. Die ersten und einzigen waren sie mit solcher Verrücktheit nicht, der wir, gefangen in der semiotischen Differenz, wohl nur bei völlig naiver oder höchst entwickelter Intelligenz erliegen können.

Die Großtat Sutherlands, dessen Dissertation noch 1980, also 17 Jahre nach ihrer Einreichung am MIT, so bedeutsam erschien, daß ein Verlag sie als Buch druckte, bestand in der Entdeckung und erfindungsreichen Ausnutzung des Verdoppelungs-Prinzips algorithmischer Zeichen. Diese Tatsache scheint der Autor in ihrem tiefer gehenden Sinne nicht groß beachtet zu haben. Seine Reflexion hierzu bleibt eher schwach.

Sein Text zeigt jedoch zwischen den Zeilen deutlich, daß es genau hierum geht: erstens um den Aufbau einer komplexen Datenstruktur, die nichts anderes ist als die Beschreibung des Bildes in einer solchen Weise, daß die Arbeit des Grafikers an der Zeichnung maximal unterstützt wird. Zweitens aber um die Darstellung der Zeichnung ganz auf der Ebene der puren Sichtbarkeit.[21] Diese Zeichnung wird aus der Datenstruktur gewonnen. Die Datenstruktur erweist sich bei diesem Vorgang als die klug aufgebaute Topologie der Zeichnung.

»Information about how the drawing is tied together is stored in the computer as well as the information which gives the drawing its particular appearance«, sagt Sutherland nach einer Bemerkung dazu, daß eine *Sketchpad*-Zeichnung völlig verschieden von einer Bleistift-Zeichnung auf Papier sei.[22] Die Aufgabe, ein Programm zu entwickeln, das in der Lage ist, auf spontane Eingaben eines Benutzers sofort mit sichtbarer Veränderung der Zeichnung zu reagieren, die Notwendigkeit einer entsprechenden technischen Konstruktion also verlangte schlicht nach dem Doppel. Nichts Vernünftiges hätte ohne dieses Doppel seitens des Computers getan werden können.

Ich möchte den Punkt noch stärker betonen. Denn in ihm zeigt sich m.E. die Besonderheit des digitalen Mediums ganz allgemein, also auch die Besonderheit des interaktiven Umgangs mit dem Computer, wie die der Rede von der Künstlichen Intelligenz und die vom algorithmischen Zeichen.

So merkwürdig es klingen mag, es gibt für den Computer, der ganz ohne Intelligenz, aber voller winzigster Elektronik ist, ein Innen und ein Außen und damit auch eine Differenz, eine Relation, eine Bezugnahme oder -setzung. Das Außen ist pure Projektion, die zur Schnittstelle verkommt, über die wir aber von einem inneren Geschehen sichtbare (evtl. auch hörbare) Kunde erhalten. Dieses Außen ist uns wichtig, es nimmt unser Interesse gefangen.

Das Innen hingegen sehen wir nicht. Wir ahnen es, wir richten es ein, gehen dabei aber vermutlich nur mit dem Außen um. Das Innen bleibt uns verborgen, und wir brauchen uns auf der Ebene der Sichtbarkeit draußen keine großen Gedanken über das unsichtbare Innen zu machen: es funktioniert nach aller Wahrscheinlichkeit recht gut. Längst ist die Komplexität der Relationen, die da manipuliert werden müssen, so gestiegen, daß wir froh und heiter und vertrauensselig wie vor einem verschleierten Dunkel stehen, von dem wir gewöhnlich gar nichts sehen mögen.

21. Lambert Wiesing, *Die Sichtbarkeit des Bildes. Geschichte und Perspektiven der formalen Ästhetik*, Reinbek 1997.
22. Sutherland, a.a.O., S. 331.

Das algorithmische Zeichen, um das es hier geht, ist ein Doppel aus einer für den Menschen sichtbaren Erscheinung, mit der der Computer nichts anfangen kann, obwohl er sie erzeugt, und einer für den Prozessor manipulierbaren Erscheinung, mit der der Mensch i.d.R. nichts anfangen kann, obwohl er ihre Manipulation anstößt. Unter semiotischer Hinsicht ist selbstverständlich der Interpretant das, was wir aus dem Bild heraus-lesen oder in es hineingeben, zu dem das sichtbare Material Anlaß gibt. Er ist *unser* Interpretant, und er ist ganz so aufzufassen wie jede Bedeutungszuweisung in der Theorie von Charles S. Peirce.[23]

Was der Prozessor nun aber auf Grund der Korrelation des sichtbaren Teiles mit dem manipulierbaren Teil an berechenbaren Manipulationen ausführt, das kann formal nicht anders als ein zweiter Interpretant begriffen werden. In der Auffassung vom Zeichen nach Peirce jedenfalls nimmt die Manipulation des Prozessors den Platz der Interpretation ein, die wir dem Zeichenkörper (»Repräsentamen«) zukommen lassen. Wir nennen diese Seite des Zeichens den *kausalen* Interpretanten. Er ist das Ergebnis des Extremfalles von Interpretation: dem Prozessor ist nicht gestattet, wirklich (aus Alternativen) zu entscheiden. Er bestimmt nur, was schon festliegt. Der kausale Interpretant ist ein Determinant. Die Determination erweist sich als der Grenzfall der Interpretation. Die semiotische Maschine determiniert den Sinn des Zeichens, das semiotische Tier interpretiert ihn.

Die Ursache hierfür ist der Kontextreichtum des semiotischen Tieres. Jede Änderung des Kontextes, in dem das Zeichen gesehen wird, ändert die Interpretation. Die semiotische Maschine hingegen hat keine Wahl, weil sie einen einzigen Kontext nur kennt: den der Berechenbarkeit. In ihm bleibt sie immer befangen, worüber wir froh sind.[24]

Unter den Anwendungsmöglichkeiten der interaktiven Grafik, wie sie Sutherland bereits 1963 ahnt, erscheint auch etwas, das er in die Nähe von Kunst rückt. Die Zeichnung eines Mädchenkopfes kann mit den Augen zwinkern, was sie zu einer *artistic drawing* werden läßt.[25] Dem pragmatischen Ingenieur muß man seinen naiven und vielleicht sogar ironisch gemeinten Bezug auf die Kunst nachsehen. Im alten Europa wäre das problematischer gewesen. Denn hier ist der Diskurs um die Kunst immer schon aufgeladen, wo in Nordamerika durchaus als *art* gelten mag, was als Ergebnis eines Schulunterrichtes entsteht, einfach deswegen, weil der Gebrauch des Wortes *art* ein anderer ist, ein entspannterer und kein prinzipieller.

23. Der amerikanische Semiotiker und Universalgelehrte Peirce (1839-1914) erlebt derzeit eine Renaissance. Vielleicht ist das schöne Bändchen: Charles Sanders Peirce, *Phänomen und Logik der Zeichen*, hrsg. und übers. v. Helmut Pape, Frankfurt 1993, ein guter erster Zugang.
24. Die Verhältnisse werden demnächst in Peter Bøgh Andersen/Frieder Nake, *Semiotics and computing science*, näher auseinander gelegt werden.
25. Sutherland, a.a.O., S. 343.

Ivan E. Sutherland,
Winking girl »Nefertite«
Unten: Komponenten, aus denen das
Gesicht zusammengesetzt ist und die für
eine grobe Bewegung dienen.

6

Die Kunst in Zeiten digitaler Medien! Tagungen, Ausstellungen, Preise, Bücher gibt es nun, weiß Gott, in Fülle zum Thema. Es ist, als seien die digitalen Medien zum kulturellen Hauptthema geworden. Zukünfte des Computers? Nun bitte, da haben wir es. Was aber heißt das genauer? Die Kunst als Zukunft des Computers? Auf der einen Seite schaut es so aus. Auf der anderen Seiten kann das nichts werden und soll man sich hüten.

Wann es denn nun endlich erste Meisterwerke mit algorithmischem Hintergrund geben werde, ist schon in den 1960er Jahren und regelmäßig in späteren Jahren wieder gefragt worden.[26] Ob es dieses Meisterwerk mittlerweile gibt oder nicht, soll uns nicht interessieren. Ohne Frage zählen computergestützt erzeugte Artefakte längst zum Kanon der Kunst. Sie sind auf großen Ausstellungen vertreten (wie der Documenta), sie werden verkauft, erscheinen in Zeitschriften. Wichtiger ist, daß die Informationstechnik in die Akademien und Hochschulen eingezogen ist, daß ganze Sparten ohne Computer nicht mehr auskommen oder daß es eine zunehmende Zahl von Preisen und Wettbewerbern für Computerkunst und digitale Kunst gibt.

Doch bedeutsamer dürfte sein, daß die Frage nach dem einzelnen Werk und damit auch nach dem Meisterwerk in die Irre führt. Die digitalen Medien haben die Situation der Kunst grundlegend verändert. Von dieser Feststellung aus erschließt sich vielleicht auch eine der Zukünfte des Computers.

26. Frieder Nake, »How far away are we from the first masterpiece of computer art?«, in: K. Brunnstein/E. Raubold (Hg.): *Information Processing '94. Proceedings of the IFIP Congress 1994*, Vol. II (IFIP Transactions A-52), Amsterdam 1994, S. 406-413

Es kann nicht wirklich überraschen, daß mit Computern zunächst einmal (und bis heute hier und da) Bilder gemacht worden sind, die Maler, Grafiker und Fotografen schon herstellen konnten. Erst dort, wo Maler und Fotograf nicht hinkommen, wird es interessante Computerbilder geben können, hieß es in einem Aufsatz vor einiger Zeit.[27] Die Computerbilder müßten ihren Gegenstand erst noch finden. Der aber sei in der Werbung, in Filmsequenzen zu finden, nicht in Tafelbildern. Der Computer sei zum Medium geworden, als solches aber sei seine Verwendung stärker durch Prozessualität als durch Produkte gekennzeichnet.

Machen wir uns diese Auffassung zu eigen, so bemerken wir, welche Form die Rede vom Verschwinden des Werkes in der digitalen Medialität angenommen hat. Zwar kann es kaum ein künstlerisch orientiertes Arbeiten geben, bei dem nicht der Gedanke an ein Ergebnis mitschwingt. Doch hat die Kunst in der zweiten Hälfte des letzten Jahrhunderts soviel an Prozeßorientierung hervorgebracht, daß ausgerechnet das Medium der inkrementell veränderten Wiederholung dagegen keinen Rückfall bringen wird. Was heißt das?

Die vergleichsweise Stärke des Computers ist die Beibehaltung eines Schemas im Großen, das im Kleinen und bei jeder neuen Iteration um kleine Zusätze (»Inkremente«) geändert durchlaufen wird. Wie jede Maschine, zeichnet auch der Computer sich durch absolut zuverlässige Wiederholung aus.[28] Die Wiederholung bezieht sich in unserem Fall jedoch auf Daten, nicht auf Stoffliches. Daten können von Iteration zu Iteration geändert werden. Die zuverlässige lokale Änderung im Rahmen eines übergeordneten und konstant gehaltenen Schemas ist die Stärke des Computers, gleichzeitig gewöhnlich aber die Schwäche des Menschen.

In dem Maße, wie solche maschinelle Eigenheit sich in Semiosen ästhetischer Natur niederschlägt, wird die Eigenästhetik des digitalen Medium, die Ästhetik des Nicht-Vollendens bekannt werden. Sie hat begonnen sich abzuzeichnen. Zeugnisse sind zu besichtigen und zu erfahren, oft an anderen Orten als jenen, die traditionellerweise aufzusuchen sind, wenn es um Kunst geht.

7

Der Künstler schafft ein Werk, die Gesellschaft erst das Kunstwerk. Das Werk des Künstlers kann Anlaß für das Kunstwerk geben, das die Gesellschaft schafft. Die beabsichtigte Kunst an seinem Werk ist dennoch stets das, was den Künstler umtreibt. Das Eintreffen, das Anerkennen der »Kunst« an seinem Werk aber kann er nicht kontrollieren. Er kann nur Bedingungen setzen, mal bessere, mal schlechtere. Die Aufnahme durch Kritik, Institutionen und Verbreitung erst läßt

27. Frieder Nake, »Was ist wichtiger: Prozeß oder Produkt? Anmerkungen eines Beteiligten zu ›20 Jahre Computerkunst‹«, in: *Umbruch* 4/3(1985), S. 35-46, hier S. 46.
28. Reinhard Budde/Heinz Züllighoven, *Software-Werkzeuge in einer Programmierwerkstatt*, München/Wien 1990

ein Werk zur Kunst mutieren, zumindest zeitweilig. Das gilt für das klassische Tafelbild wie für den Film und andere, neue Formen der Flüchtigkeit und Verteilung des Werkes.

Um das zu erläutern, knüpfe ich noch einmal an der schon erwähnten doppelten Existenz des digitalen Bildes an. Sie tritt in drei Erscheinungen zu Tage. Das Werk ist als einzelnes zunehmend uninteressant; interessant ist es als Teil einer Klasse, eines Ensembles, einer Vielheit. Nicht der einzelne tritt primär als Urheber des Werkes in Erscheinung; in Erscheinung tritt notwendigerweise immer häufiger ein Kollektiv. Vom Betrachter wird immer seltener eine Art von Kontemplationsleistung vis-à-vis dem Werk erwartet; erwartet wird vielmehr ein Eindringen in das Werk, durch welches dieses erst in all seiner Flüchtigkeit »fertig« wird.

Diese drei Merkmale der Generalität, der Kollektivität und der Experimentalität scheinen Werke digitaler Kunst auszuzeichnen. Sie haben als gemeinsame Wurzel die technische Verdoppelung des Bildes als algorithmisches Zeichen. Weil dieses nämlich sichtbar *und* unsichtbar ist, kann der Betrachter über den sichtbaren Aspekt in es eindringen, kann es dabei verändern (lassen), ohne es zu verlieren oder zu zerstören. Weil das algorithmische Bild seinen manipulierbaren Kern besitzt, kann dieser verteilt von den Mitgliedern eines Kollektives bearbeitet werden, was ohne Störung sogar parallel möglich ist. Und die Spannung zwischen Klassenzugehörigkeit und einzelnem Fall ist das Moment in der digitalen Kunst, das schon mit der frühen Computerkunst auftrat.

Solche Feststellungen sind furchtbar allgemein und in ihrer Allgemeinheit mögen sie blaß erscheinen. Kunsthistorische Studien würden zu Tage fördern, daß und wie, wann und wo diese Kennzeichen sich vorbereitet haben.

Jackson Pollock entfernt die malende Hand von der Leinwand, also vom Bild. Der Gedanke, das Schema wird betont. In der Concept Art wird das zum Prinzip. Josef Albers setzt Experimente in Gang, verwandelt das Atelier in ein Studio der systematischen Forschung. Max Bill und Max Bense (und manch anderer) machen auf die verborgenen mathematischen Gesetzmäßigkeiten in der Kunst aufmerksam, die es herauszuholen gelte. Die Happening-Leute ziehen das Publikum in das Werk hinein. Die Serialisten verweisen auf die Klassenzugehörigkeiten ihrer Artefakte. Kurz, bis auf die wiederkehrenden romantischen Rebellionen läßt sich die Kunstgeschichte des zwanzigsten Jahrhunderts als eine allmähliche Annäherung an die digitale Medialität begreifen und neu konzipieren. Tut man das, was man sollte, wird die Zukunft sich dennoch nicht zeigen.

8

Als die Computerkunst Mitte der 1960er Jahre als Ausfluß der digitalen Technik erste, aus heutiger Sicht etwas hilflos und rührend erscheinende Artefakte hervorbrachte, da war die Debatte um die *Zwei Kulturen* noch präsent und hier und da wohl auch zu spüren.[29] Helmut Kreuzer hatte sie mit all ihren wichtigen Dokumenten 1969 zusammengefaßt. Im Jahr 1987 ist das als Taschenbuch noch einmal verfügbar gemacht worden.[30]

Es ging, wie erinnerlich sein wird, um die Kluft zwischen einer verselbständigten geisteswissenschaftlichen (literarischen) und einer ebenso separaten naturwissenschaftlichen (szientifischen) Kultur und deren jeweiligen Trägern in der Intelligenz. Beiden seien unterschiedliche Sprachen und Verhaltensweisen zu eigen. So kraß sei die Kluft, daß die beiden Lager sich nicht mehr zu einer Verständigung zusammenfinden könnten, sie sprächen schlicht aneinander vorbei. Sie hätten aber sehr unterschiedlichen Einfluß auf die Macht, die Entscheidungen, den Fluß des Geldes. Das sei für den Gang der (westlichen, bürgerlichen) Gesellschaft aber höchst abträglich.

Mir scheint es heute so, als hätten die digitalen Medien die Frage nach einer alternativen Kultur, einer dritten Kraft, einer vereinheitlichenden Sicht konkret aufgeworfen. Die dem digitalen Medium *natürlicher*weise[31] innewohnende Dynamik, ihre inhärente, also bewegende Widersprüchlichkeit, so scheint es, verlange nach einer Art von Intelligenz, Bewußtheit, Qualifikation, Haltung, Umgang, die vielleicht im Anschluß an Snow *dritte Kultur* genannt sein mag.

Eine solche dritte Kultur hätte ihre Wurzel darin, daß in Fragen der *Funktion* der digitalen Medien einem Literaten, einem Menschen der Interpretation also vielleicht, nicht zu raten sei, sich als in mathematischen Dingen total uninformiert hinzustellen und das auch noch mit Stolz und Zufriedenheit zu tun, des fröhlichen Verständnisses im Umkreis der Kollegen sicher. Eine solche dritte Kultur hätte ihre Wurzel aber ganz ebenso darin, daß in Fragen des *Umgangs* mit digitalen Medien einem Ingenieur, einem Menschen der Konstruktion also, nicht zu raten sei, sich als in ästhetischen Fragen völlig naiv hinzustellen – und das mit ähnlich sicherem Gefühl für die freundliche Zustimmung seiner Kollegen noch dazu unbekümmert und stolz zu tun.

Zwar schreibe ich hier sehr platt von Umständen, die wir wohl alle – sofern wir noch ein wenig selbstkritisch mit uns und unseren Freunden umgehen können – aus Erfahrung kennen. Doch sehe ich die Plattheit meiner Andeutung dadurch gerechtfertigt, daß es bei den einen zum guten Ton zu gehören scheint, sich heiter im Unverständnis über die Gaußsche Flächentheorie oder den stati-

29. Sie war, der Vollständigkeit wegen sei's erwähnt, von Sir Charles P. Snow – Romancier mit Wissenschafts-Vergangenheit – durch seine *Rede Lecture* 1959 in Cambridge ausgelöst worden. Innerhalb kürzester Zeit führte deren Publikation und Übersetzung zu heftigen Debatten rund um den Globus, ein sicheres Zeichen dafür, daß der Autor ein bedeutendes Thema getroffen hatte. Die Kybernetik, wird man spekulieren dürfen, hatte ihren Glanz verloren, die Künstliche Intelligenz-Debatte und -Programmierung trat an, die elektronischen Schaltungen wurden zu Gehirnen metaphorisiert. Der Traum einer neuen Maschine, die alles könnte, wurde in der einen Kultur technisch umgesetzt, während in der anderen erste großangelegte Warnungen ausgestreut wurden. Die Debatte starb ab, verschwand aus dem öffentlichen Bewußtsein, wurde völlig vergessen, bis sie über dem Vordringen der digitalen Technik in die Künste und Medien wieder ausgegraben wurde. Dort stehen wir jetzt.
30. Helmut Kreuzer (Hg.), *Die zwei Kulturen*, Stuttgart 1987.
31. Ironie beabsichtigt.

stischen Informationsbegriff zu treffen, während den anderen ähnlich wohl
zumute ist, wenn sie hinausprusten, von Heidegger noch kein Wort gelesen,
von Malewitsch noch nie gehört zu haben. Gewiß, das sind Niederungen des
allgemein die Gesellschaft durchwehenden Geistes, der derzeit an den sich
modularisierenden und berechenbar reformierenden Universitäten herrscht und
gepflegt wird. Was hat das kulturpessimistische Geholze mit unserem Thema zu
tun?

Allenthalben hat man begonnen, neue Studienprogramme unter Titeln wie
Multimedia, Digitale Medien, Medieninformatik u.ä. aufzulegen. Sie ziehen, zu
Recht und zu Unrecht, hoffnungsfrohe junge Menschen an, die einerseits mit
dem Computer, mit der Informationstechnik, andererseits aber mit den Medien,
den Bildern, den Animationen, der Musik etwas zu tun haben wollen. Die
Mediengesellschaft schwebt ihnen im Kopf herum. Sie wollen der Kunstge-
schichte entgehen und der Medientheorie, der Mathematik und der formalen
Theorie.

Da haben wir es! Das gesellschaftlich längst mit Händen zu greifende Phänomen der digitalen Medien, die Transformation der digitalen Technik, wirkt. Seinen Hinter- und Untergründen aber – seiner konzeptionellen Geschichte und
seiner technischen Systematik – hoffen jene noch entgehen zu können, die vom
Phänomen angelockt werden. Das entspricht noch dem Befund der getrennten
Kulturen. Das Phänomen der digitalen Medien jedoch wird sich nicht wirklich
entfalten können, wenn »digitale Medien« als eine additive Anstrengung begriffen und betrieben würde, als eine der beliebten (und durchaus erfolgreichen)
Trennungen in Haupt- und Nebenfach. Die Schlacken der Herkunft aus der
Informatik einerseits, den Kultur- und Gestaltungsdisziplinen andererseits, müs-
sen abgestoßen werden.

Wir brauchen nicht wirklich in Sorge zu geraten. Die Leute, die an den Institutionen die Pläne schmieden und die Ordnungen erlassen, werden sich nicht
beliebig lange in den Bahnen bewegen können, die sie bisher ausgetreten haben.
Das Phänomen selbst verlangt aus sich heraus nach neuem Herangehen. Das
algorithmische Zeichen, das instrumentale Medium, die Semiotizität der Verhältnisse werden dazu führen, daß Inhalte *und* Formen der lernenden und leh-
renden Auseinandersetzung mit den digitalen Medien neu geprägt werden.
Seine Zeit wird das brauchen. Wie ohnehin die Hektik der Medientechnik in
einer Gemächlichkeit des Mediengeistes aufgefangen werden muß.

Es wird nicht ganzheitlicher werden als bisher auch schon. Was war denn ganzheitlicher als ein Studium und eine Praxis der grafischen Gestaltung? Was war
denn ganzheitlicher als ein Studium und eine Praxis der Mathematik? Wer
eindringen will, muß eng werden. Aber digitalen Medien liegt eine hochent-
wickelte Technik zu Grunde, die erstens von vornherein semiotisch geprägt ist
(Programmierung in allen Schattierungen); die zweitens absolute, abschließende
Präzision verlangt, da sonst nichts so funktioniert, wie es soll; die drittens relati-
vierende, offene Vagheit verlangt, da sonst nichts so erfahren werden kann, wie
die Menschen sich das wünschen.

Die Technik, die hier ansteht und aufgerufen ist, ist gekennzeichnet durch eine enge Verschränkung von Funktion und Umgang, von logischer Wahrheit also und emotionaler Erfahrung, von Objektivität und Subjektivität. Das eine kommt hier nicht *nach* dem anderen, als untergeordneter Nebenaspekt. Ich wiederhole: diese Zwangsläufigkeit, die innere Verschränkung liegt am Charakter des algorithmischen Zeichens, um dessen Konstruktion und Interpretation – also Gestaltung! – es geht.

Funktion und Umgang sind im Falle der Computer so eng miteinander verwoben, daß die Widersprüchlichkeit der beiden eine gemeinsame und gleichzeitige, eine kollektive und partizipative Entwicklung verlangen: eine neue, andere, aufgeklärte Art des Design also. Erste Zeugen davon hat John Brockman in einem Buch zusammengetragen.[32] Ein typischer Mensch dieser Art ist Mihai Nadin, dem die Schrift *A mind at work* gewidmet ist.[33] Für die universitäre Ausbildung hat sich Zimmerli[34] mit einem Kreis von Experten aus verschiedenen Gebieten dazu Gedanken gemacht, und es ist ja vielleicht kein Zufall, daß er seit den frühen Jahren des 21. Jahrhunderts mit der Gründung der Volkswagen Universität betraut ist. Der US-Bestseller *The rise of the creative class*[35] geht noch einen Schritt weiter: aus den Zirkeln der hochgestochenen Wissenschaftler in die Kreise des Alltages. Diese nämlich, so die soziologische Bestandsaufnahme, sind längst tangiert.

Eine Zukunft des Computers, von der harmlosen frühen Computerkunst her zu begreifen, liegt wohl in der *Eigenästhetik* des digitalen Medium als algorithmisches Zeichen. In ihm erlangt das Programm der Moderne einen weiteren Höhepunkt: die fortgesetzte Semiotisierung der Welt.

9

Mit einem Hinweis auf zwei Individuen möchte ich diese Anekdotensammlung abschließen. Auf zwei Künstler möchte ich verweisen, die vielleicht die dritte Kultur leben, ob sie das wollen und so sehen oder auch nicht. Auf zwei Künstler sei hingewiesen, die mit Computern erfolgreich Werke generieren, von deren Verkauf sie leben können. Sie sind anerkannt, haben ihren Platz vielleicht nicht an der obersten Spitze, aber doch an ordentlichen Plätzen der Kunstgeschichte. Sie betreiben ihre Produktion mit Computerhilfe seit Anfang der 1970er Jahre, also über einen gehörigen Zeitraum. Sie programmieren beide selbst, haben sich das Programmieren zum großen Teil selbst beigebracht.

Es gibt, will ich bis hierhin andeuten, starke Gemeinsamkeiten zwischen den beiden bzw. ihren Arbeitsweisen. Dazu kommt, daß sie beide über lange Zeiträume und beharrlich, also wohl radikal, ihrer selbst gewählten Frage nachgehen.

32. John Brockman (Hg.), *The third culture*. New York 1995.
33. Mercedes Villanova/Frederic Chordá (Hg.), *A mind at work*, Heidelberg 2003.
34. Walther Ch. Zimmerli (Hg.), *Wider die »Zwei Kulturen«*, Berlin u.a. 1990.
35. Richard Florida, *The rise of the creative class*, New York 2002.

Harold Cohen, *Portrait by Aaron*, Öl auf Leinwand, ca. 2001. Im Original farbig. Aaron ist der Name des Programms, das die Formen und Farben automatisch im Rahmen eines geschichteten komplexen Regelsystems bestimmt. Die Regeln sind von der Struktur »wenn S dann S«. Das Bild wird automatisch gemalt. Die hier gewählte Genre-Bezeichnung »Portrait« ist insofern falsch, als niemand gemalt wird.

Sie können diese Fragen formulieren, können sie erläutern und können an ihren bildlichen Gestaltungen Entwicklungen zu den Fragen zeigen. Sie arbeiten wissenschaftlich, wenngleich die Formen ihrer Hervorbringungen Tafelbilder sind und keine wissenschaftlichen Texte. Tafelbilder! Wie altmodisch, werden wir denken.

Der Unterschied zwischen den beiden Künstlern liegt in ihren Gestaltungen selbst, in der puren Ästhetik ihrer Bilder, aber auch in den Programmierungen dahinter. Der Unterschied liegt in den algorithmischen Zeichen, die Manfred Mohr und Harold Cohen schaffen.

Harold Cohen hat über dreißig Jahre hin ein Expertensystem geschaffen, das eine Zeichen- und heute eine Malmaschine steuert. Er hat umfangreiche Mengen von formalen Regeln erfunden, die bestimmte Arten des Zeichnens und Malens kontrollieren. Sein Programmsystem kann darauf angesetzt werden, ein Bild zu malen, das wir ohne jeden Zweifel zum Genre »Portrait« rechnen. Cohen verfolgt dabei ein Problem der Repräsentation: was braucht es an syntaktischem Material (Linien, Markierungen, Flecken), damit eine mindestens rudimentäre Semantik vom Betrachter entdeckt wird?[36]

Manfred Mohr hat über den fast gleichen Zeitraum hin eine Reihe von Programmen und mit ihnen Serien von Bildvariationen geschaffen, in denen er ein eng erscheinendes Thema aufs feinste erforscht: die Zerstörung der Symmetrie des Würfels. Er hat das zunächst am dreidimensionalen Würfel geleistet, an

36. Pamela McCorduck, *Aaron's Code. MetaArt, Artificial Intelligence, and the work of Harold Cohen*, New York 1991; Raymond Kurzweil, *The age of spiritual machines*, New York 1999; Donald Michie/Rory Johnston, *The creative computer. Machine intelligence and human knowledge*, New York 1984.

Manfred Mohr, *space.color. p.707* .
Endura Chrome auf Leinwand, 2001.
Im Original farbig. Das Programm
dieser Klasse von Bildern führt im
sechsdimensionalen Hyperwürfel
bestimmte Operationen aus, die dort
zu farbigen Flächen führen. Sie werden in den zweidimensionalen Bild-
raum projiziert. Mohr ist an dem
algorithmischen Hintergrund seiner
Bilderklassen interessiert.

jenem Gebilde also, das uns als Urtyp des dreidimensionalen Raumes geläufig ist.
Er hat die Komplexität dann steigern müssen und ist in die vierte, fünfte und
sechste Dimension gegangen zum einzigen Zweck, sich mit Verhältnissen visuell
auseinandersetzen zu können, die mathematisch beherrschbar und sofort auch
mental zu durchdringen sind, die aber der Anschauung entzogen sind. Jene
unanschaulichen Gebilde durchstreift der Mohrsche Geist mit dem Hilfsmittel
des Algorithmus, dem aufgetragen wird, Spuren aus dem sechsdimensionalen
Raum auf die zweidimensionale Bildfläche zu werfen. So entsteht algorithmisch
determiniertes Bildgeschehen, das große und immer neue Überraschung erzeugt.[37]

Beide Künstler gestalten also Bilder – Farben in Formen –, deren Einzelheiten
sie nicht beeinflussen, die sie auch gar nicht kennen und vorher bestimmen. Die
Randbedingungen aber kennen sie sehr genau, die Klassenmerkmale, die algorithmische Seite eben. Kunst wird von nun an vor allem in der Beschreibung der
Möglichkeiten von Klassen von Bildern zu suchen sein, nicht mehr primär im
einzelnen Bild.

Beide Künstler haben auf ingeniöse Weise einen Trend fortgesetzt, der die
moderne Malerei durchzogen hat: die Entfernung des Künstlers aus dem Werk.
Sie haben dabei ihren Einfluß nicht verloren, sie bleiben präsent. Am Werk
interessieren aber zunehmend die Ideen, nicht die Materialien. Die Zeichen
eben!

Vieles bliebe zu sagen, wer will das leugnen? Eine besondere Facette der
Zukünfte des Computers sind das Spiel, die Ästhetik, die Semiotizität aktueller
Weltentwürfe.

37. Marion Keiner/Thomas Kurtz/Mihai Nadin, *Manfred Mohr*, Weiningen/Zürich 1994;
Manfred Mohr, *space.color*. Katalog der Ausstellung im Museum für Konkrete Kunst, Ingolstadt
2001 (mit Text von Frieder Nake)

Margret Schwarte-Amedick

Von papierlosen Büros und menschenleeren Fabriken

30 Jahre »Kollege« Computer – Revolutionierung der Arbeit?

Mikroelektronik und Computer sind weit verbreitete und allgemein akzeptierte Elemente unserer Arbeitswelt und des Privatlebens geworden. Zwei von drei Erwerbstätigen arbeiten heute schon mit computergesteuerten Instrumenten, Maschinen oder Einrichtungen, und der persönliche Computer steht bereits bei der Hälfte aller Beschäftigten auf dem Arbeitsplatz. Darunter gibt es Berufsgruppen, die ohne den PC gar nicht mehr auskommen: In Planungs- und Laborberufen wird genauso wie in Verwaltungs- und Büroberufen die Arbeit zu 93% am Rechner erledigt.[1] Auch die Zahl der Menschen, die in ihrem Beruf überwiegend informationsbezogene Aufgaben erledigen, liegt heute schon bei 50% – mit steigender Tendenz.

Und doch ist die Selbstverständlichkeit, mit der wir Computer in unserem Arbeitsumfeld nutzen, noch ziemlich neu. Sie hat sich während nur eines Erwerbslebens etabliert. Als ich 1968 meine damals noch Lehre genannte Ausbildung in einer familiengeführten Drogerie begann, stand dort eine heute bereits urtümlich anmutende Holzkasse, in die man die Preise erst eintippen und dann die Kassenlade mit einem Hebel öffnen mußte. Kein Display zeigte das herauszugebende Wechselgeld an, man mußte schon gut im Kopfrechnen sein, wollte man nicht morgens die vorwurfsvolle Mitteilung des Chefs entgegennehmen, daß wieder ein Fehlbetrag – meist sehr geringen Ausmaßes – in der Kasse gewesen sei. Von Warenwirtschaftssystem konnte schon gar keine Rede sein. Die persönliche Kontrolle des Lagerbestandes, die auf Erfahrung beruhende Abschätzung der Menge der für den nächsten Tag benötigten Artikel und die Aufgabe der Neubestellung waren ein täglich von neuem ausgeübtes Ritual.

Auch beim Wechsel in das Einwohnermeldeamt einer öffentlichen Verwaltung hatte der Computer 1975 noch lange nicht Einzug gehalten. Jeder der 20.000 Einwohner der Kleinstadt war auf einer Karteikarte registriert, allesamt aufbewahrt in Reihen von Karteischränken und sorgfältig nach Alphabet sortiert. Blau waren die Karten für männliche, weiß für weibliche Personen und gelb die Karten, auf denen gleichsam in »doppelter Buchführung« alle Mitglieder eines Haushalts festgehalten waren – sauber geordnet nach Straßen und Hausnummern. Allmorgendlich wurde von jedem Einwohner, der sich per handausgefülltem Formular ab- oder umgemeldet hatte, die entsprechende Karte gezogen, mit der Schreibmaschine die neuen Daten eingetragen und die bearbeiteten Karten sorgsam wieder zurücksortiert. Das Alphabet gleichsam im Schlafe aufsagen zu

---

1. Bundesinstitut für Berufsbildung (BIBB) und Institut für Arbeitsmarkt und Berufsforschung (IAB) Erhebung 1998/1999: *Wandel der Erwerbsarbeit*.

können, war eine unerläßliche Selbstverständlichkeit für ein späteres Wiederauffinden.

Erst 1976 begann mit dem Anschluß an die GKD – die Gemeinsame Kommunale Datenverarbeitung des Kreises – das Computerzeitalter anzubrechen. Nun mußten alle auf den Karteikarten registrierten Personendaten auf einem Papier-Datenblatt verschlüsselt und zwecks Eingabe und Verarbeitung per Post an die GKD versandt werden. Etwas später gab es ein Datensammelterminal auch im Einwohnermeldeamt selbst, und die Daten wurden per Datenleitung an die GKD versandt. Es dauerte noch einige weitere Jahre, bis die Daten direkt im Haus verarbeitet werden konnten und sofort verfügbar waren. Bis dahin und noch einige Zeit darüber hinaus wurden alle Daten doppelt bearbeitet, elektronisch und per Karteikarte. Das Mißtrauen des Behördenleiters gegenüber der elektronischen Datenverarbeitung saß zu tief, als daß er auf seine Karteikarten hätte verzichten mögen.

Heute sind die Arbeitsaufgaben so sehr an Computer und Internet gebunden, daß ich in die Cafeteria gehen und einen Kaffee trinken kann, wenn am Netzwerk – aus welchen Gründen auch immer – für eine halbe Stunde gearbeitet werden muß.

In diesen ersten Jahren meiner Erfahrung mit der elektronischen Datenverarbeitung ist mir niemals der Gedanke gekommen, daß sie im »Büro der Zukunft« die Arbeit erleichtern, die Monotonie abschaffen, das Arbeitsleben humaner gestalten oder das Papier womöglich verschwinden lassen könnte.

Und doch wurden all diese und andere hochgesteckte Erwartungen seit den 1960er Jahren mit dem Computer verknüpft. Elektronengehirn, papierloses Büro, Telearbeit, intelligente Bildschirmarbeitsplätze, künstliche Intelligenz, menschenleere Fabrik, Cyberspace, Datenautobahn und Multimedia sind nur einige der Begriffe aus der Welt dieser Technologie, um die sich weitreichende Visionen rankten und immer noch fortspinnen. Die schnell voranschreitenden technischen Neuerungen in der Computertechnik lösten stets neue Euphoriephasen aus, denen auch immer wiederkehrende Ernüchterungen nichts anhaben konnten, wenn die in die Datenverarbeitung gesetzten Erwartungen regelmäßig nicht erfüllt wurden.

Rationalisierung – Minimalisierung oder Befreiung des Menschen?

Die nach dem zweiten Weltkrieg ausbrechende Computereuphorie und die mit den neuen Rechenanlagen verbundenen hochengesteckten, teilweise sogar utopischen Vorstellungen drückten sich in dem aufkommenden Begriff des »Elektronengehirns« aus. Er zeugte davon, daß der Computer als ein Gerät wahrgenommen wurde, das menschlichem Denken zumindest ebenbürtig, wenn nicht gar überlegen ist. Der technische Fortschrittsglaube gipfelte in der Erwartung, »die physische Arbeit der ganzen Welt« in Zukunft erledigen zu können.[2]

AUTOMATION UND GESELLSCHAFT

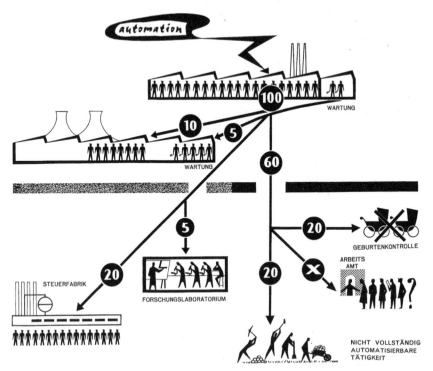

Eine Zukunft ohne Arbeitslosigkeit aus der Sicht von 1959

Dabei gab es schon seit Ende der 1950er Jahre, als Pionierfirmen erste Erfahrungen mit der elektronischen Datenverarbeitung machten, Stimmen, die deutlich aussprachen, was man sich von einer Computerisierung von Fabrik und Büro versprach: »Automation als Produktionstechnik hat zum Ziel, die menschliche Arbeitskraft in den Funktionen der Bedienung, Steuerung und Überwachung von Maschinen sowie der Kontrolle der Produkte so weit durch Maschinen zu ersetzen, daß vom Beginn bis zum Ende des Arbeitsprozesses keine menschliche Hand das Produkt berührt [...] wo die Methoden der Automation auf Büroarbeiten im weitesten Sinn angewandt werden, ersetzen sie den Menschen bei der Berechnung, Verbuchung, Statistik und Kontrolle der gewünschten Information«, schreibt Theo Pirker 1962.[3]

Der Sinn der Automation liegt nach dieser Auffassung allein in der Freisetzung von Arbeitskräften. Teure Büroarbeit soll durch weniger teure Maschinen ersetzt werden. Anfang der 1960er wurde noch mit dem von Jahr zu Jahr wachsenden Arbeitskräftemangel argumentiert, aber auch mit der zunehmenden

2. *Das rationelle Büro* 4(1953).
3. Theo Pirker, *Büro und Maschine*, Basel 1962, S. 146.

Frauen am Datenerfassungsterminal
bei BASF, 1978

Macht der Gewerkschaften, die eine Verstärkung der Rationalisierungsbestre-
bungen in den Verwaltungen durch elektronische Datenverarbeitung ratsam
erscheinen ließen.

In den 1970er Jahren erweiterte sich der Einsatz von EDV-Anlagen kontinu-
ierlich. Die Computeranwendung erzielte neben dem kommerziellen Sektor
nun auch in der öffentlichen Verwaltung den Durchbruch. Dabei standen
Rationalisierungsabsichten[4] von vornherein im Vordergrund. Nicht nur einfache Abrechnungsvorgänge wie Buchhaltung, Lagerwesen oder Gebühreneinzie-
hung und Renten-, Steuer-, Bußgeldbescheide, sondern auch Steuerungs- und
Planungsaufgaben wurden einbezogen. Weite Bereiche der ausführenden und
planenden Verwaltung wurden im großen Maßstab automatisiert. Voraussetzung dafür war, daß sich der Computer in den 1970er Jahren vom reinen
Arbeitsmittel zum flexiblen Organisationsinstrument entwickelt hatte, vom
»bloßen Substitut für das Arbeitspferd Tabelliermaschine zu seinem Status als
vielseitiges Gerät der Informationsverarbeitung«.[5]

Neben der Dequalifizierung eines großen Teils der operativen Arbeitsaufgaben
durch Standardisierung und Sequenzierung in Teilaufgaben und wachsender
Monotonie durch Routinisierung der Arbeitsabläufe – man denke z.B. an die
reinen Datenerfassungsaufgaben einer Datentypistin – führten die Rationalisie-
rungen durch die EDV nun erstmalig zum Personalabbau in einer Größenord-
nung, die ein Auffangen der freigesetzten Beschäftigten durch die Schaffung
neuer Arbeitsplätze nicht mehr ermöglichte.[6]

---

4.   Rationalisierung ist ein Begriff der betriebswirtschaftlichen Theorie und Praxis mit nicht
eindeutig abgegrenztem Begriffsinhalt. Im engeren Sinne versteht man darunter solche Maßnahmen, die der Produktivitäts- und Wirtschaftlichkeitssteigerung dienen (*Gabler Wirtschaftslexi-
kon*, S. 1148).
5.   Joseph Weizenbaum, *Die Macht der Computer und die Ohnmacht der Vernunft*, Frankfurt/M.
1978, S. 57.
6.   Peter Brödner/Detlef Krüger/Bernd Senf, *Der programmierte Kopf. Eine Sozialgeschichte der
Datenverarbeitung*, Berlin 1981, S. 102.

1978, nach dem Ölschock und einem ersten Einbruch von Massenarbeitslosigkeit, formulierte dann der französische Telematikspezialist Simon Nora den Schlüsselsatz: »Es ist die Aufgabe der Informatik schlechthin, Arbeitsplätze zu zerstören«.[7] Nach 1980 stieg im Gefolge des zweiten Ölschocks die Zahl der freigesetzten Arbeitskräfte steil an und verdreifachte sich innerhalb von drei Jahren. Seither ist Arbeitslosigkeit auf hohem Niveau ein brennendes gesellschaftliches Dauerthema geblieben. Ralf Dahrendorf brachte damals die anhaltende Massenarbeitslosigkeit mit der seit den 1960er Jahren einsetzenden verstärkten Rationalisierung auf der Basis neuer mikroelektronischer Techniken in Verbindung. Er wandte sich klar gegen die These des konjunkturellen Aufschwungs als Allheilmittel gegen Arbeitslosigkeit. Und auch der Bericht des Club of Rome beschäftigte sich 1980 mit dem Thema unter der Überschrift: »Auf Gedeih und Verderb – Mikroelektronik und Gesellschaft«.

Die gesellschaftlichen Folge- und Begleiterscheinungen des technischen Wandels durch die arbeitssparenden Wirkungen der Mikroelektronik sind seither unterschiedlich diskutiert und beurteilt worden. Begriffe wie »technologische Arbeitslosigkeit«, »menschenleere Fabrik« oder – positiv gewendet – »Fabrik 2000« und »Fabrik der Zukunft« fanden Eingang in die Diskussion. Sie standen als Synonym für Fluch oder Segen der EDV-Technik, für das Ende der Vollbeschäftigung oder die Befreiung von der Arbeit, für den Weg in die Armut oder ins Paradies. Die unumkehrbaren Auswirkungen des Computers auf die Arbeit setzten Debatten nach neuen Entwürfen in Gang, wie der mit immer weniger Arbeitsstunden produzierte gesellschaftliche Reichtum verteilt werden sollte, nach einem Verteilungsschlüssel jedenfalls, der nicht mehr allein auf dem Faktor Arbeit beruhen konnte.

Nachdem das Ende der Arbeitsgesellschaft[8] durch die Mikroelektronik diagnostiziert worden war, verlagerten sich unter dem Eindruck anhaltender Massenarbeitslosigkeit, zunehmender Staatsverschuldung und der Streichung von sozialen Leistungen Ende der 1990er Jahre die Hoffnungen auf neue Arbeitsplätze ausgerechnet auf eben diese zunehmend vernetzbaren Technologien und die mit ihnen auszuführenden Dienstleistungen. Nun sollten die neuen Informations- und Kommunikationstechniken einen regelrechten Beschäftigungsboom auslösen. Multimediale Hard- und Software, virtuelle Unternehmen und Teleworking hießen nun die Schlagworte, die für neue Wachstumspotentiale und grundlegende Veränderungen in Wirtschaft und Arbeitswelt standen. Das Ifo-Institut für Wirtschaftsforschung prognostizierte 1996, daß die IT-Branche bis zum Jahre 2010 bis zu sechs Millionen zusätzliche Arbeitsplätze in Europa schaffen würde, wenn es gelänge, die internationale Wettbewerbsfähigkeit zu verbessern.[9]

Euphorie machte sich in der »new economy« breit, Multimedia- und Internetfirmen schossen wie Pilze aus dem Boden. Das Internet wurde als idealer

---

7. zitiert nach Ulrich Briefs, *Mythos Informationsgesellschaft*, www.linksnet.de, 22.01.2004.
8. Jeremy Rifkin, *Das Ende der Arbeit und ihre Zukunft*, Frankfurt a.M. 1997.
9. Herbert Hoffmann/Christoph Saul, *Qualitative und quantitative Auswirkungen der Informationsgesellschaft auf die Beschäftigung*, Arbeitsgruppe Ifo-Institut für Wirtschaftsforschung, München 1996.

Marktpartner propagiert: »Aus Geschäftsbeziehungen wird E-Business, und die Geschwindigkeit wird der wesentliche Wettbewerbsvorteil [...] für den neuen agilen Unternehmer«, heißt es 2000 in der Einladung eines Fortbildungsinstituts zu einem Vortrag zur Zukunft der Arbeit. Die Börse erlebte einen ungeahnten Boom, was die Erwartungen an neue Beschäftigungsmöglichkeiten ins Unermeßliche steigen ließ. Auch diese (durch einen überhitzten Aktienmarkt geschürten) hochfliegenden Hoffnungen sind mit Platzen der Börsenblase und mit dem massenhaften Sterben der neuen Internetfirmen verflogen.

Es bleibt die ernüchternde Wahrheit, daß auch neu geschaffene Arbeitsplätze im Zeitalter der Informationstechnologien leicht in Billiglohnländer verlagert werden können, und daß zahlreiche Arbeitsplätze in der Datenverarbeitung schlecht bezahlte Routinetätigkeiten sind, die von »den Fußsoldaten der Informationsgesellschaft« geleistet werden, die weltweit in »Hinterzimmern« an mit Datenbanken verbundenen Computerterminals sitzen.[10]

Entbürokratisierung – Kommt das papierlose Büro?

»Das papierlose Büro ist genau so weit weg wie das papierlose Klo.« Auf diesen prägnanten Nenner brachte Heinrich von Pierer, Chef bei Siemens, Anfang 2000 seine Meinung, als er nach dem Grad der Verwirklichung des papierlosen Büros befragt wurde.

Die Vision vom papierlosen Büro ist ein Dauerthema der IT-Branche. Seit den frühen 1970er Jahren wurde es unermüdlich und ständig von neuem beschworen, und zur jeweils nächsten Messe wurde immer wieder einmal der endgültige Durchbruch angekündigt. Dabei war die Technik in den 1970er und 1980er Jahren noch weit entfernt davon, diesen Anspruch auch nur annähernd einlösen zu können. Es fehlte ebenso sehr an Speicherkapazitäten wie an einer problemgerechten Software.

So scheint in der Vision vom papierlosen Büro zunächst vornehmlich die Sehnsucht wirksam zu werden, der täglich auf dem Schreibtisch landenden Flut von papiernen Briefen, Faxen, Anweisungen, Mitteilungen oder Gesprächsnotizen Herr zu werden. Der Wunsch nach dem papierlosen Büro entpuppt sich somit eigentlich als Wunsch nach Entbürokratisierung, also danach, Bürokratie zurückzudrängen, Verwaltungsabläufe zu minimieren, Vorschriften und Regelungen zu beschneiden und flachere Hierarchien einzuführen. Die Erfüllung des Verlangens nach einer Vereinfachung des Lebens, nach mehr Ordnung, Übersichtlichkeit und Effizienz, wurde und wird immer von neuem in die neuen Informationstechnologien projiziert.

Erkennen läßt sich das in einem Vergleich verschiedener Darstellungen von Büroarbeit. Ob Cartoons, Bilder oder Filme, sie alle zeigen den früheren Büro-

---

10. *FIFF-Kommunikation*, 4(1997): »Computer und Arbeit«, S. 16-40, hier S. 17.

Papierlose Büro-
arbeit in der
Werbung, 2004

menschen im Chaos: Überquellende Schreibtische und Ablagen, Berge von Schriftstücken, in denen Merkzeichen stecken, Aktenordner oder unter Papier begrabene Telefone, Bücher, Bleistifte und Radiergummis. Glaubt man dagegen heutigen Fotos, so sehen moderne Büros völlig anders aus: gestylte junge Männer und Frauen sitzen in hellen Büros mit glatten Wandflächen und leeren Tischen. Konzentriert blicken sie auf einen Großbildschirm, in der Hand eine Maus oder einen elektronischen Stift, der jede Bewegung auf den Bildschirm überträgt. Es sind funktionale Arbeitsgeräte und Arbeitsräume, in denen es keine versteckten Winkel gibt und Individualität keinen Platz hat. Wer in diesen Büros arbeitet und woran gearbeitet wird, ist anonymisiert – mit der Realität in einem Großteil der heutigen Büros haben diese Szenarien allerdings noch immer nicht viel gemeinsam.

Hier wird ein Bild aufgegriffen, das seit Beginn der Bemühungen, Rationalisierung auch in der Kopfarbeit (also in den Büros) einzuführen, von den Unternehmen auch in der Bewerbung ihrer Produkte immer wieder aufgegriffen wird: verstaubte Büroarbeit in muffigen Arbeitsräumen mit chaotischer Organisationsstruktur versus moderne Übersichtlichkeit, Beamtenmentalität kontra agiles Jungunternehmertum.

Schon 1912 mahnte die französische Zeitschrift *Mon Bureau* ihre Leser: »Wenn Sie mehr Gewinn machen wollen, sollte Ordnung in Ihrem Büro sein«.[11] Ganz explizit greift auch der Werbespot eines deutschen Computerherstellers von

11. Elisabeth Pelegrin-Genel, *Büro. Schönheit – Prestige – Phantasie*, Köln 1996, S. 195.

Transportable Büros für moderne »Büronomaden«, 2004

1983 mit dem Titel: »Das Ende von Tohuwabohu« dieses Motiv auf. Ein hemds-
ärmeliger Vertriebsmitarbeiter mit aufgelöstem Krawattenknoten versucht verzweifelt aus seinem Aktenberg die richtigen Tabellen herauszusuchen, um seinem Chef am Telefon die neuesten Verkaufszahlen mitzuteilen. Immer wieder
muß er sich entschuldigen, weil er nicht die neuesten Zahlen findet. Da kommt
ihm Geisterhand zu Hilfe: Sie schneidet die Strippe des Telefonhörers durch,
stellt einen Computer auf seinen Tisch und reicht ihm ein digitales Telefon. Der
Vertriebsmitarbeiter nimmt es freudig entgegen, richtet sich seine Krawatte
ordentlich und liest dem Chef mit sicherer Stimme nun endlich die neuesten
Verkaufszahlen vom Computer ab.

Erste Versuche, solches Informationsmanagement auch auf politischer Ebene
durchzusetzen, begannen in den USA mit dem »Paperwork Reduction Act« von
1980. Dieses Gesetz zur Informationspolitik der USA sollte eine bessere Planung,
Organisation und Evaluierung des Umgangs mit Informationen im öffentlichen
Bereich auf den Weg bringen. Schon 1975 befand eine eigens dafür eingesetzte
Kommission, daß »die schwere Last der Schreibarbeit, die Firmen und Privatper-
sonen von der Bundesregierung auferlegt wurde« auf den Fehler zurückzuführen
sei, daß man Information und das Management von Informationen nicht als Ver-
mögenswert erkenne.[12] Mit dem 1980 eingeführten Gesetz zur Verminderung

---

12. Rolf Alexander Teubner, *Informationsmanagement. Disziplinärer Kontext, Historie und Stand
der Wissenschaft*, Arbeitsbericht Nr. 82 des Instituts für Wirtschaftsinformatik, Münster, Februar
2002, S. 22.

der Schreibarbeit wurden die amerikanischen Bundeseinrichtungen unter anderem verpflichtet, eine offizielle Person zu ernennen, die verantwortlich für die Informationspolitik des Bundes einschließlich der Planung, Budgetierung, sowie für die Verwendung und die Verteilung von Informationen war. Per Erlaß wurde das Ziel ausgegeben, innerhalb von zwei Jahren – also bis 1982 – den Papierausstoß der Regierung um 15% und im darauf folgenden Jahr noch einmal um 10% zu reduzieren. Um dies zu erreichen, setzte man erstmalig explizit auf die Computertechnik. Tatsächlich wurde zunächst auch eine Reduzierung der Papiermengen um 40% in den Regierungseinrichtungen erreicht.

Doch trotz dieses frühen Anspruchs, die Papiermengen drastisch zu verringern, standen erst in den 1990er Jahren die nötigen Technologien als Massentechnik zur Verfügung, mit denen die Vision vom papierlosen Büro eine Chance haben könnte, in die Realität umgesetzt zu werden. So ist das Speicherproblem soweit gelöst, als es möglich ist, die in Papier gegossene Hinterlassenschaft eines beruflichen und privaten Lebens[13] auf einem Notebook zu speichern und mit sich zu führen. Mit Tablet-PC und PDA haben sich auf dem Markt – zum Teil erst im zweiten oder dritten Anlauf – Geräte durchgesetzt, die klein genug sind, um sie ständig mit sich zu führen und die zudem wie Papier und Bleistift zu handhaben sind. Jahrelange wissenschaftliche Bemühungen haben zudem Software hervorgebracht, die in der Lage ist, den virtuellen Raum für die Arbeit ohne Papier zu schaffen – also den Schreibtisch auf dem Computer abzubilden. Die technischen Probleme gelten demnach als gelöst.

Warum ist aber trotz des Siegeszugs des Computers in der Verwaltung des Schriftverkehrs der Papierverbrauch in unseren computergestützten Büros nicht gesunken? Zahlen belegen, daß sich stattdessen der Papierverbrauch in den Büros seit den 1980er Jahren weltweit etwa verdoppelt hat. Die Einführung der elektronischen Post hat diesen Trend sogar noch verstärkt, denn nur ca. 7% aller Nutzer lesen ihre elektronische Post direkt am Bildschirm. Nach einer Schätzung des *Wall Street Journal* von 1998 stieg mit der E-Mail die Anzahl der Ausdrucke in den Unternehmen um etwa 40%. Allein in Deutschland wächst dadurch der Papierverbrauch ungeachtet aller digitalen Dokumente nach Angaben von *Minolta Deutschland* jährlich um 20%.

Die der Idee vom »papierlosen Büro« zugrunde liegende Annahme, es müßten nur die technischen Möglichkeiten geschaffen zu werden, um die Verwaltung zu entbürokratisieren und den Büromenschen von der Papierflut zu befreien, hat sich als unhaltbar – wenn nicht sogar als naiv – erwiesen. Als Gründe führt die Zeitschrift *ident, Fachblatt für Automatische Datenerfassung und Automation* in ihrer Ausgabe vom März 2002 an: »Im 21. Jahrhundert wirkt Papier als Kommunikationsmittel veraltet. Papier hat aber einen entscheidenden Vorteil: Es ist unabhängig von unterschiedlichen Computerplattformen, überall verfügbar und damit als Informationsträger aus unserer modernen Welt auch langfristig nicht wegzudenken«.

---

13. Ludwig Nastansky, Universität Paderborn, persönliche Mitteilung vom 23.2.2004.

Zudem hat Papier eine noch immer unerreichte Benutzerfreundlichkeit. Man kann im Gegensatz zum Bildschirm leicht mehrere Dokumente »nebeneinander überblicken und bearbeiten. Papier kann man mit Händen angreifen, schnell ergänzen, hervorheben oder mit Notizen versehen«.[14]

Hinzu kommt, daß sich die »Verwaltungsabläufe radikal ändern müßten, doch die meisten Büros stecken auch heute noch hoffnungslos in veralteten Abläufen fest«, obwohl es seit etwa 1975 auch in Deutschland nicht an Bemühungen fehlte, sich vermehrt dem Problem der computerbasierten Umgestaltung der Arbeitsplatzorganisation sowie der effektiven Anwendung der Informations- und Kommunikationstechnologien – Informationsmanagement genannt – zu widmen.[15]

Der Umgang mit Papier hat jedoch eine Jahrhunderte alte Tradition. Unsere Kultur ist geprägt durch die im 5. Jahrhundert v. Chr. in Griechenland eingeführte Schriftkultur – die wiederum die bis dahin vorherrschende Sprachkultur innerhalb kürzester Zeit ablöste. Auf Papier festgehaltene Schrift, Buch und Bibliothek haben unsere kulturelle Identität so sehr geformt, daß eine völlige Loslösung hiervon nicht nur massive Rückwirkungen auf Büros und Verwaltungen hätte. Sie brächte vielmehr eine radikale Änderung unserer Kommunikationsstrukturen und damit unserer Kultur und wahrscheinlich sogar unserer Gesellschaftsordnung.

So sind die wenigen pionierhaften papierlosen Büros der 1980er Jahre bisher Einzelfälle geblieben. Erst heute versuchen vor allem neu gegründete Unternehmen aus der IT-Branche, die noch nicht den Ballast einer festgefahrenen Verwaltungsstruktur mitschleppen müssen, teilweise die inzwischen vorhandenen Kommunikationstechnologien für eine papierarme und entbürokratisierte Arbeitsumgebung einzusetzen.

Die Rationalisierung der Büros ist mit Hilfe von EDV-Technik und elektronischer Post dagegen weit fortgeschritten. Laufzeit von Informationen und Bearbeitungsvorgänge haben sich entscheidend verkürzt, sind also kundenfreundlicher und dienstleistungsorientierter geworden. Und so gibt es in Unternehmen und öffentlicher Verwaltung inzwischen Ansätze, die für Bürger und Bürokraten einen Gewinn an Nutzen und Effizienz versprechen. So lassen sich heute bereits Einkommensteuererklärungen per E-Mail an die Finanzämter übermitteln und das Finanzgericht Hamburg hat im Mai 2002 als erste Rechtsinstitution in Deutschland ein Internet-Gericht eingerichtet. Damit können die Hamburger nun ihre Klagen elektronisch per E-Mail einreichen, und die Richter können das darauf folgende Verfahren komplett digital abwickeln. Voraussetzung dafür war die Anerkennung der digitalen Signatur als Alternative zur Unterschrift auf Papier. Von dem noch in der Testphase befindlichen Projekt verspricht man sich eine Beschleunigung der Verfahren, vor allem aber Vorteile bei kurzen Nachfragen von Klägern. Anstatt die Papierakte aus der Geschäftsstelle kommen zu lassen, kann der Richter die Unterlagen auf dem Bildschirm einsehen.

14. Wolf Rauch, *Wo bleibt das papierlose Büro?*, Vortrag vor der Deutschen Handelskammer in Graz/Österreich im Mai 2001.
15. Rolf Alexander Teubner, *Grundbegriffe und Historie des Informationsmanagements*, München 2002.

Ob sich solche Strukturen durchsetzen lassen, hängt auch von den Nutzern ab. Noch bestehende Zurückhaltung bei Rechtsanwälten und Steuerberatern wird mit einem grundsätzlichen Problem erklärt: »Wenn das Papier wegfallen soll, muß die gesamte Organisation einer Kanzlei umgestellt werden. Und das passiert eben nicht von heute auf morgen.«[16]

Wegen eben dieser Barrieren wird das papierlose Büro noch auf unabsehbare Zeit eine Utopie bleiben. Denn um zu einer papierarmen Büroorganisation zu kommen, müssen zunächst verkrustete Unternehmensstrukturen aufgebrochen werden. Diese Erfahrung beschrieb auch einer der Pioniere auf diesem Gebiet, der Hörgerätehersteller *Oticon* in Kopenhagen im Jahre 2002. Anfang der 1990er Jahre wurde die gesamte Organisationsstruktur umgestellt, ganze Abteilungen wurden geschlossen und die festen Arbeitsplätze der Mitarbeiter zu Großraumbüros mit flexiblen Roll-Containern umorganisiert. Das zwang nach Aussagen des Unternehmens zu Papierdisziplin und sollte zudem die gewollte direkte Kommunikation zwischen den Mitarbeitern fördern.[17]

An den hier beschriebenen Umsetzungen in der Praxis lassen sich noch einmal die kritischen Punkte zusammenfassen, an denen das papierlose Büro oft scheitert. Noch hat Papier gesellschaftlich akzeptierte Sicherungs- und Legitimationsfunktionen. Der Unterschrift auf dem Papier wird noch mehr Vertrauen entgegengebracht als der digitalen Signatur. In Akten archivierte Dokumente sind auch noch nach Jahren verfügbar. Von elektronischen Datenträgern läßt sich das bisher noch nicht sagen. Eine papierarme Verwaltung braucht schlankere Verwaltungsstrukturen, eine Technologie, die den Kontext eines Schreibtisches abbildet und Mitarbeiter, die zu Teamarbeit bereit und fähig sind. Denn nicht zuletzt funktioniert ein Unternehmen nur über die Kommunikation der Mitarbeiter. Wissensaustausch und Information sind soziale Aktivitäten, die einen realen Ort und persönlichen Kontakt brauchen.

Diesen realen Ort der Arbeit und den persönlichen Erfahrungsaustausch unter Kollegen sahen viele Kritiker gefährdet, als eine neue Form der Arbeitsorganisation auf der Basis neuer Kommunikationstechniken in die Diskussion kam. Das Modell der Telearbeit fand auch von politischer Seite starke Unterstützung als Chance für mehr Produktivität, Beschäftigung und Ökologie.

Flexibilität des Menschen –
Telearbeit ein Arbeitsmodell der Zukunft?

Keine langen Arbeitswege, keine morgendlichen Staus in den Städten, keine verstopften Autobahnen und überfüllte Züge, keine quengelnden Kinder, die vor der Arbeit noch schnell in den Kinderhort gebracht werden müssen. Mit diesen Argumenten versuchten Befürworter der Teleheimarbeit, Akzeptanz für diese Arbeitsform zu schaffen.

16. *Mensch und Büro*, 2(2003), S. 16.
17. *Paper News* 25 (2002), S. 25.

Heimarbeit aus der Sicht des Jahres 1978

Als die Computerindustrie Ende der 1970er Jahre begann, Telefon-, Unterhaltungs- und Computertechnik zu den »Neuen Medien« zu verschmelzen und die Kommunikation mit Computer und Datenleitung vom Wohnzimmer aus möglich wurde, kündigte sich eine neue Form der Heimarbeit an. Wer mit EDV arbeitete, konnte dies mit einem Terminalanschluß auch von zu Hause aus tun. Unternehmen versprachen sich eine Reihe von Vorteilen, vor allem Kostenersparnisse durch die Reduktion von Büroflächen, Mieten und Energie, flexiblere Arbeitszeiten und höhere Arbeitsproduktivität der Mitarbeiter durch freiere Möglichkeiten der Zeiteinteilung.

Anfang der 1980er Jahre ging der Trend noch in Richtung der vollständigen Verlegung von Telearbeitsplätzen in die Wohnung mit der Verrichtung einfachster Datenerfassungsarbeiten. Dies änderte sich jedoch in den 1990er Jahren zu alternierender Telearbeit – gekennzeichnet durch den Wechsel von Arbeit im Betrieb und Arbeit zu Hause – mit häufig auch hochqualifizierten Arbeiten. Insbesondere bei Kundendienst- und Vertriebsmitarbeitern hat in den letzten Jahren eine große Veränderung in ihrer Arbeitsstruktur stattgefunden. Sie sind zu mobilen Telearbeitern geworden, denn aufgrund der technischen Entwicklungen der letzten Jahre können sie mit Laptop und Handy ihr Arbeitswerkzeug ständig bei Kundengesprächen mit sich führen. Dies hat dazu geführt, daß viele Vertriebsmitarbeiter nur noch ein bis zweimal in der Woche ihr Büro aufsuchen müssen. IBM stellte 1993 bei einer Untersuchung fest, daß ihre Verkäufer 30% ihrer Arbeitszeit beim Kunden, 12% für Fahrten und 24% mit Büroarbeit am

Heimarbeit aus der Sicht des Jahres 2004

Arbeitsplatz im Unternehmen verbrachten.[18] Nach einer Studie von *Empirica* aus dem Jahre 2002 boomt die Telearbeit europaweit, allerdings ganz anders als vorhergesagt. Allein zwischen 1999 und 2002 hat sich die Zahl der Telearbeiter in Europa auf gut 20 Millionen verdoppelt. Mit sechs Millionen Telearbeitsplätzen hat sich die Anzahl in Deutschland sogar verdreifacht. Diese Zahl entspricht einem Anteil an den Erwerbstätigen von 16,6%.[19] Es sind aber keineswegs die

18. Pelegrin-Genel, a.a.O., S. 209.
19. Norbert Kordey, *Verbreitung der Telearbeit in 2002. Internationaler Vergleich und Entwicklungstendenzen*, empirica, Gesellschaft für Kommunikations- und Technologieforschung mbH, Bonn, September 2002, S. 7.

klassischen häuslichen Telearbeitsplätze, die diesen stürmischen Anstieg verursacht haben, sondern zum einen die als mobile Telearbeiter Beschäftigten, die einen erheblichen Teil ihrer Arbeitszeit unterwegs auf Geschäftsreisen oder beim Kunden verbringen und dabei per Laptop und Internet Zugriff auf das Computernetzwerk ihrer Firmen haben und zum andern die Freelancer und Selbständigen, die meist von ihren Kleinstbüros zu Hause aus per Internet für ihre Kunden und Auftraggeber arbeiten. Entsprechend sind diese Telearbeiter im Gegensatz zu den Anfängen in der Regel hoch qualifiziert. Hier hat die schnelle Verbreitung der neuen Techniken wie E-Mail, Notebook mit Internetzugang oder Handy eine neue Arbeitsform begünstigt, wie sie 1976 noch nicht abzusehen war. Damals prägte Jack Nilles unter dem Eindruck der Ölkrise von 1973 den Begriff »Telecommuting«.[20] Er stand für ein verkehrs- und energiepolitisches Konzept und meinte das Transportieren der Arbeitsaufträge und -aufgaben mittels digitaler Medien zum Menschen statt des täglichen Pendelns des Menschen zum Arbeitsplatz. Aber auch die von den Unternehmen zunehmend geforderte Flexibilität der Arbeitszeiten, größere Kundennähe und Dienstleistungsbereitschaft sowie die größere, zum Teil nicht ganz freiwillige Selbständigkeit schlägt sich in diesen Zahlen nieder.

Die klassische häusliche Telearbeit hat sich dagegen in Deutschland – aber auch in anderen europäischen Ländern – so gut wie nicht durchgesetzt, obwohl sie bis heute von der Öffentlichkeit als die typische Form wahrgenommen wird und auch immer noch im Mittelpunkt von Fachdiskussionen in der Wissenschaft, in Arbeitnehmer- und Arbeitgeberverbänden und in der Wirtschaftspolitik steht. Kordey[21] hat in seiner Studie nach wie vor ein großes Interesse der Erwerbstätigen an dieser Arbeitsform festgestellt. Als Grund wird an erster Stelle die Möglichkeit angegeben, seine Arbeitszeit flexibler zu gestalten. Weitere häufige Motive waren die ruhigere Arbeitsumgebung, die Reduzierung der Pendelfahrten und die bessere Vereinbarkeit von Familie und Beruf bei Frauen.

Doch trotz der politisch propagierten und bei den Berufstätigen auch so wahrgenommenen Vorteile für Arbeitnehmer, Unternehmen, Umwelt und Verkehr sind frühere optimistische Prognosen der Zukunftsforscher über eine schnelle Ausbreitung der Teleheimarbeit nicht eingetroffen. So sind die Staus in den Ballungszentren nicht geringer geworden und noch immer gerät der Weg an den Arbeitsplatz gerade in den Großstädten für Millionen Pendler zur täglichen Odyssee.

Die Studie kommt zu dem Urteil, daß es die Unternehmen sind, die eine größere Verbreitung verhindern. Sie sind zwar bereit, ihre Computersysteme für den Fernzugriff durch meist hochqualifizierte Beschäftigte zu öffnen, zögern aber noch immer, ihren Mitarbeitern zu gestatten, ganze Tage von zu Hause aus zu arbeiten. Die Gründe hierfür lassen sich nur vermuten. Mißtrauen gegenüber der Eigenverantwortlichkeit der Mitarbeiter und ein daraus resultierendes

---

20. Jack Nilles (Hg.), *The Telecommunications-Transportation Trade off: Options for tomorrow*, New York 1976.
21. Kordey, a.a.O., S. 46.

Bedürfnis nach Kontrolle mögen hier ebenso mitspielen wie die mangelnde Bereitschaft, alte Strukturen aufzubrechen.

So muß in den Unternehmen noch einiges geschehen, wenn die »Büros der Zukunft« und der sie bewohnenden »Büronomaden« Teil unserer Arbeitsrealität werden sollen, die einer dieser Visionäre so beschreibt: »Das Unternehmen ist so etwas wie ein Reisender, der seinen Heimatort doch nie verläßt. Deshalb sollte es zumindest virtuell überall sein, um seine Mittel, sein Know-how, seine Erzeugnisse und seine Kunden besser handhaben zu können. Der Mensch ist heute zum letzten Glied einer vernetzen Gesellschaft geworden, in der sich unsere Zeit in ein Privat- und ein Berufsleben aufteilt, zwischen denen keine klare Trennung mehr besteht. Wir sind zu elektronischen Nomaden geworden, zu Zappern zwischen Arbeitsprogrammen, die die unterschiedlichsten Orte und Aufgaben umfassen.«[22]

Exakter, schneller, flexibler –
Braucht die »menschenleere Fabrik« nur noch Maschinen?

Die Vision vom papierlosen Büro in der Verwaltung findet in der Industrie mit der »vollautomatisierten menschenleeren Fabrik« ihr Gegenstück. Anfang der 1980er Jahre war die Diskussion voll entbrannt. Werden in modernen Fabriken Menschen keinen Platz mehr haben? Diese Frage bestimmte die Auseinandersetzung um die Zukunft einer durch die elektronische Datenverarbeitung geprägten Produktionstechnik. Fahrerlose Fahrzeuge, die scheinbar geisterhaft durch menschenleere Fertigungshallen gleiten, entsprachen diesem Bild. Der (Industrie-)Roboter als universeller Helfer oder als Ersatz des Menschen – je nach Einstellung der Apologeten – war ein jahrelang verkündeter Traum in zahlreichen Diskussionen, Büchern, Filmen und Kongressen: Fortschrittsideal für die einen, Herrschaft technisch-bürokratischer Apparate für die anderen.

Unter dem wachsenden Druck des internationalen Wettbewerbs, einer ständig kürzer werdenden Lebensdauer der produzierten Waren und steigender Ansprüche der Käufer an die Individualität der Produkte standen die Unternehmen vor der Frage, wie sie die Produktionsabläufe effizienter und flexibler gestalten könnten. Die Lösung dieser Probleme versprach man sich von den neuen CIM-Konzepten. Die Verfechter des »Computer Integrated Manufacturing« sahen menschenleere Fabrikhallen voraus, in denen Industrieroboter rund um die Uhr die Produktionskapazitäten auslasteten. Alle Bereiche der industriellen Fertigung wie Entwicklung, Konstruktion, Planung, Fertigung und Qualitätskontrolle sollten nach diesem Konzept miteinander verknüpft werden und auf eine gemeinsame Datenbasis zurückgreifen können. Computer sollten also die bisherigen Funktionsbereiche und Abteilungsgrenzen überwinden helfen. Erste nennenswerte Einsätze der Automation begannen in Europa Anfang der 1970er Jahre. Zehn Jahre später, Anfang der 1980er Jahre, waren Teillösungen in unter-

---

22. Dennis Ettinghoffer, zit. nach Peregrin-Genel, a.a.O., S. 218.

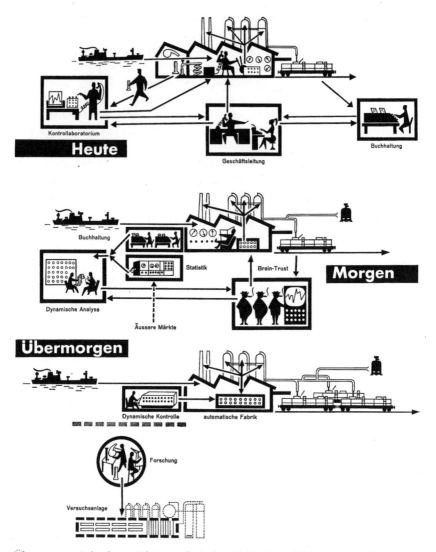

»Übermorgen wird es keine Arbeiter mehr in der Fabrik geben« (Vision aus dem Jahr 1959)

schiedlicher Ausprägung erreicht. Etwa 7.000 Industrieroboter waren europaweit im Einsatz.[23] Rechnergestützte Konstruktion, rechnerunterstützte Fertigungsplanung und Qualitätssicherung, von Rechnern gesteuerte und überwachte Werkzeugmaschinen im technischen Bereich und zunehmend mit Computern ausgestattete Büros in der betrieblichen Administration ließen »Automatisierungsinseln« in den Unternehmen entstehen.

23. Rolf Schraft, IPA Stuttgart, 1982

Doch obwohl in den nachfolgenden Jahren die Automation immer weiter vorangetrieben wurde und die Nutzerquote hoch automatisierter Produktionsmittel stetig wuchs, setzte sich das CIM-Konzept der völligen Vernetzung aller Produktions- und Verwaltungsabläufe letztendlich nicht durch. Es fehlte in den 1980er Jahren noch an Rechnerleistung, standardisierten datentechnischen Systemen und Softwarekomponenten sowie technischen Lösungen, um Industrieroboter mit mehr Flexibilität und Sensibilität auszustatten. So war die Sensortechnik noch nicht so weit fortgeschritten, um Industrierobotern das »Fühlen« und »Sehen« und damit das Unterscheiden beizubringen. Vor allem aber die komplizierte Aufgabe, eine den neuen Technologien entsprechende Arbeitsorganisation aufzubauen mit oft gegensätzlichen Auswirkungen auf ökonomische, technische, qualitative oder humane Zielvorstellungen, führten dazu, daß eine Integration aller Automatisierungsinseln zu einem geschlossenen System des Datenflusses vom Auftragseingang bis zur Produktauslieferung nur in wenigen Unternehmen konsequent durchgeführt werden konnte, wie zum Beispiel die Halle 54 bei Volkswagen in Wolfsburg.

Heftig diskutiert wurden Anfang der 1980er Jahre aber nicht nur die technischen und betriebswirtschaftlichen Konsequenzen, sondern auch die sozialen Auswirkungen voll automatisierter Produktionsweisen, wie etwa die künftige Gestaltung und der Wert menschlicher Arbeit oder die Beschäftigungssituation. Zwei Argumente wurden dabei immer wieder angeführt.

Einerseits rechtfertigte man die Entwicklung kapitalintensiver Produktionsverfahren mit dem Argument, daß der Einsatz des Menschen im Produktionsprozeß als kostspielig und fehleranfällig im Sinne von »Unberechenbarkeit« dargestellt wurde. Der Robotereinsatz in der Industrie war damit aktueller Ausdruck für Maßnahmen nach dem ökonomischen Rationalprinzip, dessen Leitgedanke es ist, ein bestimmtes Ziel mit minimalem Mitteleinsatz zu bewältigen. Dies bedeutete in letzter Konsequenz eine »Fabrik ohne Arbeiter«. Menschliche Energie und Intelligenz waren damit aus dem Produktionsprozeß ausgeschaltet. Nur vereinzelt wurde damals schon darauf hingewiesen, daß eine solche Argumentation nicht nur die menschliche Intelligenz unterschätzt, sondern auch die Kosten und die Komplexität, um diese zu ersetzen.[24]

Andererseits wurde das Ersetzen von Menschenarbeit durch Maschinenarbeit als wesentlicher Teil einer Humanisierung des Arbeitslebens interpretiert, der den Menschen von monotonen oder gar gefährlichen Tätigkeiten befreien sollte. Eine liberale Sichtweise stellte es sogar als wünschenswert hin, den Menschen ganz von jeglicher Arbeit zu befreien.

Hans-Jürgen Warnecke, Professor am Fraunhofer-Institut für Produktionstechnik und Automatisierung (IPA) faßte 1986 die Diskussion vorsichtig zusammen und gab eine Prognose: »Automatisierung setzt zweifellos Arbeitskräfte frei. Sie hat aber auch positive Auswirkungen, indem sie den Menschen von der Bindung an die Maschinen und von ungünstigen Arbeitsbedingungen befreit und die Qualität der Produkte steigert [...] Mit der Industriegesellschaft wird ähnli-

---

24. Wolfgang Coy, *Industrieroboter. Zur Archäologie der zweiten Schöpfung*, Berlin 1985.

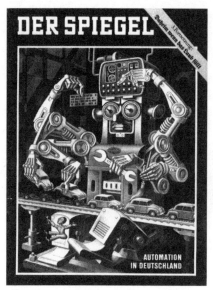

»Automation in Deutschland«, Titelgeschichte
des SPIEGEL vom 14. April 1964

ches passieren wie mit der Agrargesellschaft. Es werden sehr wenige qualifizierte
Erwerbstätige in der Lage sein, die Industriegüter zu erzeugen, die wir benötigen
[…] Das heißt, mehr und mehr Arbeitsplätze müssen im Bereich der Dienstlei-
stung geschaffen werden«.[25] Die sozialen Folgen des Fortschritts der Automation
in der Produktion wurden auf die Formel gebracht: weniger aber höher qualifizierte Arbeitsplätze. Doch schon in einer Untersuchung des Soziologischen For-
schungsinstituts (Sofi), Göttingen, zur Einführung der Industrieroboter im
Volkswagenwerk Wolfsburg wurde festgestellt, daß den schöpferischen Jobs mit
Planungs- und Steuerungsfunktionen die stupiden Arbeiten der Kontrolle der
Automaten für den Notfall und die Erledigung der verbleibenden Restarbeiten,
für die Maschinen zu teuer oder zu unflexibel sind, gegenüberstehen.[26]

Gut zwanzig Jahre später, im Jahre 2001, veröffentlichte dasselbe Fraunhofer-
Institut (IPA) eine Studie,[27] aus der hervorgeht, daß sich die großen Erwartungen, die an die computerintegrierte Fabrik geknüpft waren, nur teilweise und
anders als erwartet erfüllt haben. Dem Automatisierungsglauben ist Ernüchterung gefolgt. Mehr als ein Drittel der Betriebe mit hochautomatisierten Produktionsanlagen hat danach den Automatisierungsgrad bereits wieder zurückgebaut.
Die Flexibilität der Anlagen – insbesondere in der Montage – hatte sich als zu
gering herausgestellt. Damit konnte die in den vergangenen Jahrzehnten als
Schlüssel zu mehr Produktivität angesehene »flexible Automatisierung« die von
den sich wandelnden Marktverhältnissen geforderte Flexibilität nicht im erwar-

25. Warnecke, zitiert nach H. Dieter Jorissen/Siegfried Kämpfer/Hermann J. Schulte, *Die neue
Fabrik. Chance und Risiko industrieller Automatisierung*, Düsseldorf 1986, S. 92.
26. Ebd., S.101
27. Gunter Lay/Elna Schirrmeister, *Sackgasse Hochautomatisierung? Praxis des Abbaus von Over-
engineering in der Produktion*, Fraunhofer-Institut Systemtechnik und Innovationsforschung,
Nr. 22, Mai 2001, S. 5f.

Halle 54 des Volkswagenwerks Wolfsburg

teten Umfang erfüllen. Durch Umsatzschwankungen und Produktumstellungen verursachte Umbau- und Stillstandverluste und hoher technischer Wartungsaufwand, die den erwarteten wirtschaftlichen Erfolg zunichte machten, brachten nicht nur die einst als vorbildlich angesehene vollautomatisierte Halle 54 von Volkswagen in Wolfsburg in Verruf. Gerade ihre Komplexität hatte diese äußerst unflexibel gemacht.

Schließlich waren es auch betriebswirtschaftliche Gründe, die viele Betriebe veranlaßten, ihre hochautomatisierten Produktionsanlagen teilweise zurückzubauen. So waren die mit diesen Anlagen verbundenen Investitionskosten so hoch, daß die daraus resultierenden Fertigungskosten nicht mehr wirtschaftlich waren. Selbst eine Erhöhung der Qualität der hergestellten Produkte – ein immer wieder angeführtes Argument für die Hochautomatisierung – konnte nicht festgestellt werden, denn die Ausschußrate stellte sich als signifikant höher heraus als bei Firmen mit reduzierter Automation. Die Diskrepanz zwischen Wunsch und Wirklichkeit, zwischen erhofften und tatsächliche erreichten Zielen, bezeugt auch eine weitere Studie der ETH Zürich für die Schweiz.[28] Auch hier hat nur die Hälfte der befragten Betriebe angegeben, ihr durch Automatisierung verfolgtes Ziel auch erreicht zu haben.

Der Weg aus der »Sackgasse Hochautomatisierung« gibt in neueren Produktionskonzepten unter Einbindung des Menschen diesen Humanressourcen wieder stärkeres Gewicht. Neue Organisationslösungen wie Gruppenarbeit und Fertigungssegmentierung werden aufgebaut und erprobt. Die Erkenntnis, daß es heute verstärkt gilt, den Menschen zu fordern und zu fördern, um seine Intelligenz zur Bedienung der Technik zu nutzen, wird daher auch seit einiger Zeit

28. mto Mensch-Technik-Organisation, Schweiz, www.mto.ch/humanres.htm, 16.03.2004.

von renommierten Produktionswissenschaftlern geteilt. »Wenn wir die Zukunft in intelligenten Produktionssystemen sehen, so stellt sich die Frage, wo diese Intelligenz angesiedelt ist. Die Antwort kann nur lauten: im Mitarbeiter, denn der Mensch ist ungeschlagen in seiner Leistungsfähigkeit bei der Verknüpfung von Informationsverarbeitung und zweckmäßiger Reaktion.«[29]

Weiterführende Literatur:

Arbeiten in der Informationsgesellschaft, Arbeitsergebnisse des Forum 2000, Bonn 1997.

Bundesministerium für Wirtschaft, *Telearbeit, Chancen für neue Arbeitsformen, mehr Beschäftigung, flexiblere Arbeitszeiten*, Bonn 1997.

Jürgen Poppe, *Mikroelektronik – Jobkiller oder Jobknüller?*, Pfaffenweiler 1984.

Susa Schindler, *Computer nur für Spezialisten – Fördermaßnahmen zur Etablierung der elektronischen Datenverarbeitung in Deutschland*, Diplomarbeit 2001.

Hilmar Schmundt, *Hightechmärchen. Die schönsten Mythen aus dem Morgen Land*, Berlin 2002.

Teils im Betrieb – teils zu Hause. Neue Formen der Telearbeit, Schriftenreihe der IG-Metall 135, Frankfurt, August 1993.

Unterwegs in die digitale Arbeitswelt, Reihe Wirtschaftspolitische Diskurse 100, Friedrich-Ebert-Stiftung, Bonn 1996.

Johann Welsch, *Arbeiten in der Informationsgesellschaft*, Studie der Friedrich-Ebert-Stiftung, Bonn 1997.

29. Hans-Jürgen Warneke, *Die fraktale Fabrik*, Berlin 1992, S. 44.

Herbert W. Franke

Computer Science Fiction

Herr Franke, warum ist Science Fiction keine triviale Gattung?

Ist sie das wirklich nicht? Meiner Einschätzung nach ist sie leider oft geradezu unerträglich trivial. Das gilt aber auch für andere Arten der Literatur. Wie bei jeder Art von Literatur gibt es einige wenige gute und bemerkenswerte Arbeiten an der Spitze der Pyramide, und alles, was darunter liegt, wird in steigendem Maß uninteressant. Aber ich möchte doch auch etwas Positives dazu sagen: In der Literatur ist man, wie in anderen Kunstarten auch, auf der Suche nach neuen Darstellungsweisen und neuen Themen. Die Science Fiction bietet uns außerordentlich interessante Themen an, die oft in die Zukunft weisen, aber auch aktuelle Bezüge haben: die alle möglichen Berührungspunkte über die Technik und die Wissenschaft hinaus zum täglichen Leben haben, zu unseren wirtschaftlichen Verhältnissen in der Zukunft, der Lebensweise selbst, und zu den Veränderungen, denen der Mensch unterworfen ist. Das alles ist Thema der Science Fiction. Und daran liegt ja auch ihr Reiz: Man kann den Menschen als prognostisches Wesen bezeichnen, denn der größte Teil seines Denkens gilt künftigen Ereignissen – meist natürlich solchen der nächsten Zukunft. Die übliche Literatur ist meist vergangenheitsorientiert.

Es ist ja merkwürdig, daß gerade eine dem trivialen Bereich zugeordnete Sparte die Auseinandersetzung mit der Zukunft zum Thema hat – mit der besonderen Aufgabe, die verschiedensten Möglichkeiten zu beschreiben und zu variieren. Das ist bedauerlich, denn viele, insbesondere junge Menschen beziehen ihre Vorstellungen über unsere Zukunft aus der Science Fiction.

Gemeinhin gilt ja, daß die moderne Science Fiction mit Jules Verne und H. G. Wells beginnt, die sich gegenseitig nicht wirklich mochten. Wie würden Sie den Unterschied zwischen Wells und Verne sehen, und wie, denken Sie, hat später gerade der Computer in die Science Fiction eingegriffen und sie verändert? Wells und Verne haben ja beide noch im Zeichen der energetischen Technologien geschrieben, und mit dem Computer taucht was Neues auf.

Bei Jules Verne und Wells ist es natürlich das Thema Raumfahrt, die Bewohner fremder Welten, das bei der Leserschaft besondere Beachtung findet, und es werden wohl diese beiden Autoren gewesen sein, die Zukunftsliteratur mit Weltraumfahrt assoziiert haben. Das ist auch einige Zeit lang beibehalten worden, spätere Autoren haben gerne die Weltraumfahrt aufgegriffen – als Möglichkeit zu interessanten Eroberungsberichten und Auseinandersetzungen. Als ich mit meinen ersten Büchern an die Öffentlichkeit ging, gab es konkrete Kritik daran, daß meine Geschichten keine echte Science Fiction sein könnten, denn in ihnen ging es nicht vordergründig um Weltraumfahrt. Es gab sogar Kritiker, die meine Romane als phantastisch bezeichnet haben. Dinge, die ich in Verbindung mit Computern vorausgesagt habe, erschienen ihnen unmöglich im Vergleich zu den sehr konkreten Beschreibungen der Weltraumfahrt, die sicher schon morgen realisiert sein würden.

Gibt es – etwa durch den Computer – so etwas wie eine wissenschaftliche Revolution in der Science Fiction selbst?

Ja. Zumindest für mich persönlich war der Computer von Anfang an unglaublich interessant, wegen seiner Möglichkeiten, die sich damals, als ich meine ersten Science-Fiction-Geschichten schrieb, nur andeuteten und die auch heute längst noch nicht ausgereizt sind. Sie lassen aber ahnen, wie es weitergehen könnte – die Entwicklung von Robotern oder künstlicher Intelligenz etwa. Mich hat gereizt, das nicht nur abstrakt, etwa in der Art eines Sachbuchs, zu beschreiben, sondern es in Geschichten zwischen Personen einzukleiden. Mit Geschichten kann man den Leuten diese Möglichkeiten viel konkreter und verständlicher vor Augen führen als durch einen wissenschaftlichen Aufsatz. Zwar habe ich Science Fiction nicht deswegen geschrieben, weil ich als Prophet auftreten wollte, aber diese Komponente ist natürlich auch beachtenswert, und heute, in der Rückschau, kann ich sagen, daß einiges von dem, was ich beschrieben habe, inzwischen realisiert ist.

Zum Beispiel?

Zum Beispiel die virtuellen Räume, oder, noch wichtiger, die Teletechnik, mit der man über extreme Entfernungen kommuniziert, und zwar nicht nur mit Bildern und mit Worten, sondern mit der man auch Nervenimpulse und dergleichen übertragen kann. Doch der Cyberspace ist sicherlich eines der konkretesten Beispiele, auch wenn ich ihn in den ersten Bänden noch etwas vage beschrieben habe. Im Roman *Sirius Transit* (Suhrkamp 1979) gab ich schon eine viel genauere Beschreibung dieser Technik. Heute ist man noch auf einen sogenannten Datenhelm angewiesen, über den die Sicht- und Höreindrücke vermittelt werden; das ist noch etwas umständlich. Später wird man sich wahrscheinlich in einer Kabine befinden, wo man frei beweglich ist, wo gewisse Bewegungsmöglichkeiten aber auch simulierbar sind: wobei man Widerstände spürt, sich anstoßen kann usw. Das bahnt sich technisch bereits an. Was in diesem Buch als Vision beschrieben ist, wurde also zum Teil schon konkret realisiert. Man kann fiktive technische Errungenschaften aber natürlich auch ins Spiel bringen, weil sich mit ihrer Hilfe bestimmte Situationen oder Konflikte besser verständlich machen lassen. Eine Zeitreise beispielsweise – an sich nicht möglich – erlaubt es sehr gut, Gegensätze zwischen Gegenwart und Zukunft herauszuheben. Denn neben rein technischen Voraussagen war es mir eigentlich viel wichtiger, die sozial wichtigen Möglichkeiten zu beschreiben, die sich aus den künftigen technischen Entwicklungen ergeben. Möglichkeiten der Kommunikation beispielsweise, wenn man die Annahme voraussetzt, daß man zwei Gehirne verschalten kann, die sich dann verständigen. So etwas hätte ich vor ein paar Jahren nur als literarisches Hilfsmittel angesehen, das man im Science Fiction Roman anwendet, um auszumalen, was dann für eine Art der Kommunikation zustande kommen könnte. Heute bin ich da schon etwas kühner und würde sagen, das wird eines Tages gehen.

Es ist auffällig (und betrifft auch die Frage des Computers), daß sich in einigen Ihrer Erzählungen ein verändertes Verhältnis zwischen Mensch und Technik abzeichnet. In der klassischen Science Fiction, etwa bei Verne, ist der Mensch Herr seiner Technik. Bei Ihnen treten nun immer wieder umgekehrte Phänomene auf. In Ein Cyborg namens Joe wird ein Computer abgestellt, um den Protagonisten zu bewachen, ruhig zu halten und für sein Wohlergehen zu sorgen. In einer anderen Erzählung kehrt eine Reisegruppe nach zweitausend Jahren zurück und wird von einem Computer empfangen, der sie – als letzte ›freie‹ Menschen – an eine gigantische Simulation anschließt, in der all ihre Sehnsüchte erfüllt werden. Und wieder an anderer Stelle gibt es Partisanen gegen diese neue Computerwelt, Leute die gezielt Datenbanken löschen und Computer-Regierungen sabotieren wollen. Wäre dies der neue Blick der Science Fiction auf die Computer-Utopien – eine Dystopie der Kybernetik?

Es ist verständlich, daß mich solche Themen besonders interessieren, weil ich selbst im Bereich des Computers gearbeitet habe. Der Grund dafür liegt sicher darin, daß der Computer eine neue Art von Maschine ist, die nicht mehr in die klassische, energetisch orientierte Technik einzureihen ist. Mit dem Computer haben wir zum ersten Mal ein komplexeres System zur Verfügung, das nicht Energie, sondern Daten, also Information, umsetzt und somit in ganz andere Bereiche führt: in solche, die den Menschen viel unmittelbarer betreffen – und zwar den Menschen nicht als ein physikalisches, sondern als ein informationsverarbeitendes, z.B. denkendes Wesen. Je umfassender der Austausch von Kommunikation ist, je mehr Bereiche davon erfaßt werden, und erst recht, wenn wir Maschinen benutzen, deren Funktion Analogien zum menschlichen Denkprozeß aufweist, um so deutlicher wird der Unterschied gegenüber Material verformenden oder verarbeitenden Maschinen oder fortentwickelten Verkehrsmitteln. Bei Diskussionen über utopische Themen habe ich im Zusammenhang mit dem Computer oft eine Betroffenheit bemerkt, die viel tiefer geht als die Ängste vor Zerstörungen, die mit energetischen Mitteln verursacht werden können, und die manchmal existentielle Ängste des Menschen berührt. Der Computer erscheint dann als ein Wesen, das uns beherrscht, das uns überlegen ist, das uns Böses antut oder uns vernichtet. Und selbst wenn er etwas Gutes tut, bleibt es unheimlich genug. So ist durch den Computer neben der Weltraumfahrt eine ganz neue Dimension in die Science-Fiction-Thematik gekommen.

Was ist das größte intellektuelle Problem, wenn Sie einen Science-Fiction-Text konzipieren? Man muß sich ja mit bestimmten Unwahrscheinlichkeiten beschäftigen, muß eine Entwicklung extrapolieren oder mögliche Erfindungen erfinden.

Für mich ist das eigentlich kein Problem, sondern ein Vergnügen. Möglichkeiten gibt es sehr viele, nur die richtige auszuwählen ist oft schwierig. Wenn ich mir ungefähr vorstelle, was in einer Geschichte passieren soll, in welchem Bereich sie angesiedelt sein soll, welche Hilfsmittel herangezogen werden, die zu unerwarteten Konsequenzen führen können, dann bietet sich meist von selbst eine Menge Möglichkeiten dafür an. Diese zu ordnen und logisch in eine Erzählung einzubeziehen ist fast schon eine Routineaufgabe.

Vielleicht kann ich die Frage anders herum stellen: Was könnte die Wissenschaft von der Science Fiction lernen?

Wenn man so von einem Wissenschaftler spricht, hört es sich an, als hätte man es mit jemandem zu tun, der von vorn herein weiß, was er will, und nur noch den Weg sucht, wie er diese Aufgabe am besten lösen kann. Das ist der bekannte Weg: Rechnen, logisches Schließen, Experimentieren usw. Für mich beginnt die Wissenschaft schon früher, weil für mich auch die Ideen- und Themenfindung selbst dazu gehört. Eine Wissenschaft, bei der man auch die Themen irgendwie auf rationalem Weg ableiten müßte, wäre recht armselig. Das heißt, man braucht vorher eine Phase mit einer ganz anderen Methodik: freies Assoziieren, die Einbeziehung aller möglichen Erkenntnisse, Beobachtungen und Gefühle, aus denen sich dann Fragen ergeben. Diese Vorphase, in der die Ideen entstehen, in der sich die Themen anbieten, ist durch Suchprozesse stark geprägt, die übrigens durch das stimuliert werden können, was man in Science Fiction lesen kann.

In manchen Bereichen hat die Wissenschaft schon sehr viel von der Science Fiction gelernt: beispielsweise im Entwerfen von Szenarien oder Simulationen, die aufgesetzt und dann bis zur Konsequenz durchgerechnet oder durchgespielt werden. Wo würden Sie die Unterschiede und Gemeinsamkeiten zwischen Literatur auf der einen und Szenario-Entwicklung, Modellierung oder Futurologie auf der anderen Seite sehen?

Ich stimme Ihnen zu, auch wenn ich zunächst eher an technische Innovationen gedacht hatte, als an die von Ihnen angedeuteten Methoden zur kreativen Anregung. In der Raketentechnik wurde ja einiges von Wissenschaftlern publiziert, die Leser über Science Fiction für ihre Gedankengänge interessieren wollten. Meine Antwort ist eigentlich genereller. Das Wesentliche ist für mich nicht so sehr, daß ein Autor einen Plot hat, den er abarbeitet, sondern die Fähigkeit, sich einen originellen Plot einfallen zu lassen. Diese Art des Herangehens an Probleme, diese Art zu denken, die in der Science Fiction nützlich ist, ist eigentlich eine Art Gedankenspiel, die vielen Wissenschaftlern nicht vertraut ist. Doch auch für Physiker, die sich für die Auswirkungen ihrer Tätigkeit interessieren, wäre es nützlich, utopisch zu denken. Wir alle sind doch in mancher Hinsicht ziemlich konservativ und lehnen instinktiv alles ab, was über den Horizont hinausführt. Das ist ein Hemmnis gegenüber dem Fortschritt, und die Wissenschaft sollte es gelegentlich riskieren, öfter in Bereiche hineinzuschnuppern, wo noch nichts Konkretes bekannt ist. Das genau ist der Freiraum, den die Science Fiction bietet. Dazu eine Anekdote: In einer meiner Erzählungen kommt beispielsweise ein ›Todesgen‹ vor (ein etwas spektakulärer Ausdruck für eine Zelle, deren Lebenszeit programmiert ist). Bei einer Lesung dieser Geschichte ist ein Wissenschaftler aufgestanden, hat sich als Biologe ausgewiesen und hat mich vor Publikum erheblich beschimpft. Inzwischen denkt man ein wenig anders darüber. Damit will ich nur sagen: Es muß erlaubt sein, auch unwahrscheinliche Möglichkeiten zu durchdenken, selbst wenn sie die Wissenschaft als unwahrscheinlich einschätzt. Diese Hemmnisse niederzureißen, ist ein Verdienst der Science Fiction. Wir haben ja zu Beginn über Literatur gesprochen, über phantastische Literatur, und über die Möglichkeiten, damit etwas Besonderes zu beschreiben und auszudrücken. Was mich interessiert, sind diese literarischen Möglichkeiten und Themen, die literarisch so noch nicht behandelt worden sind. In einem Drama gibt es beispielsweise klassische Konfliktsituationen zwischen Vater und Sohn oder zwischen Mann und Frau oder zwischen Generationen. Ein Konflikt zwischen einem Menschen und einem Alien wäre eine neue spezifische Möglichkeit der Science Fiction. Oder ein Konflikt zwischen einem Menschen und einer künstlichen Intelligenz. Über die Verbindung von Computertechnik und Biologie kann man alle möglichen Vorstellungen entwickeln. Es könnte Wesen geben, bei denen z.B. mehrere Körper von einem gemeinsamen Gehirn gelenkt werden. Oder es kann Mischformen zwischen Tieren und Menschen geben. Wie würden diese Wesen empfinden?

Was wäre das für ein Wesen, das etwas empfindet oder wahrnimmt, was wir nicht empfinden?

Mir fällt dazu das »Drommetenrot« bei Leo Perutz ein (*Der Meister des jüngsten Tages* von 1923): Bestimmte Menschen sind fähig, diese Farbe zu sehen. Sie ist natürlich nicht beschreibbar, aber die Betroffenen sind sich untereinander einig, daß sie die neue Farbe in gleicher Weise empfinden. Und dieser Umstand wird in einer spannenden Handlung aufgerollt – als Kriminalfall. Ein sehr schönes Buch.

Auch Adorno hat sich für dieses Drommetenrot interessiert…

Jaron Lanier, einer der Pioniere der Virtualität, hat einmal versucht, sich in einem virtuellen Raum als sechsbeiniges Wesen zu bewegen. Es hat ihn einfach interessiert hat, wie sich ein solches Wesen selbst empfindet. Er erzählte, daß er schon nach einer Viertelstunde zu einer völlig neue Auffassung von sich selbst in einer auch anders empfundenen Umwelt gefunden hat.

Mit Science Fiction geht also auch die Idee einher, daß der Mensch nicht eine Konstante, sondern eine Variable ist?

Ja, sicher, etwas Veränderliches. Und das ist tatsächlich eines der Probleme, von denen wir sprachen und das mit der Science Fiction zusammenhängt. Wie soll ich, in einer Literatur, die zur Unterhaltung gelesen wird, Akteure auftreten lassen, die ein nicht mehr menschliches Denken praktizieren? Das ist für uns nicht nachvollziehbar.

Ein Problem, das auch bei Stanislaw Lem auftaucht, etwa in Solaris…

Ja, genau. Aber um diesen Gedanken noch abzuschließen: Ich glaube einfach, daß die Science Fiction auch dann ein unglaublich reizvolles Betätigungsfeld ist, wenn man vordergründig überhaupt nichts mit Wissenschaft und Technik tun haben möchte. Ein guter Literat und Schriftsteller, der wirklich am Puls der Zeit sein möchte, muß eigentlich zur Science Fiction kommen. Schon aus rein literarischen Gründen ist Science Fiction unglaublich interessant. Sie bietet eine enorme Erweiterung der verschiedensten Möglichkeiten, die nicht nur die Thematik oder Problematik, sondern die Ausdrucksweise selbst betrifft. Kann sich – etwa in der Kommunikation von Menschen mit Maschinen – eine sprachliche Modalität herausbilden, die dann in einem Science Fiction Roman als etwas auftreten würde, das das Äußere eines abstrakten Gedichtes hätte? Solche Spiele mit Ausdrucksweisen, mit sprachlichen Dingen habe ich in meinen Kurzgeschichten öfter auszuprobieren versucht. In einem Roman darf man das Publikum nicht den ganzen Roman hindurch mit irgendeinem Experiment langweilen, aber in einer Kurzgeschichte kann man experimentieren. Ich habe einmal versucht, eine Geschichte zu schreiben, in der überhaupt keine Menschen und auch keine denkenden Wesen mehr vorkommen, und doch sollte es eine Geschichte werden, die man mit Anteilnahme liest.

Noch einmal zurück zur Frage der Wissenschaft. Sie haben in ihrem Buch Das P-Prinzip *geschrieben, daß mit dem Computer eigentlich eine Art ›dritter Weg‹ zwischen Theorie und Experiment aufscheint: die Simulation. Damit geht sozusagen eine ›Fiktionalisierung‹ der harten Wissenschaften einher. Welche Veränderungen der Wissenschaft stellt diese Fiktionalisierung in Aussicht?*

Erstmals hat meines Wissens der Kybernetiker Karl Steinbuch die These geäußert, daß die Simulation neben Theorie und Praxis zur dritten Grundmethode der Naturwissenschaften geworden sei. Sie ist kein Experiment in der Realität im Sinne des Messens, sondern etwas ganz anderes, eine neue Möglichkeit zur Erkenntnis. Man versucht, ein Phänomen mathematisch zu erfassen, weiß aber nicht, ob man es schon richtig beschrieben hat. Es ist also eine Art Näherungsweg, den man mit den klassischen Mitteln nicht gehen konnte. Durch den Computer hat man die Möglichkeit, die mathematische Beschreibung eines Phänomens, von der wir noch nicht wissen, ob sie stimmt, durch Bilder zu konkretisieren. Zwar genügen schon die Datenaggregate selbst, um daraus gewisse Konsequenzen errechnen können, aber das Ergebnis wird am besten vorstellbar, wenn man zusätzlich die Visualisierung verwendet. So kann man das Ergebnis der Simulation mit der Wirklichkeit viel besser vergleichen. Höchstwahrscheinlich wird man nicht schon im ersten Schritt die Lösung finden, sondern muß das Modell oftmals verbessern, neue Ausdrücke in die Formeln einführen oder Parameter verändern und es solange probieren, bis man ein zufriedenstellendes Ergebnis hat.

Dennoch scheinen damit Elemente der Kunst in die Wissenschaft einzuziehen: Die Simulation, an der etwas getestet wird, ist ja zunächst einmal eine Entwurfsleistung, und am anderen Ende, bei der graphischen Visualisierung, steht ja wiederum eine Gestaltungsleistung…

Ich glaube, daß hier wirklich etwas Neues entstanden ist, das zwischen Entwurf und Gestaltung steht. Als sich Einstein ein mathematisches Modell für die Struktur von Raum und Zeit ausgedacht hatte, mußte er warten, bis sich seine Idee durch Messungen bestätigen ließ – er konnte es nicht simulieren. Den Bezug zur Kunst sehe ich in einem anderen Aspekt, der für die Wissenschaft vielleicht nicht so wichtig ist, in der Tatsache nämlich, daß es durch die Simulation möglich geworden ist, in einer Art irrealen Ersatzwelt zu operieren. Als Stanislaw Lem die Wissenschaften Imitautologie oder Imitatorik postulierte, hatte er vermutlich eher diesen ›literarischen‹ Aspekt im Sinn und weniger die heute übliche wissenschaftliche Simulation, die es damals noch nicht gab.

Natürlich ist eine Simulation etwas, was mit Computerspielen zu tun hat und damit auch mit virtuellen Welten, die sicher zu einem sehr großen Teil ein unglaublich faszinierendes Spielfeld sind. Spiele für Wissenschaftler und Psychologen ebenso wie für den Alltagsbetrieb.

Wenn ich es richtig verstanden habe, löst die Simulation auch in gewisser Weise das Beobachterproblem, etwa für den Fall, daß die Dinge sehr klein werden und auf keine ›Wirklichkeit‹ der Messung zugegriffen werden kann oder, im Fall der Endophysik, dadurch, daß eine Computersimulation im Computer vollständig beobachtbar ist.

Ja, das ist ein weiterer bemerkenswerter Aspekt dieser Methode, und er macht uns darauf aufmerksam, daß das Ergebnis einer wissenschaftlichen Simulation stets auch noch auf Übereinstimmung mit der Wirklichkeit geprüft werden muß. Es könnte ja sein, daß in der Kunstwelt, die durch die Simulation errichtet wurde, wesentliche Komponenten fehlen, so daß sich das Problem auf diese Weise nicht lösen läßt. Ich möchte aber noch einen anderen Aspekt erwähnen: Wenn Sie ein Biotop simulieren wollen und diese Aufgabe gelöst haben, dann können Sie dasselbe Biotop etwa einer Produktionsstätte von Computerspielen als Tummelplatz von irgendwelchen Abenteuern anbieten. Der nächste Schritt wäre, daß diese einen Wissenschaftler beauftragt, eine bestimmte Planetenoberfläche möglichst real zu simulieren, weil sie so ein Szenario braucht. Und schon befindet sich der Programmierer in einer merkwürdigen Zone zwischen Wissenschaft und Unterhaltung. Es gibt eine Menge von Beispielen dafür, wo solche Dinge direkt verzahnt sind. Denken Sie nur an die Simulierung von Pflanzenwachstum mit Hilfe der Programmiermethoden von Przemyslaw Prusinkiewicz und Aristid Lindenmayer, die in der Wissenschaft verwendet werden, seit man merkte, daß erstaunlich ähnliche Programme auch in den Genen vorhanden sein müssen. Da hatte man die Simulation *vor* der Lösung des wissenschaftlichen Problems! Jemandem ist es gelungen, ein Programm zu entwickeln, das diese oder jene Form von Pflanzenteilen hervorbringt, und dann kommt ein Biologe und macht darauf aufmerksam, daß auch die Zelle ein solches Programm braucht, wenn sie die Pflanze entwickeln will. Also muß wohl ein solches Programm im Zellkern stecken – und man kann sich sogar eine Vorstellung davon machen, wie es aussehen könnte.

Sie beschreiben hier einen Zusammenhang von Wissenschaft, Unterhaltung und Kunst, und waren zugleich vor nunmehr 25 Jahren maßgeblich an der Gründung der Ars Electronica beteiligt. Welche Zukunft der Kunst haben Sie sich eigentlich vorgestellt, als Sie dieses Festival gegründet haben?

Vielleicht darf ich ein wenig genauer ausführen, wie es zustande gekommen ist? Es gibt in Wien eine altehrwürdige Institution, das Wiener Künstlerhaus. Dort wurde eines Tages ein Fotograf Präsident, der unglaublich aktiv war und gleich die Fotografie als Betätigungsbereich des Künstlerhauses mit einbezogen hat, worüber manche Mitglieder nicht erfreut waren. Wir unterhielten uns über die dahinter steckende Problematik, und er meinte, wir sollten auch die neuen durch den Computer ermöglichten Darstellungsmöglichkeiten berücksichtigen. Wir haben dann ein Festival geplant, das »Ars ex machina« heißen sollte. Es sollte alles zeigen, die Verbindungen, Fotografie natürlich, aber auch Computer und Musikinstrumente und so weiter. Daraus wurde nichts, denn nach einem Jahr Arbeit stellte sich heraus, daß kein Geld zur Verfügung stand. Wieder ein Jahr später kam der Intendant des Linzer Fernsehstudios, Hannes Leopoldseder, auf mich zu, der von diesem Plan gelesen hatte und für Linz nach der Idee für ein Festival suchte – nur beschränkt auf die Elektronik. Das hatte den Grund, daß das Fernsehstudio eine elektronische Maschinerie ist. Und so kam die *Ars Electronica* zustande.

Wir hatten damals mit einigen Schwierigkeiten zu tun. So waren am Anfang die Mittel, die uns zur Verfügung standen, sehr dürftig. So war es beispielsweise in den ersten Jahren nur beschränkt möglich, Referenten aus dem Ausland einzuladen. Viele Kunsthistoriker standen unseren Aktivitäten prinzipiell ablehnend gegen über: ›Etwas, was mit Hilfe einer Maschine zustande kommt, kann doch keine Kunst sein‹. Im besonderen richtete sich die Kritik auch auf die Ergebnisse. Die ersten Beispiele für computergenerierte Kunst waren Linienkombinationen im geometrischen Sinn, Konstruktivismus und dergleichen, eine Kunstrichtung, die damals nicht aktuell war. Man brauchte schon ein bißchen Phantasie, um in diesen einfachen Strichmustern das zu erkennen, was an potentiellen Möglichkeiten darin steckte und sich im Laufe der Jahre immer deutlicher offenbarte.

Eine kleine Anekdote am Rande: Ein bekannter österreichischer Dirigent war damals so erzürnt über die *Ars Electronica*, daß er in Linz nicht mehr dirigieren wollte, solange sie existiert. Es gab auch keine Kunstprofessoren, die mitmachen wollten. Das hat uns aber die Möglichkeit gegeben, in den ersten Jahren völlig unbehelligt zu planen.

Für mich selbst ist es natürlich befriedigend, daß sich nun in der Rückschau die Richtigkeit unserer Erwartungen bestätigt. Diese sind in den Einleitungen der Kataloge zu den ersten *Ars Electronica*-Veranstaltungen dokumentiert. Ich habe dort meine Ansichten über die weitere Entwicklung der Computerkunst beschrieben und speziell auf die prinzipiell neuen Möglichkeiten hingewiesen, die sich für Aufgaben der künstlerischen Gestaltung bieten würden: daß er als Instrument in die Kunst einziehen würde und daß ganz neue Ergebnisse zu erwarten seien – in Richtung auf die Interaktivität, auf die Animation und das, was heute als Virtuelle Welten bezeichnet wird. Das ist keine Science Fiction – es sind Vorhersagen für einen absehbaren Zeitraum, die sich weitgehend bewahrheitet haben. All das, was von den Kritikern bezweifelt wurde, hat sich erfüllt: Die visuelle Gestaltung mit Hilfe digitaler Methoden hat sich in vielen

Lebensbereichen durchgesetzt. Das verweist auf Ihre Frage zurück: Gerade was die Kommunikation mit Bildern betrifft, können Sie viele Einzelheiten in vielen meiner Romanen finden, in denen ich utopische Geräte beschreibe, die im Zusammenhang mit den Gedankengängen der *Ars Electronica* entstanden sind.

Damals, als die Ars Electronica *begann, war sie eine Innovation und eine ziemlich zukunftsträchtige Angelegenheit. Haben Sie diese Entwicklung weiter verfolgt? Würde Sie sagen, das ist heute auch noch so? Oder hat sich da etwas überlebt?*

Die Antwort ist leicht zu geben: Die Gestaltung mit dem Computer gehört heute zum Lehrplan der Kunstakademien. Das liegt auch daran, daß es die Berührungsängste, die früher bestanden, nicht mehr gibt. Die Diskussion ist zum größten Teil erloschen, und das Ganze hat sich etabliert. Und damit ist leider auch klar, daß die besondere kreative Phase der Gründerzeit vorbei ist. Das heißt also: Was jetzt überbleibt, ist nicht mehr so frei und so uneingeschränkt wie in der Anfangsphase. Es gäbe allerdings noch eine ganze Menge zu tun, wenn man die offenen Felder, die sich durch diese Weiterentwicklung ergeben haben, konsequent auf ihre Möglichkeiten untersucht.

Würden Sie meinen Eindruck teilen, daß die Kybernetik heute tot ist?

Sie ist nicht tot, ganz im Gegenteil – nur der Ausdruck Kybernetik ist in Verruf geraten. Jemand, der diese Methoden anwendet, die damals zu wissenschaftlichen Zwecken entwickelt wurden, nennt es heute nicht mehr Kybernetik, er nennt es Informationstheorie oder Theorie der Netze usw. Die Kybernetik wurde völlig überraschend in der Öffentlichkeit bekannt, und zwar wahrscheinlich deshalb, weil ihr Anspruch, daß man damit Maschinen, Denken, Gehirn usw. erfassen kann, natürlicherweise etwas ist, was erregt und was Aufmerksamkeit auf sich zieht. Die Kybernetik wurde rasch zu einer Modeerscheinung, und das hatte die Konsequenz, daß alle möglichen Leute Kybernetik betreiben wollten, nicht zuletzt Kreativ- und Beratungsinstitute. Dazu wieder eine kleine Geschichte: Bei mir hat sich damals ein bekannter Tennislehrer gemeldet, der seine Art des Unterrichts kybernetisch untermauern wollte. Ich teilte ihm meine Bedenken mit, aber das hielt ihn natürlich nicht ab, seine Lehrmethode als ›kybernetische‹ Methode zu bezeichnen. Und da gäbe es unzählige andere Beispiele zu berichten.

War die Kybernetik bei Ihrer künstlerischen und wissenschaftlichen Tätigkeit, gerade in der Science-Fiction, mit politischen Ideen oder politischen Hoffnungen verbunden?

In welchen Sinn meinen Sie das?

Als universale Wissenschaft von Steuerungsprozessen könnte sie ja mit ganz elementaren, womöglich auch radikalen politischen Konzepten in Verbindung gebracht werden. Man könnte sich überlegen, ob das nicht gewisse Konsequenzen für die Gesellschaft und auch für Gesellschaftsutopien haben kann…

Es gab Tendenzen in diese Richtung, aber das ist auch eine dieser Erweiterungen, bei denen man skeptisch wird. Natürlich gab es auch ernsthafte Vorschläge für die Anwendung kybernetischer Erkenntnisse, die Einfluß auf die Politik haben könnten. Der Kybernetiker Karl Steinbuch sollte sogar Wissenschaftsminister werden, und er ist es nur deshalb nicht geworden, weil gewisse Ideen, die er verwirklichen wollte, schließlich doch als zu fortschrittlich empfunden wurden. Damals gab es beispielsweise die Fiktion einer Wahlmaschine, man dachte, daß man Wahlprozesse mit kybernetischen Hilfsmitteln durchsichtiger oder wirkungsvoller machen könnte. In einer kybernetischen Gesellschaft – so was stand damals im Raum – würde der Volkswille durch den Einsatz von computerisierten Mitteln viel spezifischer durchgesetzt werden können.

In Ihnen Romanen geht es immer auch um politische Konstellationen …

Wenn Sie nicht parteipolitisch meinen…

Nein, ich meine gesellschaftspolitische Konzepte und auch, von der Science Fiction her kommend, die Frage, ob es für Sie da ›lichte‹ und ›schwarze‹ Zukunftsmodelle gab? Und haben Sie die in irgendeiner Weise mit den technischen Fragen von Science Fiction in Verbindung bringen können?

Dem entgeht man ja gar nicht, wenn man sich in diesem Bereich betätigt. Zum Jahrestag von *1984*, also im realen Jahr 1984, habe ich eine Serie von Dystopien rausgegeben, bei der natürlich Orwells *1984* im Vordergrund stand, in der aber auch andere Bücher erschienen, die nicht allgemein bekannt waren. Da war zum Beispiel etwas dabei, das die Vernichtung durch die Atombombe vorausnimmt und die Versuche einer Gesellschaft beschreibt, sich wieder aus den Trümmern zu erheben. Ich glaube, daß ich selbst eine Mittelstellung zwischen Utopie und Dystopie einnehme. Das zeigt sich auch darin, daß einige Leser meinen, ich würde etwas zu optimistisch schreiben, andere es dagegen für pessimistisch halten. Ich bin überzeugt, daß die Zukunft, gerade was die Art und Weise betrifft, wie man sich in der Gesellschaft verhalten sollte, große Veränderungen bringen wird. Da wird es einschneidende Umwälzungen geben, und wenn wir plötzlich in diese Zeit hineingeworfen würden, dann würden wir uns alle recht unbehaglich fühlen. Wenn jedoch eine Entwicklung über 200 Jahre hindurch abläuft, dann erscheint vieles selbstverständlich, was uns heute nicht gefallen würde.

Sie meinen so wie der Frosch, der langsam gekocht wird?

Nehmen wir die Art und Weise, wie man der Geburtenbeschränkung gegenübersteht. Es kann sein, daß man das nicht so willkürlich weiter laufen läßt wie jetzt, sondern daß ganz andere einschneidende Maßnahmen nötig sind, solange man auf einen beschränkten Lebensraum angewiesen ist, in dem man sich nicht beliebig vermehren kann. Jeder Eingriff in solche Belange wird heute als Sakrileg aufgefaßt, aber das mag in 200 Jahren völlig anders sein. Entwicklungen, die unliebsam sind und die man lieber rechtzeitig vorher stoppen würde, kann die Science Fiction – gewissermaßen experimentell – noch ein Stück weiterlaufen lassen, bis der Zustand sich der Absurdität nähert. Das sind Situationen, die ich recht gern behandle, gerade weil sie einen fantastischen Touch haben. Auf der anderen Seite macht das Gedankenexperiment aber durch die Übersteigerung bestimmter Trends besonders deutlich, wo die Widersprüche auftreten und wo etwas abgewendet werden sollte. Vieles von dem, was ich beschreibe und was anderen als pessimistisch gilt, ist einfach eine gedankliche Weiterentwicklung über das vernünftige Maß hinaus – mit der Frage, zu welchen Zuständen etwas führen könnte, wenn man nicht rechtzeitig einschreitet.

Sie schreiben nun seit über 40 Jahren Science Fiction, die ja immer ein Vorgriff auf die Zukunft vom jeweiligen Stand der Gegenwart aus ist. Könnten Sie sagen, ob und wie sich in dieser Zeit die Zukunft verändert hat?

Da gibt es einen kleinen Unterschied: Es gibt nicht *die* Zukunft, sondern es gibt verschiedene mögliche Zukünfte. Und daher kann ich nur sagen, daß sich seither gewisse Wahrscheinlichkeiten für das Eintreten dieser oder jener Variante geändert haben. Das liegt daran, daß die Wissenschaft seither zu einigen neuen Einsichten geführt hat, und folglich sind einige Varianten zu streichen, die im Widerspruch zu diesen Erkenntnissen stehen. Im Großen und Ganzen hat sich aber nicht viel geändert.

Gibt es, von Ihrer Kenntnis der Computer- und Softwareentwicklung her, ein Desiderat, das bisher nicht realisiert ist, und bei dem Sie sagen würden, daß es eine Option für die Zukunft in der Rechnertechnologie darstellt?

Vor der Verwirklichung von Ideen sind oft technische Probleme zu lösen. Wir haben erst vor kurzem eine dieser technischen Hürde überwunden, und zwar jene, die bisher die Übertragung von bewegten Bildern über das Telefonnetz verhindert hat. Heute gelingt das, wenn man geringe Auflösung in Kauf nimmt, weshalb man sich mit kleinen Bildformaten begnügt. Bald aber werden die Bilder in hoher Auflösung übertragen werden, daß sich die Vision von Bildwänden verwirklichen wird, die bei Telefongesprächen oder Videokonferenzen auch die Teilnehmer und die Umgebung zeigen werden. Auch für Computer-Tele-Spiele ergibt sich dann eine bisher unerreichte Qualität der Bilder. Dieser Erfolg ist der Erhöhung der Rechengeschwindigkeiten und der Vergrößerung der Speicherkapazitäten zu verdanken. Was wir noch nicht überwunden haben, ist die Hürde, die den Erfolg bei der Entwicklung der künstlichen Intelligenz verhindert. Meines Erachtens kann sich die künstliche Intelligenz nur parallel mit einem entscheidenden Umschwung der Produktionstechnik von Schaltelementen entwickeln. Man muß Schaltelemente zur Verfügung haben, die sich selbst organisieren und die selbst wachsen. Am Beispiel der zellularen Automaten haben wir Beweise dafür, daß das möglich ist, und auch Anhaltspunkte dafür, wie es realisiert werden könnte. Das bedeutet aber auch, daß wir die übliche Programmierungstechnik nicht mehr verwenden können. Wir brauchen etwas ganz Neues, etwas, das sich in einem viel größeren Maße selbst organisiert, als das ein heutiger Computer kann, der nur Ordnungsakte nach vorgegebenen Regeln vollzieht. Das Ungewöhnliche an dieser ganzen Entwicklung ist vielleicht, daß diese Schaltaggregate – eben durch ihre Fähigkeit, sich selbst zu organisieren – zu einer progressiven Entwicklung fähig sind. Dabei kann es mit Hilfe von kleinen zufälligen Veränderungen des Schaltsystems, also einer Art von

Mutationen, zu einer Ausbildung der Fähigkeiten des Systems kommen. Schließlich würden auf diese Art Produkte entstehen, die imstande sind, ihre eigene Intelligenz zu nützen und Wissen zu erwerben. Aber so etwas kann man nicht programmieren, sondern das muß man – wie bei einem heranwachsenden Menschen, der ja auch nicht programmiert wird – Lernprozessen unterwerfen. Intelligenz (oder das, was wir Intelligenz nennen) ist ja nur definierbar in der Wechselwirkung mit einer Außenwelt. Und mit einem subjektiven Schicksal.

Heute herrscht ja eine Monokultur der von-Neumann-Architekturen mit den Eigenschaften digital, sequenziell usw. In den frühen Unterhandlungen zur Kybernetik werden noch Analog- und Parallelrechner diskutiert, Norbert Wiener imaginiert Hybridrechner und Heinz von Foerster leitet lange das »Biological Computer Lab«. Nach und nach verschwinden diese Alternativen, weil die Neumann-Maschinen viel besser den Anforderungen der Industrie und der Militärs nach schnellen und fehlersicheren Rechenergebnissen gerecht werden. Könnte man sagen, daß es in der Geschichte der Kybernetik schon einmal Ansätze in diese Richtung gab, die aber unterdrückt wurden? Und liegt möglicherweise in den vergangenen Zukünften ein Potential, das wieder zu aktivieren wäre?

Es sind ein einige Dinge hinzugekommen, die unsere Sicht ein wenig verändert haben. Die bereits erwähnten zellularen Automaten, die auch auf John von Neumann zurückgehen, haben uns einiges gelehrt. Mit ihnen hat man den sichtbaren Beweis geführt, daß durch Selbstorganisation auch in elementaren Strukturen automatisch etwas entstehen kann, was erstaunliche Fähigkeiten besitzt. Man hat ein Versuchsfeld nach dem Vorbild eines Schachbretts vor sich, in dem sich aus elementaren Einheiten Aggregate bilden können, und es geht darum, ob ein Aggregat sich vermehren und dabei seine Form und (wichtiger noch) seine Fähigkeiten an die Nachkommen weitergeben kann. Schon John von Neumann hat die Frage zu lösen versucht, ob es ein Aggregat geben kann, das das Programm für sich selbst enthält und dann weitere dieser Art bildet. Diese Ideen wurden dann hauptsächlich von seinen Schülern aufgegriffen und haben zu Versuchsanordnungen geführt, an denen man die evolutionäre Prozesse solcher Einheiten beobachten kann. Eines der interessantesten Beispiele dafür ist die Beobachtung, daß sich manche Aggregate höherer Komplexe nicht einfach nur vermehren, wobei auch Mutanten entstehen, sondern daß sich unter diesen Mutanten auch Parasiten befinden, die nur dadurch lebensfähig sind, indem sie an die ursprünglichen Wesen andocken und sich dort deren Fähigkeiten, die sie selbst nicht haben, zunutze machen. Selbst die Entstehung des Parasiten vollzieht sich also in einer solchen logisch ablaufenden Evolution. Und wenn man genau nachdenkt, was Intelligenzeigenschaften eigentlich sind, wie sie mit den Sinnesorganen zusammenhängen, und mit Reaktionen auf Sinneseindrücke, dann gibt es da nirgendwo mehr eine Lücke, in der man Geheimnisse vermuten müßte. Damit wird bestätigt, daß es in unserer Welt einen Weg gibt, der von so einfachen und primitiven Dingen wie Molekülen ausgeht und bis zur Bildung von Intelligenz führt, und prinzipiell auch zu einer solchen, die jene des Menschen übersteigt. Im Übrigen könnte im Laufe dieser Entwicklung auch die analoge Methode wieder mehr in den Vordergrund treten.

Bei den wachsenden Schaltungen, die sie angesprochen haben, gibt es allerdings immer eine Lücke bei der Materialität dieser Schaltungen. Hätten Sie dazu einen Einfall? Wo müßte man suchen, um die Materialität dieser Schaltungen tatsächlich zu bekommen?

In molekularen Einheiten. Da gibt es schon einen ganzen Forschungszweig mit immer neuen vielversprechenden Ergebnissen. Als ich 1985 ein Buch über das Rohmaterial der integrierten Schaltungen, das Silicium, schrieb (*Siliciumwelt*, IBM 1985), war das ein Anstoß für mich, über die weitere Entwicklung der Chips nachzudenken und etwas über diese wachsenden Schaltungen zu beschreiben. Ich stellte mir die Frage: Wie weit kann die Entwicklung von immer kleineren Schaltelementen gehen? Wo gibt es, angeboten von der Physik, solche Elemente? Es ist klar, daß Elementarteilchen solche Einheiten sein können, und besonders bei den molekularen Strukturen finden wir erstaunlich viele wandlungs- und reaktionsfähige Einheiten. Vor einiger Zeit hat sich das Interesse auf das DNA-Molekül gerichtet. Dieses hat die Natur durch viele Zufallsprozesse hindurch entwickelt, und es wurde eines Tages ja als Träger des genetischen Bauplans des Lebens erkannt. Inzwischen wird es auch als aussichtsreicher Baustein für mikrominiaturisierte reaktive technische Speicher angesehen. Es hat eine Weile gedauert, bis dieser Gedanke ernst genommen wurde, aber seit man nun die Möglichkeit hat, auch in so große Moleküle gezielt einzugreifen, setzt man auf dieses Verfahren große Hoffnungen. Man könnte Speicherelemente damit erzeugen, man könnte die gespeicherte Information abrufen, man könnte sie irgendwo durch andere vergleichbare Einheiten aufnehmen lassen und in Aktivitäten umsetzen. Alles das gibt es in der Natur schon seit Urzeiten.

Und das wäre sozusagen der Quantensprung, um den Computer endgültig aus dem Dunstkreis der Büromaschinen zu entfernen?

Ja. Allerdings bevorzugt man heute einen anderen Weg, der sicher früher oder später auch zum Ziel führen kann, der sich aber noch stark auf die alte Anschauung stützt, d.h. auf Versuche mit einem etwas erweiterten Rasterelektronenmikroskop und auf Kristallgitter, in die man Moleküle oder Atome hineinsetzt. Das ist die alte, noch auf mechanischer Anschaulichkeit beruhende Art des Denkens: Man verwendet ein Speicherelement, in dem eine Stelle besetzt ist oder nicht besetzt ist. Doch die auf chemischen Umsetzungen beruhende Methode ist für mich die aussichtsreichere.

Das würde aber einen Zustand bedeuten, von dem man nicht mehr sagen könnte, daß er lebt oder nicht lebt.

Das ist eben das Interessante. Diese Aggregate, die ich beschrieben habe und bei denen man von Wachstum sprechen könnte, würden sich automatisch zu höheren Organisationsstufen hin entwickeln. Zweifler an dieser Möglichkeit könnte man darauf hinweisen, daß der technische Weg genau zu dem Ergebnis führt, das die Natur schon viel eher produziert hat, nämlich zu Aggregaten, die man normalerweise als biologisch bezeichnet. Würde man mit ihnen auf dem Mond

konfrontiert und nicht wissen, daß sie technisch gemacht sind, würde man sie
für Pflanzen oder Tiere halten. Und wenn dann jemand sagen würde, daß Intelligenz also doch auf biologische Aggregate beschränkt sei, würde niemand
widersprechen. Der Unterschied ist lediglich, daß wir Methoden eingesetzt
haben, die die Natur schon lange vor uns verwendet hat.

Im Vorwort der ersten Ars Electronica *schreiben Sie, daß es auch um eine Demokratisierung der neuen Technologien geht, daß man ihnen im Werden zuschaut und daß Experimente statt Exponate vorgeführt werden. Das dürfte etwa die Zeit sein, in der so etwas
wie computer literacy (gerade auch im Hinblick auf die Schule) diskutiert wurde und in der
die Personal Computing-Bewegung eine Demokratisierung der Hardware forderte. Prominente Medientheoretiker wie Friedrich Kittler verlangten dann, daß ›Geistes‹-Wissen-
schaftler erst einmal Programmieren lernen sollten. Wie würden Sie dieses Projekt heute
beurteilen?*

Lassen Sie mich zunächst auf den letzten Punkt eingehen: Programmieren beizubringen hat jetzt keinen Sinn mehr, denn die Art, wie man in den Anfangs-
jahren programmiert hat, verwendet der Anwender heute nicht mehr. Dagegen
ist es natürlich wichtig, logisches Denken zu unterrichten, denn die Systeme, die
wir heute verwenden, programmieren wir zwar auf andere Weise als früher, aber
man muß sie als Systeme begreifen, die erbarmungslos (und bis zum Unsinn)
logisch arbeiten. Um sich damit bißchen auszukennen und zurechtzukommen,
sind also ganz andere Kenntnisse notwendig, als sie der klassische Unterrichtsplan
vermittelt hat. Zu sagen, daß jeder programmieren lernen muß, gilt also heute
nicht mehr. Man muß solche Aussagen wie die von Kittler im Licht der historisch gegebenen Situation begreifen: Damals stand den Befürwortern des Computer eine Phalanx von Gegnern gegenüberstand, die nicht nur den Einsatz des
Computers in der Kunst, sondern in allen Lebensbereichen kritisiert haben. Ich
hatte mehrfach Diskussionen mit Joseph Weizenbaum, in denen es weniger um
die Kunst als um die allgemeine Situation ging. Ich vertrat die Meinung, daß
energetische Maschinen leichter für zerstörerische Zwecke eingesetzt werden
könnten, während das bei informationellen Maschinen nur indirekt der Fall ist.
Wer Schaden vom Menschen abwenden möchte, müßte also eher dem überlieferten Maschinentyp mit Mißtrauen begegnen und seine Hoffnung in die Infor-
mationssysteme setzen, denn diese, vernünftig angewandt, führen zu einer
Bereicherung an Wissen. Und ich bin auch heute noch der Meinung, daß man
mit Hilfe von rationalem Wissen viele schädliche Entwicklungen vermeiden
könnte. Idealisten haben mehr Übles in die Welt gebracht als Verbrecher, weil
die Idealisten dogmatischen Regeln folgen, die ebenso richtig sein können wie
falsch; denken Sie nur an Kreuzzüge und Rassenwahn. Ich glaube, nüchterne
Intelligenz könnte ein Schutz dagegen sein, und der Computer könnte dabei
behilflich sein, wenn er als Instrument der Bildung eingesetzt wird. Weizenbaum dagegen beruft sich auf die militärischen Einsatzmöglichkeiten des Computers, die man ja nicht abstreiten kann – die Entwicklung der Computer in
Amerika wurde vom Militär gefördert. Das ist aber noch lange kein Grund, auf
seine friedliche Nutzung zu verzichten. Im Übrigen möchte ich hinzufügen, daß

der deutsche Erfinder des Computers, Konrad Zuse, nachgewiesenermaßen harmlose Zwecke damit verfolgt hat: Er wollte komplizierte Rechenprozesse den Automaten überlassen.

Darf man es darauf zuspitzen, daß die Befähigung zum Umgang mit Information und deren Verarbeitung resistent gegen politische Dogmatik machen kann?

Ja, nur daß der Computer immer noch recht einseitig und oft genug auch verantwortungslos angewandt wird.

Anders formuliert: Gefährlich können solche Technologien nur werden, wenn ihre Anwendungen und ihre Verwender sozusagen beschränkt werden. Das heißt also, liberalisiert werden Technologien, indem Anwendungen und Anwender sich multiplizieren, sich vervielfältigen und verallgemeinern...

Das dahintersteckende Problem hat mit Computern nichts zu tun: Es ist die Frage nach dem ethischen Prinzip, und hierauf wird sich auch mit dem Computer kaum eine befriedigende Antwort geben lassen. Jemand, der die Macht hat und fest daran glaubt, für sein Land oder für sein Volk kämpfen zu müssen, wird dazu auch in Zukunft ohne jede moralische Hemmung den Computer anwenden. Der Computer ist kein Zaubermittel, das uns automatisch vor bösartigen Einflüssen schützt, aber er kann unsere Fähigkeit verstärken, uns gegen die falsche Propheten zu wehren. Er soll ein intelligentes Verhalten als einen Freiheitsgrad unseres Handelns fördern und uns zum Widerstand gegen falsche Vorbilder befähigen. Aber dieses Thema führt uns in ganz andere Bereiche, zu philosophischen Fragen, die von subjektiven Einstellungen abhängen.

Sie haben einmal einer Publikation das Motto »Kunst ohne Mythos« vorangestellt. Kann man sagen, daß mit der Informationsästhetik die Intelligenz in die Kunst einziehen soll?

Dieser etwas provokante Titel hat leider Mißverständnisse verursacht und mich in den Ruf gebracht, eine ›kalte‹ emotionslose Kunst anzustreben. Lassen Sie mich daher etwas über die Zusammenhänge zwischen Emotionen, Intelligenz und Kunst sagen. Ich gehe davon aus, daß Gefühle, nüchtern betrachtet, Signale sind, die sich an unser Bewußtsein richten. Sie treten dann auf, wenn es eine Situation gibt, die günstig für uns ist und deshalb Beachtung verdient. Und sie kommen in stärker spürbarem Maß zum Vorschein, wenn wir in eine Situation geraten, wo uns etwas Übles droht. Sie werden also bemerken, daß ich das Gefühl als etwas ansehe, das in unserem Denken eine absolut unverzichtbare und wichtige Rolle spielt. In jeden Computer, den ich als intelligenten Computer konzipieren sollte, würde ich Gefühle einbauen. Diese Gefühle befreien uns vom Zwang eines reinen Reflexverhaltens. Zunächst einmal ist es im Laufe der Evolution natürlich viel einfacher, einem Wesen beizubringen: Eine Flamme ist heiß – also ich zieh dich zurück. Intelligenz eröffnet eine größere Freiheit, eine Freiheit, die zur Folge hat, daß du, wenn du vor einer Flamme stehst, nicht reflexartig davonläufst. Statt dessen tritt das emotionale Signal auf: die Angst, die es dir freistellt, ob du dich ihr unterwerfen willst oder nicht. Und jetzt hast du eine Möglichkeit zur Entscheidung, nämlich: Folge ich dieser Angst oder gibt es einen wichtigeren Grund, ihr nicht zu folgen. Das kann zum Beispiel der sein, daß hinter der Flamme jemand steht, den ich aus dem Feuer herausholen will. Das heißt aber: Wir Menschen erhalten dadurch die größere Freiheit des intelligenten Handelns. Wir können bei unserer Entscheidung all unser Wissen und all unsere logischen und kreativen Fähigkeiten einsetzen. Gefühle sind also keineswegs etwas, was anstelle der Intelligenz tritt, sondern etwas, was die Anwendung unserer Intelligenz erst ermöglicht.

Gefühle als Knoten im System, wo sich Alternativen und Optionen vervielfältigen?

Ja, und damit kommen wir wieder auf das Thema der Kunst, denn durch die Kunst werden analoge Handlungsabläufe aktiviert. Allerdings rückt bei der künstlerischen Arbeit oft ein anderer Aspekt in den Mittelpunkt der Diskussion, und zwar jener der Kreativität, die den künstlerischen Einfall, die innovative Idee ermöglicht. Vom psychologischen Standpunkt aus gesehen handelt es sich dabei um die Fähigkeit des freien Assoziierens und das Vermögen, die auf diese Weise entstehenden neuen Vorstellungen in einem Kunstwerk auszudrücken. Es kann hilfreich sein, in der anfänglichen kreativen Phase die reine, analysierende Intelligenz vorübergehend auszuschalten. Diese Methode, Innovation zu erzeugen, hat ja auch in der Wissenschaft Bedeutung, und zwar dort, wo neue Probleme erkannt und Wege für ihre Lösung gesucht werden.

Man könnte die »Kunst ohne Mythos« auch so verstehen, daß der Avantgardekünstler jemand war, der alles durch die bloße Berührung mit seiner Künstler-Subjektivität in Kunst verwandeln konnte. Eine eher magische als mythische Angelegenheit. Und dagegen steht plötzlich diese Klarheit, Reinheit und Berechenbarkeit, mit denen die Publikationen zur Informationsästhetik illustriert sind (Albers, Bill usw.) Gibt es nicht so etwas wie einen historischen ›Stil‹ der Informationsästhetik?

Man kann es so sehen, wenn es um eine Charakterisierung der Werke aus der Anfangzeit der Computergrafik geht. Es wäre aber ein Mißverständnis, wenn damit die gesamte Computerkunst gemeint sein sollte. Der Computer ist ein generell anwendbares Gestaltungsinstrument und längst an keinen Stil mehr gebunden: Mit seiner Hilfe kann prinzipiell jedes denkbare Bildwerk entstehen. Die Klarheit der frühen Darstellungen beruht einfach auf den damals äußerst beschränkten Möglichkeiten der Systeme; trotzdem hat man mit ihnen experimentiert und aus der Not eine Tugend gemacht.

Der einfache und überschaubare Duktus der frühen Computergrafiken ist aber noch aus einem anderen Aspekt heraus beachtenswert: Er gehorcht der Tatsache, daß man sich stets einfacher Beispiele bedient, wenn man sich einem neuen Bereich wissenschaftlich nähert. Das ist eine vernünftige Methode, der Weg vom Einfachen zum Komplizierten. Viele der Benutzer der frühesten Grafiksysteme kamen von der Wissenschaft, haben ihre Aufgabe nach wissenschaftlichen Methoden bewältigt, und viele waren sogar an rationaler Kunsttheorie interessiert. Wenn ich z.B. wissen möchte, wie jemand auf ein Kunstwerk reagiert und dabei im Sinne eines Experiments vorgehe – wenn ich etwa feststellen möchte, was ihn interessiert, wie er reagiert, was er sich merkt usw. –, dann hat das nur

Sinn, wenn ich mit einfachen, auf wenige Eigenschaften reduzierten Objekten arbeite. Der Computer ist ein wunderbares Instrument zum Experimentieren, weil er viel flexibler ist als Papier oder Malerleinwand. Außerordentlich hilfreich ist es etwa, daß der Experimentator auch rückwirkend eingreifen kann, andere Varianten ausprobieren usw. Damals, als diese ersten Computergrafiken entstanden, war diese Möglichkeit oft nur im Ansatz vorhanden, und trotzdem war es die erste Generation der Computeranwender, die die angedeuteten neuen Methoden einführte.

Aber was ist das nun: eine perfektere Technik oder ein anderes ästhetisches Programm?

Diese Frage betrifft die Informationsästhetik im Allgemeinen. Eine solche Wissenschaft hat natürlich nur Sinn durch den Anspruch, der dahinter steckt, nämlich die Kunst ohne Mythos, d.h. auf rationale, naturwissenschaftlich fundierte Weise zu erklären. Das ist ein Problem, das mich sehr bewegt und beschäftigt hat – heute ist es in den Grundzügen gelöst. Im Übrigen ist es ein verständlicher Wunsch, daß eine rationale Ästhetik jede Art von Kunst einbeziehen kann und damit auch die Beziehungen zwischen einzelnen Kunstarten – bildende Kunst, Musik, Literatur usw. – zu klären imstande ist. Sie müßte alle Kunststile erfassen, stillstehende oder bewegte Bilder, und weiter auch dreidimensionale Objekte, aber auch alle anderen Künste: Literatur, Theater, Musik, Tanz und alle Formen der Medienkunst. Es hat ja nur Sinn, für das alles einen gemeinsamen Begriff, nämlich ›Kunst‹, zu verwenden, wenn alle diese scheinbar so verschiedenen Äußerungen etwas Gemeinsames, Essentielles aufweisen, und sicher ist es die vornehmste Aufgabe der Theorie, eben dieses herauszufinden. Eine gemeinsame Basis liegt nun sicher in der Tatsache, daß die Kunstwerke Wahrnehmungs- und Denkprozesse auslösen, die von emotionalen Komponenten begleitet sind. Und aus der Evolutionslehre wissen wir, daß all das letztendlich dazu dient, um Bedeutungen zu erkennen. Dabei geht es um Vorteile und Nachteile im Hinblick auf das Überleben. Das Erkennen dieser Bedeutungen ist von positiven emotionalen Empfindungen begleitet, und damit ist bereits eine grundlegende Gemeinsamkeit erkannt, denn dieses Grundmuster gilt für alle Arten von Sinneseindrücken, gleichgültig ob visuell oder auditiv dargeboten, gleichgültig ob im Alltag oder in der Kunst.

Diese Kunst würde allerdings vor dem Menschen oder ohne den Menschen beginnen…

In unserer Zivilisation sind verschiedene Organisationsformen entstanden, die den Zweck haben, den Menschen mit positiv empfundenen Emotionen zu versorgen, wobei auffällt, daß bei manchen davon der Ausdruck ›Kunst‹ in Anspruch genommen wird, z.B. ›Kochkunst‹ oder ›Liebeskunst‹: auch dabei geht es um die Auslösung von angenehmen Emotionen. Bei der Kunst im engeren Sinn sind es die mit dem Wahrnehmungsverhalten assoziierten emotionalen Eindrücke, die mit den künstlerischen Werken und Vorführungen ausgelöst werden. Offensichtlich besteht ein Bedarf daran, und er wird von der Kunst gedeckt.

Das sind natürlich nur Andeutungen des Weges, der die rationale Ästhetik zu einer Erklärung des ›Phänomens Kunst‹ geführt hat. Das ist, so meine ich, mit dem kybernetischen Ansatz befriedigend gelungen.

Nach wie vor steckt der Sinn dahinter, unsere Umwelt zu erkennen, alles zu bemerken, was für uns wichtig ist, und auf das, was wichtig ist, auch folgerichtig zu reagieren. Was kenne ich bereits? Was ist neu? Im Neuen steckt eventuell etwas, das gefährlich ist oder das ich nutzen kann, und darauf muß ich meine Aufmerksamkeit richten, das muß ich klären. Etwas ist so komplex, daß es sich der Übersicht entzieht, und deshalb muß ich es vereinfachen, ohne daß es seine charakteristischen Eigenschaften verliert; diese Leistung erbringt das Gehirn ganz automatisch, ohne daß uns das bewußt wird. Wir sind fähig, Probleme zu lösen, die nachweislich nicht auf logischem Weg gelöst werden können. Das können Computer des heute üblichen Typs nicht, es geht allenfalls mit Fuzzy-Logic, also unter Inkaufnahme von Vereinfachungen und Unschärfen. Die beste Methode für ein System, das schnell auf eine Gefahr reagieren muß und dabei vor einem neuen, in der Eile gar nicht exakt lösbaren Problem steht, ist der Rückgriff auf allgemeine Erfahrungen oder Analogien. Alle diese überlebensrelevanten Reaktionen treten auch bei der Konfrontation mit einem Kunstwerk auf, beispielsweise dann, wenn man ein Bild betrachtet: Das Gehirn versucht eine Bedeutung darin zu erkennen. Wenn Sie mit einem Angebot an Information konfrontiert sind, wo Sie zuerst nur Chaos sehen, fühlen Sie sich um so mehr herausgefordert, darin doch etwas Deutbares zu finden – Einzelheiten, Zusammenhänge, Muster. Diese Prozesse, die ich jetzt ganz nüchtern als Analyse von Frequenzen, von Gleichmäßigkeiten, von Maßen usw. beschrieben habe, führen bereits zu einem Kunstverständnis, aus dem irgendwelche Glaubensdinge längst eliminiert sind.

So soll man sich also die Funktionsweise eines bestimmten Kunstwerks erklären?

Im Prinzip mag es möglich sein, doch halte ich es nicht generell für sinnvoll. Für mich persönlich ist es das Verdienst der kybernetischen Theorie, daß sie es mir ermöglicht zu verstehen, welcher Art die ästhetischen Prozesse sind, worauf sie zurückzuführen sind, welche Fähigkeiten des Menschen beansprucht werden.

So scheint es mir auch nicht besonders erstrebenswert, einzelne Kunstwerke mit Hilfe irgendwelcher Parameter zu bewerten, beispielsweise mit dem ästhetischen Maß von Birkhoff. Bewertungen dieser Art sind schon deshalb fragwürdig, weil die Kenntnisse, Denkmethoden und Fähigkeiten der Kunstbetrachter subjektiv verschieden sind; genau von diesen aber hängt es ab, wie die geschilderten Wahrnehmungs- und Beurteilungsprozesse ablaufen. Daher kann es keine Kunst geben, die auf jeden gleich wirkt, und es kann kein allgemein gültiges Informationsmaß zur Charakterisierung von Kunstwerken geben. Ich wage heute zu behaupten, daß ich die für die Kunst grundlegenden Prozesse verstehe, jene Prozesse, die anlaufen, wenn ich vor einem Kunstwerk stehe oder wenn ich einen Film sehe oder ein Theaterstück; ich weiß, worauf es ankommt; ich weiß, warum ich darauf so und nicht anders reagiere; ich weiß, woher ich die Fähigkeit habe, mich an Kunst zu erfreuen; und ich weiß, warum der Künstler die Fähigkeit hat, Kunstwerke zu erzeugen; ich weiß, warum es den Menschen Vergnügen macht, sich mit Kunst zu beschäftigen: Es sind angenehme Gefühle, die uns als Belohnung vermittelt werden , wenn uns die Analyse des Reizmuster gelungen ist, daß wir die Bedeutung erkannt haben. Während wir sehr genau wissen, was für angenehme Gefühle Liebesspiele oder gute Mahlzeiten auslösen, ist es längst noch nicht allgemein bekannt, daß auch positive Gefühle entstehen, wenn man etwas begriffen und einen Zusammenhang hergestellt hat.

Also eine kleine Belohnung dafür, daß man da ist, aber nichts dafür kann? Ein intellektueller Spaß in einer eher unbequemen, unspaßigen Lage?

Ich möchte dazu ein Beispiel aus einem ganz anderen Bereich anführen, wo man das positive Gefühl, etwas begriffen zu haben, selbst sehr deutlich erlebt: den Witz. Im Grund genommen ist der Witz nichts anderes als ein Rätsel, bei dem Begriffe in ungewöhnlicher Weise in Verbindung gebracht werden. Der Zuhörer ist aufgefordert, eine zweite, versteckte Beziehung zwischen den Begriffen zu suchen, die den ungewöhnlichen Zusammenhang erklärt. Wenn es ihm gelingt, diese zu finden, so erfolgt die erwünschte Reaktion, die sich in Heiterkeit äußert: Er beginnt zu lachen. Für einen anderen, der den Witz nicht verstanden hat, ist es ein negatives anmutendes Erlebnis: Er blickt unangenehm berührt beiseite oder täuscht Vergnügen nur vor. Einen Witz zu verstehen, ist eine Intelligenzleistung. Dabei besteht im Prinzip kein großer Unterschied gegenüber jener Leistung, die durch ein Kunstwerk herausgefordert wird.

Herr Franke, wir danken Ihnen für dieses Gespräch.

Das Gespräch führten Claus Pias und Joseph Vogl

IM SCHATTEN DES MENSCHEN DER MASCHINE

Georg Trogemann

Experimentelle und spekulative Informatik

Es ist möglich, den Effekt einer Rechenmaschine zu erreichen, indem man eine Liste von Handlungsanweisungen niederschreibt und einen Menschen bittet, sie auszuführen. Eine derartige Kombination eines Menschen mit geschriebenen Instruktionen wird ›Papiermaschine‹ genannt. Ein Mensch, ausgestattet mit Papier, Bleistift und Radiergummi sowie strikter Disziplin unterworfen, ist in der Tat eine Universalmaschine.

Alan M. Turing[1]

Turings Feststellung erfaßt sehr präzise den Kern unseres klassischen Verständnisses von Algorithmen und Computern. Probleme der Berechenbarkeit lassen sich im Prinzip auch ohne Rechner, mit Papier und Bleistift am Küchentisch sitzend, lösen. Im Zentrum der klassischen Berechenbarkeitstheorie stehen klar spezifizierbare Aufgaben, deren Lösung durch Abfolgen von Handlungsanweisungen (Befehlen) beschrieben werden. Nicht nur, daß der Algorithmus komplett im Kopf des Programmierers entwickelt wird, er kann im Prinzip auch im Kopf ausgeführt werden. Ob das Verfahren am Ende auch noch auf einen realen Rechner implementiert wird, ist zweitrangig, von der Ausführung des Codes werden keine neuen Qualitäten erwartet. Wir wollen im Folgenden zeigen, daß bereits unsere aktuellen Anwendungen sich nicht mehr adäquat auf der Basis einer solchen passiven Maschine beschreiben lassen. Die inzwischen in verschiedenen Anwendungsbereichen formulierten Problemstellungen verlangen nicht nur nach vollkommen neuen Konzepten und Vorgehensweisen, sondern auch den radikalen Abschied von der Vorstellung, daß diese Systeme vollständig beherrschbar und in ihrem Verhalten vorhersagbar sind.

Computerpraxis – Drei Beispiele

Im Projekt *Talking Heads* von Luc Steels und Frédéric Kaplan versuchen visuell basierte und miteinander im Wechselwirkung stehende Roboter ohne vorhergehende Festlegung im Design des Programms oder durch menschliche Intervention eine eigene Sprache zu begründen und eine gemeinsame Ontologie zu entwickeln. Die beiden Roboter sind hierbei gleichzeitig Beobachter und Teilnehmer eines Kommunikationsprozesses. Das gemeinsame Vokabular der Roboterkommunikation über die Form, Farbe und Position von Objekten auf einer Tafel wird nicht von außen aufgeprägt, sondern entwickelt sich während der »Konversation« der Roboter. Kommunikation erzeugt hier neue Kommunikationsmöglichkeiten. Zwischen den Programmen findet kein Informations-

---

1. »Intelligent Machinery«, zit. nach: Alan M. Turing, *Intelligence Service*, Hg. B. Dotzler/ F. Kittler, Berlin 1987, S. 91.

Talking Heads. Zwei steuerbare Kameras, die auf eine Tafel gerichtet sind und sich über das Gesehene in einer gemeinsam entwickelten Sprache austauschen.

austausch in herkömmlichen Sinne statt, da den Kommunikationspartnern nicht wie in der üblichen technischen Kommunikation von vornherein eine gemeinsame Semantik übergestülpt ist. Die Teilnehmer sind so gezwungen, eigene Interpretationen des Geschehens zu entwickeln. Mißverständnisse und Mißdeutungen im Kommunikationsprozeß sind hierbei keine Störungen im Sinne technischer Übertragungsfehler, sondern systemimmanente Voraussetzung für die Entwicklung der gemeinsamen Sprache.[2]

Im Computerspiel *The Sims* wird das normale Leben simuliert. Man lebt in einer Nachbarschaft mit anderen Familien und geht alltäglichen Beschäftigungen nach – Arbeiten, Fernsehen, Essen, Freunde treffen, usw. Es ist möglich, die autonomen Sims ihren Alltag selbst bewältigen zu lassen oder in ihr Verhalten einzugreifen. Der normale Spieler wird den Sims ihre Autonomie lassen, um nur gelegentlich steuernd einzugreifen. Da das Spiel keinerlei Gewalt vorsieht, ist es für Personen jeden Alters freigegeben. Wir lassen das Spiel einen achtjährigen Jungen spielen. In seiner Sims-Familie wird im Laufe des Spiels ein Baby geboren, um das er sich von nun an kümmern muß. Dies ist ihm fürchterlich lästig, wenn er aber nichts unternimmt, wird das Baby schreien, das Jugendamt oder

2.   Luc Steels/Frédéric Kaplan u.a., »Crucial factors in the origins of word-meaning«, in: A. Wray (Hg.), *The Transition to Language*, Oxford 2002. (http://www.csl.sony.fr/downloads/ papers/2001/steels-crucial-2001.pdf); dies., »Situated grounded word semantics«, in: T. Dean (Hg.), *Proceedings of IJCAI 99*, San Francisco 1999, S. 862-867 (http://www.csl.sony.fr/down-loads/papers/1999/ijcai99.pdf).

Painstation

die Polizei wird kommen und ihm Schwierigkeiten machen. Da es nun bei *Sims* unter anderem Möglichkeiten gibt, Häuser zu bauen und zu erweitern, hat der Junge eine Idee. Er entschließt sich, das Baby einfach einzumauern. Als dennoch die Polizei auftaucht, wird diese ebenfalls eingemauert. Solche Spielverläufe waren von den Spielentwicklern nie vorgesehen, sie emergieren aus der Komplexität und Offenheit des Spiels. Muß *The Sims* auf den Index der verbotenen Spiele?

Die *Painstation* ist ein Projekt von Volker Morawe und Tilman Reif. Das bekannte Videospiel *Pong* – eine einfache Tischtennissimulation – wird um eine Pain-Execution-Unit (PEU) erweitert. Über einen Drehknopf ist der Schläger zu steuern, mit dem der virtuelle Ball zurückspielt werden kann. Wird der Ball verfehlt, führt dies zu Strafpunkten. Die Überschreitung einer bestimmten Punktezahl führt zur körperlichen Bestrafung des Spielers. Die PEU fügt dann der linken Hand des Spielers durch Stromstöße, Peitschenhiebe oder Erhitzung reale Schmerzen zu. Wie bei jeder interaktiven Anwendung ist hier der steuernde Algorithmus lediglich eines der Glieder eines geschlossenen Mensch-Maschine-Zyklus. Das Programm berechnet Ausgabewerte, die dem Benutzer über das Interface angeboten werden. Der Benutzer reagiert auf das Gesehene/Gehörte/Gefühlte und erzeugt durch seine Aktionen seinerseits Eingabenwerte für das System. Diese Eingaben wiederum führen zu neuen Ausgaben der Maschine, usw. Bei allen derartigen interaktiven Handlungsprozessen muß eine geeignete Grundgeschwindigkeit in der Wiederholrate gewährleistet sein, damit die Interaktion als Ganzes funktioniert. Ist die Wiederholrate zu gering, bricht die gesamte Interaktion zusammen und die Funktionsfähigkeit des Systems ist nicht mehr gegeben. Gleichzeitig hat diese Form der Interaktion eine vollkommen andere Qualität als numerische Ein-/Ausgabewerte. In einem Raum zu navigieren, Töne zu hören, Schmerzen zu spüren sind Wahrnehmungen. Ihre eigentliche Qualität, die sinnliche Erfahrung, kann nicht adäquat durch Zahlen, d.h. die Ein-/Ausgabewerte des Programms beschrieben werden. Am Beispiel der *Painstation* ist sehr leicht zu erkennen, daß die Qualität der Apparatur nicht in den einzelnen Komponenten — Software, Interface oder Spieler — zu suchen ist, sondern nur das Gesamtsystem im laufenden Betrieb seine Qualität entfaltet. Die durch das Interface wahrgenommenen Qualitäten sind oft im Programmcode nicht explizit repräsentiert und auch vom Entwickler nicht intendiert. Der Algorithmus ist zwar Kernstück eines Gesamtsystems, für sich alleine ist er aber wenig von Interesse und kann isoliert nur bedingt einer sinnvollen Analyse unterzogen werden.

Dies sind nur einige — mehr oder weniger willkürliche — Beispiele, die zeigen sollen, daß avancierte Anwendungen nicht mehr mit den Anfängen des Rechnereinsatzes zu vergleichen sind. Softwareagenten, Würmer, Viren, etc., sind nicht mehr an eine zugewiesene Hardware gebunden, sie bewegen sich frei durch die Netze und treten hierbei von sich aus in Kommunikation mit anderen Algorithmen. Adaptive Algorithmen sind lernfähig und in der Lage sich selbst zu modifizieren, sie ändern ihren eigenen Code oder schreiben neue Programme und bringen diese zur Ausführung. Steuerungsalgorithmen von interaktiven Prozessen sind eingebettet in komplexe Interface-Umwelten und nicht mehr als einfache Problemlöser zu verstehen, sondern nur als Gesamtsysteme mit weitaus umfassenderen Qualitäten. Bei allen diesen Anwendungen zählt weniger das Errechnete als vielmehr das Erlebte. Diese Systeme können nicht mehr vollständig auf dem Papier nach dem klassischen Problemlösungsansatz entwickelt werden, sondern nur interaktiv, in iterativen Zyklen, im direkten Zusammenspiel mit dem Computer. Mit anderen Worten: die Entwicklung solcher Algorithmen setzt voraus, daß uns bereits eine interaktive Maschine zur Verfügung steht, auf deren Basis wir in iterativen Test- und Codierungsphasen zu neuen Anwendungen kommen. Werden neben Interfaces weitere Mechanismen, z.B. die später betrachteten Code-Reflexionen und Code-Heterarchien eingesetzt, dann resultieren Anwendungen, bei denen das Unbeabsichtigte eine wesentliche Rolle spielt. Da das Verhalten dieser so entwickelten Algorithmen nicht durch ausschließliche Analyse der Codes vorhersagbar ist, treten das reale Experiment und die Spekulation, sowie leistungsfähige Strategien des Testens und Korrigierens ins Zentrum der Systementwicklung. Bevor wir uns die Mechanismen, die zur Unbeherrschbarkeit und Unvorhersagbarkeit solcher Systeme führen, zuwenden, wollen wir zuvor noch einmal einen Blick auf die klassische Ausgangssituation der Informatik werfen.

Klassische Algorithmentheorie

Die klassische Theorie des Computers enthält keine Zukunftsdimension. Algorithmen sind endliche schrittweise Verfahren zur Berechnung gesuchter aus gegebenen Größen. Jeder einzelne Schritt besteht aus einer Anzahl ausführbarer deterministischer Operationen. Nach Ausführung eines Schrittes steht eindeutig fest, welcher Schritt als nächstes ausgeführt wird. Alle Berechnung folgt damit einer (endlichen) Kausalkette. Diesem Denken fehlt die Dimension des Werdens, die Gegenwart enthält bereits vollständig alle Zukunft. Die Verbindung zwischen Vergangenheit und Zukunft ist lediglich ein getakteter und gleichmäßig voranschreitender Maschinenzustand. Wird ein Zustand notiert und die Maschine später auf diesen Zustand zurückgesetzt, ist alles, was dazwischen passiert, vergessen, für die Maschine ist es nie passiert. Damit soll keinesfalls gesagt sein, daß auf der Basis des schrittweisen Vorangehens nicht Unvorhersehbares und Überraschendes realisierbar wäre – ganz im Gegenteil – aber ein Begriff des »Werdens« ist bei der Behandlung klassischer algorithmischer Fragestellungen schlicht nicht erforderlich. Es wird von vielen sogar vehement bestritten, daß durch algorithmische Prozesse überhaupt Neues entstehen kann.

Computer waren zunächst als Hilfsmittel zur Entlastung des Menschen von repetitiven und mechanischen Rechenarbeiten gedacht. Große Mengen sich wiederholender Berechnungen sollten zuverlässig, schnell und effizient durchgeführt werden. Die Probleme, die mit dem klassischen Algorithmen-Begriff erfaßt werden sollten, zeichneten sich dadurch aus, daß das zu bearbeitende Problem klar beschrieben werden konnte und jeweils eindeutige Kriterien existierten, wann eine Lösung für ein Problem vorliegt. In der Theorie der Berechenbarkeit werden insbesondere zwei konkrete Formen von Problemlösungsprozessen unterschieden:

– die Berechnung einer Funktion,
– die Entscheidung über die Zugehörigkeit eines Elements zu einer Menge.

Da die Entscheidungsprobleme ebenfalls leicht als bedingte Funktionen darzustellen sind, können Fragen der Berechenbarkeit immer als Funktionen beschrieben werden. Die Theorie der Berechenbarkeit ist damit im Grunde ein bescheidener Ansatz. Sie fragt lediglich danach, ob es Funktionen gibt, die wir zwar exakt spezifizieren können, die aber dennoch von keinem schrittweisen endlichen Verfahren gelöst werden können. Die Entscheidung derartiger Fragen setzt die strenge Formalisierung des Begriffs »effektives Verfahren« (bzw. Algorithmus) voraus. Ein intuitiver Algorithmen-Begriff reicht aus, solange wir nur zeigen wollen, daß ein bestimmtes Problem algorithmisch lösbar ist. Die hinreichend detaillierte Skizzierung eines Verfahrens wird in den meisten Fällen genügen, um uns zu überzeugen, daß eine algorithmische Lösung für das Problem existiert. Um allerdings zu zeigen, daß gewisse Probleme prinzipiell nicht algorithmisch lösbar sind, müssen wir einem strikten Formalismus zugrunde legen. In diesen Fällen soll ja eine Aussage über alle denkbaren Verfahren getroffen werden.

Das unverrückbare Fundament der Informatik – die Theorie der Berechenbarkeit, die auf der Basis dieser Fragestellungen entwickelt wurde – hat sich seit Mitte der 1960er Jahre kaum mehr gewandelt. Zu den wichtigsten Ergebnissen der Berechenbarkeitstheorie gehören nicht nur verschiedene Formalismen zur Präzisierung des Algorithmenbegriffs, sondern auch allgemeine Aussagen über die Vollständigkeit, Widerspruchsfreiheit und Entscheidbarkeit formaler Systeme. Heutige Programmiersprachen und ihre Compiler basieren ebenso auf den Ergebnissen der Berechenbarkeitstheorie wie moderne Grundlagenforschungen auf dem Gebiet der Komplexitätstheorie. Zu den zentralen Konzepten gehört unter anderem die universelle Turingmaschine, eine Maschine, die dem Begriff des Algorithmus äquivalent ist und ihn gleichzeitig definiert. In Turings berühmten Artikel »On Computable Numbers, with an Application to the Entscheidungsproblem«[3] aus dem Jahre 1936 wird erstmals das Konzept der universellen Rechenmaschine eingeführt. Turing selbst sagt über seine Maschine:

Die Bedeutung der universalen Maschine ist klar. Wir brauchen nicht unzählige unterschiedliche Maschinen für unterschiedliche Aufgaben. Eine einzige wird genügen. Das technische Problem der Herstellung verschiedener Maschinen für verschiedene Zwecke ist ersetzt durch die Schreibarbeit, die Universalmaschine für diese Aufgabe zu programmieren.[4]

Aufgrund ihrer Programmierbarkeit kann diese Maschine alles berechnen, was überhaupt berechenbar ist, ohne für neue Aufgaben noch einmal in ihre innere Struktur eingreifen zu müssen. Jedes Programm ist die Beschreibung einer speziellen Maschine, und die Universalmaschine ist in der Lage, die Beschreibung zu lesen und sich wie diese Maschine zu verhalten. Seit der realen Umsetzung dieses Prinzips – erstmals durch die Von-Neumann-Architektur – steht die Universalmaschine auch in der Praxis zur Verfügung. Alle berechenbaren und entscheidbaren Fragen können somit von ein und derselben Maschine berechnet und entschieden werden. Welche Zükünfte also soll der Computer vor diesem Hintergrund noch haben? Ist der Rest nicht pure Praxis, d.h. ewige, variierte Repetition der Grundprinzipien und vom Standpunkt der Theorie aus relativ langweilige Ausweitung der Anwendungsfelder? Wir betrachten die programmierbare universelle Maschine zunächst noch etwas eingehender. Die kurze Vergegenwärtigung ihrer elementaren Strukturen und ihrer Entwicklungsgeschichte wird es in der Folge erlauben, das Neue an den zukünftigen Praktiken der Anwendungsentwicklung besser zu verstehen.

3.   Alan M. Turing, »On Computable Numbers, with an Application to the Entscheidungsproblem«, in: *Proc. London Math. Soc.* 2/42(1936), S. 230-267, hier zit. nach: Turing, *Intelligence Service*, a.a.O., S. 17-60.
4.   Turing, »Intelligent Machinery«, a.a.O., S. 88.

Die programmierbare Maschine – Ein historischer Abriß

Die programmierbare Universalmaschine wurde möglich durch die Zusammen-
führung dreier weitestgehend unabhängig verfolgter Forschungs- und Entwick-
lungslinien: der Formalisierung in der Mathematik, der Mechanisierung durch
das Ingenieurwesen und der rationalistischen Tradition in der Philosophie und
den modernen Wissenschaften generell.

Formalisierung, Mathematik
Einen naheliegenden Einstiegspunkt in der Geschichte der Formalisierung markiert der persisch-arabische Mathematiker Abu Dscha'far Muhammed ibn Musa
Al-Khwarazmi (Muhammed, Vater des Dscha'far, Sohn des Musa, der Choras-
mier), der um das Jahr 820 das Lehr- und Rechenbuch *Über die Indischen Zahlen*
veröffentlicht. Dieses Buch, in dem die Grundrechenarten in unserem heute
gebräuchlichen Zehnersystem beschrieben werden, leitet den Sieg des Ziffern-
rechnens über das bis dahin verbreitete Abacusrechnen ein. Die Rechenmeister
und ihre Rechenbücher verdrängten zwar in der Folgezeit nach und nach die
Rechenbretter, aber erst im 16. Jahrhundert setzen sich die Algorithmiker endgültig gegen die Abacisten durch. Doch das »Rechnen mit den Federn« anstatt
»auf den Linien« (Abacus), ist nur der erste Schritt auf dem Weg zur Formalisierung der gesamten Mathematik. Die »Coß«, das Verbindungsglied zwischen blo-
ßer Rechenkunst und dem Umgang mit Gleichungen und Unbekannten, ist ein
weiterer. Auf dieser frühen Stufe der Algebraisierung im 15. Jahrhundert werden
bereits erste Symbole und Kunstwörter verwendet. Die Verfasser entsprechender
mathematischer Schriften werden Cossisten genannt. Das Wort »Coß« ist herge-
leitet vom italienischen cosa (Sache) und steht für die unbekannte Größe in Gleichungen. Die Einführung der modernen Formelschreibweise wird wesentlich
dem Franzosen François Viéta (1540-1603) zugeschrieben. Mit der von ihm eingeführten Schreibweise lassen sich unter anderem erstmals Regeln für das Auflösen von Gleichungen allgemeingültig formulieren. Damit sind die uns heute
geläufigen formalen Darstellungen in die Mathematik eingeführt und stehen im
Prinzip auch zur Beschreibung von Algorithmen zur Verfügung. Vollendet wird
das Programm der Formalisierung allerdings erst Ende des 19. und in der ersten
Hälfte 20. Jahrhunderts. Der Göttinger Mathematiker David Hilbert (1862-
1943) versuchte, das gesamte Gebäude der Mathematik auf einer vollständigen
und widerspruchsfreien Formalisierung aufzubauen. Die mathematischen Symbole wurden hierbei jeder Bedeutung entledigt, die gesamte Mathematik sollte
auf ein regelbasiertes Spiel syntaktischer Zeichen reduziert werden. Berühmt ist
Hilberts Ausspruch: »Man muß jederzeit an Stelle von ›Punkten‹, ›Geraden‹,
›Ebenen‹, ›Tische‹, ›Stühle‹, ›Bierseidel‹ sagen können.« Die Hoffnung Hilberts
hat sich – wie wir heute wissen – nicht erfüllt. So zeigte Kurt Gödel im Jahre
1931, daß die Widerspruchsfreiheit der Arithmetik innerhalb der Arithmetik
nicht nachgewiesen werden kann. Alonso Church beweist 1936, daß es keinen
Algorithmus gibt, der für jede mathematische Aussage entscheidet, ob sie wahr
oder falsch ist. Alan M. Turing vollendet schließlich die Niederlage Hilberts mit

der Publikation seines bereits erwähnten Artikels »On Computable Numbers, with an Application to the Entscheidungsproblem«, in dem er zeigt, daß Hilberts Entscheidungsproblem keine Lösung haben kann. Da in diesem Beitrag gleichzeitig erstmals die universelle Turingmaschine definiert wird, markiert der Artikel nicht nur den Abschuß einer bedeutenden mathematischen Periode, sondern gleichzeitig den Beginn einer neuen Ära: des Computerzeitalters.

Mechanisierung, Ingenieurwesen
Die Turingmaschine ist eine Papiermaschine. Turings Ziel war die Lösung grundlegender formaler Fragen der Mathematik und sein Konzept der Maschine eine Möglichkeit, diese Grundprobleme zu behandeln. Einer der wichtigsten Schritte auf dem Weg zur gebauten Universellen Maschine ist die Idee der externen Programmierung. Der erste Rechner, der durch ein Programm, d.h. einen einzulesenden Code gesteuert werden sollte, die »Analytical Engine« von Charles Babbage (1791-1871), wurde in den 1830er Jahren in England konzipiert, aber zu Babbages Lebzeiten nie gebaut. Die genaueste und umfassendste Beschreibung dieser Maschine stammt von dem italienischen Militäringenieur und späteren Premierminister von Italien, L. F. Menabrea. Seine Veröffentlichung wird später von Ada Augusta Lovelace, der berühmten Freundin von Babbage und Tochter von Lord Byron, ins Englische übersetzt und mit zahlreichen Kommentaren und Anmerkungen ergänzt. Über diesen Umweg verfügen wir heute über eine detaillierte und relativ präzise Beschreibung der Funktionsweise der Maschine[5]. Das Programm der Analytischen Maschine sollte auf einer Reihe von Lochkarten gespeichert werden. Diese Idee hatte Babbage von Jacquards Webstühlen übernommen, bei denen die zu webenden Stoffmuster über Lochkarten kontrolliert wurden. Wie weit Babbages Überlegungen zur Programmierung wirklich gingen, konnte bisher nicht endgültig geklärt werden. Es gibt allerdings eine Passage in einem seiner Notizbücher, die eindeutig auf Überlegungen zur laufzeitabhängigen Steuerung von Prozessen hinweist:[6]

This day I had for the first time a general but very indistinct conception of the possibility of making an engine work out algebraic developments. I mean without any reference to the value of the letters. My notion is that as the cards (Jacquards) of the Calc. Engine direct a series of operations and then recommence with the first so it might perhaps be possible to cause the same cards to punch others equivalent to any given number of repetitions. But their holes might perhaps be small pieces of formulae previously made by the first card.

Hier stanzen Lochkarten andere Lochkarten, d.h. wir haben bereits das erste Beispiel für Codes, die andere Codes schreiben. Babbages weitsichtige Arbeiten gerieten vollkommen in Vergessenheit. Es dauerte noch einmal 100 Jahre, bis 1936 der deutsche Ingenieur Konrad Zuse (1910-1995) in der elterlichen Wohnung in Berlin den Z1 baut, den ersten mechanischen programmgesteuerten

---

5.   Siehe dazu auch: Bernhard Dotzler (Hg.), *Babbages Rechen-Automate*, Wien 1996.
6.   Zit. nach: Brian Randell, »Stored Program Electronic Computers«, in: *The Origin of Digital Computers*, Hg. B. Randell, New York 1982, S. 375-381.

Rechner. Aber auch Zuse ist als Konstrukteur des universellen Rechners umstritten, seine Maschinen bis hin zur Z4 sind schleifengesteuert und erlauben nicht die Berechnung allgemein rekursiver Funktionen.[7] Jedoch gehen die Ideen in seinen Aufzeichnungen und Notizen weiter. Bereits 1938 erwähnt er »lebendige Rechenpläne«, bei denen im Unterschied zu seinen bisherigen »starren Rechenplänen« nun die errechneten Daten und die Ausgangsdaten auch Einfluß auf den Ablauf der Berechnung haben. Die Realisierung der ersten Universalmaschine, die zumindest im Prinzip der universellen Turing-Maschine äquivalent ist, bleibt Eckert, Mauchly, Goldstine und von Neumann vorbehalten. Der durch von Neumann 1945 im *First Draft of a Report on the EDVAC* beschriebene Entwurf,[8] der später unter dem Namen von-Neumann-Architektur bekannt wird, ist die erste speicherprogrammierte Maschine, die der Papiermaschine Turings wirklich gleichmächtig ist. Interessant ist der Hinweis von F. L. Bauer, daß die Erfinder des Programmspeicherkonzeptes die Universalität ihres Ansatzes offensichtlich selbst nicht erkannten.[9] Externe Programmierbarkeit alleine reicht nicht aus, um die Universalität einer Maschine sicherzustellen. Es muß auf der Ebene der Maschinenbefehle ein weiterer Mechanismus – nämlich die bedingte Ausführung von Operationen abhängig von Zwischenergebnissen – realisiert werden, damit jede berechenbare Funktion auch wirklich von der Maschine berechnet werden kann. Da wir heute aber nicht mehr wie früher direkt in Maschinensprache programmieren, muß dieser Mechanismus auch in höheren Programmiersprachen in irgend einer Weise repräsentiert sein, ansonsten würde die prinzipielle Universalität auf der Ebene der Maschinenbefehle auf Softwareebene wieder verloren gehen. Neben dem von F. L. Bauer beschriebenen hardwarenahen Prinzip der ergebnisabhängigen Berechnung von Befehlsadressen hat die theoretische Informatik eine Reihe weiterer Kontrollmechanismen untersucht und deren Äquivalenz im Hinblick auf Universalität nachgewiesen. In der ein oder anderen Form sind diese Kontrollstrukturen in allen höheren Programmiersprachen realisiert.

Rationalistisches Denken, Philosophie
Galileo Galilei (1564-1632) gilt als einer der frühesten Begründer der rationalistischen Tradition. Mit seiner Verbindung aus analytischer und synthetischer Methode begründet er einen neuen Ansatz in der Wissenschaft. Überall seien die verwickelten Erscheinungen der sinnlichen Beobachtungen über den »*metodo risolutivo*« in ihre einfachsten Komponenten zu zerlegen, um dann aus ihnen die Vorgänge über den »*metodo compositivo*«, die synthetische Methode, zu erklären. Als weitere Schlüsselfigur des rationalistischen Denkens gilt René Descartes (1596-1650). Er legt in seinem kleinen Buch *Le Discours de la Méthode* die vier Grundsätze rationalen Denkens nieder:[10]

7. Siehe Friedrich L. Bauer, »Konrad Zuse – Fakten und Legenden«, in: *Die Rechenmaschinen von Konrad Zuse*, Hg. R. Rojas, S. 5-22, Berlin 1998.
8. Nachdruck in: Randell a.a.O., S. 383-392.
9. Bauer, a.a.O.

1. Die erste besagte, niemals eine Sache als wahr anzuerkennen, von der ich nicht evidentermaßen erkenne, daß sie wahr ist: d.h. Übereilung und Vorurteile sorgfältig zu vermeiden und über nichts zu urteilen, was sich meinem Denken nicht so klar und deutlich darstellte, daß ich keinen Anlaß hätte, daran zu zweifeln.

2. Die zweite, jedes Problem, das ich untersuchen würde, in so viele Teile zu teilen, wie es angeht und es nötig ist, um es leichter zu lösen.

3. Die dritte, in der gehörigen Ordnung zu denken, d.h. mit den einfachsten und am leichtesten zu durchschauenden Dingen zu beginnen, um so nach und nach, gleichsam über Stufen, bis zur Erkenntnis der zusammengesetztesten aufzusteigen, ja selbst in Dinge Ordnung zu bringen, die natürlicherweise nicht aufeinander folgen.

4. Die letzte, überall so vollständige Aufzählungen und so allgemeine Übersichten aufzustellen, daß ich versichert wäre, nichts zu vergessen.

Die Form des Denkens, die hier erstmals formuliert wird, zieht sich in der Folge durch die gesamte abendländische Philosophie und findet in der Kybernetik, die Wissenschaft und Technik vereint, einen vorläufigen Abschuß. In moderner Fassung lauten die Handlungsanweisungen rationalistischen Denkens wie folgt:[11]

1. Beschreiben Sie die Situation in der Begrifflichkeit identifizierbarer Gegenstände mit wohldefinierten Eigenschaften

2. Suchen Sie dann nach allgemeingültigen Regeln, die sich auf Situationen in der Begrifflichkeit solcher Gegenstände und Eigenschaften anwenden lassen.

3. Wenden Sie schließlich diese Regeln logisch auf die betreffende Situation an und leiten Sie die nächsten, notwendigen Schritte daraus ab.

Algorithmische Problemlösungen stehen in der Tradition rationalistischer Denkformen. Genauso gehen wir vor, wenn wir Computerprogramme schreiben. Die rationale Vorgehensweise ist das leitende Paradigma bei jeder Entwicklung technischer Systeme auf der Ebene formaler Beschreibungen, damit auch beim Bau des Computers selbst und bei seiner Programmierung.

Formalisierung, Mechanisierung und Rationalismus gehen in der programmierbaren Maschine eine mächtige Verbindung ein. Am Ende dieser ersten Entwicklungsphase des Computers, die noch in der ersten Hälfte des 20. Jahrhunderts abgeschlossen wird, steht eine universelle Maschine, die nicht nur als theoretisches Konzept – als Papiermaschine – vorliegt, sondern als gebaute und funktionsfähige Technik. Diese erste Maschine ist aber lediglich eine Rechenmaschine, sie erhält als Eingaben Zeichen und Ziffern, manipuliert diese auf der Basis sequentieller Verarbeitungsschritte und gibt wieder Zeichen und Ziffern aus. Ihre Mächtigkeit ergibt sich aus der Trennung von Hardware und Software. Die Hardware ist der starre Mechanismus, der eine fest vorgegebene, relativ geringe Zahl von Instruktionen verarbeiten kann, sie stellt das Substrat und den Handlungsrahmen. Erst die einzelnen Programme legen fest, welche Funktion die Maschine tatsächlich ausführt. Mechanismus und Formalismus fallen bei der

10. Zit. nach René Descartes, *Von der Methode des richtigen Vernunftgebrauchs und der wissenschaftlichen Forschung*, Hamburg 1960. S. 15.
11. Terry Winograd/Fernando Flores, *Erkenntnis Maschinen Verstehen*, Berlin 1989, S. 37.

universellen Rechenmaschine in Eins. Der Widerstreit des Mittelalters zwischen Abacisten und Algorithmikern löst sich auf. Das »Rechnen mit den Federn« (mit Papier und Bleistift) und das »Rechnen auf den Linien« (mit dem Abacus) sind hier nicht länger Gegensatz, sie gehen eine neue Verbindung ein. Programme sind formale Symbolsysteme, die Mechanismen beschreiben. Sie sind einerseits lineare Zeichenketten, die aus einem vorgegebenen Alphabet von Zeichen aufgebaut sind, gleichzeitig sind sie aber Instruktionen für den Mechanismus der Maschine. Die tatsächliche Mächtigkeit dieses Konstruktes wurde aber erst in der Folge durch die langsame Entstehung einer Softwarekultur deutlich. Da nun sowohl die Größen, die durch die Maschinen verarbeitet werden, als auch die Maschinen selbst nichts anderes als Zeichenketten sind, werden vielfältige neue Konstellationen zwischen Zeichenketten möglich, aus der die heutige Praxis ihre eigentliche Vitalität bezieht. Zeichenketten können nämlich Zeichenketten erzeugen, manipulieren und verarbeiten, die selbst wieder Maschinenbeschreibungen sind, usw.

Die neue hybride Maschine

Die klassische programmierbare Universalmaschine ist von ihrer Idee und ihrem Wesen her eine Rechenmaschine. Die neue Maschine, die sich seit der zweiten Hälfte des 20. Jahrhunderts herausbildet, ist dagegen eine hybride Maschine. Sie ist hybrid in verschiedener Hinsicht. Zum ersten verwandeln die Interfaces den ursprünglichen Rechenknecht Computer wahlweise in eine Multimediamaschine, einen handelnden Roboter oder einen begehbaren virtuellen Raum. Die Anwendungen sind damit längst keine reinen Rechenanwendungen mehr, sondern erstrecken sich auf alle Bereiche des wirtschaftlichen, wissenschaftlichen und des kulturellen Alltags. Der Computer und seine spezifischen Anwendungen sind nicht mehr losgelöst von den Interfaces zu verstehen, sondern bestehen immer aus dem digitalen Rechner und dem analogen Interface. Die Maschine wird zum raumgreifenden Apparat. Der rationale, zeichenbasierte Zugang zur Maschine tritt dabei zunehmend in den Hintergrund, und Beschäftigungen mit visuellen und akustischen Wahrnehmungsformen werden wichtiger. In diesem Zuge wird schmerzlich deutlich, daß Informatiker in der Regel nichts von Wahrnehmung verstehen. Die neue Maschine ist zum zweiten hybrid, weil der Rechner nicht mehr als isolierte Einheit in Erscheinung tritt, sondern nur noch als Knoten in komplexen Netzwerken. Das Internet, Funknetze oder die neuen Handynetze sind nur einige Beispiele für die Vielzahl heterogener, untereinander wieder in Verbindung stehender Netze aus rechnenden und informationsaustauschenden Grundeinheiten. Zum dritten ist die neue Maschine hybrid, weil die neuen Arbeitsprozesse am Computer grundsätzlich symbiotisch sind, d.h. das hybride Gesamtsystem aus Mensch und Maschine ist in der Lage, Aufgabenstellungen zu bearbeiten und neue Systeme zu entwickeln, die der Mensch alleine, ohne dieses Werkzeug, überhaupt nicht zustande bringen könnte.[12] Bei hybriden Maschinen verläuft die Praxis und die Entwicklung neuer Applikationen in einem neuartigen Wechselspiel von Mensch und Maschine und es erschließen sich damit neue Anwendungsfelder.

Ein wesentliches Kennzeichen der hybriden Maschine sind flottierende Codes, d.h. Programme, die nicht mehr an einen Ort gebunden sind, sondern sich frei durch die Netze bewegen und Hardware nur noch als wählbare Umgebung betrachten. Flottierende Codes sind aber auch Codes, die kontextabhängig als passive Daten behandelt werden, oder selbst aktive Prozesse sind, die also in einem Moment noch von einem anderen Programm als Datum manipuliert werden, im nächsten Moment umschlagen und selbst zum Prozeß werden und andere Codes bearbeiten. Ein aktuelles Leitbild der Informatik, »Pervasive Computing« – die vollständige Durchdringung der Alltagwelt mit vernetzten, »intelligenten« Gegenständen – macht den radikalen Anspruch hybrider Systeme deutlich. Die Vorstellung allgegenwärtiger, miniaturisierter, vernetzter und umgebungssensitiver Mikrochips in Kleidungsstücken, Brillen, Haushaltsgegenständen und nicht zuletzt direkt dem menschlichen Körper läßt sofort erkennen, daß diese Technologien strikt dem Prinzip Verantwortung zu unterstellen sind. Der Grundgedanke einer experimentellen und spekulativen Informatik besteht nun allerdings – wie wir später noch sehen werden – gerade darin, daß derartige Systeme prinzipiell nicht beherrschbar und in ihrem Verhalten vorhersagbar sind, im gleichen Sinne, wie das Verhalten chaotischer Systeme in der Physik prinzipiell nicht über einen längeren Zeitraum vorhersagbar ist. Der Begriff »hybrid« soll damit nicht nur im Sinne der lateinischen Übersetzung von »gemischt«, bzw. »von zweierlei Herkunft« verstanden werden, sondern durchaus auch im griechischen Ursprung von »vermessen« und »überheblich«. Die Dominanten der neuen hybriden Maschine sind nicht mehr Ziffern und Buchstaben, die man auch auf einem Blatt Papier ausrechnen könnte, sondern Interfaces, Code-Reflexionen und heterarchische Netze. Wir wollen diese Komponenten genauer betrachten.

Interfaces

Am 9. Dezember 1968 präsentieren Douglas C. Engelbart und eine Gruppe junger Wissenschaftler im Rahmen der »Fall Joint Computer Conference« ein vollkommen neuartiges oN-Line System (NLS). Engelbarts dreißigminütige Demonstration ist heute als »the mother of all demos« bekannt. Die von Douglas C. Engelbart und seiner Gruppe eingeführten Interaktionsparadigmen – das Positionieren, Zeigen, Auswählen und Manipulieren von Bildschirmobjekten – gehören inzwischen zum festen Bestandteil jeder Computeranwendung und haben sich als neue Kulturtechniken etabliert. Die erste Maus, die Engelbart und sein Team im Rahmen von NLS entwickelten, hatte zwei Räder auf der Unterseite, die durch die Bewegung der Maus über den Schreibtisch, Informationen über die x-y Koordinaten liefern. Die Abbildung zeigt das Gehäuse des ersten

12. Siehe dazu weiter unten: Douglas C. Engelbart, *Augmenting Human Intellect: A Conceptual Framework*, Summary Report AFOSR-3223, SRI Project 3578 for Air Force Office of Scientific Research, Stanford Research Institute, Menlo Park, Ca., October 1962.

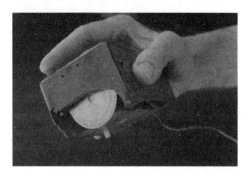

Douglas Engelbart, Die erste Maus

Prototypen, das noch aus Holz war. Die Beschädigung an der Seite gibt den Blick auf eines der beiden Räder frei.

Die Maus ist allerdings nur eine von mehreren Neuerungen die im Rahmen des NLS Systems verwirklicht wurden, an dem die 17-köpfige Gruppe um Engelbart im »Augmentation Research Center« des Stanford Research Institutes in Menlo Park seit 1962 gearbeitet hatte. In der legendären Präsentation von 1968 im Convention Center in San Francisco werden unter anderem die Elemente moderner Textverarbeitung in einer 90-minütigen Live-Vorführung gezeigt. Von einer leeren »Seite« ausgehend, führt Engelbart die wesentlichen Elemente heutiger Textprozessoren vor, Texteingabe, cut & copy-Funktionen und das Anlegen von Dateien und Metadaten. Eine weitere bahnbrechende Innovation des NLS Systems ist die Realisierung einer kollaborativen Umgebung, in der zwei Benutzer an verschiedenen Orten über ein Netzwerk mit Audio- und Video-Verbindungen kommunizieren und dabei einen gemeinsamen Bildschirm (*shared screen*) manipulieren. Im Zentrum der Engelbart'schen Vision stand der Computer als Medium zur Erweiterung menschlicher Problemlösungskompetenz. Seine Forschungen zielten auf die Entwicklung neuer Werkzeuge und Interfaces für die Unterstützung des Benutzers bei der Bearbeitung dringender und schwieriger Probleme. Seine Hypothese war, daß durch die Verwendung geeigneter interaktiver Werkzeuge die Problemlösungskompetenz des Menschen enorm gesteigert werden kann. Dies ist der Grundgedanke jedes symbiotischen Systems: Das Gesamtsystem ist nicht nur quantitativ, sondern auch qualitativ leistungsfähiger als die einzelnen Teile. Bei der klassischen Turing'schen Maschine war das nicht gegeben, der Mensch konnte den Rechner noch vollständig ersetzen. Wir erinnern uns: »Ein Mensch, ausgestattet mit Papier, Bleistift und Radiergummi sowie strikter Disziplin unterworfen, ist in der Tat eine Universalmaschine.«

Ivan Sutherland, heute vor allem bekannt als Entwickler des *Sketchpad Systems*, ist ein weiterer Pionier des neuen erweiterten Computerdenkens. Er beschreibt 1965 in seinem Aufsatz »The Ultimate Display« Hard- und Software-Komponenten, die nach seiner Auffassung eines Tages zu einer computerbasierten »Reality Engine« zusammen gefügt würden.[13]

The ultimate display would, of course, be a room within which the computer can control the existence of matter. A chair displayed in such a room would be good enough to sit in.

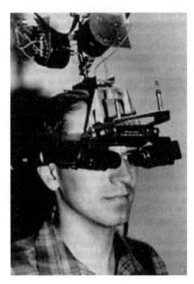

Ivan Sutherland, *Head Mounted Display*   Malcolm Fowlers sich selbst nagelnder
                                                 Hammer

Handcuffs displayed in such a room would be confining, and a bullet displayed in such room would be fatal. With appropriate programming such a display could literally be the Wonderland into which Alice walked.

Einen entscheidenden Schritt in Richtung der Realisierung seiner Vision unternimmt Sutherland selbst durch die Entwicklung eines »Head Mounted Display« (HMD), das er als Prototypen 1970 an der Universität Utah vorstellt.

Nach Dieter Daniels[14] erweist sich die Erkenntnis, daß jede Rezeption eines Kunstwerks die aktive Partizipation des Betrachters erfordert, als Leitmotiv der gesamten Moderne. Kein Kunstwerk kann demnach einem Betrachter genau das mitteilen, was der Künstler beabsichtigt. Marcel Duchamp nennt dies den »persönlichen Kunst-Koeffizienten«, der das Verhältnis zwischen dem Unausgedrückten-aber-Beabsichtigten und dem Unabsichtlich-Ausgedrückten beschreibt. In jeder ästhetischen Erfahrung kommt dem Betrachter selbst eine konstitutive Rolle zu. Wir können diese Einsicht aber auch auf unsere Computerinterfaces und die hybride Maschine übertragen, indem wir zunächst fragen, was Interfaces hier leisten. Eingabeseitig findet in Interface-Prozessen eine semantische Determinierung und syntaktische Codierung statt. Aus der Vielfalt der Umweltereignisse werden ganz bestimmte ausgewählt und mit Bedeutung belegt. Diese bedeutsamen Ereignisse werden numerisch codiert und können dann digital verarbeitet werden. Nehmen wir als einfaches Beispiel ein Thermo-

---

13. Vgl. Ivan Sutherland, »The Ultimate Display«, in: *Proceedings of the International Federation for Information Processing Congress*, 1965, S. 506-508.
14. Vgl. das Kapitel »Strategien der Interaktivität«, in: Dieter Daniels, *Vom Ready-Made zum Cyberspace, Kunst/Medien Interferenzen*, Stuttgart 2002 (http://www.hgb-leipzig.de/daniels/vom-readymade-zum-cyberspace/strategien_der_interaktivitaet.html).

meter. Aus der Vielfalt des Umweltgeschehens wird hier ein einziger numerischer Wert isoliert, die Temperatur am Meßfühler. In jedem Interface findet auf diese oder ähnliche Weise eine semantische Reduktion der komplexen Umwelt statt. Bei komplexeren Interfaces, etwa einer Kamera, können aber im Prozeß der Reduktion auch bereits wieder Nebeneffekte ins Spiel kommen. Das mit einer Kamera erzeugte Bild enthält niemals nur exakt die Informationen, die vom Kameramann intendiert waren. Ausgabeseitig haben wir es mit einem umgekehrten Prozeß zu tun. Numerische Werte und Zeichen werden in Wahrnehmungen umgesetzt, und hierbei werden ebenfalls unvermeidlich Nebeneffekte generiert. Durch die Augmentation der Zeichen und der numerischen Werte in den Ausgabe-Interfaces kommt ebenfalls Unbeabsichtigtes ins Spiel, und es ergeben sich neue semantische Potentiale. Winograd und Flores bezeichnen diese Phänomene auch als »unbeabsichtigte Repräsentation«.[15] So können zum Beispiel sehr regelmäßige und dynamische Muster entstehen, wenn Inhalte von Datenstrukturen graphisch dargestellt werden. Etwa nimmt der Betrachter Kreise auf dem Bildschirm wahr, obwohl weder ein explizites Konstruktionsprinzip für Kreise im Code zu finden ist, noch der Programmierer in irgendeiner Phase des Programmentwicklung an Kreise gedacht hat. Festzuhalten ist: Interfaces können eingabeseitig semantische Potentiale reduzieren und sowohl eingabe- als auch ausgabeseitig neue semantische Potentiale generieren. Die Echtzeit-Interaktion mit einem Computer auf der Basis von Bildern, Tönen, Schmerzempfindungen, etc., löst unvermeidlich sowohl physiologisch als auch kulturell determinierte Wahrnehmungsprozesse aus und ist damit ein vollkommen anderer Prozeß als das Input-/Output-Verhalten einer zeichenbasierten Rechenmaschine.

Code-Reflexionen

In den 1980er Jahren gab es unter dem Begriff »Computational Reflection« ernsthafte wissenschaftliche Bemühungen, reflexive, d.h. selbstbezügliche Konstrukte in höheren Programmiersprachen zur Verfügung zu stellen.[16] Unter »Computational Reflection« werden alle Aktivitäten zusammengefaßt, die ein System durchführt, wenn es Berechnungen über seine eigenen Berechnungen anstellt. Ohne dies explizit als »Reflection« zu bezeichnen, führen Computer schon immer nicht nur Berechnungen im jeweiligen Problem- und Aufgabenbereich durch, sondern auch selbstbezogene. Beispiele sind: Performance-Statistiken über die Auslastung des Rechners und seiner Ressourcen, Sammlung von Informationen über den Debugging-Prozeß bei Compilern, Selbstmodifikationen innerhalb von Lernverfahren oder Berechnungen darüber, welche Befehle innerhalb eines laufenden Programms als nächstes ausgeführt werden sollen. Algorithmische Reflexionen stehen damit nicht nur im Kern der Berechenbarkeitstheorie (Antinomien, Cantorscher Diagonalisierungsbeweis, Unentscheidbarkeit, Halteproblem, etc.) sondern auch im Kern jeder Lern- und Evolutions-

---

15. Vgl. Winograd/Flores, a.a.O., S. 155.
16. Vgl. Pattie Maes/Daniele Nardi, *Meta-Level Architectures and Reflection*, Amsterdam 1988.

theorie. Wir erinnern uns zwar dunkel, daß einst selbstreferentielle Strukturen (Antinomien) am gesamten Gebäude der klassischen Logik gerüttelt haben, glauben aber, daß die Reparaturen erfolgreich waren. Wir verdrängen bisher erfolgreich, daß nur notdürftig geflickt wurde und die Wunde jederzeit wieder aufreißen kann. Zu den bedeutendsten Mahnern gehört Gotthard Günther, der eine transklassische Logik und Maschinentheorie einfordert.[17] M. C. Eschers *upstairs-downstairs*, oder Malcolm Fowlers sich selbst nagelnder Hammer sind bildliche Ausdrucksformen des Prinzips der Selbstbezüglichkeit. An diesen visuellen Umsetzungen sehen wir bereits deutlich, daß hier etwas Gefährliches vorgeht, das unser übliches Denken herausfordert. Auch bei selbstbezüglichen Algorithmen sind Münchhausen-Strategien am Werke. Wir schreiben Codes, die über den Entwickler und ihre eigene Beschreibung hinauswachsen und sich am eigenen Schopf aus dem Sumpf ziehen.

Eng verbunden mit den Problemen der algorithmischen Reflexion ist das Konzept der Meta-Architekturen, d.h. die Verwendung hierarchisch höher stehender Systeme, die in der Lage sind, Auskunft über untergeordnete Subsysteme zu geben. Flottierende Codes, die sich frei durch die Netze bewegen und auf nicht vorher festgelegter Hardware zur Ausführung kommen, basieren ebenfalls auf solchen Formen der Code-Reflexion und der Meta-Architekturen. Nicht nur Viren und Würmer machen sich in unterschiedlich komplexen Varianten dieses Prinzips zu nutze, sondern bereits jeder Webbrowser wendet eine einfache Variante des Prinzips an. Programme übertragen andere Programme und bringen diese am neuen Ort zur Ausführung. Während Würmer noch auf die selbständige Verbreitung in Netzwerken angewiesen sind und lediglich Rechenzeit stehlen, sind Viren in der Lage, fremden Code zu infizieren. Sie schreiben sich selbst in andere Codes ein und versklaven diese. Zu den sicher bekanntesten Beispielen von Code-Reflexionen und Meta-Architekturen gehören Lernverfahren und Evolutionsstrategien. Die verschiedenen Varianten von Evolutionsstrategien versuchen, evolutionäre Prinzipien auf der Basis von Algorithmen zu realisieren. Aus Sicht von Mathematikern, Informatikern und Ingenieuren ist Evolution nicht mehr als eine interessante Möglichkeit, leistungsstarke Optimierungsverfahren zu entwickeln. Es geht nicht darum, die biologische Evolution zu verstehen oder gar nachzubilden, sondern es sollen lediglich bestimmte Aspekte der Evolution wie Selektion, Rekombination und Mutation so weit modelliert werden, daß sie auf Computern simuliert werden können und damit zur Lösung schwieriger Optimierungsprobleme beitragen können. Ein wichtiger Zweig Evolutionärer Algorithmen ist die von John Koza[18] entwickelte *Genetische Programmierung*. Die entscheidende Differenz zwischen den Genetischen Algorithmen und Genetischer Programmierung liegt in der Codierung der Individuen. Während Genetische Algorithmen die Individuen als passive Daten-

17. Vgl. Gotthard Günther, *Beiträge zur Grundlegung einer operationsfähigen Dialektik*, Band I-III, Hamburg 1976.
18. John R. Koza, *Genetic Programming: On the Programming of Computers by Means of Natural Selection*, Cambridge, Mass. 1992.

strukturen – in der Regel gleichlange, binäre Zahlenketten – codieren, sind dagegen bei der Genetischen Programmierung die Individuen Computerprogramme variabler Länge und Struktur. Programme schreiben hier Programme.

Der Anthropologe und Kybernetiker Gregory Bateson, der den meisten als Urheber des *double-bind* bekannt ist, hat sich unter anderem mit den logischen Kategorien von Lernen und Kommunikation beschäftigt. Bateson überträgt dabei die logische Typenlehre Russells (die oben erwähnte Reparatur des klassischen Gebäudes der Logik), die dieser entwickelte, um Paradoxien in der formalen Logik zu vermeiden, auf den Begriff des Lernens. Die logische Typenlehre besagt, daß keine Menge in der formalen Logik Element ihrer selbst sein kann. Werden derartige Mengen nicht explizit verboten, können wir antinomische Strukturen wie die folgende konstruieren, die als Russells Antinomie in die Literatur eingegangen ist:

Sei R die Menge aller Mengen, die sich nicht selbst als Element enthalten, also R := {X | X nicht Element X}.

Die Frage, ob die Menge R sich nun selbst als Element enthält oder nicht, führt zu einem unauflösbaren Widerspruch. Die logische Typenlehre geht deshalb von einer Folge von Hierarchieebenen von Mengen aus, die Bateson zur Klassifikation von Lernverfahren anwendet. Die Frage lautet für Bateson deshalb nicht, ob Maschinen lernen können, sondern welche Ebene des Lernens eine bestimmte Maschine erreicht. Bei Bateson werden ausführlich unterschiedliche Lernebenen vorgestellt, wobei die niedrigste Ebene als »Lernen null« bezeichnet wird.[19] Sein Schema kann so im Prinzip als unendliche Schichtung von Lernebenen fortgesetzt werden. Ein Lernverfahren der nächsthöheren Ebene beschreibt die Änderungen im Lernverfahren der darunterliegenden Schicht. Wenden wir die Bateson'sche Lernhierarchie auf die Lernmethoden und Algorithmen der Informatik an, stellen wir fest: Sowohl neuronale Netze, genetische Algorithmen als auch alle bekannten mathematischen Klassifikations- und Optimierungsverfahren gehören in die Kategorie »Lernen I«. Sie werden alle durch die Nachführung von Parametern realisiert. Lediglich »Genetische Programmierung« (auch »Emergente Evolutionäre Programmierung«) gehört zur Ebene »Lernen II«, da nicht nur die Parameter von Algorithmen optimiert werden, sondern Algorithmen neue Algorithmen entwickeln.

Als letztes Beispiel zur Code-Reflexion wollen wir selbstreproduzierende Systeme anführen. John von Neumann (1903–1957) arbeitete seit den späten 1940er Jahren an einer allgemeinen Theorie selbstreproduzierender Automaten.[20] Ausgangspunkt für von Neumanns Überlegungen zur Selbstreproduktion ist das hervorstechende Merkmal der Natur, daß komplizierte Organismen sich selbst fortpflanzen. Auf den ersten Blick erscheint diese Fähigkeit wie eine Antinomie, ein »circulus vitiosus« (Zirkelschluß, Teufelskreis), da wir erwarten würden, daß die Kompliziertheit von Systemen, die andere Systeme bauen, von

---

19. Vgl. Gregory Bateson, *Ökologie des Geistes*, Frankfurt/M. 1983. S. 362–399.
20. Vgl. John v. Neumann, *Theory of Self-Reproducing Automata*, edited and completed by Athur W. Burks, Urbana 1966.

Generation zu Generation abnimmt. Damit ein Automat A einen Automaten B bauen kann, muß er schließlich nicht nur eine vollständige Beschreibung von B enthalten, sondern auch noch verschiedene Vorrichtungen besitzen, um die Beschreibung interpretieren und die Bauarbeit ausführen zu können. Die plausibel erscheinende Annahme, die Kompliziertheit von sich selbst bauenden Automaten müßte von den Eltern zu den Nachkommen abnehmen, steht aber im Widerspruch zur offensichtlichen Selbsterhaltungsfähigkeit der Natur. Organismen pflanzen sich fort und produzieren neue Organismen, die mindestens genauso kompliziert sind wie sie selbst. Im Laufe langer Evolutionsperioden kann die Kompliziertheit, wie wir wissen, sogar zunehmen. Wie sehen die allgemeinen logischen Prinzipien aus, die Automaten zur Selbst-Fortpflanzung befähigen und sogar eine Steigerung an Kompliziertheit ermöglichen? Von Neumanns Schlußfolgerung lautet: Es gibt ein minimales Niveau von Kompliziertheit, auf dem Automaten möglich sind, die sich selbst fortpflanzen oder sogar höhere Gebilde bauen. Unterhalb dieses Niveaus sind Automaten degenerativ, d.h. Automaten, die andere Automaten bauen, sind nur in der Lage, einen weniger komplizierten zu erzeugen. Von Neumann beschreibt verschiedene Systeme zur Selbstreproduktion. Es ist sogar relativ einfach, Modelle anzugeben, die nicht nur in der Lage sind, sich selbst zu reproduzieren, sondern von Generation zu Generation auch noch die Leistungsfähigkeit zu steigern.

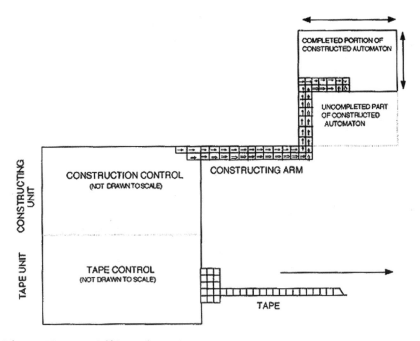

John von Neumann, Self-Reproducing Automata

Allen angeführten Beispielen ist gemein, daß ihre innere Konstruktion ein minimales Niveau von Kompliziertheit im Sinne von Neumanns voraussetzt. Nur dann gelingen sie und können ihre Aufgabe erfüllen. Im Kern dieser Prinzipien stehen Code-Reflexionen. Codes interpretieren Codes und erzeugen nach bestimmten Vorschriften neue Codes. Oder, Codes kopieren andere Codes, bauen Variationen ein, übertragen diese neuen Codes an einen anderen Ort und bringen sie dort zur Ausführung. Diese wiederum machen sich ebenfalls sofort an die Arbeit, usw.

Heterarchische Netze

Computer und ihre Software gelten zweifellos als äußerst komplexe Systeme. Davon legt nicht zuletzt die anhaltende Softwarekrise Zeugnis ab, d.h. die verspätete Fertigstellung, eklatante Budgetüberschreitung und mangelnde Funktionsfähigkeit kommerzieller Software, bis hin zum kompletten Scheitern vieler Softwareentwicklungsprojekte. Das mächtigste Werkzeug, um Komplexität in den Griff zu bekommen und komplexe Systeme überhaupt zu beschreiben und verstehen zu können, sind Hierarchien. Der Nobelpreisträger Herbert Simon legt in einer Reihe von Arbeiten dar, daß viele komplexe Systeme eine zerlegbare hierarchische Struktur besitzen.[21] Die Architektur komplexer Systeme ist dabei immer eine Funktion ihrer Komponenten und deren hierarchischen Beziehungen untereinander. Der Wert solcher Systeme erwächst also aus dem Zusammenwirken der einzelnen Teile und nicht aus den Teilen selbst. Es gibt einige charakteristische Merkmale komplexer Systeme, die wir aus der Beobachtung natürlicher Systeme erkennen und für die Entwicklung künstlicher Systeme nutzbar machen können. Hierarchische Systeme setzen sich zum Beispiel typischerweise aus wenigen unterschiedlichen Arten von Subsystemen zusammen. Die Wahl und Anzahl unterschiedlicher Komponenten, aus denen sich das System zusammensetzt, ist allerdings relativ willkürlich und hängt von der Betrachtungsperspektive ab. Was für den einen bereits eine komplexe Komponente darstellt, kann für den anderen noch eine primitive Grundeinheit sein. Ein wichtiges Kriterium für die Zerlegung eines Systems in Subsysteme ist allerdings die Forderung, daß die Beziehungen innerhalb der Komponenten stärker sind als die Beziehungen zwischen den Komponenten. Für die Entwicklung von komplexen Systemen ist weiterhin die Beobachtung wichtig, daß sich Systeme, die funktionieren, mit Sicherheit aus einfacheren Systemen entwickelt haben, die ebenfalls funktionierten. Ein komplexes System, das von Grund auf neu zu entwerfen ist, kann nie zuverlässig arbeiten.

Bei der Entwicklung von Computern, sowohl der Hardware als auch der Software, kommen auf allen Ebenen und in allen Bereichen hierarchische Organisationsprinzipien zum Tragen. Es gibt letztlich niemanden mehr, der alle diese Ebenen der Maschine und alle ihre Subkomponenten im einzelnen verstehen würde, dennoch werden diese Maschinen gebaut und funktionieren – mehr oder weniger. Dies ist nur durch Hierarchisierung möglich. Während Hierar-

---

21. Siehe z.B. Herbert Simon, *Die Wissenschaften von Künstlichen*, Wien 1994.

chien bewußt und extensiv in der Informatik eingesetzt werden, ist eine erweiterte Fassung dieses Organisationsprinzips bisher wenig untersucht, obwohl es in der Praxis bereits überall zu finden ist: die Heterarchie. Der Begriff Heterarchie geht im hier verwendeten Zusammenhang zurück auf Warren McCulloch. In seinem Artikel »A Heterachy of Values Determined by the Topology of Nervous Nets«[22] zeigt er die Notwendigkeit nicht-transitiver und heterarchicher Prinzipien, um neuronale Aktivitäten des Gehirns adäquat beschreiben zu können. Er macht explizit deutlich, daß bestimmte zielgerichtete Aktivitäten, bei denen zum Beispiel A den Vorzug vor B, B den Vorzug vor C, aber C den Vorzug vor A erhält, nicht in flachen hierarchischen Strukturen modelliert werden können. Solche Strukturen sind irreduzibel und können in der Ebene nicht ohne Diallele, eine die Fläche verlassende und übergreifende Struktur, dargestellt werden. McCulloch:[23]

Die einfachste Oberfläche, auf die sich dieses Netz topologisch (ohne Diallele) abbilden läßt, ist ein Torus. Zirkularitäten in der Präferenz zeigen nicht etwa Widersprüchlichkeiten an, sondern beweisen vielmehr Widerspruchsfreiheit einer höheren Ordnung, als sie unsere Philosophie sich je erträumen würde.

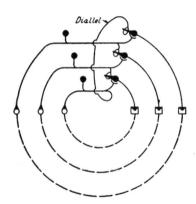

Heterarchie von Werten
in der Topologie eines Nervennetzes

Hier wird ein einfacher Mechanismus beschrieben, der für die klassische und formale Logik in der Erscheinungsform von Zirkelschlüssen und Antinomien ein unüberwindbares Problem zu sein scheint. McCullochs Figur ist uns andererseits aus dem Alltag bekannt und wir gehen dort ganz selbstverständlich damit um. Das Spiel »Schere, Stein, Papier« basiert zum Beispiel auf einer derartigen nicht-transitiven Ordnung. Schere schneidet Papier, Papier wickelt Stein und Stein schlägt Schere. Diese einfache Form der Heterarchie ist inzwischen aber auch ein wichtiges Grundprinzip, um in Computerspielen »game balancing«, d.h. die Ausgewogenheit des Spiels zu gewährleisten. So gibt es in Kampfspielen beispielsweise nie Waffen, die stärker sind als alle anderen Waffen. In Zweikämpfen gibt es keine dominanten Schläge, sondern für jede Aktion gibt es min-

22. Die deutsche Fassung des Artikels ist zu finden in: Warren S. McCulloch, *Verkörperungen des Geistes*, Wien/New York 2000.
23. ebd.

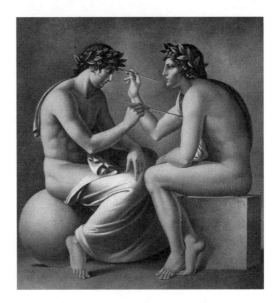

Carlo Maria Mariana, *Die Hand
unterwirft sich dem Intellekt*

destens eine andere, die diese neutralisiert. Computerspiele müssen also, damit
sie interessant bleiben, heterarchisch organisiert sein. Zyklische Ordnungsstruk-
turen sind die einfachste Form von Heterarchien, und natürlich können wir uns
leicht erweiterte Formen der Heterarchie ausdenken. Unter Heterarchien – der
Herrschaft des Anderen – wollen wir ganz allgemein sich selbst steuernde, verteilte Systeme verstehen, die über die Fähigkeit verfügen, spontan problemorientierte Ordnungs- und Kooperationsformen auszubilden und diese auch
wieder aufzulösen. Während in hierarchischen Systemen die Ordnungsstruktu-
ren starr bleiben, sind sie in heterarchischen labil und können situationsabhängig
verändert werden. Die Heterarchie ist demnach kein Gegensatz zu Hierarchie,
sondern deren Erweiterung. So können zum Beispiel Heterarchien temporär
Hierarchien ausbilden und diese nach einiger Zeit wieder auflösen. Wie bereits
oben ausgeführt, ist ganz generell die Qualität komplexer Systeme immer eine
Funktion ihrer Komponenten und deren Beziehungen untereinander, sie entsteht durch das Zusammenwirken der einzelnen Teile und steckt nicht bereits in
den Teilen selbst. Was bereits für hierarchische Organisationsformen gilt, gilt
umso mehr für heterarchische Strukturen. Durch das Zusammenwirken der
Teile erzeugt sich das System mit seinen spezifischen Qualitäten überhaupt erst
selbst. Als bildhafte Darstellungen des heterarchischen Prinzips können M. C.
Eschers *Drawing Hands* gelten, oder Carlo Maria Marianas Bild *Die Hand unterwirft sich dem Intellekt*. Heterarchische Systeme werden nicht von außen gesetzt,
sondern erzeugen sich aufgrund ihrer inneren Organisation selbst.

Ein wichtiger Unterschied zwischen hierarchischen und heterarchischen Systemen besteht darin, daß sich heterarchische nicht mehr so einfach planen lassen
wie hierarchische. Das eingangs erläuterte Beispiel zum Computerspiel *The Sims*
zeigte, welche Phänomene bei der Etablierung von Nebenordnungen in der
Praxis zu erwarten sind. Tatsächlich ist gerade der Computerspielmarkt ein her-

vorragendes Feld, um auch die Vorteile heterarchischer Organisationsformen zu zeigen. Den Schwierigkeiten in der Realisierung stehen Offenheiten gegenüber, die mit herkömmlichen multilinearen Vorgehensweisen nicht zu erreichen sind. Bisher wurden Spiele auf der Basis vorgedachter Verzweigungsmöglichkeiten entwickelt. Der Spieldesigner definiert für die einzelnen Situationen eine Menge von möglichen Interaktionsformen, und der Spieler kann eine auswählen. Aufgrund der enormen Komplexität, die einige Spiele inzwischen erreicht haben, ist diese Vorgehensweise an ihre Grenzen gestoßen. In diesen komplexen Spielen treten zunehmend Situationen auf, in denen sich der Spieler eine plausible Strategie ausdenkt, der Entwickler diese aber einfach nicht vorgesehen hat. Spieler werden so gezwungen, zu überlegen, was der Entwickler sich gedacht haben könnte – ein Killerkriterium für jedes Spiel. Bei avancierten Computerspielen stellt sich deshalb die Frage, wie offen das Spiel für die Intentionen des Spielers ist und wie weit es sich zusammen mit den Strategien des Spielers entwickeln kann. Alle interaktiven Anwendungen, bei denen komplexe lebensnahe Situationen simuliert werden sollen, deren Ziel es ist, dem Nutzer das Gefühl zu vermitteln, vollkommen frei zu agieren (Computerspiele, Virtual Reality, Artificial Life, Digital Storytelling, etc.), verlangen nach dieser Form der Offenheit. In Virtuellen Welten zählt für den Besucher nicht ein Rechenergebnis, sondern die Erlebnisqualität. Derzeit konzentriert sich die Hoffnung der Entwickler auf Methoden der Künstlichen Intelligenz (KI), um die Restriktionen der Navigation auf prädeterminierten Pfaden in vollständig antizipierten Welten zu überwinden. Bisherige Methoden der KI beschränkten sich auf Pfad-Such-Probleme oder »Finite State Machines« für autonome Objekte. Zunehmend werden auch andere KI-Techniken wie BDI-Architekturen (*Belief-Desire-Intention*) und Lernmethoden verwendet, um offene Systeme und komplexes Verhalten zu erzeugen. Die Realisierung autonomer Objekte innerhalb virtueller Umgebungen verstärkt aber das Problem der Antizipation. Das Zusammenspiel der unabhängigen komplexen Einheiten läßt sich insbesondere bei lernenden, sich selbst modifizierenden Verfahren vom Autor nicht mehr vordenken. Diese prinzipielle Grenze der denkenden Antizipation des Autors muß deshalb in Zukunft Eingang in die allgemeinen Entwurfsprinzipen finden. Die im VR- und Spielebereich wichtigen »parallel hierarchical finite state machines« sind bereits ein erster Schritt in Richtung heterarchischer Modellierungsansätze.

Experiment und Spekulation

In the existing sciences whenever a phenomenon is encountered that seems complex it is taken almost for granted that the phenomenon must be the result of some underlying mechanism that is itself complex. But my discovery that simple programs can produce great complexity makes it clear that this is not in fact correct.   Stephen Wolfram[24]

In seinem Buch *A New Kind of Science* legt Stephen Wolfram eine der umfangreichsten Untersuchungen Neuronaler Netze vor. In über 20-jähriger Arbeit hat er die Struktur zellulärer Automaten untersucht und auf eine Reihe fundamentaler wissenschaftlicher Probleme angewandt. Zu seinen grundlegenden Entdeckungen gehört, daß bereits einfachste Programme große Komplexität erzeugen können. Nach Wolframs Auffassung könnten eindimensionale zelluläre Automaten die einfachsten formalen Systeme sein, die zu komplexer Selbstorganisation fähig sind. Aber die Softwaresysteme, die wir im Bereich der Informatik mit gegenwärtigen Softwaretechniken entwickeln, tendieren dazu, in ihrer Struktur sehr komplex zu werden und dennoch nur einfaches Verhalten zu generieren, das mehr oder weniger vordefinierte Zwecke erfüllt. Wir benötigen also noch immer meist komplizierte Strukturen, um einfaches Verhalten zu erzeugen, bekommen aber selbst dieses einfache Verhalten nicht in den Griff. Die zurückliegenden Jahrzehnte der Computerentwicklung waren geprägt von dem Versuch, unsere Computersysteme beherrschbar zu machen. Mit mäßigem Erfolg, wie wir heute wissen. Der y2k-Bug, das Problem des Datumswechsels in den Softwaresystemen zum Jahr 2000, ist uns allen noch in lebhafter Erinnerung. Trotz enormer personeller und finanzieller Anstrengungen konnte niemand sagen, was wirklich passieren würde. Man hatte nicht das Gefühl, es mit einem sehr einfachen numerischen Problem zu tun zu haben, sondern vielmehr mit einem unvermeidlichen Naturereignis. Zwar weiß jeder, daß Computer streng deterministischen Gesetzen folgen, aber was hilft das, wenn wir sie auf dieser Basis offensichtlich weder beherrschen noch ihr Verhalten zuverlässig vorhersagen können? Diese Systeme haben eine Komplexität erreicht, die jenseits der Ebene deterministischer Befehlsfolgen liegt. Wir brauchen deshalb neue Methoden um brauchbare Laufzeitbeschreibungen von den Computersystemen anfertigen zu können. Da wir im Umgang mit Computern oft das Gefühl haben, launischen Naturphänomenen gegenüber zu stehen, sollten wir sie vielleicht auch einfach so behandeln. Die Physik, die ebenfalls theoretisch deterministische Systeme praktisch nie in den Griff bekommen hat, daraus aber gelernt hat, auf der Basis stochastischer Modelle viel exaktere Vorhersagen zu treffen, könnte hier Vorbild sein.

Von zukünftigen interaktiven Anwendungen wird – insbesondere auf dem Gebiet der so genannten Neuen Medien – eine größere Entwicklungsfähigkeit und Offenheit in der Interaktion verlangt, d.h. die Systeme sollen sich durch eine Dimension des »Werdens« auszeichnen. Wir begegnen hier dem alten Kon-

24. Stephen Wolfram, *A New Kind of Science*, Wolfram Media Inc., Champaign 2002, S. 4.

flikt zwischen Kontrolle und Autonomie. Eigentlich wollen wir, daß diese Systeme uns überraschen, dieser Gewinn an Autonomie muß aber mit einem Verlust an Kontrolle erkauft werden. Es stellt sich also die Frage: Wie können wir solche Systeme entwickeln, die einerseits zuverlässig, robust und konsistent sind und andererseits interessantes und überraschendes Verhalten generieren? Da wir nach Jahrzehnten ernsthafter Anstrengungen erkennen, daß wir uns in der Praxis immer weiter vom Ziel der Kontrollierbarkeit entfernen, scheint es nun an der Zeit, auch der Überraschung eine Chance zu geben. Warum sollten wir nicht die Frage der Beherrschbarkeit – die wir offensichtlich sowieso nicht lösen können – bei diesen Anwendungen einmal hinten anstellen und die Frage der Autonomie ins Zentrum rücken.

Der gegenwärtige Entwicklungsprozeß für interaktive Anwendungen basiert aber auf dem Prinzip der Antizipation. Der Entwickler versucht die Strategien der Anwender vorherzusehen und entwirft das System so, daß es geeignet reagiert. Für eine Reihe praxisrelevanter Anwendungen ist diese Methode schon heute an ihre Grenzen gestoßen. Der Anwender wird sich vollkommen vernünftige Strategien ausdenken, aber die Anwendung wird nicht erlauben, diese umzusetzen. Die experimentelle und spekulative Informatik geht dagegen nach einem anderen Ansatz vor, ähnlich dem Prinzip das Stephen Wolfram für die Untersuchung neuronaler Netze angewendet hat. Es wird ein kleines Universum etabliert, d.h. es werden zuverlässige, robuste und konsistente Systeme mit parallelen (heterarchischen) und sich weiterentwickelnden (code-reflexiven) Aktivitätsträgern erzeugt. Das Verhalten des Systems wird dann, während das System läuft, aus dem Systementwurf emergieren. Die Beherrschbarkeit und analytische Vorhersagbarkeit dieser Systeme ist allerdings prinzipiell nicht mehr gegeben: 1. weil sich der Programmcode aufgrund von Code-Reflexionen während der Programmausführung selbst ändert, 2. aufgrund nichtvorhersehbarer Verbindungsmöglichkeiten zwischen den heterarchischen Elementen, 3. durch unbeabsichtigte Repräsentationen in den Interfaces. Diese Verbindungsmöglichkeiten hängen nicht zuletzt von der individuellen und kulturellen Vorprägung des Benutzers ab, wie auch von dem gewählten Interface. Kulturelles Wissen und Kenntnisse über Wahrnehmung werden für den Entwickler deshalb genauso wichtig, wie Wissen über formale Strukturen. Die einzige Möglichkeit herauszufinden, welches Verhalten tatsächlich erzeugt wird, besteht darin, die Systeme laufen zu lassen und sie dabei zu beobachten und zu analysieren. Man könnte diese Vorgehensweise deshalb auch als Performative Wissenschaft bezeichnen.

Frank Dittmann

Maschinenintelligenz zwischen Wunsch und Wirklichkeit

Der Geist aus dem Computer

Im Jahre 1968 kam der Film *2001: A Space Odyssey* in die Kinos. In diesem bekannten Science-Fiction-Epos formulierte der Regisseur Stanley Kubrick neben einer kulturphilosophischen Sicht auf den Menschen auch eine handfeste technische Vision für die kommende Jahrtausendwende. Das gilt insbesondere für den Bordcomputer HAL 9000. HAL, was für H*euristically programmed* Alg*orithmic Computer* steht, besitzt Zugriff auf riesige Wissensbestände, kann selbst schwierige Probleme rasch lösen, spielt exzellent Schach und kommuniziert in einer gepflegten Sprache mit den Mitgliedern der Besatzung. Darüber hinaus ist HAL »vollkommen makellos«. Als er irrtümlich einen Fehler meldet und ihn die Astronauten deshalb abschalten wollen, ermordet der Computer fast alle Besatzungsmitglieder. Erst dem letzten noch lebenden Astronauten gelingt es schließlich, den Computer zu stoppen.

Mit dem Computer HAL griff Kubrick die größten Hoffnungen und zugleich die tiefsten Ängste auf, die Menschen mit Technik verbinden. Technische Artefakte wurden und werden konstruiert und gebaut, um dem Menschen zu dienen. Technik soll helfen, die Defizite des ›Mängelwesens Mensch‹ (Arnold Gehlen) zu überwinden. Aber es besteht stets auch die Option, daß sich die Technik gegen ihren Schöpfer wendet und ihn statt dessen beherrscht.

Bereits die Mythen der Antike zeugen davon, daß sich die Menschen seit jeher mit der Vorstellung von künstlichen Wesen beschäftigen. So soll Hephaistos mit Talos einen Giganten aus Bronze erschaffen haben, der die Insel Kreta beschützte. Weiterhin wird vom Bildhauer Pygmalion berichtet, der sich in eine von ihm selbst geschaffene Marmorstatue von übermenschlicher Schönheit verliebte. Aphrodite, die griechische Göttin der Liebe, ließ sie lebendig werden, damit Pygmalion sie heiraten konnte.

Der Wirklichkeit näher waren sicherlich die Mechanismen des griechischen Mathematikers und Mechanikers Heron von Alexandria (um 100 n. Chr.). Neben vielen anderen Maschinen und Apparaten beschrieb er Automaten wie etwa einen vom Opferfeuer gesteuerten Türöffner. Für die heutige Vorstellung von Technik war diese Zeit durchaus prägend. Neben dem Begriffsinhalt, der auf Vorrichtung, Werkzeug oder Mechanismus fokussierte, schloß *techné* neben Tätigkeit und Können auch Kunstgriff und List ein. Technik ist seither stets auch mit Verbesserung der Natur konnotiert.

Von künstlichen Wesen wird auch in der frühen Neuzeit berichtet. So soll Rabbi Löw im Prag des 16. Jahrhunderts den Golem erschaffen und mit gött-

* Ich danke Stefan Stein für die Diskussion und für vielfältige Hinweise und Anregungen.

Rekonstruktion des Schachtürken Wolfgang von Kempelens
(Heinz Nixdorf MuseumsForum 2004)

licher Kraft beseelt haben. War hierzu noch Magie nötig, tauchte 1818 im
Roman *Frankenstein* von Mary W. Shelley zum ersten Mal ein Wesen auf, das
unter Nutzung naturwissenschaftlicher Erkenntnisse erschaffen wurde.[1] Bereits
einige Jahrzehnte zuvor entstanden verschiedene Automaten, die von einer
hohen Kunstfertigkeit der Mechaniker zeugten, wie beispielsweise die mechanische Ente von Jacques de Vaucanson aus dem Jahre 1739. In dieser Zeit konstruierte Vaucanson auch humanoide Automaten. Durch diese Arbeiten wurden
andere Mechaniker wie Pierre Jaquet-Droz inspiriert, der nach 1770 mehrere
Androide baute. Erwähnenswert ist auch der automatische Trompeter von
Johann Gottfried und Friedrich Kaufmann aus dem Jahre 1810. Bei allen diesen
Automaten wurden die Bewegungsabläufe mittels einer starren Ablaufsteuerung
realisiert. Sehr bekannt wurde der Schachtürke, den Wolfgang von Kempelen
1770 der Kaiserin Maria Theresia präsentierte und der später durch viele Städte
Europas und der USA tourte. Allerdings war die Fähigkeit des Automaten zum
Schachspielen nicht mechanisch begründet, sondern entsprang einem in der
Kiste versteckten Menschen.

1.   M. W. Shelley, *Frankenstein, or the Modern Prometheus*, London 1818.

Erst mit der Entwicklung des Computers während des Zweiten Weltkriegs schien der Wunsch, menschliche Intelligenz technisch nachzuahmen, endlich eine reale Basis zu erhalten. Mitte der 1950er Jahre etablierte sich die Forschungsrichtung »Artificial Intelligence« (AI), im deutschsprachigen Raum als »Künstliche Intelligenz« (KI) bekannt. Kubricks Film machte nun 1968 die Kinobesucher mit dem damals relativ neuen Konzept der Künstlichen Intelligenz bekannt, das den alten Menschheitstraum vom maschinellen Diener für das Computerzeitalter neu formulierte. Was aber 1968 noch realistisch klang, erwies sich im realen Jahr 2001 als völlig illusionär – und das, obwohl Kubrick bei den Dreharbeiten von dem KI-Pionier Marvin Minsky beraten worden war. Bis heute ist kein Computer in Sicht, der die Leistungsfähigkeit von HAL auch nur annähernd erfüllen könnte. Die Schwierigkeiten und Probleme, mit denen sich die KI-Forschung in den vergangenen 50 Jahren beschäftigen mußte, waren für die Pioniere zweifellos nicht vorhersehbar. Und das gilt um so mehr, als die Erkenntnisse der KI mehrfach zu einem Paradigmenwechsel des zugrunde liegenden Menschenbildes führten. Den Visionen tat das keinen Abbruch. Trotz mancher Rückschläge und Fehlprognosen in der Vergangenheit hatten im realen Jahr 2001 einschlägige Utopien erneut Konjunktur – und zwar in Filmen ebenso wie im wissenschaftlichen Diskurs.

Eine Vision zur Jahrtausendwende –
Roboter überholen den Menschen

Genau 33 Jahre nach Kubricks Epos *2001: Space Odyssey* (also ausgerechnet im Jahr 2001) kam der Film *A.I.* von Steven Spielberg in die Kinos, in dem wiederum eine intelligente Maschine im Mittelpunkt stand.[2] Der Roboterjunge David ist im Film das erste Kunstwesen, das einen Menschen zu lieben vermag. Als ›Testfamilie‹ wird ein Paar ausgesucht, dessen leiblicher Sohn seit Jahren im Koma liegt, und bald bedeutet David sehr viel für seine neue ›Mutter‹. Doch als deren leibliches Kind aus dem Koma erwacht und gegen den ungeliebten ›Bruder‹ intrigiert, wird David in einem Wald ausgesetzt. Zutiefst verletzt macht er sich auf, um die Liebe seiner Mutter zurückzugewinnen. Der märchenhafte Erzählstrang findet sein Happy End erst in ferner Zukunft, als Außerirdische Davids sehnlichsten Wunsch erfüllen.

Zur gleichen Zeit fand in den Feuilletons der großen Zeitungen eine lebhafte Debatte über die Zukunft der Künstlichen Intelligenz statt. Ganz im Gegensatz zum Film *A.I.* wurde hier aber kein Happy End sondern eher ein Schreckensszenario gezeichnet. Dabei waren die Protagonisten weder Autoren von ScienceFiction-Romanen noch Filmregisseure sondern Computerwissenschaftler und Robotik-Spezialisten. Vor allem seien hier Hans Moravec, Mitbegrün-

---

2.   Auch Stanley Kubrick und der Science-Fiction-Autor Brain Aldiss hatten einen gewichtigen Anteil an der Filmstory, siehe: B. Aldiss, »Like human, like machine«, in: *New Scientist* , 2308 (15. Sept. 2001), S. 40-43.

der und Chef des *Mobile Robot Lab* an der Carnegie-Mellon University in Pittsburgh, sowie der Computerwissenschaftler und Futurologe Ray Kurzweil genannt. Bereits 1988 hatte Moravec in seinem Buch *Mind Children* vorausgesagt, daß spätestens im Jahr 2038 Roboter menschenähnliche Intelligenz besitzen würden.[3] Ray Kurzweil griff diese These in seinem Buch *Homo S@piens* auf.[4] Allerdings meinte er, daß Computer bereits im Jahr 2029 über eigenes Bewußtsein verfügen könnten. Beide Protagonisten stützten ihre Prognosen auf die erwarteten Fortschritte in der Mikroelektronik und Computer-Hardware: Getreu dem sogenannten Mooreschen Gesetz verdoppelt sich die Leistungsfähigkeit von Mikroprozessoren etwa alle 18 Monate. 1965 hatte Gordon Moore, ein Mitbegründer des späteren Chip-Giganten *Intel*, die Halbleiter-Entwicklung von sechs Jahren extrapoliert.[5] Allen Zweifeln zum Trotz erwies sich das Gesetz bis heute als zutreffend und wird – so die einhellige Meinung von Wissenschaft und Industrie – auch in den nächsten Jahren seine Gültigkeit behalten.

Moravec und Kurzweil gehen in ihrer Vision davon aus, daß Computer menschliche Intelligenz erreichen, sobald die Rechenpower die Leistungsfähigkeit des menschlichen Gehirns erreichen wird. Die entscheidende Frage ist allerdings: Wie schnell arbeitet das Gehirn? Eine erste Abschätzung hatte Moravec bereits in *Mind Children* geliefert. Da er sich schwerpunktmäßig mit Computer-Sehen beschäftigte, lag es für ihn nahe, die Leistung der Netzhaut (Retina) als Berechnungsgrundlage zu nutzen:[6] Die etwa eine Million Retina-Ganglienzellen eines jeden Auges ›feuern‹ etwa 10 Mal pro Sekunde. Zur Imitation eines einzelnen Impulses benötigt ein Computer ca. 100 Instruktionen. Für die vollständige Simulation der Netzhaut sei daher eine Rechenleistung von einer Milliarde Instruktionen pro Sekunde nötig. Das entspricht 1000 MIPS (Millionen Instruktionen pro Sekunde). Um die Leistung des gesamten Gehirns abzuschätzen, extrapolierte Moravec das Gewicht »vom Nervenanteil der Netzhaut auf das 75.000 Mal so schwere Gehirn«. Daraus errechne sich eine Gehirn-Rechenleistung von 100 Millionen MIPS. Heutige PCs arbeiten etwa eine Million Mal langsamer. Wenn Moores Gesetz weiterhin seine Gültigkeit behielte, müßten PCs »in 30 bis 40 Jahren die Leistungsfähigkeit eines menschlichen Gehirns« erreichen, so Moravec. Da sich die Entwicklung der Computerhardware weiter fortsetzt, sei klar, daß Computer die menschliche Intelligenz überholen werden: Während die biologische Evolution fast auf der Stelle tritt, schreite die technologische Evolution in rasantem Tempo voran. Folgerichtig prognostiziert

---

3. Hans Moravec, *Mind Children. The Future of Robot and Human Intelligence*, Cambridge/Mass. 1988 (dt.: *Mind Children. Der Wettlauf zwischen menschlicher und künstlicher Intelligenz*, Hamburg 1990).

4. Ray Kurzweil, *The Age of Spiritual Machines. When Computers exceed human Intelligence*, London u.a. 1999 (dt.: *Homo S@piens. Das Leben im 21. Jahrhundert. Was bleibt vom Menschen*, Köln 1999).

5. Gordon E. Moore, »Cramming more components onto integrated circuits«, in: *Electronics,* 38,8(1965), S. 114-117.

6. siehe für die folgende Argumentation: Hans Moravec, »Die Roboter werden uns überholen«, in: *Spektrum der Wissenschaft*, Spezial: *Forschung im 21. Jhd.*, 1(2000), S. 72-79, hier S. 76.

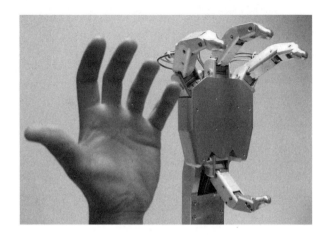

Servopneumatische
Hand der RWTH
Aachen, 2000

Moravec für Mitte des 21. Jahrhunderts eine »Wachablösung« durch sich selbst vervollkommnende, denkende Maschinen.[7] Diese würden eigenständig verbesserte Nachkommen bauen und so die biologische Evolution übernehmen, was wiederum den Menschen überflüssig werden ließe. Der KI-Pionier Marvin Minsky vom MIT unterstützt die Ideen von Moravec vorbehaltlos und zeichnete bereits 1992 ein düsteres Zukunftsbild: »Wir Menschen könnten froh sein, wenn die Roboter uns in 50 Jahren als ihre Haustiere akzeptieren.«[8]

Derart atemberaubende und zugleich apokalyptische Prognosen führten im Frühsommer 2000 zu einer öffentlichen Diskussion. Der Computerwissenschaftler Bill Joy warnte eindringlich vor den Folgen der Roboter-, Gen- und Nano-Technologie. Aus Sicht des Mitbegründers und späteren Chief Scientist des amerikanischen Computerherstellers *Sun Microsystems* seien diese drei Technologien ähnlich gefährlich wie die atomaren, biologischen und chemischen Massenvernichtungsmittel des 20. Jahrhunderts. Ein gekürzter Nachdruck des *Wired*-Artikels in der *FAZ* trug die Debatte auch nach Deutschland,[9] an der sich eine ganze Reihe von Wissenschaftlern verschiedenster Disziplinen beteiligten.[10] Vor allem durch die Verkopplung von drei Zukunftstechnologien nahm die Diskussion teilweise Züge einer allgemeinen Debatte über ethischen Fragen der Technikentwicklung an.[11] Die Diskussion hatte auch einen politischen Hinter-

---

7.   Moravec, *Mind Children*, a.a.O., S. 9-14; Bezeichnenderweise beginnt das Buch mit dem Satz: »In Jahrmilliarden unermüdlichen Wettrüstens ist es unseren Genen endlich gelungen, sich selbst auszubooten.«
8.   Nick S. Martins, »Denn sie wissen nicht, was sie tun«, in: *Geo Wissen: Intelligenz und Bewußtsein* 1992, S. 134-145, hier S. 136.
9.   Bill Joy, »Why the future doesn't need us«, in: *Wired*, 8 (2004); gekürzter Nachdruck: »Warum die Zukunft uns nicht braucht«, in: *FAZ*, 6. Juni 2000, S. 49 u. 51.
10. Neben den im folgenden zitierten Wissenschaftlern beteiligten sich u.a. auch der Kosmologe Steven Hawking, der Computerkritiker Josef Weizenbaum und der Science-Fiction-Autor Michael Crichton, der 2002 in seinem Roman *Die Beute* Killer-Nanobots beschrieb.
11. Wichtige Artikel und Gespräche aus der *FAZ* wurden zusammengefaßt in: Frank Schirrmacher (Hg.), *Die Darwin AG. Wie Nanotechnologie, Biotechnologie und Computer den neuen Menschen träumen*, Köln 2001.

grund. Im Januar 2000 erklärte nämlich der damalige US-Präsident Clinton die Nano-Technologie in Verbindung mit Gen- und Computertechnik zu den Schlüsseltechnologien des 21. Jahrhunderts.

Bill Joy erklärte in *Wired*, daß Nanobots, d.h. winzige mit Nano-Technologie hergestellte Roboter, in der Lage seien, sich selbständig zu vermehren. Sie könnten die Umwelt schwer schädigen und womöglich von Terroristen eingesetzt werden. Folgerichtig forderte er einen Forschungsverzicht, was wiederum von verschiedener Seite als unannehmbar zurückgewiesen wurde. Fachwissenschaftler argumentierten, die Nano-Technologie stecke noch in den Kinderschuhen und Nanobots würden – wenn überhaupt – erst in sehr ferner Zukunft realisierbar sein. Nathan Myhrvold, Technologieberater am *Institute of Advanced Studies* in Princeton und ehemaliger *Microsoft*-Cheftechnologe, bezichtigte Joy gar der Maschinenstürmerei.[12] Ray Kurzweil, der den US-Präsident Clinton in Technologiefragen beriet, räumte zwar ein, daß Joys Sorgen bezüglich Nano-Technologie teilweise begründet seien, doch die Vorteile würden die Nachteile bei weitem überwiegen:[13] Die Menschen würden mit der Nano-Technologie verschmelzen. »Wir können Milliarden winziger Nanoboter durch die Adern schicken, durch die Kapillaren bis zum Hirn, um es, immer in drahtloser Kommunikation miteinander, von innen heraus zu kartographieren.« Am Ende werde es zwischen Mensch und Maschine keinen Unterschied mehr geben, so daß die Menschheit Macht über Leben und Tod erlangen kann. Dann würde man »nicht zulassen, daß die Datei des menschlichen Geistes, die über das genetische Erbe hinaus auch unsere Erinnerung, unsere Fähigkeiten, unsere Persönlichkeit umfaßt, mit der Hardware stirbt«.[14] Nach dieser technischen Erlösungsteleologie würden wir von den Mühen der leiblichen Existenz befreit und nicht im Jenseits, sondern – ganz profan – auf einer Computerfestplatte weiterleben. Ob all diese Ideen wünschenswert seien, betrachtete Kurzweil als sekundär, da sich neue Technologien aufgrund ökonomischer Zwänge ohnehin nicht aufhalten lassen. Es sei die »wirtschaftliche Gewinn- und Börsenerwartung, die auch in den nächsten Jahrzehnten die technologische Entwicklung vorantreiben wird. Hier regieren Wall Street und die New Economy.«[15]

Die Vorstellung, der menschliche Geist lasse sich durch »Herunterladen« auf eine Maschine übertragen, wurde von vielen Wissenschaftlern als äußerst unrealistisch zurückgewiesen. Hubert Markl, Biologe und Präsident der Max-Planck-Gesellschaft sprach z.B. von einem kruden Materialismus, der dieser Vorstellung zu Grunde liege. Außerdem forderte Markl, daß sich die Robotiker, wenn sie künstliche ›Lebewesen‹, wie etwa Nanobots konstruieren, strikten Kontroll-

---

12. »Ein Gewehr verwandelt uns nicht in einen Killer. Ein Gespräch mit Nathan Myhrvold«, in: Schirrmacher, a.a.O., S. 78-89 (*FAZ*, 12. September 2000).
13. Ray Kurzweil, »Der Code des Goldes. Meine Antwort auf Bill Joy«, in: Schirrmacher, a.a.O., S. 72-77 (*FAZ*, 17. Juni 2000).
14. »Die Maschinen werden uns davon überzeugen, daß sie Menschen sind. Ein Gespräch mit Ray Kurzweil«, in: Schirrmacher, a.a.O., S. 98-109; S. 105f. (*FAZ* 8. August 2000).
15. Ray Kurzweil, »Der Code des Goldes«, in: Schirrmacher, a.a.O., S. 72-77; S. 73.

mechanismen mit der gleichen Selbstverständlichkeit unterwerfen müßten wie Biologen beim Umgang mit gefährlichen Krankheitserregern.[16]

Eine fundierte Kritik an Kurzweils und Moravecs Vision kam auch von den Hirnforschern. So stellte Wolf Singer, Direktor des Max-Planck-Instituts für Hirnforschung, den grundlegenden Ansatz in Frage: »Ich glaube, daß Kurzweil einem riesigen Mißverständnis aufsitzt, wenn er glaubt, daß Vermehrung von Rechengeschwindigkeit allein zu einem qualitativen Umschlag führt. Die Analogie zwischen Computer und Gehirn ist bestenfalls eine oberflächliche. Beide Systeme können zwar logische Operationen ausführen, aber die Systemarchitekturen sind radikal verschieden. Das Problem liegt vor allem darin, daß Computer nach anderen Algorithmen arbeiten als biologische Systeme.«[17] Das Gehirn ist ein hoch dynamisches und selbstorganisierendes System – so Singer. Ständig muß es die verschiedenen Sinneswahrnehmungen zu kohärenten Wahrnehmungseindrücken integrieren, anderenfalls würden wir die Welt als unübersichtliche Ansammlung von bedeutungslosen Farbflecken, Geräuschen, Gerüchen usw. wahrnehmen. Wie das Gehirn dieses Bindungsproblem löst, ist erst in Ansätzen erforscht. Klar ist aber, daß sich die Größen der beteiligten Neuronenverbände verändern – die Wahrnehmung prägt sich in die Struktur ein. Im Gegensatz dazu ist die Software heutiger Rechner nicht in der Lage, die Hardware bedarfsabhängig zu verändern. Zudem haben Lebewesen Selektionsmechanismen. Sie nehmen nicht einfach alle möglichen Informationen aus ihrer Umgebung auf, sondern fragen die Umwelt gezielt ab, abhängig von ihren Bedürfnissen. Dabei spielen Emotion und Motivation eine große Rolle. Der Bremer Hirnforscher Gerhard Roth ist sicher, daß es kein Bewußtsein ohne Gefühl gibt. Für eine Selbstbewertung müsse ein Organismus wissen, was für ihn selbst gut oder schlecht ist, was Spaß macht oder was Unlust und Schmerzen erzeugt. Ein Roboter, der einen eigenen Willen besitzen soll, müsse zu echten Emotionen fähig sein: »Es handelt sich um völlig verschiedene Arten von Intelligenz, ob ich Kenntnis von etwas habe, Einsichten gewonnen habe oder ob ich auch danach handle.« Roth zieht das Fazit: »Bewußtsein ist an hochkomplexe anatomische und physiologische Bedingungen gebunden. Wie wollen wir diese Bedingungen künstlich erschaffen? Wir, die noch nicht einmal vermögen, eine einzige Nervenzelle nachzubauen.«[18] In einem Interview warf Singer Kurzweil vor, Lobbyisten wie er schlügen die Werbetrommel und frönten dem Machbarkeitswahn vor allem deshalb, um den US-Kongreß zur Zahlung von Fördermitteln zu bewegen.[19]

16. Hubert Markl, »Was ist dran an den Schreckensszenarien?«, in: *Wissenschaftszentrum Nordrhein-Westfalen. Das Magazin,* 12/1(2001), S. 12-15; S. 13 u. 14.
17. Wolf Singer, »Zu wissen, wie eine streunende Katze in Frankfurt überlebt«, in: *FAZ,* 24. August 2000, S. 51.
18. »Muster im Chaos. Können Computer denken?« (Interview mit Ray Kurzweil und Gerhard Roth), in: *Der Spiegel,* 24(2000), S. 140-142.
19. Wolf Singer, a.a.O.

Im Mai 1997 wird der Schachweltmeister Garri Kasparow vom IBM-Supercomputer *Deep Blue* geschlagen.

Moravecs und Kurzweils Prognosen erscheinen in einem anderen Licht, wenn man betrachtet, welche Eigenschaften sie gegenwärtigen Systemen zusprechen. So beschreiben sie das Verhalten von Robotern mit anthropomorphen Metaphern: Die Maschinen könnten sehen, erkennen, erkunden, erforschen, fühlen, denken, suchen, finden und sich mühelos orientieren. Richtig erzogen seien die Roboter der vierte Generation überwältigend, ist sich Moravec sicher.[20] Der kalifornische Philosoph John Searle weist darauf hin, daß die metaphorische Sprache den Unterschied zwischen Erscheinung und Wesen aufhebt. Ein Searle zugeschriebenes und oft zitiertes Bonmot bringt es auf den Punkt: Natürlich kann man einen Computer konstruieren, der jedes Mal ein »Au« ausdruckt, wenn er hart angefaßt wird, aber die Fähigkeit, Schmerzen zu erleiden, habe er damit nicht. Mit dem sogenannten Chinese-Room-Argument formulierte Searle einen gewichtigen Einspruch gegen die behavioristische Sicht, intelligent *ist*, was intelligent *scheint*.[21] Man müsse trennen zwischen Verhalten, das so wirkt,

20. Moravec, »Die Roboter werden uns überholen«, a.a.O., S. 79.
21. Der Computer arbeitet – so Searle – ähnlich wie ein englischsprachiger Mensch in einem Zimmer, der über eine Liste mit chinesischen Schriftzeichen sowie englische Verknüpfungsregeln verfügt. Ein Chinese würde auf diese Weise auf schriftliche Anfragen mehr oder weniger sinnvolle Antworten aus dem Zimmer erhalten, ohne daß deren Verfasser den Sinn der Frage oder der Antwort versteht. (John Searle, »Minds, Brains, and Programs«, in: *Behavioral and Brain Sciences,* 1980, S. 417-424).

als wäre es intelligent, und wirklich intelligenten Bewußtseinsprozessen. Im beobachterbezogenen (als-ob) Sinn gibt es bereits heute viele ›intelligente‹ Maschinen. Ein Taschenrechner beispielsweise übertrifft jeden Mathematiker und der Superrechner *Deep Blue* schlug 1997 den damaligen Schachweltmeister Garri Kasparow. Im beobachterunabhängigen Sinn könne man diesen Geräten jedoch keine Intelligenz zusprechen.

Betrachtet man die verschiedenen Utopien, könnte der Verdacht aufkommen, daß die KI-Forschung zu keinerlei Ergebnissen geführt hat. Jedoch ist die Erforschung von menschlicher Intelligenz und deren Simulation mittels technischer Systeme nicht nur ein Feld für immer neue Utopien, es ist zugleich das Arbeitsgebiet von Wissenschaftlern, die mit eher nüchtern wirkenden Arbeiten eine Fülle von Detailfragen angehen und damit kaum Aufmerksamkeit in den Medien erregen. Hinzu kommt, daß ein Problem, sobald es gelöst ist, meist aus der Leistungsbilanz der KI-Forschung ausscheidet. Dadurch ist stets Raum für neue Visionen, aber diese Situation führt auch zu einem ständigen Legitimationsdruck.

Was ist und zu welchem Ende betreibt man KI-Forschung?

Der Begriff *Artificial Intelligence* wurde im Sommer 1956 geprägt, als John McCarthy, damals ein junger Assistent im Fach Mathematik an der Universität von Dartmouth, New Hampshire (USA), einen Workshop zu diesem Thema organisierte. Zehn Teilnehmer aus unterschiedlichen Fachgebieten,[22] diskutierten zwei Monate darüber, wie man intelligente Maschinen bauen könne. Dabei gingen sie von drei grundlegenden Thesen aus: Sie glaubten, daß die Tätigkeit, die wir gewöhnlich Denken nennen, auch außerhalb des menschlichen Gehirns stattfinden könne, daß der Denkvorgang formal beschreibbar wäre, und daß der Digitalrechner, der damals seit etwa 10 Jahren existierte, das geeignete technische Instrument für die Modellierung des Denkvorganges sei.[23] Die Dartmouth Sommerakademie gilt seither als Gründungsakt der neuen Forschungsrichtung und wurde legendär, weil sie alle KI-Pioniere der USA versammelte, die später einflußreiche Positionen in der US-amerikanischen Forschungslandschaft einnehmen sollten. Aber trotz ambitionierter Pläne, großer finanzieller Unterstützung nicht zuletzt von Seiten des Militärs[24] und eines enormen Entwicklungsschubs im Bereich der Computerhardware bleiben bis heute die Erfolge weit hinter den früheren Prophezeiungen zurück. Noch immer gilt das Bonmot:

22. darunter Claude Shannon, John v. Neumann, Allen Newell, Herbert Simon, John McCarthy und Marvin Minsky
23. P. McCorduck, *Denkmaschinen. Die Geschichte der künstlichen Intelligenz*, Haar b. München 1987, S. 97ff.
24. In den USA wurde das immer wieder moniert. Siehe z.B. H. L. Dreyfus/S. E. Dreyfus, *Künstliche Intelligenz. Von den Grenzen der Denkmaschine und dem Wert der Intuition*, Reinbek bei Hamburg 1987, Prolog. Auch in der Sowjetunion gab es derartige Forschungen, aber darüber ist bisher fast nichts bekannt.

»Wäre unser Gehirn so einfach, daß wir es verstehen könnten, wären wir nicht in der Lage, es zu verstehen.«

Womit beschäftigt sich nun die Forschungsrichtung *Künstliche Intelligenz*? Ein Blick in verschiedene Nachschlagewerke und Lehrbücher macht schnell deutlich, daß es keine einheitliche Definition gibt. Was immer auch unter KI verstanden wird, stets geht es um die Konstruktion von Maschinen, deren Leistung als funktionales Äquivalent für menschliche Intelligenz akzeptiert werden kann. So meinte der KI-Pionier Marvin Minsky, daß Künstliche Intelligenz die Wissenschaft davon ist, wie man Maschinen dazu bringt, Aufgaben zu erledigen, für die Menschen Intelligenz benötigten. Auch spätere Begriffsbestimmungen gehen nicht darüber hinaus. Die *Encyclopedia of Artificial Intelligence* von 1992 stellt fest: »Artificial Intelligence is a field of science and engineering concerned with the computational understanding of what is commonly called intelligent behavior, and with the creation of artifacts that exhibit such behavior.«[25] Anschließend werden verschiedene Forschungsgebiete aufgezählt: Natural Language, Problem Solving and Search, Knowledge Representation and Reasoning, Learning, Computer Vision und Robotics. Patrick H. Winston, der nach Minsky die Leitung des KI-Labors am MIT übernahm, räumte die Schwierigkeiten einer Definition ein und versucht es mit der Benennung der Forschungsziele: »A definition in the usual sense seems impossible because intelligence appears to be an amalgam of so many information-representation and information-processing talents […] One central goal of AI is to make computers more useful. Another central goal is to understand the principles of that make intelligence possible.«[26] Demnach geht es einerseits um den Bau von besseren Computern. Andererseits sollen Computer als Simulationsplattform dienen, um wissenschaftliche Theorien über das menschliche Denken zu testen. Dem zweiten Ziel liegt die Vorstellung zu Grunde, Mensch und Computer könnten gleichermaßen als informationsverarbeitende Systeme angesehen werden.

Nun stellt sich die Frage, wie man den Grad der funktionalen Äquivalenz von menschlicher und maschineller Intelligenz erkennen, vielleicht sogar messen könnte. Dieses Problem diskutierte der englische Mathematiker Alan Turing 1950 in einem grundlegenden Aufsatz.[27] Er entwickelte einen empirischen Test, bei dem ein Beobachter mit einem Gegenüber indirekt über Tastatur und Bildschirm kommuniziert. Der Tester darf dabei jede beliebige Frage stellen. Kann er nach einer gewissen Zeit nicht feststellen, ob der Kommunikationspartner ein Mensch oder ein Computer ist, müsse man der Maschine, die der Tester als Mitmensch akzeptiert hat, Intelligenz zuerkennen. Die Grundannahme, intelligent *ist*, was sich intelligent *verhält* bzw. einem Beobachter intelligent *erscheint*, ist seither immer wieder intensiv diskutiert worden. Wie bereits erwähnt, brachte John Searle mit dem Chinese-Room-Argument einen entscheidenden Einwand vor.

25. St. C. Shapiro (Hg.), *Encyclopedia of Artificial Intelligence*, New York u.a. ²1992, S. 54-57; S. 54.
26. P. H. Winston, *Artificial Intelligence*, Reading/Mass. u.a. ²1984, S. 1-2.
27. Alan M. Turing, »Computing Machinery and Intelligence«, in: *Mind*, 59(1950), S. 433-460 (dt.: »Kann eine Maschine denken?«, in: *Kursbuch*, 8(1964), S. 106-138).

»Wird es eines Tages die Psychoanalysiermaschine geben? Die Phänomenologie einer psycho-
analytischen Sitzung besteht in einer Reihe von Fragen und Antworten [...], wobei ein stereo-
types Vokabularium verwendet wird, bei dem Fragen und Antworten zwangsläufig auseinander
hervorgehen [...]. Denken wir ohne Ironie an eine Zeit, in der ein Patient sich einem mecha-
nisierten Arzt zur Behandlung [...] anvertraut.« (Buchillustration von 1959)

Gleichwohl gilt bis heute der Turing-Test als Maßstab für die von Maschinen
erreichte Intelligenz. Turing hatte 1950 noch angenommen, daß es bereits im
Jahr 2000 Computer gäbe, die einen 5-Minuten-Test unerkannt überstehen
könnten. 1990 lobte der Amerikaner Hugh Loebner einen nach ihm benannten
Preis in der Höhe von 100.000 US-Dollar aus. Seit 1991 wird jährlich jenes
Computersystem gesucht, das Turings Forderung erfüllt. Bisher wurden allerdings lediglich Trostpreise verliehen![28]

Zu einem der dynamischsten Bereiche in der KI-Forschung entwickelte sich
in den vergangenen Jahren die Robotik. Die landläufige Vorstellung von einem
Roboter wurde einerseits durch Literatur und Film und andererseits durch die
besonders aus der Automobilindustrie bekannten Industrieroboter geprägt. Die
Bezeichnung geht bekanntlich auf das Bühnenstück R.U.R. (*Rossum's Universal
Robots*) des tschechischen Autors Karel Čapek von 1921 zurück. Während
Science-Fiction-Autoren wie Isaak Asimov oder Stanislaw Lem literarische
Roboter-Welten schufen[29] bzw. reale androide Roboter wie *Sabor* oder *Syntelman* als Kuriositäten vorgeführt wurden,[30] setzte die Entwicklung von Industrierobotern 1954 mit Georg Devols Patent eines programmierbaren Mani-
pulators ein. Joseph F. Engelberger nahm diese Idee auf und gründete in den
USA die Firma *Unimation*. Diese Kurzform von *Universal Automation* macht den
weitreichenden Anspruch deutlich. 1960 stellte das Unternehmen den ersten
freiprogrammierbaren Industrieroboter *Unimate* vor, der rasch Eingang in die

28. Robert Epstein, »The Quest for the Thinking Computer«, in: *AI Magazine,* Summer 1992,
S. 81–95; auch: J. Markoff, »So Who's Talking: Human or Machine?«, in: *The New York Times,*
5. November 1991, S. B5, B8 und ders., »Can Machines Think?«, in: ebd., 9. November 1991,
S. 1, 7.
29. Isaak Asimov: *Roboter. Die elektronische Hand des Menschen,* 1940; Stanislaw Lem: *Robotermär-
chen,* 1964.
30. »Roboter. Ich hab' kein Herz«, in: *Der Spiegel,* 36(1952), S. 28; »Roboter ›Syntelman‹ in der
ZDF-Sendereihe *Querschnitt* mit Hoimar v. Ditfurth«, in: *X – Unsere Welt heute,* 4 (Juli 1972),
S. 47–48.

amerikanische Automobilproduktion fand. In Deutschland begann das Zeitalter der Industrieroboter Anfang der 1970er Jahre bei *Mercedes-Benz* in Sindelfingen mit zwölf *Unimate*-Robotern.

Die Entwicklung der KI verlief in Zyklen, bei denen sich Erfolg und überzogener Optimismus mit Rückschlägen und Ernüchterung abwechselten. Dabei kann man vier Phasen erkennen. In der von den 1950er bis in die 1970er Jahre reichenden Gründungsphase arbeitete man intensiv an der symbolischen Wissensrepräsentation. Dieser Ansatz führte in einer Zeit der großen Euphorie in den 1970er und 1980er Jahren zu einigen auch kommerziell nutzbaren Erfolgen. Zugleich aber fand die symbolische KI-Forschung ihre Grenzen. Als Wegmarke kann das gescheiterte Projekt des Computers der fünften Generation gelten, das Anfang der 1980er Jahre von japanischen Wissenschaftlern vorgeschlagen wurde. In der nun folgenden dritten Phase machte sich Ernüchterung breit. Man diskutierte die heute als naiv angesehene Vorstellung, wonach intelligente Systeme aus einer riesigen Ansammlung von Fakten und einer »Verknüpfungsmaschine« bestehen. Das klassische Konzept bildete aber unscharfes oder vages Wissen nicht ab, so daß die darauf beruhenden Computerprogramme die Entscheidungsvorgänge des Menschen nur ungenügend simulierten. Die KI-Forscher versuchten dieses Problem durch den Einsatz von Künstlichen Neuronalen Netzen zu lösen, was sich im neuen Konzept des Konnektionismus niederschlug. Der Konnektionismus kennzeichnet die Abkehr von der klassischen Programmierung und die Hinwendung zu einem situativen Ansatz. Heute werden Künstliche Neuronale Netze in vielen Systemen zur Mustererkennung, z.B. Bilder- und Spracherkennung, eingesetzt. Anfang der 1990er Jahre wurde immer klarer, daß man intelligente Systeme nicht nach vollständigen Konstruktionsvorlagen bauen kann, sondern daß Intelligenz in der Auseinandersetzung mit der Umwelt entsteht (*Situatedness*). Da Intelligenz in der Natur nicht ohne Körper auftritt, wandte man sich entsprechend der *Embodiment*-These verstärkt der Robotik zu.

Die verschiedenen Entwicklungsphasen in der KI waren jeweils von bestimmten Konzepten geprägt. Idealtypisch gesehen wurden in Zeiten der Euphorie diese Konzepte auf vielfältige Probleme angewandt, bis sich ihre Grenzen zeigten. Die Diskussion in der folgenden Zeit der Ernüchterung führte zu anderen Grundannahmen, deren Reichweite in einer erneuten Euphorie ausgelotet wurden. In den folgenden Abschnitten werden drei grundlegende Konzepte diskutiert. Während der kognitivistische Ansatz Denken als Manipulieren von symbolischem Wissen betrachtet, nimmt der Konnektionismus die Einsicht auf, daß das Gehirn parallel arbeitet. Seit Anfang der 1990er Jahr verfolgt man vor allem in der Robotik die Paradigmen von Situatedness und Embodiment.[31]

---

31. Norbert Bolz, »Was kommt nach dem Menschen«, in: ders./A. Münkel (Hg.), *Was ist der Mensch?*, München 2003, S. 201-212, hier S. 201f.

Der kognitivistische Ansatz – Denken als Symbolverarbeitung

Der klassische kognitivistische Ansatz geht davon aus, daß Denken auf der Befol-gung reproduzierbarer Regeln beruht, die man empirisch ermitteln kann. Diese Vorstellung ist tief in der westlichen Denktradition verankert. Bereits Aristoteles stellte mit den Syllogismen Regeln für das richtige Denken auf. Im 19. Jahrhun-dert entwickelte der Mathematiker George Boole die formale Logik. Da sich derartige Regeln in Form von Software leicht auf dem Computer implementie-ren lassen, glaubten die KI-Pioniere, daß man auf dieser Grundlage relativ rasch ›denkende‹ Maschinen bauen könne. In den 1950er und 1960er Jahren wurde diese mechanistische Vorstellung vom menschlichen Denken selbst von vielen Psychologen geteilt, wie der Verhaltensbiologe Gould 1981 kritisiert.[32]

Folgerichtig arbeitete man seit den 1950er Jahren intensiv daran, die kognitiven Fähigkeiten von Menschen mittels symbolischer Manipulation zu simulieren. Der Erfolg schien die Theorie zunächst zu bestätigen. Bereits 1957 program-mierten Allen Newell und Herbert A. Simon den sogenannten *General Problem Solver* (GPS), um die menschliche Vorgehensweise beim Problemlösen zu simu-lieren.[33] Im Umkreis von Marvin Minsky beschäftigten sich verschiedene Wis-senschaftler am MIT mit der Lösung spezieller Probleme in den sogenannten Mikrowelten. Sehr bekannt wurde die Blockwelt, die aus mehreren Spielzeug-klötzen bestand, welche mit einem Roboterarm verschoben oder aufeinander-gesetzt werden sollten. Bei der Beschäftigung mit den Mikrowelten stießen immer mehr KI-Forschungsprojekte auf dasselbe Problem: Die entwickelten Methoden ließen sich zwar gut an kleinen Beispielen demonstrieren, scheiterten aber beim Übergang zu komplexeren Aufgabenstellungen. Zunächst herrschte die Vorstellung vor, daß diese Übertragung nur eine Frage der Rechenleistung sei – was sich aber bald als unzutreffend herausstellte. Spezielle Programmier-sprachen für KI-Anwendungen sollten die Leistungsfähigkeit der Computer besser ausnutzen. Hier sei besonders *LISP* genannt, eine Listenverarbeitungs-sprache, die Ende der 1950er Jahre von John McCarthy entwickelt wurde. *PROLOG* (*Programming in Logic*) wurde dagegen Anfang der 1970er Jahre in Frankreich konzipiert. *LOGO* wiederum ist eine problemorientierte Sprache, die ursprünglich in den 1960er Jahren von Seymor Papert am *MIT* auf der Grundlage von *LISP* entwickelt wurde, um Kindern in spielerischer Form das Programmieren beizubringen.

Zu den ersten Anwendungsbeispielen der KI-Forschung gehörten die Simula-tion von Brettspielen. Schach hat den Nimbus, hohe intellektuelle Qualitäten auszuprägen und so lag es nahe, das königlichen Spiel als Beispiel für kognitive Prozesse heranzuziehen. Da Schach sehr regelhaft ist, meinte Norbert Wiener

---

32. S. J. Gould, *The Mismeasurment of Man*, New York 1981.
33. Herbert A. Simon/A. Newell, »Heuristic Problem Solver: The Next Advance in Operation Research«, in: *Operation Research,* 6 (Jan./Feb. 1958), S. 1-10.

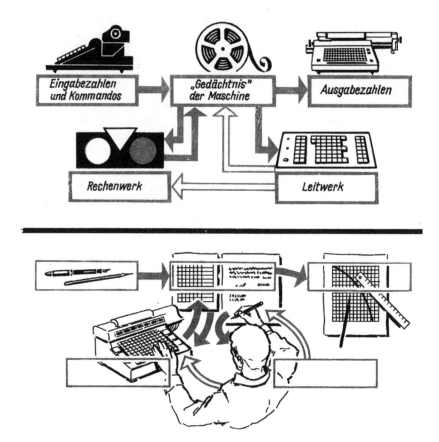

Die Symbolverarbeitung als Analogie von Mensch und Maschine (aus einer populären Einführung in die Kybernetik von 1973)

bereits 1947, daß es relativ einfach sein müsse, die Regeln maschinell umzusetzen: »Die Maschine muß wirklich – mit möglichst hoher Geschwindigkeit – alle ihre eigenen zulässigen Züge und alle zulässigen Gegenzüge des Gegners für zwei oder drei Züge im voraus durchspielen.«[34] Auch andere Spiele dienten in der KI als Forschungsobjekte. Bereits 1952 hatte Arthur Samuel bei IBM ein Dame-Programm entwickelt. Es lernte nach kurzer Zeit besser Dame zu spielen als sein Entwickler. Das Programm wurde 1956 im Fernsehen präsentiert und hinterließ einen starken Eindruck beim Publikum. Sowohl Dame als auch Schach sind mit 64 Feldern und relativ wenigen Regeln beschränkte ›Welten‹. Zunächst versuchte man, das Schachwissen und intuitive Denken eines Schachmeisters nachzubilden. Seit den 1970er Jahren zeigte sich aber, daß die besten Schachcomputer nicht das menschliche Vorgehen imitieren, sondern typische Computerstärken (wie effiziente Suchalgorithmen und massive Rechenleistung)

34. Norbert Wiener, *Kybernetik. Regelung und Nachrichtenübertragung im Lebewesen und in der Maschine*, Düsseldorf/Wien ²1963, S. 236.

ausspielen. Somit bewahrheitete sich Wieners Voraussage schließlich doch: 1997 unterlag der damalige Schachweltmeister Garri Kasparow dem Supercomputer *Deep Blue*. Heute spielen bereits PC-Schachprogramme auf Großmeisterniveau. Im Gegensatz dazu ist beispielsweise die Simulation des ostasiatischen Go-Spiels noch sehr unvollkommen, was nicht nur an der im Vergleich zum Schach ungleich höheren Zahl der möglichen Züge liegt, sondern auch in der ständig notwendigen Anpassung der Strategie des jeweiligen Spielers an neue Bedingungen.

Eine weitere Aufgabe, an der seit Beginn der KI-Forschung gearbeitet wird, die aber in ihrer Komplexität völlig verkannt wurde, ist das Verstehen natürlicher Sprache. Anfangs gingen die KI-Pioniere davon aus, daß Sprachverstehen und Brettspiele vergleichbare Aufgaben seien. Beide Forschungsfelder benannte Turing in seinem Aufsatz von 1950 als Beispiele zur Demonstration von Maschinenintelligenz. Aus heutiger Sicht ist die Gleichsetzung der Komplexität dieser beiden Problembereiche unverständlich. Schach ist als KI-Problem seit 1997 gelöst, eine natürliche Sprache kann ein Computer bis heute nur ansatzweise verstehen. Die Schwierigkeiten liegen in den individuellen Eigenheiten eines jeden Sprechers, im kontinuierlichen Redefluß, der keine Worttrennungen kennt, an dem ähnlichen Klang vieler Worte und Wortverbindungen u.v.a.m. begründet. Nicht zuletzt haben wir mehrere Möglichkeiten, den gleichen Gedanken sprachlich auszudrücken. Menschen erschließen die Bedeutung der Worte aus dem Kontext. Ein Computer müßte den Inhalt der Sätze verstehen, um beispielsweise die Übersetzung in eine andere Sprache leisten zu können. In der Bundesrepublik wurde von 1993 bis 2000 mit dem Projekt *Verbmobil* versucht, ein System zu schaffen, das Spontansprache, allerdings eingeschränkt auf Terminabsprachen, automatisch vom Deutschen ins Englische oder Japanische übersetzt.[35]

Trotz vielfältiger Probleme waren manche Ergebnisse der KI-Forschung auch kommerziell erfolgreich. Das gilt insbesondere für die wissensbasierten Systeme. Eines der ersten Programme dieser Art war *DENDRAL*, das 1969 unter der Leitung von Edward A. Feigenbaum an der Stanford University entwickelt wurde. Gab man die Summenformel eines Moleküls sowie die Analysedaten aus einem Massenspektrometer ein, lieferte das System die wahrscheinlichsten Molekülstrukturen. Das Expertensystem *MYCIN* unterstützte dagegen die Diagnose von Blutinfektionen. Das Wissen lag hier nicht als allgemeines theoretisches Modell vor, sondern war in Form von etwa 450 Regeln implementiert, die aus Experteninterviews gewonnen wurden. Um der Unsicherheit des medizinischen Wissens gerecht werden zu können, wurde zu jeder Diagnose eine Wahrscheinlichkeit angegeben. Bei Vergleichsuntersuchungen erwies sich *MYCIN* als ähnlich leistungsfähig wie Experten und besser als junge Ärzte. In den 1980er Jahren

---

35. J. Bager, »Teurer Dolmetscher. Forschungsprojekt Verbmobil – Rückblick und Ausblick«, in: *c't,* 26(2001), S. 47; R. Butscher, »Chips mit Ohren«, in: *Bild der Wissenschaft,* 6(2003), S. 96-102.

erlangten die wissensbasierten Systeme eine Reife, die auch eine wirtschaftliche Nutzung erlaubte.

In den 1980er Jahren entstanden die ersten KI-Firmen, die Software für Expertensysteme oder spezialisierte Hardware anboten. Auch wenn die meisten hochgesteckten Ziele nicht erreicht wurden, nutzen viele gegenwärtige Anwendungen Erkenntnisse der früheren KI-Forschung, sei es für die Software für Verkehrsüberwachungssysteme, für Autopiloten oder Diagnosesysteme in der Medizin oder seien es Programme zur Reiseplanung bzw. Datensuche im Internet. Und nicht zu vergessen die Computerspiele.

Eine der letzten großen Visionen der klassischen KI war der Computer der fünften Generation, den 1981 japanische Spitzenunternehmen der Elektronikbranche ankündigten.[36] Die japanische Regierung unterstützte dieses Ziel mit ca. 450 Millionen US-Dollar, nicht zuletzt um die technologische Spitzenposition der USA zu unterlaufen. Innerhalb von 10 Jahren sollten Computer eine Benutzeroberfläche auf der Grundlage der natürlichen Sprache erhalten, d.h. mit dem Nutzer sprachlich interagieren. Bekanntlich kamen die sprechenden Computer der fünften Generation niemals auf den Markt, und so verschwand das ambitionierte Projekt aus der öffentlichen Diskussion.

Der kognitivistische Ansatz blieb keineswegs unwidersprochen. Bereits 1965 hatte der Philosoph Hubert Dreyfus in der Studie *Alchemy and Artificial Intelligence* eine Zusammenfassung von Prognosen der frühen KI erstellt.[37] Dabei stellte er fest, daß sich viele KI-Forscher von den anfänglich schnellen Fortschritten blenden ließen. Bekannt wurde Dreyfus mit seinen späteren Arbeiten, in denen er den symbolischen Ansatz als völlig verfehlt brandmarkte.[38] Er kritisierte die klassische KI im Anschluß an Heidegger. Menschliches Denken erfolgt in Auseinandersetzung mit der Welt. Der symbolischen Repräsentanz fehle diese Beziehung zur Welt. Außerdem kommen Werte und Ziele oft erst im Verhalten eines Menschen zum Ausdruck, was nicht symbolisch repräsentiert werden könne. Damit erfasse der symbolische Ansatz essentielle Eigenschaften der menschlichen Intelligenz nicht und könne auch nicht zum intelligenten Computer führen.

Kritik kam aber auch aus den eigenen Reihen. Bei der Befragung von Experten zeigte sich, daß diese keineswegs ausschließlich rational urteilten. Viele menschliche Entscheidungen werden durch emotionale oder andere, sprachlich nicht faßbare Faktoren beeinflußt, die in wissensbasierten Systemen nicht implementierbar sind. Damit bestätigte die Praxis die Kritik des Philosophen Dreyfus. Obwohl sich, wie das Beispiel Schach zeigt, eine Reihe von Problemen durchaus mit massiver Rechenleistung lösen lassen, fand der symbolische Ansatz letztlich seine Grenzen beim Umgang mit Alltagsproblemen, scheiterte also an dem, was wir ›gesunden Menschenverstand‹ und KI-Experten ›Weltwissen‹ nennen.

36. Ausführlich in: E. A. Feigenbaum/P. McCorduck, *Die fünfte Computer-Generation. Künstliche Intelligenz und die Herausforderung Japans an die Welt*, Basel 1984.
37. H. L. Dreyfus, *Alchemy and Artificial Intelligence*, Technical Report P3244, Rand Corporation, Santa Monica/Ca. 1965.
38. H. L. Dreyfus, *What Computers Can't do. The Limits of Artificial Intelligence*, New York 1972 (dt.: *Die Grenzen künstlicher Intelligenz. Was Computer nicht können*, Königstein/Ts. 1985).

Konnektionismus – Wissen durch Evolution und Lernen

Mit derartigen Problemen konfrontiert, suchte die KI-Gemeinde in den 1980er Jahren nach einer Lösung, die in Künstlichen Neuronalen Netzen zu liegen schien. Bereits 1943 hatten McCulloch und Pitts in einem Aufsatz ein Künstliches Neuronales Netz beschrieben.[39] Die Idee blieb lange Zeit unbeachtet, beherrschte doch der symbolische Ansatz die KI-Szene. Ende der 1960er Jahre wurde das konnektionistische Modell als Alternative wiederentdeckt und seit Mitte der 1980er Jahre verstärkt verfolgt. Während das klassische Paradigma davon ausgeht, daß die Funktion des menschlichen Gehirns durch regelgeleitetes Manipulieren von Symbolen, also durch Software, simuliert werden könne, versuchte der konnektionistische Ansatz die neuronale Hardwarestruktur des Gehirns zu imitieren. Der Konnektionismus nimmt somit die Einsicht auf, daß Menschen zwar linear denken, das Gehirn aber parallel arbeitet. Außerdem wurde damit der Erkenntnis Rechnung getragen, daß man intelligente Systeme nicht nach einer vollständigen Konstruktionsvorlage bauen kann. Neuronale Netze werden nicht bis ins Detail im klassischen Sinne programmiert, sondern sind in der Lage, selbständig aus präsentierten Daten zu lernen und das so akquirierte Wissen ›subsymbolisch‹ abzuspeichern. Künstliche Neuronale Netze sammeln ihr Wissen demnach in der Auseinandersetzung mit der Umwelt. Nicht massive Dateneingabe, sondern Lernen und Adaptivität rückten seither in den Mittelpunkt der KI-Forschung.

Die meisten heutigen Systeme zur Erkennung von Bildern oder Sprache arbeiten mit Künstlichen Neuronalen Netzen, die in einer Lernphase für die jeweiligen Aufgaben konditioniert werden. Gleichwohl sehen viele Neurologen in Künstlichen Neuronalen Netzen lediglich ein sehr unvollkommenes Modell des natürlichen Vorbildes, da die wichtigste Eigenschaft fehlt – die Plastizität. So wird die Fähigkeit des Gehirns genannt, sich durch den Umbau der Struktur an völlig neue Bedingungen anzupassen. Bei einem Künstlichen Neuronalen Netz können zwar die zwischen den Neuronen vorhandenen Verbindungen verändert werden, neue Verbindungen können aber nicht entstehen.

Das Konzept von Situatedness und Embodiment – Roboter in unserer Welt

In den 1990er Jahren kam ein Ansatz in die Diskussion, der in vielen Bereichen den Konnektionismus aufnahm und weiterführte. Die klassische KI hatte sich bekanntlich mit abgeschlossenen Welten beschäftigt, in denen keine Ungewißheit auftrat. Es ist unschwer zu erkennen, daß ein solches Konzept nichts mit der realen Welt zu tun hat. Wie aber sollen Computer mit unserer uneindeutigen Welt umgehen? Anfang der 1990er Jahre formulierten u.a. Rodney Brooks vom

---

39. Warren S. McCulloch/Walter Pitts, »A Logical Calculus of Ideas Immanent in Nervous Activity«, in: *The Bulletin of Mathematical Biophysics*, 5(1943), S. 115-133.

Aibos beim *RoboCup 2001* im Heinz Nixdorf MuseumsForum Paderborn

MIT in Boston, Luc Steels von der Universität Brüssel und Rolf Pfeifer aus Zürich den verhaltensorientierten Ansatz als Gegenentwurf zur symbolorientierten Methode. Danach sei Problemlösen, Sprache und letztlich Vernunft realisierbar, wenn eine Basis für das In-der-Welt-sein und Reagieren-können (Situatedness) existiert. Da Intelligenz in der Natur nie ohne einen Körper auftritt, folgerten die Wissenschaftler, daß man auch künstliche intelligente Systeme nur in körperlicher Form konstruieren könne (Embodiment). Roboter sollten – ausgestattet mit einigen grundlegenden Handlungsmustern – in der Welt agieren, mittels Sensoren die Reaktionen wahrnehmen und aus diesen lernen. Das verhaltensorientierte Konzept, das Situatedness und Embodiment verbindet, ist Grundlage der gegenwärtigen Robotik-Forschung, die die Orientierung und Fortbewegung von Robotern in menschlicher Umgebung sowie die Handhabung von Objekten zum Ziel hat. Dabei zeigt sich immer deutlicher, welche enormen Leistungen selbst primitive Lebewesen vollbringen.[40]

Industrieprognosen gehen davon aus, daß Service-Roboter bald einen großen Marktanteil haben werden.[41] So sollen sie in Wohnungen, Büros, Labors, Restaurants oder Krankenhäusern eingesetzt werden und dabei Transport-, Reinigungs- oder Überwachungsaufgaben übernehmen bzw. in unbekannter oder gefährlicher Umgebung arbeiten. Zu diesem Zweck müssen sie ›sehen‹, Kräfte ›spüren‹ und ›tasten‹ können. Die Roboter sollen – so die Vorstellung – die Umgebung kennenlernen und dann autonom agieren. Um zielgerichtet zu handeln, müssen sie fähig sein, komplexe Situationen zu erkennen und Entschei-

40. K. Thimm, »Grübelnde Computer«, in: *Der Spiegel*, 24(2000), S. 131-136.
41. siehe Aufsätze in: *Picture of the Future*, Hg. Siemens AG, Herbst 2002, S. 57-68.

dungen zu treffen. Nicht zuletzt sollen Roboter alltagssprachliche Befehle verstehen und mittels natürlicher Sprache antworten. Bei manchen Prognosen scheint allerdings der Nutzer aus dem Blick geraten zu sein. Eine Studie aus dem Jahr 2002 konstatiert, daß Vernetzung, Automation und Roboterisierung von den Nutzern keineswegs nur positiv empfunden werden. Viele Menschen haben Angst vor Kontrollverlust. Deshalb sei es wichtig, Produkte zu schaffen, die Sinnlichkeit und Emotionalität vermitteln. *Tamagotchi* und der Roboterhund *Aibo* waren erst der Anfang.[42]

Bevor Serviceroboter auf den Markt gebracht werden können, muß noch eine Fülle von Problemen gelöst werden. Das gilt für ein zuverlässiges Spracherkennungssystem und das Manipulieren von Objekten ebenso wie für Bewegen und sicheres Orientieren im Raum. Anthropomorphe Greifer sollen es Robotern gestatten, Gegenstände zu greifen, Werkzeuge zu benutzen bzw. Verschlüsse, Schubladen oder Türen zu öffnen. Das deutsche Wort *Be-Greifen* weist bereits darauf hin, daß Berühren und Hantieren für Menschen eine wichtige Erkenntnisquelle ist. Der Handsensorik und -motorik sind deshalb im Vergleich zu anderen Körperteilen relativ große Hirnareale zugeordnet. Die menschliche Hand ist auch anatomisch in ihrer Gesamtheit aus Stütz-, Bewegungs- und Sensorikapparat äußerst kompliziert. Deshalb ist die Konstruktion eines dreifingrigen Greifers, der – ähnlich wie die menschliche Hand – mit unregelmäßigen Körpern hantieren kann, eine enorme Herausforderung. Problematisch ist nicht zuletzt der Antrieb. Derzeit gibt es erst ansatzweise technische Lösungen, die – ähnlich wie ein Muskel – unmittelbar in den Greifer integrierbar sind. Damit jedoch nicht genug: Zielgerichtetes Greifen erfordert auch eine leistungsfähige Bildverarbeitung, um beispielsweise übereinander liegende Teile in einer Kiste optisch zu separieren.

Bei der Entwicklung von Service-Robotern dienen meist die Körpermaße und Sinne des Menschen als Vorbild, einerseits um den Roboter besser in menschlicher Umgebung einsetzten zu können und andererseits soll dies seine Akzeptanz erhöhen. Damit sich Service-Roboter in der menschlichen Lebenswelt ungehindert bewegen können, müßten sie unser Laufen nachahmen. Bereits seit einigen Jahrzehnten versuchen Ingenieure, mechanische Laufmaschinen zu konstruieren, die sich beispielsweise im unwegsamen Gelände bewegen können. Dabei setzte man zunächst auf die Konstruktion von Sechsbein-Laufmaschinen, die sich im statischen Gleichgewicht befinden. Als Vorbild dient das Bewegungsverhalten von Insekten. Drei Beine setzen jeweils auf dem Boden auf, die anderen drei Beine werden in die neue Position bewegt.

Die rasante Entwicklung von Sensorik, Aktorik und Computertechnik der letzten Jahre ermöglicht es mittlerweile auch das dynamischen Laufverhalten zu beherrschen und Laufmaschinen mit vier und sogar mit zwei Beinen zu bauen.[43] Allgemein bekannt wurden u.a. der Roboter-Hund *Aibo*, den der Unterhal-

---

42. Helene Conrady, »Mein bester Freund, der Kühlschrank«, in: *VDI-Nachrichten,* 1. März 2002, S. 3.
43. Wolfgang Stieler, »Was geht? Wie Roboter das Laufen lernen«, in: *c't,* 9(2003), S. 102-105.

Seit Mitte der 1980er Jahre enwickelt
das japanische Maschinenbauunter-
nehmen Honda humanoide Roboter.
2001 stellte Honda *Asimo* vor.

tungskonzern *Sony* auf den Markt brachte, sowie der androide Roboter *Asimo*
des Maschinenbauunternehmens *Honda*. Das Wort *Aibo* leitet sich von *Artificial
Intelligence* und *Robo*ter ab und bedeutet im Japanischen auch Freund oder
Partner. Die Entwickler wollten mit dem Roboter ein eigenständiges künstliches Wesen schaffen. Der Roboter lernt aus Belohnung und Strafe und kann
auch seine ›Gefühle‹ ausdrücken. Das riesige Marktpotential erstaunte selbst den
Hersteller. Als nämlich im Juni 1999 testweise die ersten *Aibos* im Internet angeboten wurden, waren alle 3000 Stück innerhalb von 20 Minuten vergriffen –
und das trotz eines Preises von fast 4000 DM.

Die Roboterhunde haben sich auch als Forschungsplattform bewährt. Beim
sogenannten *RoboCup* spielen zwei *Aibo*-Mannschaften Fußball. Dieses Spiel
dient als Testumgebung für die Entwicklung von mobilen, autonomen Robotern, die in kooperierenden Teams agieren. So unterscheiden die Roboter an
Hand von Farben zwischen der eigenen und der gegnerischen Mannschaft,
erkennen das gegnerische Tor und treffen dieses auch gelegentlich. Dabei gilt es,
in einer sich dynamisch verändernden Umwelt auf Grundlage unvollständiger
Informationen rasch Aktionen auszuwählen und umzusetzen. Damit wollen die
Wissenschaftler Lösungsstrategien zur Orientierung und Bewegung im Raum,
für schnelle Reaktionen auf unvorhergesehene Ereignisse u.v.a.m. entwickeln
und testen.[44]

44. H.-A. Marsiske/H.-D. Burkhard, *Endspiel 2050. Roboter gegen Menschen. Wer kickt besser?*,
Hannover 2003.

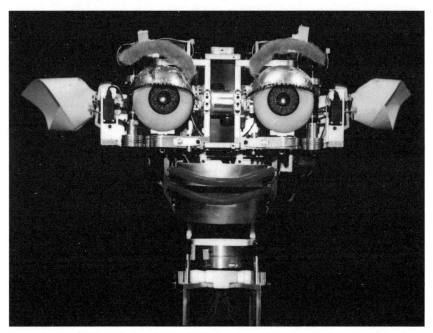

Der Roboterkopf *Kismet* besitzt die Möglichkeiten, den »Gesichtsausdruck« zu verändern, was vom Menschen meist als Emotionsausdruck bewertet wird, um 2000

Spektakulär sind zweifellos die Auftritte von zweibeinigen Robotern, da diese ihrem landläufigen Bild am nächsten kommen. Derzeit wird weltweit an ca. 50 Projekten gearbeitet, 26 davon allein in Japan. Nach fast 20 Jahren Entwicklungsarbeit präsentierte im Jahre 2000 die japanische Firma *Honda* den humanoiden Roboter *Asimo* der Öffentlichkeit. Der Name steht für *Advanced Step in Innovative Mobility*. Das Vorgängermodell *P3* war noch 1,60 m groß und 130 kg schwer, wobei eine großer Teil des Gewichtes auf die Akkumulatoren entfiel. Asimo ist hingegen 1,20 m groß und wiegt nur noch 43 kg. Der Roboter kann gehen und Treppen steigen, Türen öffnen und soll auch bald Haushaltsgeräte bedienen können. Asimo steuert zwar die Bewegung der Gliedmaßen selbst, die Handlungsplanung wird aber noch von einem Bediener vorgenommen und per Funk übertragen. In der nächsten Phase sollen Funktionen implementiert werden, die *Asimo* befähigen, aktiv mit seiner Umwelt zu interagieren. Allerdings scheint hier Skepsis angebracht, sind dafür doch neben der Verarbeitung von großen Datenmengen und der Heuristik zur Handlungsplanung viele Detailprobleme im mechanischen Bereich zu lösen. Eine große Herausforderung dürfte auch in der Entwicklung einer autonomen Energieversorgung bestehen. Mit vollen Akkumulatoren können heutige Roboter etwa eine Stunde agieren, was für Service-Roboter zweifellos indiskutabel ist. Gleichwohl stellten sich die Robotiker zur Jahrtausendwende ein sehr anspruchsvolles Ziel. In 50 Jahren soll eine Mannschaft aus humanioden Robotern gegen Profifußballer antreten – dann wird man sehen, wer besser spielen kann!

Die Kommunikation mit der Welt und soziale Interaktion ist für Rodney Brooks vom MIT ein wesentlicher Aspekt der Intelligenz und zugleich ein entscheidendes Merkmal von marktfähigen Servicerobotern. Ein am MIT entwickelter Roboterkopf erfüllt diese Kriterien ansatzweise. *Kismet* besitzt zwei Kameras und kann so die Entfernung und Bewegung eines Gegenstandes oder einer Person erkennen. Der Roboter analysiert den Sprachduktus und reagiert auf Lob, Tadel o.ä. mit einem eigenen ›Gefühlszustand‹, der sich in einer veränderten Mimik zeigt. »Kismet reagiert wie ein sechs Monate altes Kind«, meint die betreuende Forscherin Cynthia L. Breazeal.[45] Brooks räumt ein, daß das System über keine wirklichen Gefühle verfügt, sieht aber ein bedeutendes Entwicklungspotential. Eigentlich ist *Kismet* auf demselben Stand wie das berühmte *Eliza*-Programm, das Joseph Weizenbaum in den 1960er Jahren programmierte. Der Computer-Kritiker erstellte das Programm, welches das Gespräch eines Psychoanalytikers mit einem Patienten simulierte, um die damaligen Gesprächsprogramme zu karikieren. Sowohl *Eliza* als auch *Kismet* suggerieren damit ein Verstehen, das viele Menschen beeindruckt. Die starke suggestive Wirkung hat auch die Spielzeugindustrie inzwischen erkannt. So wurde zur Jahrtausendwende für weniger als 100 US-Dollar die Puppe *My Real Baby* angeboten, an der Brooks mitgearbeitet hatte. Auch die Firma *Hasbro* entwickelte bereits mehrere preiswerte Roboter.[46] Derzeit sind bereits automatische Staubsauger auf dem Markt, und bald sollen weitere Haushaltshilfen folgen – so propagiert es zumindest die Industrie.

Fazit

Kommen wir noch einmal auf Kubricks Film *2001: A Space Odyssey* zurück. Das Jahr 2001 ist vergangen, aber kein Computer ist in Sicht, der mit HAL 9000 ansatzweise vergleichbar wäre. Es gibt zwar Computersysteme, die Schach spielen oder im beschränkten Maße natürliche Sprachen erkennen, Service-Roboter können bereits einfache Objekte greifen und die Roboterhunde von *Sony* tummeln sich auf dem Fußballfeld. Die Flexibilität des Menschen ist jedoch bisher unerreicht. Es ist nicht absehbar, ob und wann diese jemals erreichbar sein wird oder ob die Vorstellung vom künstlichen Menschen nicht letztlich eine Illusion bleiben wird.

HAL verkörperte die Vorstellung, daß Denken auf symbolische Manipulation zurückgeführt werden kann. Im Laufe der Entwicklung wurde das klassische kognitivistische Paradigma durch andere Ansätze verdrängt. Nach heutigen Erkenntnissen wäre HALs Bewußtsein, falls er es je erlangen könnte, von seiner Existenz als Großrechner geprägt. Fest verbunden mit den Raumschiff bliebe vieles von dem einprogrammierten Wissen für ihn unverständlich, stammt es

45. J. Mejias, *Intelligenz mit und ohne Kopf. Auf einer Bostener Party für Maschinenmenschen*, in: *FAZ*, 30. September 2000, S. VI.
46. F. W. Rother/J. Schieb, »Beinah menschlich«, in: *Wirtschaftswoche*, 51(2000), S. 64-68.

doch aus einer Welt, in der sich Menschen begegnen, essen und trinken müssen oder die Reaktionen ihres Körpers spüren. Ganz zu schweigen davon, daß HAL kaum nachvollziehen könnte, was es bedeutet, Fahrrad fahren zu lernen, dabei zu stürzen und wieder aufzustehen. Er hätte auch keine Ahnung, wie sich der erste Kuß anfühlt oder wie glücklich es macht, ein Kind im Arm zu halten. Somit kann ein 30 Jahre alter Film zur Jahrtausendwende keine Orientierung für die heutige KI-Forschung mehr abgeben.

Gegenwärtig geht es darum, den Schritt vom Schachbrett zum Fußballplatz zu gehen. Systeme werden auf Aktivität statt auf Funktion hin konditioniert. Der Philosoph Norbert Bolz weist darauf hin, daß dahinter auch ein verändertes Konzept vom menschlichen Denken steht: »Man denkt nun also ganz anders über das Denken. Kognition wird nicht mehr als Problemlösung, sondern als Inszenierung, als verkörpertes Handeln verstanden. Es geht um die technische Implementierung von Intelligenz im evolutionären Kontext.«[47] In die menschliche Welt übersetzt, bedeutet Lernen bzw. Handeln im evolutionären Kontext *Leben*. Die konnektionistische Wende markiert somit den Schritt von der geistorientierten Artificial *Intelligence* zum evolutionsorientierten Artificial *Life*. Ob intelligente Roboter irgendwann unsere Welt bevölkern, bleibt abzuwarten. Das Streben danach wird sicher nicht aufhören, schon deshalb, weil der Mensch ein Gegenüber braucht, um Fragen nach sich selbst zu stellen. »Früher hat man Götter erfunden, um die Frage nach dem Wesen des Menschen zu beantworten; heute konstruiert man Roboter«.[48] Leben heißt ständige Veränderung und ist insofern nie vollkommen. Vielleicht hilft uns die Diskussion um Künstliche Intelligenz, den Menschen als ›Mängelwesen‹ (Arnold Gehlen) zu akzeptieren. Es könnte sogar sein, daß sich der Mensch in Zukunft nicht nur über seine Defizite definieren muß, sondern auch will.

---

47. Bolz, a.a.O., S. 205.
48. Ebd., S. 210.

Thomas Kamphusmann und Michael Gerhard

CommunicAID
Kommunikationsunterstützende Systeme

Motivation, Grundlagen und Ziele

Informationen spielen eine strategische Rolle in Produktionsprozessen, Wissen stellt einen zentralen Aktivposten einer jeden Unternehmung dar und Kommunikation ist zu einem zentralen Erfolgsfaktor nicht allein im Dienstleistungssektor geworden. Kommunikation ist zudem der grundlegende Mechanismus zur Vermittlung von Wissen[1] und damit von nicht zu überschätzender Wichtigkeit in verteilten und flachen Organisationsstrukturen, die sich zur Durchsetzung ihrer Strategien und Ziele nicht allein auf hierarchisch organisierte Befehls- und Kontrollstrukturen verlassen können. Kommunikation ist unter diesem Blickwinkel ein Werkzeug sowohl zur Unterstützung von Wissensaustausch als auch zur Steuerung innerbetrieblicher und organisationsübergreifender Prozesse und zur Etablierung und Entwicklung entsprechender Strukturen. Diesem Aspekt ist bisher weder aus Sicht des Wissensmanagements noch aus Sicht der Geschäftsprozeßmodellierung und -optimierung hinreichend Rechnung getragen worden.[2] Momentan führt die prominente Diskussion um E-Mail, insbesondere unter dem Aspekt von Spam, zu einem verstärkten Bewußtsein über den starken Anstieg der geschäftsbezogenen aber auch der privaten Kommunikationsaufwände. Deutlich wird hieran der inzwischen hohe Stellenwert, den elektronische Kommunikationsmedien wie E-Mail, Internet Chat, Instant Messaging, Videokonferenzen, CSCW-Tools bis hin zu virtuellen Umgebungen vor allem für die Geschäftswelt erlangt haben. Deutlich wird an dieser Diskussion aber auch, daß höhere Aufwände und verbesserte Erreichbarkeit nicht notwendigerweise die Effizienz im Sinne einer zielgerichteten Unterstützung der Geschäftsgänge erhöht. Zudem führt die steigende Komplexität und Dynamik von Projektstrukturen in der Personalwirtschaft zu einer Fragmentierung kommunikativer Strukturen, die zu einem weiteren Effizienzverlust führt.[3]

Die breite Verfügbarkeit elektronischer Kommunikationsmedien garantiert nicht die effiziente Unterstützung von Kommunikation und mit Blick auf die Praxis scheint oftmals das Gegenteil der Fall zu sein. Viele Nutzer computergestützter Kommunikationsmedien berichten von einem Übermaß an kommuni-

---

1. C. Despres/D. Chauvel, »Knowledge Management(s)«, in: *Journal of Knowledge Management*, 3/2(1999), S. 110-121.
2. A. Dix/R. Beale, »Information Requirements of Distributed Workers«, in: *Remote Cooperation: CSCW Issues for Mobile and Teleworkers*, Hg. A. Dix/R. Beale, London 1996.
3. C. Heath/H. Knoblauch/P. Luff, »Technology and Social Interaction: the Emergence of Work Place Studies«, in: *British Journal of Sociology*, 51/2(2000), S. 299-320.

kativen Möglichkeiten und Anforderungen.[4] Dieses Übermaß verhindert ein klares Verständnis eher als es zu fördern, da es dem Empfänger auferlegt ist, die wichtigen von den überflüssigen, die zentralen von den peripheren Nachrichten zu unterscheiden.[5] Insbesondere E-Mail ist nicht mehr allein, wie ursprünglich geplant, ein personenbezogenes Kommunikationsmedium, sondern ein preiswertes Werbeinstrument. Empfängerseitig hat dies zu einem dramatischen Anstieg von Meldungen geführt, wobei insbesondere die kommerziellen Werbe-Mails, der sog. Spam oder Junk-Mail, ein ernstes, geschäftsrelevantes Problem geworden sind. Software-Filter, die seitens der Empfänger eingesetzt werden können, versprechen zwar, über 90% des Spams herauszufiltern, allerdings finden sich keine Angaben über die Quote der falsch-positiven Treffer, also der Unterdrückung geschäftsrelevanter E-Mails.[6] Manche Lösungen verwerfen E-Mails, sofern der Benutzer nicht eine explizite Regel entwirft, die Mails durchzulassen. Andere stellen zusätzliche Adressen bereit, die in besonders Spam-anfälligen Situationen wie E-Commerce-Kommunikation benutzt werden und nach Gebrauch ignoriert werden können. Weder diese, noch weitere momentan einschlägige Strategien von Spamfiltern können momentan als hinreichende Antwort auf das Problem ineffizienter Kommunikation gelten. Vieles deutet darauf hin, daß umfassendere Lösungen gefunden werden müssen, um geschäftliche Kommunikation effizienzorientiert zu unterstützen.

Derartige »umfassendere« Lösungen berühren, gerade wo sie in sprachliche Kommunikation gestaltend eingreifen, eine Vielzahl von Träumen und Visionen künstlicher Intelligenz oder – was hier synonym anzusetzen ist – intelligenter Maschinen. In ihrer oft nur begrifflich zurückgenommen Version von »Assistenzsystemen« sind Systeme, die nicht allein reversible, zeit- und kontextunabhängige Umkodierungen vornehmen, eng mit Visionen von Cyborgs, von symbiotischen Mensch-Maschine Kopplungen verbunden. Am klarsten ist diese Austauschbarkeit von Menschen und Maschinen in kommunikativen Zusammenhängen in Turings »Imitationsspiel« beschrieben. Dieses Imitationsspiel wird von Turing[7] zunächst als operationalisierbare Umformung der Frage nach der

4.   J. Moore, »On the Road to Turnover: An Examination of Work Exhaustion in Technology Professionals«, in: *MIS Quarterly*, 24/1(2000), S. 141-168.
5.   C. Heath/P. Luff/A. Sellen, »Reconsidering the Virtual Workplace«, in: *Video-Mediated Communication*, Hg. K. Finn/A. Sellen/S. Wilbur, New Jersey 1997.
6.   I. Androutsopoulos/J. Koutsias/K. Chandrinos/G. Paliouras/C. Spyropoulos, »An Evaluation of Naive Bayesian Anti-Spam Filtering«, in: *Proceedings of the Workshop on Machine Learning in the New Information Age*, Barcelona 2000.
7.   A. M. Turing, »Rechenmaschinen und Intelligenz«, in: A. M. Turing, *Intelligence Service*, Hg. B. Dotzler/F. Kittler, Berlin 1987, S. 147-182, hier S. 149. Unter dem hier prominenten Aspekt der natürlichsprachlichen Kommunikation sei auf die ambivalente Haltung Turings zur Umgangssprache hingewiesen. Während sie ihm zur Definition der für ihn zentralen Begriffe nicht hinlänglich ist – »Man könnte diese Definitionen so formulieren, daß sie so weit wie möglich den allgemeinen Sprachgebrauch wiedergeben, aber diese Einstellung ist gefährlich« – benötigt er sie in ihrer Anwendung, nämlich als menschliche Äußerungen innerhalb des Imitationsspiels an zentraler Stelle in seiner Argumentation, nämlich in Abgrenzung zur maschinell generierten Sprache.

»Bedeutung der Begriffe ›Maschine‹ und ›denken‹« eingeführt. Über diese, unter dem Titel »Turing-Test« geläufige Definition maschineller Intelligenz hinaus entwirft Turing am Ende des Aufsatzes eine Skizze, wie maschinelle Intelligenz durch Erziehung erreicht werden kann. Der von ihm avisierte »Erziehungsprozeß« hat sich bis auf den heutigen Tag als ebenso wenig gangbar erwiesen wie andere Wege. Die zentrale Vorstellung jedoch, daß sich Intelligenz im adäquaten Verhalten zeigt, ist weiterhin treibend in der Entwicklung »intelligenter« Programme. Mit einer wesentlichen Einschränkung der Anwendungsdomäne, wie sie bei betrieblichen Fachanwendungen vorauszusetzen ist, sowie den Möglichkeiten effizienter und abstrakter Modellierung von Sachverhalten, Regeln und Prozessen und nicht zuletzt mit einer nach wie vor dramatischen Steigerungsrate von Speichergrößen und Prozessorgeschwindigkeiten scheinen wir die von Turing skizzierten limitierenden Grenzen hinter uns gelassen zu haben. Diese Entwicklungen stellten und stellen immer wieder eine mächtige Motivation zu erneuten Versuchen dar, intelligente Maschinen zu realisieren.

Zu deren Realisierung im Turing'schen Sinne oder von kommunikationsunterstützenden Anwendungen (in einer aktuelleren Terminologie) wird ein funktionales Modell von Kommunikation als Leitvorstellung benötigt. Dieses muß einerseits so mächtig sein, daß es (im von Turing verpönten umgangssprachlichen Sinne) intelligentes Verhalten beschreiben kann, andererseits so präzise, daß es im Turingschen Sinne berechenbar ist, d.h. auf einer Turingmaschine lauffähig ist.[8] Mit diesem Ziel sind von unterschiedlicher Seite Beschreibungsmodelle vorgeschlagen worden. Diese Modelle umfassen im wesentlichen die Kommunikationswege. Eines der frühen und bis heute am nachhaltigsten wirksamen Modelle ist das von Shannon, das drei Komponenten in den Vordergrund stellt: den Sender, der eine Nachricht in einer für einen ausgesuchten Kanal passenden Weise kodiert, den Kanal, der als Transportmedium die kodierte Nachricht transportiert und den Empfänger, der die Kodierung des Senders umkehrt und die Nachricht rekonstruiert oder entschlüsselt.[9] Dieses Modell definiert Kommunikation als gerichtete Übertragung von Information zwischen zwei Punkten und ignoriert explizit Fragen des Sinns und der weiteren Kontexte von Nachrichten. Im strengeren Sinne und in einer präziseren Übersetzung des englischen *communication* müßte eher von Datenübertragung als von Kommunikation gesprochen werden. Kommunikation im weiteren Sinne basiert zwar auf Datenübertragung, muß aber Quelle und Ziel von Nachrichten ebenso einbeziehen wie auch die Bedeutungen der übermittelten Nachrichten für die beteiligten Personen und damit nicht zuletzt die mehr oder minder gemeinsamen Kontexte, auf die sich die Nachrichten beziehen. Mithin müssen kommunikationsunterstützende Systeme in das semiotische Dreieck eingreifen und über den Signifikanten hinaus die Signifikate berücksichtigen.

8. Vgl. A. M. Turing, »Über berechenbare Zahlen mit einer Anwendung auf das Entscheidungsproblem«, in: Turing, *Intelligence Service*, a.a.O, S. 17-60.
9. C. Shannon/W. Weaver, *The Mathematical Theory of Communication*, Illinois 1949.

Insofern stellt sich die konzeptuelle Klarheit, die sicherlich zum Erfolg des Shannon'schen Modells beigetragen hat, für eine ganzheitliche Sicht auf Kommunikation als zu eng heraus.[10] Rein technisch orientierte Modelle schließen jedoch jedwede linguistischen Betrachtungsweisen aus und ignorieren damit Fragen der Semantik und Pragmatik menschlicher Kommunikation. Die bei Shannon nachzuweisende Reduktion von Kommunikation auf die Kodierung von Sprache in übertragungstechnisch optimale Codes stellt einen Hintergrund dar, vor dem Austin[11] und Searle[12] ihre handlungsorientierten Modelle von Sprache erarbeiteten. Erst hierdurch rückte eine umfassende Beschäftigung mit den sozialen, kognitiven, linguistischen und psycho-sozialen Facetten von Kommunikation in den Vordergrund der Beschäftigung mit sprachlicher Kommunikation.[13] Shannons Modell kann damit für die hier adressierten Fragen als überholt gelten.[14] Neuere Ansätze sehen Kommunikation als die Überlagerung psychosozialer und linguistischer Beziehungen an und versuchen, »fehlgeschlagene Interpretationen, paradoxe Mißverständnisse, offenkundigen Blödsinn und deutliche Konflikte«, die typisch für menschliche Kommunikation sind, in die Überlegungen einzubeziehen.[15]

Solche psychosozialen Modelle sind grundlegende Beiträge zum Verständnis von Kommunikation.[16] Sie haben das Forschungsfeld maßgeblich erweitert, indem sie einen umfassenden Begriff von Kommunikation etabliert haben. Zudem haben sie den Blick auf die nicht-verbalen Anteile von Kommunikation gelenkt, die wesentliche Beiträge zum Ge- oder Mißlingen verbaler Kommunikation liefern. Aktuell finden diese Beiträge ihren technischen Niederschlag in der Definition entsprechender »Face and Body Animation Standards«,[17] mit denen »Embodied Conversational Agents« realisiert werden können.

In diesen Perspektiven wird zudem Kommunikation nicht allein mehr als Mittel der Datenübertragung von einem Bewußtsein zu einem anderen angesehen, sondern als »eine notwendige kulturelle Dimension, der die meisten sozialen Werte und Verkörperungen zuzurechnen sind, auf denen kollektiver Tausch und soziale Praxen basieren«.[18] Damit verschiebt sich der Fokus zunehmend von der Informationsübertragung weg und hin zu Fragen der individuellen und kollektiven Verarbeitung und Nutzung von Bedeutungen. Die Sicht auf Kommunikation als wesentliche soziale Aktivität führt zu einer Ablehnung des reduzier-

10. M. DeFleur/E. Dennis, *Understanding Mass Communication*, Boston ²1985.
11. J. Austin, *How to do Things with Words*, Cambridge 1962.
12. J. Searle, *Speech Acts: An Essay in the Philosophy of Language*, Cambridge 1969.
13. R. Rice, »Contexts of Research on Organizational Computer-Mediated Communication: A Recursive Review«, in: *Context of Computer-Mediated Communication*, Hg. M. Lea, Hempstead 1992, S. 113-143.
14. R. Kraut/L. Streeter, »Coordination in Software Development«, in: *Communication of the ACM*, 38/3(1995), S. 69-81.
15. D. Anzieu/J. Martin, *La Dynamique des Groupes Restreintes*, Paris 1971.
16. R. Wardhaugh, *How Conversation Works*, Oxford 1985.
17. I.S. Pandzic/R. Forschheimer (Hg.): *MPEG-4 Facial Animation – The standard, implementations and applications*, Chichester u.a. 2002.
18. E. Marc/D. Picard, *L'interaction Sociale,* Paris 1989.

ten Modells von Kommunikation als Sender-Empfänger Beziehung. Durch eine Definition als Aktivierung einer »bestimmten Form psychosozialer Beziehung«[19] wird klar, daß Kommunikation nicht so stark durch die physische Kopräsenz der Akteure bestimmt werden kann, sondern stärker durch ein Treffen ihrer sozialen Identitäten – sei es im realen Raum als Körper oder im virtuellen als Avatar.

Diese Ansätze sind jedoch für die Entwicklung eines prozeßorientierten und insbesondere auf den praktischen Einsatz in Betrieben ausgerichteten Kommunikationsmodells nicht hinreichend. Außer Acht bleiben bei ihnen insbesondere Fragen der Konkretisierung von Effizienzgesichtspunkten und der operativen Kopplung von Kommunikationsprozessen an Geschäftsprozesse. Die Ziele von Aktivitäten innerhalb von Geschäfts- und Wissensprozessen begründen dabei nicht allein den Bedarf an Kommunikation, sondern bestimmen zudem die adäquaten Formen der benötigten Kommunikationsprozesse.

Zu diesem Zweck wurde am Fraunhofer Institut für Software- und Systemtechnik ein Kommunikationsmodell entwickelt, das (a) einen hinreichend umfassenden Blick auf betriebliche Kommunikation strukturiert und (b) übersichtlich genug für die Anwendung in der betrieblichen Praxis ist. Die folgende Abbildung skizziert dieses Modell.

Innerhalb dieses Modells sind Aktivitäten durch ihre Zugehörigkeit zu bestimmten Geschäftsprozessen gekennzeichnet und beinhalten Bezüge zu Rollen, Dokumenten und Werkzeugen. Diese Aktivitäten werden auf Kommunikationsprozesse bezogen, wobei die Art des Kommunikationsprozesses für das verfolgte Ziel in der Aktivität adäquat sein sollte. Über diesen Bezug werden die weiteren Attribute des konkreten Kommunikationsprozesses, also Beteiligte, genutzte Kanäle, Inhalte und Themen u.a.m. an die Aktivität gebunden.

Dieses Papier spricht sich für einen Ansatz aus, der diese unterschiedlichen Prozeß- und Strukturebenen integriert und auf dieser Basis kommunikationsunterstützende Werkzeuge entwirft. Dem konzeptuellen Rahmen ist der folgende Abschnitt gewidmet.

Konzeptueller Rahmen

Insbesondere in großen Organisationen finden sich eine Reihe geschäftskritischer Informationsquellen, die für die Kommunikationsprozesse wichtig sind. Zu nennen sind Systeme zum Enterprise Resource Planning (ERP), Customer Relationship Management (CRM), Content Management (CMS) und Dokument Management (DMS). Darüber hinaus müssen strategische Ziele, Verfahrensanweisungen inklusive ihrer Aussagen zu kommunikativem Verhalten und Geschäftsprozeßmodelle in Betracht gezogen werden. Hinzu kommen das World Wide Web, virtuelle Gemeinschaften und einzelne Experten, die in Kommunikationsprozessen als weitere Wissensquellen und teilweise als Partner

19. B. Rimé, »Langage et Communication«, in: *Psychologie Sociale*, Hg. S. Moscovici, Paris 1984.

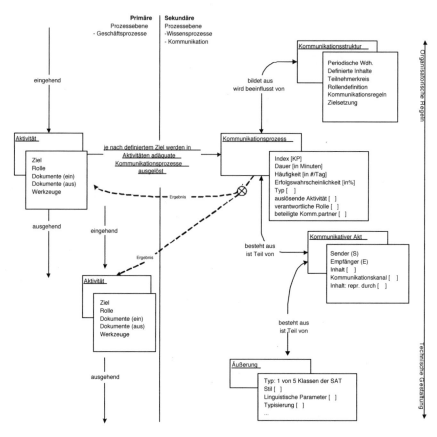

Abb. 1: Geschäfts-, Wissens- und kommunikative Prozesse

eine Rolle spielen. Zur Kommunikation nutzen wir zudem je nach Situation alle der uns zur Verfügung stehenden Kommunikationsgeräte und -techniken. Dabei beeinflussen eine Reihe von Faktoren die jeweilige Wahl: Verfügbarkeit, Kommunikationspartner, die zeitliche und räumliche Situation, unsere Vorlieben etc. Alle hier genannten Aspekte stellen Aspekte der Informationsgrundlage dar, die unsere kommunikativen Prozesse maßgeblich beeinflussen. Wir fassen sie als »Information Pool« zusammen.

Dieser Informationspool stellt die Basis für intelligente Kommunikationsunterstützung dar. Die in dieser Ebene anzusiedelnden Dienste – z.B. automatische Kontextualisierung von Nachrichten oder inhaltsbezogenes Weiterleiten oder Filtern – benutzen für die Unterstützung individueller Nutzer oder Nutzergruppen regelbasierte Ableitungen und sollten nahtlos in bestehende und genutzte Infrastrukturen eingebettet sein. Mit der Komplexität der Dienste steigen auch die Anforderungen an die Benutzeroberflächen. Gerade für Kommunikation steht nicht die Mensch-Maschine-»Kommunikation« im Vordergrund, sondern die maschinenvermittelte Mensch-Mensch-Kommunikation. Dies legt den Ein-

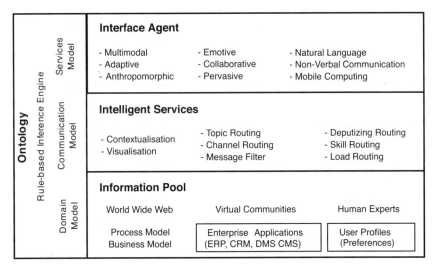

Abb. 2: Konzeptueller Rahmen für ACS

satz (virtuell) verkörperter Kommunikationsagenten nahe. Derartige Kommuni-
kationsagenten können als Metapher einer natürlichen und intuitiven Benutzeroberfläche angesehen werden, die potentiell auch zu natürlichsprachlicher
Interaktion und sogar zu non-verbaler Kommunikation fähig ist. Darüber hinaus
ist für Agenten, die einen Systemnutzer innerhalb virtueller kollaborativer
Umgebungen repräsentieren, eine antropomorphe Repräsentation von Vorteil.
Derartige Repräsentationen unterstützen und vereinfachen die Mensch-Mensch-
Kommunikation in einer virtuellen Welt, da wir uns nicht nur selber als Körper
wahrnehmen, sondern die Existenz anderer aufgrund ihrer Körperlichkeit anerkennen.[20] Verkörperung muß als grundlegend für die Interaktion mit der Umgebung und anderen Akteuren angesehen werden.

Eine umfassende Ontologie ist dabei notwendig, um die Relationen zwischen
den unterschiedlichen Informationsquellen, den Services und dem Agenten zu
etablieren. Eine Ontologie stellt dabei eine konsistente Theorie dar, die über
einem domänenspezifischen Vokabular und Regelwerk aufgebaut ist. Sie spezi-
fiziert die Beziehungen zwischen den Informationsquellen und schränkt die
möglichen Interpretationen und Beziehungen zwischen ihnen ein. In diesem
Fall besteht die Ontologie aus drei größeren Teilen oder Teilontologien: einem
Modell der Domäne, einem Modell von Kommunikation und einem Modell
der Dienste. Das Domänenmodell integriert dabei die unterschiedlichen Informationsquellen auf einer semantischen Ebene. Diese Integration geht über eine
rein technische Integration hinaus und formt ein hinlänglich vollständiges Bild
dessen, worüber in der unterstützten Kommunikation kommuniziert werden
kann. Die Kommunikationsontologie umfaßt ein Modell von Kommunikation,

20. R. Schroeder, »Social Interaction in Virtual Environments: Key Issues, Common Themes,
and a Framework for Research«, in: *The Social Life of Avatars*, Hg. R. Schroeder, London 2002.

beschreibt also die zu unterstützenden Formen von Kommunikation und erlaubt die Definition darauf bezogener Regeln. Die Diensteontologie beinhaltet Beschreibungen und Nutzungsmöglichkeiten intelligenter kommunikationsbezogener Dienste und stellt damit die Grundlage für die Definition intelligenter Agenten dar.

Ontologie

Je stärker die Rolle von Kommunikation im operativen Geschäft und im Management von Betrieben wird, desto höher werden die Anforderungen an die eingesetzten Kommunikationssysteme. Ausgehend von ihrer traditionellen Rolle als Systeme zur Bereitstellung und Weiterleitung von Informationen werden zunehmend Anforderungen der Prozeß- und Entscheidungsunterstützung gestellt, wofür nicht allein die Weiterleitung expliziter Informationen sondern auch die Nutzung inhärenten Wissens notwendig ist. In beinahe allen Formen von Kommunikation stellt die Kontextualisierung von Information ein wesentliches Moment der sachgerechten Interpretation dar, was in vielen Fällen das zentrale Limit einer effektiven Nutzung ist.[21] Dies gilt insbesondere für computervermittelte Kommunikation, da durch die Nutzung komplexer Software eine steigende Komplexität der ausgetauschten Informationen zu verzeichnen ist. Dabei führen terminologische Differenzen oder gar Doppeldeutigkeiten beim Sender und Empfänger zu Fehlinterpretationen, die nicht unbedingt bemerkt werden. In solchen Situationen stellen kommunikationsunterstützende Ontologien, die aus einem Domänenteil und einem Teil zur Beschreibung kommunikativer Prozesse bestehen, ein vielversprechendes Mittel der Disambiguierung und damit Unterstützung von Kommunikation dar. In ihnen materialisiert sich der Konsens, der notwendig für das Funktionieren sprachlicher Systeme ist.[22]

Eine Ontologie stellt also die gemeinsame sprachliche Basis nicht allein für Mensch-Maschine-, sondern auch für Computer vermittelte Mensch-Mensch-Kommunikation dar. Ontologie in diesem Sinne umfaßt ein konsensuelles Verständnis über die Definition und Bedeutung von Begriffen und deren Relationen. Davenport und Prusak haben dies auf die Formel gebracht, daß Menschen kein Wissen vermitteln können, wenn sie keine gemeinsame Sprache sprechen.[23] Technisch stellt eine Ontologie dabei ein Datenmodell dar, das aus einem Wörterbuch mitsamt präzisen Bedeutungsdefinitionen und formalen Axiomen besteht, durch die eine regelgerechte Benutzung dieser Wörter definiert wird.[24] Nach der bekannten Definition von Gruber ist eine Ontologie eine formale, explizite Spezifikation konsensueller Konzepte,[25] also ein abstrakter und

21. L. Howarth, »Designing a Metadata-Enabled Namespace for Enhancing Resource Discovery in Knowledge Bases«, in: *Proceedings of the International Conference on Electronic Resources: Definition, Selection, and Cataloguing*, Rom 2001.
22. F. Saussure, *Grundfragen der allgemeinen Sprachwissenschaft*, Berlin ²1967.
23. T. Davenport/L. Prusak, *Working Knowledge: How Organizations Manage What They Know*, Boston/Mass. 1998.

vereinfachender Blick auf einen Weltausschnitt, der zu einem bestimmten Zweck geschaffen wurde. Unter diesem Begriff ist also letztlich jede Wissensbasis, jedes wissensbasierte System oder Agent zu fassen, da sie alle auf einer entsprechenden Konzeptualisierung fußen müssen. In ihrer Entstehung, typischerweise der OO-Modellierung, entsteht ein Blick auf die Welt als Ergebnis eines Interpretations- und Abstraktionsprozesses der Entwickler.

Das semiotische Dreieck[26] beschreibt ebenfalls diese Beziehungen zwischen Wörtern, Konzepten und Objekten der erfahrbaren Welt. Die zum Informationsaustausch benutzten Wörter sind dabei weder mit den mentalen Konzepten der beteiligten Kommunikationspartnern identisch noch mit den Objekten, über die kommuniziert wird.[27] Allerdings muß eine Beziehung zwischen diesen drei Instanzen bestehen, die durch das, was wir technischerseits Ontologie nennen, hergestellt wird.

Dabei stellt die Entwicklung einer Ontologie die Übersetzung natürlichsprachlicher Aussagen über den abzubildenden Weltausschnitt in eine formale Repräsentation von Objekten, Klassen, Relationen, Funktionen und Axiomen dar. Die hierbei notwendige Konsensbildung über die Bedeutung von und die Verhältnisse zwischen Begriffen basiert dabei auf einem grundlegenden natürlichsprachlichen Konsens der Sprachverwendung. Oftmals ist der Kern dieser Entwicklung die Vergewisserung des »was ist was«, also der Aufstellung einer Taxonomie, in der die Basisaussagen die Form haben »A ist ein B«, was technisch den Kern einer Klassenhierarchie mit entsprechenden, auch multiplen Vererbungsbeziehungen entwickelt. Dieser Schritt ist grundlegend für die Konsensbildung bezüglich der Anwendungsdomäne.[28]

Mit der Explikation eines gemeinsamen Verständnisses und darauf bezogener Axiome wird die Grundlage geschaffen, daß sowohl Menschen wie auch Computerprogramme in einer einheitlichen und für die Menschen verläßlichen und transparenten Art operieren. In diesem Sinne sind Ontologien schon länger mit Bezug auf geschäftliche Kommunikation eingesetzt worden, da auch die Objektdefinitionen, darauf arbeitende Funktionen und Anwendungen beispielsweise in Fachanwendungen eine Explikation eines gemeinsamen Verständnisses beinhalten.

24. A. Campbell/S. Shapiro, »Ontological Mediation: An Overview«, in: *Proceedings of the IJCAI Workshop on Basic Ontological Issues in Knowledge Sharing*, Menlo Park/CA 1995.
25. T. Gruber, »Towards Principles for the Design of Ontologies Used for Knowledge Sharing«, in *Proceedings of the International Workshop on Formal Ontology*, Padua 1993.
26. C. Ogden/I. Richards, *The Meaning of Meaning: A Study of the Influence of Language upon Thought and the Science of Symbolism*, London 1923.
27. C. Peirce, *Collected Papers of Charles Sanders Peirce*, Cambridge, Mass. 1931.
28. K. Tham/H. Kim, »Towards Strategic Intelligence with Ontology Based Enterprise Modelling and ABC«, in: *Proceedings of the IBER Conference*, Las Vegas 2002.

Modifikation von Kommunikation

Die Beeinflussung von kommunikativen Prozessen, wie sie hier vorgestellt wird, basiert auf einem geschäftsprozeßorientierten Ansatz, der eine zweckorientierte Rationalisierung von betrieblicher Kommunikation ermöglicht. Der Entwurf sinnvoller Applikationen, durch die die Effizienz betrieblicher Kommunikation vermittels der Beeinflussung kommunikativer Prozesse gesteigert wird, ist eine komplexe Aufgabe. Die hierfür notwendige Herangehensweise beinhaltet drei wesentliche Schritte:

– Erhebung, Modellierung und Analyse der vorhandenen kommunikativen Prozesse,

– Spezifikation der Anforderungen, Kommunikationsregeln und Funktionen des Systems und

– Erarbeitung der Ontologie, Implementierung und Integration.

Für die Erhebung werden in der Praxis strukturierte Interviews eingesetzt, die auf Fragebögen basieren. Diese werden für das jeweilige Projekt in Abstimmung mit dem jeweiligen Projektpartner angepaßt und ggf. auch als online-Fragebögen eingesetzt. Hierüber werden Daten in vier Bereichen erfaßt:

– persönliche Daten, soweit sie als relevant für das Kommunikationsverhalten angesehen werden,

– Informationen über Kommunikationsrichtlinien, deren Akzeptanz und Nutzung,

– aktiv angestoßene Kommunikationsprozesse mitsamt einigen Kennzahlen, die ihre Effizienz beschreiben sowie

– Kommunikationsprozesse, die von anderen an den Interviewten herangetragen werden.

Darüber hinaus können die Protokolldateien aus technischen Kommunikationsmedien wie E-Mail-Servern, aber auch Faxmaschinen und Telefonanlagen ausgewertet werden, um belastbare quantitative Daten zu Nutzungsgewohnheiten zu bekommen. Alle Ergebnisse dieser Erhebungen können mit Hilfe von Erweiterungen sowohl von UML 2.0 als auch von eEPK dargestellt werden.

Dabei ist die visuelle Repräsentation kommunikativer Prozesse und Strukturen, ähnlich wie die von Geschäftsprozessen, fundamental für die Analyse von betrieblichen Kommunikationsprozessen und -strukturen. Auf dieser Basis wird, neben dem Einsatz von quantifizierenden und ordnenden Indizes, eine rationale Gestaltung von betrieblicher Kommunikation begonnen. Eine derartige Interpretation und Analyse solcher Visualisierung von kommunikativen Prozessen und Strukturen stellt damit den Grundstein für die Beschreibung von Sollprozessen dar. Deren Konzeption besteht im wesentlichen durch die Angabe von Regeln, denen sie gehorchen sollen. Diese Regeln können sowohl technische, wie auch prozessuale oder organisatorische Teile enthalten, je nach Schwerpunkt der erkannten Problemlage.

Im Kern beschreiben diese Regeln dabei gewünschte oder geforderte Modifikationen in kommunikativen Prozessen. Sie bestehen aus einer Bedingung und einer Aktivität, wobei die Bedingung sich auf Analyseergebnisse der Nachricht bezieht. Diese Ergebnisse können im einfachen Fall die Extraktion bestimmter Werte in mitgeführten Metadaten, wie z.B. der Adressat oder Absender einer E-Mail sein, in komplizierteren Fällen können sie zusammengesetzte und aufwendig zu bestimmende Qualitäten sein, wie z.B. Klassifikationsergebnisse oder semantische Analysen der gesamten Nachricht. Diese Ergebnisse stoßen einfache oder zusammengesetzte Aktionen an, wobei Grundoperationen die Anreicherung der Nachricht durch weitere Informationen, die zeitliche Verzögerung der Zustellung, die Modifikation des Adressatenkreises, Aktionen in anderen Softwaresystemen wie elektronischen Terminkalendern u.a.m. sein können.

Bei der Realisierung solcher Systeme muß beachtet werden, daß Computervermittelte Kommunikation tief in IT-Unternehmensinfrastrukturen eingebettet ist und daher nicht losgelöst von diesen betrachtet werden kann. Viele der oben skizzierten Analysen greifen auf Informationen zurück, die in anderen Zusammenhängen und Systemen schon erhoben und verfügbar sind. Beispielsweise kann die Modifikation von Adressatenkreisen auf der Basis von Zugehörigkeit zu bestimmten Organisationseinheiten gefordert sein. Diese sind jedoch in aller Regel in Personalwirtschaftssystemen vorhanden und sollten für kommunikationsunterstützende Systeme nicht separat und redundant gehalten werden. Damit stellen ERP, CMS, DMS und andere, insbesondere DBMS-gestützte Systeme wesentliche Teile der oben angesprochenen Kommunikationsontologie dar. Erinnert sei in diesem Zusammenhang an den Hinweis am Ende des vorigen Abschnitts, daß der Entwurf von Ontologien wesentliche Ähnlichkeit zum Design von Fachanwendungen hat. Die folgende Abbildung skizziert die hier angesprochenen Zusammenhänge.

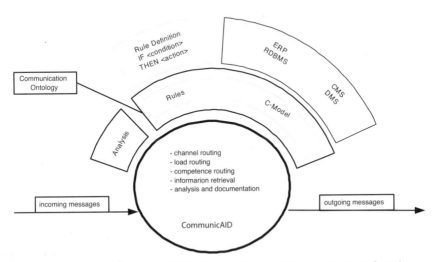

Abb. 3: Einbettung von CommunicAID in Informations- und Kommunikationsinfrastrukturen

Modifikation von Nachrichten in *CommunicAID*

Aktuell werden basierend auf dem skizzierten Ansatz prototypische Applikationen implementiert, die Aspekte qualifiziert unterstützter Kommunikation konkretisieren. Aufgrund der noch nicht abgeschlossenen Evaluierung des zugrunde liegenden Kommunikationsmodells basieren diese Demonstratoren lediglich auf einem gesicherten Kern des Modells, haben aber nichts desto trotz ihre praktische Relevanz schon bewiesen. Aufgrund der Einfachheit der technischen Realisierung und der Relevanz des Mediums auch in der internen betrieblichen Kommunikation konzentrieren sich die praktischen Arbeiten auf E-Mail als Kommunikationskanal. Hieran kann gezeigt werden, wie qualifizierte Kommunikation die Aufwände für betriebliche Kommunikation senken und damit die Effizienz steigern kann.

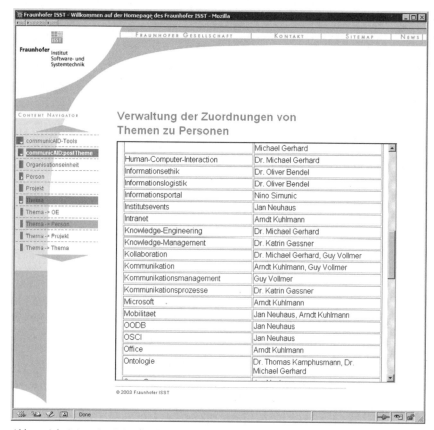

Abb. 4: Administrative Seite für *CommunicAID:postTheme*

Abb. 5: Adressierung in
CommunicAID:postTheme

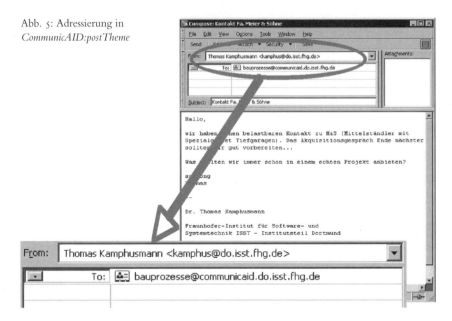

CommunicAID:PostTheme, der hier näher vorgestellte Demonstrator, greift dabei in die E-Mail Transportkette ein, indem er E-Mails unternehmensweit und auf der Basis ihres Themenbezugs zustellt. Während in vielen Situationen der Empfänger mit hohem Aufwand die persönliche Relevanz von Nachrichten beurteilen muß, die an einen oftmals schlecht ausgesuchten und daher meist zu großen Adressatenkreis geschickt wurden, soll *CommunicAID:PostTheme* durch eine einfache Regel und eine übersichtliche Ontologie den Adressatenkreis auf diejenigen einschränken, die mit sehr hoher Wahrscheinlichkeit von der jeweiligen Nachricht betroffen sind. Erreicht wird dies dadurch, daß die Entscheidung über den Adressatenkreis nicht mehr vom Absender und damit oft in Unkenntnis getroffen wird, sondern von dem Tool auf der Basis von persönlichen Abonnements und Zuordnungen auf der organisatorischem und thematischen Ebene. Der Absender ersetzt dabei die personenbezogene Angabe in den To: und CC: Feldern durch die Angabe eines Themas. Statt eine Information an alle@company.com zu schicken adressiert er nun thema@postTheme.company.com. Anstatt jedoch für jedes Thema eine händisch zu pflegende Mailingliste anlegen zu müssen, genügen für *CommunicAID:postTheme* wenige Einträge in Zuordnungslisten, wie sie beispielhaft in Abbildung 4 gezeigt sind. Durch die Möglichkeiten von Synonymen und intelligenten Textanalyseverfahren läßt sich eine zusätzliche Flexibilität erreichen, die gleichzeitig die Administrationsaufwände und die von Benutzern zu leistenden Konfigurationsaufwände reduziert.

Technisch ist *CommunicAID:postTheme* als eigenständiger Mailserver mit reduzierter Funktionalität in die E-Mail-Auslieferungskette eingebunden und nutzt für die eigentliche Auslieferung die vorhandene Unternehmensinfrastruktur. Dadurch kann er in einem abgesicherten Bereich betrieben werden, wie er für Intranetserver oftmals vorhanden ist und vermeidet damit zusätzliche Aufwände.

Weitere Arbeiten

Dieses Papier beschreibt ein Konzept ontologiebasierter unterstützender Kommunikationssysteme und die darauf bezogenen Arbeiten, die am Fraunhofer ISST momentan zur Verifikation des Konzepts unternommen werden. Die ersten Ergebnisse sind nicht nur vielversprechend, sondern haben inzwischen in einem ersten Praxiseinsatz die erwartete Aufwandsreduktion erreicht. In einer nächsten Stufe sollen weitere quantitative Erhebungen über die Reduktion von kommunikativen Aufwänden in unterschiedlichen Szenarien, sowohl betrieblichen wie auch wissenschaftlichen durchgeführt werden. Darüber hinaus werden komplexere Szenarien und Tools erarbeitet, die beispielsweise größere Kommunikationsprozessketten in unterschiedlichen Dimensionen modifizierend unterstützen.

Neben dieser funktionalen Erweiterungen spielt die Entwicklung entsprechender Interfaces eine zunehmende Rolle, sobald die Unterstützungsleistungen solcher Tools ein Maß annehmen, dem »Intelligenz« oder »Autonomie« zugeschrieben werden kann. Für solche Tools wird über antromorphe, agentenbasierte Interfaces nachgedacht. Damit wären auch Kommunikationsagenten realisierbar, die als persönliche Unterstützungssysteme konzipiert werden können. Die hierfür notwendigen kommunikativen Basisfunktionen werden in der nächsten Zeit im Rahmen des hier vorgestellten Ansatzes weiter entwickelt.

»»Man kann keine Maschine bauen, die für einen ›denkt‹. Das ist ein Gemeinplatz, der gewöhnlich fraglos akzeptiert wird. Es ist die Absicht dieses Aufsatzes, ihn in Frage zu stellen«, schrieb Turing 1959.[29] Inzwischen ist das Ziel nicht mehr, Maschinen zu bauen, die *für* einen denken, sondern solche, die *mit* einem denken. Die von Turing gestellten Fragen sind, wie der Loebner Contest[30] jährlich beweist, immer noch unbeantwortet, sie haben aber verwandte Fragen mitsamt ihrer Antworten induziert, von denen *CommunicAID* eine ist – ganz im Sinne einer produktiven Ersetzung, die Turing an den Anfang von »Rechenmaschinen und Intelligenz« selber gesetzt hat.

---

29. »Intelligente Maschinen, eine häretische Theorie«, in: Turing, *Intelligence Service*, a.a.O., S. 7-15.
30. Vgl. http://www.loebner.net/Prizef/loebner-prize.html

Cornelia Sollfrank

© 2004, Cornelia Sollfrank

»Mit dem Netzkunstgenerator kann jeder ganz einfach und spielerisch zum Künstler werden: Einfach Ihren Namen und einen Titel eingeben und der Computer erledigt die restliche Arbeit!« goto: http://nag.iap.de ...

... type in: Artist = *Cornelia Sollfrank*, Title = *Warhol Flowers*, click on: *Create* – and this is what you might get:

Warhol Flowers, Cornelia Sollfrank

Netzkunstgenerator

Nachdem Sie Titel und Namen eingegeben und das Programm in Gang gesetzt haben, erscheint das Bild *Warhol Flowers*. Es entstand in Anwendung des Netzkunstgenerators *nag_04*.[1] Dabei handelt es sich um ein Computerprogramm, genauer gesagt um ein Perl-Script. Momentan existieren fünf Versionen des Netzkunstgenerators, die alle über die Homepage[2] zu erreichen sind. Alle Netzkunstgeneratoren funktionieren nach dem gleichen Prinzip: Nach der Eingabe eines Namens (KünstlerIn) und eines Suchbegriffs (Titel) auf der Website des jeweiligen Generators wird durch einen Klick auf den Button ›Create‹ eine Suchmaschine in Gang gesetzt. Je nach Version sammelt das Programm dann Bild- und/oder Textmaterial zum Suchbegriff und setzt das Material nach definierten Arbeitsschritten zu einer neuen Website oder einem neuen Bild zusammen. Diese neuen ›Werke‹ werden entweder in einem Archiv oder einer Galerie online gespeichert. Dort sind sie frei zugänglich und können von jedem Netzbenutzer heruntergeladen werden.

Geschichte

Die erste Version des Netzkunstgenerators entstand 1997 für das Projekt *female extension*. Anläßlich des Netzkunstwettbewerbs *Extension* der Hamburger Kunsthalle hatte ich mehrere Hundert teilnehmende Netzkünstlerinnen erfunden, für die ich ›kunstartige‹ Websites produziert und zur Jurierung eingesandt hatte. Auf Anraten eines befreundeten Programmierers sah ich von meiner ursprünglichen Idee ab, diese per ›Handarbeit‹ im Copy&Paste-Verfahren herzustellen, und wir benutzten erstmals ein Perl-Script, das automatisch Webseiten aus im Netz gefundenem Material zusammenbaute. Die erstaunlichen Ergebnisse veranlaßten mich, die Idee einer automatischen Generierung von neuen Werken aus vorhandenem Material des World Wide Web als eigenständiges künstlerisches Konzept weiter zu verfolgen. Von 1999 bis 2003 entstanden in Zusammenarbeit mit unterschiedlichen ProgrammiererInnen unterschiedlich komplexe Versionen des Netzkunstgenerators, die entweder bild-, grafik- oder textorientiert arbeiten.

Auf der Suche nach dem Autor

Wandert das entstandene Werk nicht einfach ins online-Archiv, sondern wird ausgedruckt und damit in den Status eines Tafelbildes erhoben (und geschieht

1. Quellen:
   http://www.enchantedlearning.com/artists/warhol/gifs/flowers.GIF
   http://www.unipo.sk/ANDY/kvety1.jpg
   http://www.marrowmedia.co.uk/popprints/ART/Flowers.jpg
   http://imagesource.allposters.com/images/wiz/5028.jpg
2. http://soundwarez.org/generator

das womöglich sogar im Rahmen einer Galerie- oder Museumsausstellung), stellt sich die Frage, wer nun der Urheber dieses Werkes ist. *Sie* haben mit Hilfe eines Netzkunstgenerators ein beeindruckendes neues Werk geschaffen und *ich* stelle es aus. Wer wird als Autor auf dem Schildchen neben dem Bild angegeben, das Auskunft über den Namen des Künstlers, über Titel, Technik und Entstehungsjahr des Bildes gibt?

Und um zu klären, *wer* der Autor ist, suche ich nach Hilfestellung im Dschungel des Urheberrechtes. Denn zuerst einmal müssen wir wissen, *was* ein Autor im juristischen Sinne ist: »Unter einem Autor versteht man den alleinigen Schöpfer einmaliger literarischer bzw. künstlerischer Werke, deren Originalitätsstatus ihnen den Schutz durch das geistige Eigentumsrecht, das als Urheberrecht oder Autorenrecht bezeichnet wird, zusichert«. So lautet jedenfalls die derzeit rechtlich verbindliche Definition von Autor- bzw. Urheberschaft. Handelt es sich, wie in unserem Fall, um ein Werk – natürlich mit Originalitätsstatus –, an dem nachweisbar (und zumindest teilweise namentlich benennbar) mehrere Urheber mitgewirkt haben, bietet das Urheberrecht die Option an, von »Miturhebern« zu sprechen. Worum es sich in unserem Fall genau handelt, wird sich nur klären lassen, wenn alle an der Herstellung des Werks beteiligten Instanzen ausfindig gemacht und gegeneinander abgewogen werden. Nur so kann die eigentliche, das heißt eigentümliche[3] Urheberschaft ermittelt werden.

Als erste für die Bildherstellung wichtige Instanz ist das *Computerprogramm* zu nennen, das Perl-Script. Dieses ist identisch mit dem Netzkunstgenerator. Das Programm ist in unserem Fall sicher mehr als ein reines Hilfsmittel wie es etwa eine Textverarbeitung wäre, mit der ein Schriftsteller sein Gedicht niederschreibt; es ist sowohl an der Auswahl des Materials als auch an der Art und Weise wie dieses bearbeitet und neu arrangiert wird ganz wesentlich beteiligt. Da es sich bei dem Perl-Script nicht um eine Standardapplikation handelt, sondern um ein zu diesem bestimmten Zweck eigens entwickeltes Programm, erscheint als nächste Instanz der Bildherstellung der *Programmierer*. Er hat den Quellcode geschrieben und ist damit der Urheber des Programms. Als nächster Beteiligter an der Herstellung des Bildes ist der User zu nennen, der durch die Eingabe des Suchbegriffs (der gleichzeitig als Werktitel fungiert) erheblichen Einfluß auf die im Bild vorkommenden Inhalte ausübt. Vorhandenes Material mit dem Netzkunstgenerator weiter zu verarbeiten, wäre aber nicht möglich, wenn nicht zuvor andere ›originale Bildproduzenten‹ – KünstlerInnen, Profi- oder Hobbyfotografen, Grafiker etc. – die von ihnen hergestellten Bilder im Netz veröffentlicht hätten. Durch die Bereitstellung ihres Materials leisten sie einen nicht unwesentlichen Beitrag zur Herstellung der neuen Bilder. Als letzte (und

---

3. Das Urheberrecht sagt: »Werke im Sinne dieses Gesetzes sind eigentümliche geistige Schöpfungen«. Dazu Gerhard Plumpe: »Das Wort ›eigentümlich‹ – ein Schlüsselwort der neuen Ästhetik im ausgehenden 18. Jahrhundert [konnte] – in bemerkenswerter Weise seine juristische Herkunft in der neuen ästhetischen Bedeutung bewahren; ein ›eigentümlicher Roman‹ war für das Verständnis der Zeit um 1800 nicht nur ein origineller oder individueller Roman, sondern zugleich auch ein eigentumsfähiges Werk« (Gerhard Plumpe, *Der Autor im Netz*, http://134.147.94.139/plumpe/vortraege/netzautor.pdf).

keinesfalls unwichtigste Instanz) möchte ich mich selbst nennen, als die Ideengeberin und diejenige, die den Programmierer mit der Realisierung beauftragte und die sich um die Wartung, Verbreitung und Kontextualisierung des Netzkunstgenerators kümmert. All diesen an der Entstehung des neuen Werkes beteiligten Instanzen gebührt eine eingehende Betrachtung. Und zumindest Erwähnung finden sollte an dieser Stelle noch der *Betrachter* als Miturheber. Denn der rezeptionsästhetischen Schule folgend, ist das Auge des Betrachters erst der Ort, an dem das Kunstwerk entsteht.[4] Erst wenn sich durch den Akt der Betrachtung der Sinn des Kunstwerkes entfaltet, wird es existent. Allein durch die Produktion wird noch kein Werk erschaffen; sie liefert lediglich das ›Rohmaterial‹ für den Rezeptionsakt.

1. Das Computerprogramm

Vermutlich stellt das Computerprogramm die am schwierigsten einzuordnende Instanz im gesamten Prozeß der Bildgenerierung dar. Wie bereits angedeutet, handelt es sich dabei nicht um ein bloßes Hilfsmittel, wie es etwa ein Bleistift für die Herstellung einer Zeichnung wäre. Durch das Programm wird festgelegt, welche Suchmaschine angesteuert wird, welche Bilder und Texte in den Pool des zu bearbeitenden Materials geladen werden, welche Teile davon tatsächlich bearbeitet werden, welche der möglichen Bildbearbeitungsschritte auf die einzelnen Materialteile angewandt werden, in welcher Reihenfolge dies stattfindet, in welcher Reihenfolge die ausgewählten und bearbeiteten Bildteile wieder übereinandergelegt und als fertiges Bild ausgegeben werden. Zu den Bildbearbeitungsschritten ist anzumerken, daß in *nag_04* vierzehn unterschiedliche Möglichkeiten definiert sind, deren Auswahl und Reihenfolge von einem Zufallsgenerator gesteuert wird. Dieser hat die Aufgabe, ein Element einzuführen, das zur Logik eines Programms grundsätzlich im Widerspruch steht, aber zur Herstellung eines Kunstwerkes unerläßlich ist: Unvorhersagbarkeit.

Alles, was Computer und Algorithmen produzieren, ist in höchstem Maße voraussagbar. Deswegen kommt dem Zufallsgenerator in unserem Programm zur Kunstproduktion eine wichtige Rolle zu – schließlich sollen die entstehenden Bilder so unterschiedlich wie möglich sein. Der Zufallsgenerator ist dafür zuständig, ›echte‹ Zufallszahlen zu generieren, im Gegensatz zu Pseudo-Zufallszahlen, wie sie etwa von einem weiteren Algorithmus erzeugt werden könnten. Um ›echte‹ Zufallszahlen zu bekommen, werden Daten aus der Hardware, sogenannter ›environmental noise‹ herangezogen. Es bietet sich an, dafür Daten aus dem Unix-Kernel zu benutzen. Etwaige Quellen für echten Zufall sind zum Beispiel Aktivitäten des Keyboards oder der Festplatte, die tatsächlich nicht voraussagbar sind. Die Zufallsdaten aus diesen Quellen werden vom Betriebssystem laufend in einen Entropie-Pool eingespeist. Der Algorithmus, der die Zufallszahl generiert, bedient sich dann der entstandenen Daten aus diesem Pool. Somit sind

4. Umberto Eco, *Das offene Kunstwerk*, Frankfurt/M. 1973.

die letztlich gelieferten Zahlen abhängig vom zufälligen Verhalten der Hardware und somit unvorhersagbar, zumindest solange die Datenmenge, die vom Zufallsgenerator angefordert wird, kleiner ist als das verfügbare Datenchaos, das die Hardware laufend erzeugt.

Das bedeutet, daß unabhängig von der ursprünglichen Absicht des Programmierers, des Users oder der Ideengeberin ein erheblicher Teil der Bildherstellung der Maschine selbst überlassen bleibt. Vom Programm als einem zusätzlichen Miturheber im oben genannten Sinn kann man trotzdem nicht sprechen, da Urheberschaft (immer noch) an eine natürliche Person gebunden ist. Dennoch beginnt die Grenze zwischen menschlich Geschaffenem und Computergeneriertem erheblich zu verschwimmen. »Wäre es nicht folgerichtig, den Computer, dem das Produkt entstammt, als Urheber zu betrachten?«, fragt ein Kommentator und führt als Begründung an: »Es ist nicht mehr ohne weiteres feststellbar, wo der Rechner nur als Werkzeug verwendet wurde und wo er ›eigenschöpferisch‹ tätig war. [...] Dem Großteil computer-generierter Produkte würde der Jurist, der nicht weiß, daß das zu beurteilende Objekt vom Rechner ›geschaffen‹ wurde, eine Werkeigenschaft zubilligen«.⁵ Zusätzlich spricht für die Anerkennung des Computerprogramms als Ort, an dem der kreative Prozeß stattfindet und dem damit die Autorschaft gebührt, die Tatsache, daß fast alle KünstlerInnen ein dem Computerprogramm vergleichbares (in der Kunstgeschichte als ›ästhetisches Programm‹ oder schlicht ›Stil‹ bezeichnetes) Verfahren anwenden, wenn sie ihre oftmals leicht wiedererkennbaren Werke herstellen. Aufgrund des Axioms exklusiver humaner Urheberschaft ist es jedoch nicht möglich, diese Option auf einen nicht-menschlichen Urheber anzuwenden.

Andererseits könnte man auf die Idee kommen, computergenerierten Artefakten den Werkstatus von vorne herein abzusprechen, denn kreative Inspiration und Schöpfertum sind idealistische Werte, die nach ihrem historischen Verständnis einzig dem Menschen vorbehalten sind und von keiner Maschine simuliert werden können. Doch die »sinnfällige Werkförmigkeit« der entstehenden Artefakte – in unserem Beispiel das Bild *Warhol Flowers* – verlangt eine differenzierte Auseinandersetzung mit dieser Problematik.

Ein von Juristen diskutierter Vorschlag ist die Präsentationstheorie, nach der die entstehenden Artefakte zwar maschinelle Produkte sind, das angewandte Programm aber eine unendliche Anzahl von Produkten ermöglicht, und es deshalb auf die kreative Selektion der präsentierten Produkte ankommt. »Durch die Präsentation bekenne sich die Person zu ihrer Selektion und trete somit – angelehnt an § 12, Abs. 1 UrhG – in die Autorschaft ein.«⁶ Analoge Methoden zur Autorschaftsbestimmung in der Bildenden Kunst bestehen bei den ›objets trouvés‹ und allen Arten der Spurensuche, wo ebenfalls keine Neuschöpfung, sondern die Selektion und Präsentation als künstlerisch-kreative Tätigkeit eingestuft wird.⁷ Ob auf diese Objekte aber allein durch die Auswahl in ausreichendem

5. Thomas Peter Schmid, *Urheberrechtliche Probleme moderner Kunst und Computerkunst in rechtsvergleichender Darstellung*, München 1995, S. 136f.
6. Plumpe, a.a.O.

Maße ›geistiger‹ Gehalt übertragen wird, um den Anforderungen an Eigentümlichkeit und Individualität, wie sie das Gesetz verlangt, gerecht zu werden, ist juristisch ungeklärt.[8] »Computergenerierte Artefakte leiden in den Augen der Juristen jedoch nicht an Gedankenleere, sondern stellen die Frage nach ihrer Genese aus Individualität; und auf diese Frage antwortet die Präsentationstheorie.«[9] Sie ermöglicht eine Annäherung an die Bestimmung eines Urhebers durch dessen Festlegung von Auswahlkriterien. Im Falle des oben ausgewählten Bildes aus der gesamten Serie *Warhol Flowers* sind die von *mir* festgelegten Auswahlkriterien: 1. Wirkung im Schwarz-Weiß-Druck, 2. Wiedererkennbarkeit von Warhol, bei 3. größtmögliche Verfremdung seines Motivs. Gemäß der Präsentationstheorie würde *ich* damit in den Status der Autorin erhoben werden. Im Falle einer Galerie- oder Museums-Ausstellung von automatisch generierten Bildern, für die ich sicher nach anderen (aber ebenfalls von mir festgelegten) Kriterien Bilder auswählen und auf Fotopapier oder Leinwand ausdrucken lassen würde, wäre die Präsentationsheorie ebenfalls hilfreich. Für alle anderen generierten Bilder – auch die restlichen, unausgewählten der Serie *Warhol Flowers*, die sich immer noch im Archiv befinden – würde dieser Ansatz nichts sagen, weil der Präsenz bzw. dem reinen Vorhandensein im Archiv kein kreativer Auswahlprozeß zugrunde liegt. Im Archiv wird ohne jegliche Auswahl jedes generierte Bild abgelegt.

Die Präsentationstheorie führt in jedem Fall weg von der Maschine bzw. dem Computerprogramm als Urheber und versucht, Autorschaft durch die Verschiebung hin zu einer beteiligten, natürlichen Person zu klären. In unserem Fall könnte es sich neben der bereits erwähnten Instanz ›Ideengeberin/Auftraggeberin‹ auch um die Person des Programmierers oder des Users handeln. Zusätzlich wäre ein Szenario denkbar, in dem eine Person, die sich nicht selbst an der Generierung eines Bildes beteiligt hat, sondern lediglich durch die Auswahl eines Bildes aus dem vorhandenen Archiv – also eine Art Kurator – und die Präsentation dieses ausgewählten Bildes an einem nicht genauer definierten Ort, in den Status der Autorschaft erhoben würde. Dies könnte man als problematisch ansehen, weil es die komplexen Verhältnisse, die für die Entstehung des Bildes notwendig sind, in keiner Weise widerspiegelt. Wendet man aber die Präsentationstheorie konsequent an, würde es sich zumindest um eine eindeutige Situation handeln, in der dem Auswählenden zweifelsohne Autorenstatus eingeräumt werden müßte.

Der Vollständigkeit halber sollte noch erwähnt werden, daß den benutzten Suchmaschinen innerhalb des Programmes eine große Bedeutung zukommt, denn deren jeweilige Methoden der Indizierung sind maßgeblich an dem erzielten Ergebnis beteiligt. Ferner werden innerhalb des Programmes Libraries (fertige Funktionsteile des Codes) verwendet, die von den jeweiligen Programmierern unter bestimmte Lizenzen gestellt werden und frei benutzbar sind. Die

---

7. Schmid, a.a.O., S. 44.
8. Schmid, a.a.O., S. 107.
9. Plumpe, a.a.O.

Programmierer der Libraries sind somit wiederum Teilurheber des neuen Programms.

2. Der Programmierer

Neben der Präsentationstheorie diskutieren Juristen für computergenerierte Kunstwerke noch eine weitere Möglichkeit zur Autorschaftsbestimmung, nämlich ganz einfach den Ersteller der Software, die dem Werk zugrunde liegt, als den Urheber der generierten Inhalte festzulegen. Natürlich kann dieser Vorschlag nur bedingt Anwendung finden. Handelte es sich bei der verwendeten Software um gängige Anwendungsprogramme wie zum Beispiel *Word* oder *Photoshop*, muß selbstverständlich jegliche Miturheberschaft des Programmierers an den entstehenden Artefakten ausgeschlossen werden, wobei die Urheberschaft des Programmierers für das Programm selbst zu keiner Zeit in Frage gestellt wird.

Da es sich in unserem Fall aber um eine proprietäre Software handelt und das entstehende Artefakt seine Erscheinungsform dieser wesentlich zu verdanken hat, ist der Gedanke, den Programmierer als Autor zu benennen, nicht ganz von der Hand zu weisen. Laut der hergebrachten juristischen Argumentation handelt es sich bei dem Computerprogramm um ein werkförmiges Artefakt, das laut Urheberrecht (UrhG § 2, Abs. 1) Schutz als Werk der Literatur genießt. Da diese Regelung die besonderen Probleme von Computerprogrammen nicht abdeckt, gibt es seit 1993 eine Ergänzung im § 69a für Computerprogramme. Dort heißt es: »Computerprogramme werden geschützt, wenn sie individuelle Werke in dem Sinne darstellen, daß sie das Ergebnis der eigenen geistigen Schöpfung ihres Urhebers sind. Zur Bestimmung ihrer Schutzfähigkeit sind keine anderen Kriterien, insbesondere nicht qualitative oder ästhetische, anzuwenden.« Ist demgemäß der Programmierer eindeutig Urheber des schutzfähigen Programmes, dann soll er, laut Vorschlag der Juristen, auch gleichermaßen als Autor der erstellten Artefakte gelten. Daß es sich, wie in unserem Fall, bei dem Generierungsprogramm selbst um ein schutzfähiges Artefakt, ein Sprachwerk, handelt – das seinerseits neue Artefakte produziert – scheint besonders bemerkenswert.

Wie sieht das Verhältnis zwischen Programmierer und Programm im Hinblick auf die entstehenden Artefakte aus? Im Code des Programms manifestiert sich die Logik des Programmierers. Durch seine Intelligenz versucht er, seiner Vorstellung von Kreativität Ausdruck zu geben. Wer oder was allerdings innerhalb dieser Wechselbeziehung *macht* und wer oder was *gemacht wird*, ob sich die Logik des Programmierers tatsächlich oder nicht doch die der Maschine durchsetzt, wird sich nicht klären lassen. Deshalb wäre es eine etwas naive Betrachtungsweise, ein Computerprogramm als eine Repräsentation ›künstlerischer‹ Kreativität bzw. des Kreativitätsverständnisses des Programmierers zu verstehen.[10] Dennoch kann man im Moment keinen anderen Maßstab heranziehen als die Intention des Programmierers und sein handwerkliches Können in bezug auf die

Umsetzung dieser Absicht. Ob dieses allerdings etwas mit Kunst oder künstlerischer Urheberschaft im eigentlichen Sinn zu tun hat, bleibt fraglich. Die Fähigkeit, eine Idee handwerklich umzusetzen, ist nach heutigem Verständnis nicht notwendigerweise Kunst. Nichtsdestotrotz haben sich in unserem Fall sämtliche Miturheber den – auch ästhetischen – Entscheidungen des Programmierers zu unterwerfen und tun dies automatisch durch ihre stillschweigende Nutzung des Programms.

Einen weiteren Aspekt, den ich zur Diskussion dieses Problems anführen möchte, ist das in der alteuropäischen Poetik vorhandene Autorkonzept des gelehrten Dichters, der zwar eigene Werke produziert, deren Legitimation aber nicht in der Individualität des Verfassers begründet liegt, sondern allein in einem meisterhaften Umgang mit der Technik der Poesie, also einem Regelwerk. Autorschaft ist hier nicht auf Individualität und Genialität gegründet, sondern auf genaue Kenntnis und besonders kunstvolle Handhabung der Regeln. »Aus der Sicht der Poetik auf das Recht ist die Konzeption der Urheberschaft des Software-Erstellers nicht ohne Reiz; das Programm als techno-transzendentale Prämisse einer Vielzahl manifester [Texte] ist Ort der Urheberschaft: Hieße das nicht, daß im Falle der normativen Regelpoetik Alteuropas, aber auch strukturaler Inventarisierungen der sogenannten ›Literarizität‹ die Autorschaft auf der Ebene der Codes, nicht aber der durch sie möglichen Manifestationen läge? Und verhält es sich nicht so, daß in beiden Formationen – der alteuropäischen und der strukturalen – die Emphase individueller Autorschaft deshalb unterbleibt?« fragt Gerhard Plumpe.[11] Dieser radikalen Sicht möchte man gerne folgen, womit man aber wieder zurück zu Punkt 1, nämlich dem Computerprogramm als Urheber gelangte. Es bleibt einzuwenden, daß der Code sich nicht selbst schreibt und somit die Person des Programmierers unverzichtbar bleibt, denn es ist nur seiner Arbeit zu verdanken, mögliche von wirklichen Werken zu differenzieren.

Der Vorschlag, den Programmierer in den Status des alleinigen Autors der entstehenden Produkte zu erheben, sollte aber überhaupt nur in Fällen diskutiert werden, in denen keinerlei anderes menschliches Zutun zur Entstehung der Artefakte erkennbar ist, was für unseren Fall ganz bestimmt nicht zutrifft. Da eindeutig mehrere andere Personen an der Entstehung des Werkes beteiligt sind, könnte man beim Programmierer bestenfalls von einem Miturheber sprechen. Hinzu kommt, daß die alleinige Urheberschaft des Programmierers im Hinblick auf das Programm selbst bereits fraglich ist, weil es sich um ein besonderes Zusammenwirken von Programmierer und mir als Ideengeberin handelt, und zwar auf zwei von einander zu trennenden Ebenen:

Der bei einer Firma angestellte Programmierer handelt im Rahmen eines Auftrags, den ich seiner Firma erteilt habe. Damit tritt § 69b des UrhG in Kraft, in dem es heißt: »Wird ein Computerprogramm von einem Arbeitnehmer in

10. Vgl. dazu Adrian Ward/Geoff Cox, »How I Drew One of My Pictures, or: The Authorship of Generative Art«, in: *Generative Art*, Conference Proceedings, Generative Design Lab, Politecnico di Milano 1999 (http://www.generative.net/papers/authorship/index.html).
11. Plumpe, a.a.O.

Wahrnehmung seiner Aufgaben oder nach den Anweisungen seines Arbeit-
gebers geschaffen, so ist ausschließlich der Arbeitgeber zur Ausübung aller vermögensrechtlichen Befugnisse an dem Computerprogramm berechtigt, sofern
nichts anderes vereinbart ist.« Gleichzeitig bleibt die Urheberschaft des Programmierers an dem Programm auch im Fall einer reinen Auftragsarbeit unbestritten.
Wichtig zu bemerken sind die »vermögensrechtlichen Befugnisse« des Arbeit-
gebers, also der Firma. Worin diese genau bestehen, welche Rechte (z.B. Nutzungsrechte) an mich abgetreten werden, muß in einem Vertrag zwischen mir,
der Auftraggeberin, und der Firma festgelegt werden. Wird nichts anderes vereinbart, sind im Zweifel nur jene Rechte an mich übertragen, die sich aus dem
Zweck der nach außen erkennbaren Umstände der Beauftragung (Zwecküber-
tragungstheorie) ergeben.

Dazu kommt in unserem Fall aber, daß aufgrund der Tatsache, daß Idee und
Konzeption des Programmes von mir, der Auftraggeberin, stammen und ich
darüber hinaus bei der Realisierung des Programmes durch regelmäßige Tests,
Kritik und Verbesserungsvorschläge nicht unwesentlich an der endgültigen
Form des Programmes mitgewirkt habe. In diesem Sinne müßte meiner Ansicht
nach auf jeden Fall von einer Miturheberschaft meiner Person ausgegangen werden. Das sieht aber der Gesetzgeber keineswegs so. Seiner Ansicht nach formt
jeder Auftraggeber einer Individualsoftware den Funktionsumfang des Programms mehr oder weniger bis in die Details, *ohne* damit juristisch zum Urheber
bzw. Miturheber zu werden. Das heißt, daß meine Miturheberschaft an dem
Computerprogramm – rein juristisch gesehen – bestritten wird. Ich habe zwar
die Idee geliefert, diese ist aber in unserem Rechtssystem kaum schützbar bzw.
wird im Vergleich zur Ausführung der Idee als zu vernachlässigend in der
Bewertung eingestuft.

3. Der User

Zusätzlich zu den bereits erwähnten Konstellationen des Zusammenwirkens bei
der Herstellung unseres Bildes *Warhol Flowers* muß noch die Rolle weiterer
beteiligter, menschlicher Mitwirkender und damit potentieller Urheber bzw.
Miturheber untersucht werden.

Bei den Netzkunstgeneratoren handelt es sich um ein echtes bzw. freies interaktives Konzept, das heißt es bedarf der Mitwirkung von Interagierenden, die
über die reine Auswahl vorgegebener Optionen hinausgeht. Der Netzkunstgenerator ist ohne das Zutun der Interagierenden nicht in der Lage, Bilder hervorzubringen: Erst durch den Gebrauch, also durch die Eingabe eines Titels und
eines Namens, kann das Werk überhaupt entstehen. Die Interagierenden finden
ein Handlungsfeld (in Form des Computerprogramms) vor, in dem sie sich (zwar
nicht uneingeschränkt, aber dennoch eigenschöpferisch) betätigen können. Der
Jurist Gerhard Schricker spricht in so einem Fall freier Interaktivität von »Umgestaltung bzw. Fortsetzung geschützter Werke« – was gerade im Hinblick auf den
Netzkunstgenerator sinnfällig erscheint. Gleichzeitig schlägt er vor, für die freien

interaktiven Werke die für die »Umgestaltung bzw. Fortsetzung geschützter Werke« gültigen Rechtsgrundsätze rechtsgängig zu machen. Damit kommen § 23 UrhG, der die »Bearbeitungen« bzw. »Umgestaltungen« regelt, und/oder § 24 UrhG, der die »freie Benutzung« eines Werks regelt, in die Diskussion. »Im ersten Fall, der ›Bearbeitung‹, entsteht ein eingeschränkt selbständiges neues Werk, das als Variante des Ausgangswerks angesehen wird. Dieses sekundäre Werk des Bearbeitens erfordert daher hinsichtlich seines Zustandekommens die ausdrückliche Genehmigung des Urhebers des bearbeiteten Werks.« Im zweiten Fall hat der interaktive User ein ganz neues Werk hervorgebracht, das »die Züge einer persönlichen geistigen Schöpfung« aufweist und damit selbständig schutz- fähig ist und »ohne Zustimmung des Urhebers des benutzten Werks veröffent- licht und verwertet werden« darf (§ 24 UrhG).

Welcher Paragraph und damit welche Regelung trifft nun für den Netzkunst- generator zu? Handelt es sich bei unseren *Warhol-Flowers* um eine eigene schöp- ferische Leistung, die schutzfähig ist und ohne Zustimmung des Original- urhebers hergestellt werden durfte oder vielmehr um ein eingeschränkt selbständiges Werk, das der Genehmigung des Urhebers bedurft hätte? Ich glaube, daß das an dieser Stelle nicht eindeutig beantwortet werden kann und im Zweifelsfall einer richterlichen Entscheidung bedürfte. Was das entstehende Werk selbst anbelangt, gibt es zwar Anzeichen dafür, daß es nur eingeschränkt selbständig ist – schließlich besteht jedes neue Bild lediglich aus Teilen von ande- ren Bildern (in unserem Fall vier) – jedoch spielt die unvorhergesehene Art und Weise, in der die Teile eines ursprünglichen Werkes mit Teilen anderer ursprünglicher Werke kombiniert werden, eine große Rolle. Und damit kom- men wieder das Programm, der Programmierer und die Ideengeberin ins Spiel. Die Verfremdungsmechanismen des Netzkunstgenerators bewirken in der Regel, daß ein ursprüngliches Bild kaum noch eindeutig identifiziert werden kann, aber es gibt auch Ausnahmefälle, für die sicherlich individuell entschieden werden müßte.

Die Einbettung des Netzkunstgenerators in einen eindeutig künstlerischen Kontext verleiht der § 24 UrhG zuneigenden These in unserem Fall mehr Gewicht. Das einzelne, neu entstandene Bild mag zwar als eingeschränkt selb- ständiges Kunstwerk eingestuft werden, es handelt sich dabei aber um einen Teil eines künstlerischen Konzeptes, das wiederum eindeutig eine eigenständige schöpferische Leistung darstellt. Betrachtet man also das neue Werk nicht als einzelnes, unabhängiges Werk, sondern als Teil eines größeren künstlerischen Konzeptes, kann man durchaus vertreten, es als eigenschöpferisches und schutz- fähiges Artefakt zu betrachten, dessen Herstellung der Zustimmung der Origi- nalurheber nicht bedurfte.

Ob es sich bei dem durch Interaktion entstandenen Werk um ein Gemein- schaftswerk handelt, also im Sinne des § 8 UrhG um eine echte Miturheberschaft (zwischen User und Programm/Programmierer/Ideengeberin/…), bliebe im Falle des Netzkunstgenerators noch zu entscheiden. Zwar ist die Intervention des Users identifizierbar und erheblich, aber die Beteiligung geschieht meist spontan und scheint nicht unbedingt von absichtsvoller und wohlerwogener

Kooperation gekennzeichnet zu sein. Von einer Absicht zur Zusammenarbeit, die eine Miturheberschaft wesentlich begründen würde, kann man nur sehr begrenzt ausgehen. Einerseits würde ohne die Intervention zwar gar kein Bild entstehen, welches Bild aber entsteht, kann der User lediglich thematisch frei bestimmen. Die genaue Auswahl der Bilder sowie weitere Einflußnahmen auf das Resultat und dessen Weiterverwertung bleiben ihm verwehrt. Rein technisch kann also die Miturheberschaft des Users nicht definiert werden. Deshalb schlage ich vor, die Haltung des Users bei der Nutzung des Netzkunstgenerators als ausschlaggebend zu betrachten.

Nimmt man die Rolle der Interagierenden ernst, wird es aber nicht nur bei den mit ›anonymous‹ gekennzeichneten Bildern kaum möglich sein, den mitwirkenden User – also den Miturheber – tatsächlich zu ermitteln. Denn selbst wenn der richtige Name angegeben ist, kann man die Person nicht direkt kontaktieren. Man kann sie also weder zu ihrer Absicht befragen, noch ihr Einverständnis einholen. Hinzu kommt, daß es durch die Bereitstellung der Netzkunstgeneratoren im Internet üblich ist, daß die User aus unterschiedlichen Ländern stammen. Dieser Umstand dürfte die Einordnung der Rolle des Users zusätzlich erschweren, da die nationalen Gesetze zur Urheberschaft bzw. Miturheberschaft unterschiedliche Regelungen beinhalten und jeweils diejenigen anzuwenden sind, die für das Land gelten, in dem der User lebt. In solch einem Fall würde es notwendig werden, die komplexen internationalen Urheberrechtsvereinbarungen heranzuziehen, die einen weltweit geltenden Mindestschutzstandard für alle Vertragsstaaten (fast alle Länder der Erde) gewährleisten bzw. das Internationale Privatrecht, das im Kollisionsfall zweier Rechtsordnungen in Kraft tritt.

Erst recht problematisch wird die Rolle des Users als schwer zu identifizierenden Miturhebers auch dann, wenn es darum geht, einen Verwertungserlös gerecht aufzuteilen. Das Gesetz schlägt in solch einem Fall die ›Hinterlegungslösung‹ vor, dergemäß der auf einen User entfallende Erlös beim zuständigen Amtsgericht hinterlegt und bei Nichteinforderung des Miturhebers nach 30 Jahren an den Staat fällt. In jedem Fall kann der vom User angegebene Name bzw. sein Wunsch nach Anonymität bei der Bezeichnung des Bildes erwähnt werden.

4. Der/die Originalurheber

Die Liste der an der Bildproduktion Beteiligten ist immer noch nicht vollständig, denn was das Programm notwendig braucht, um funktionieren zu können, ist das Material, das es im Netz vorfindet, das es weiterverarbeitet und aus dem das neue Werk erst entstehen kann. Und dieses Material hat seinerseits einen Urheber. Um diesen Urheber von dem Urheber des neu geschaffenen Werkes abzugrenzen, nenne ich ihn im Folgenden ›Originalurheber‹ in Anlehnung an Schricker: »Der Originalurheber stellt ein als solches vollendetes Werk zur Verfügung, das zur Umgestaltung oder Fortsetzung gleichsam einlädt; die weitere Entwicklung bildet eine neue, eigenständige Schaffensstufe«.[12]

Patricia Caulfields Photographie, die
Andy Warhol als ›Vorlage‹ für die *Flowers*-
Siebdrucke 1964/1967 verwendete

Was einen Originalurheber dazu motiviert, sein Material ins Netz zu stellen, kann sicher im allgemeinen nicht geklärt werden. Ob er mit einer durch die Veröffentlichung im Internet leicht möglich gemachten Weiterverarbeitung einverstanden ist, ob er gar dazu einlädt oder darin einen Rechtsbruch sieht, ist von Fall zu Fall verschieden. Eine spezielle Funktion des Netzkunstgenerators *nag_04* ermöglicht es in jedem Fall, die Quellen (URLs) der benutzen Bilder zu recherchieren. Gibt es auf den entsprechenden Websites Hinweise auf die Herkunft der Originalbilder, ermöglicht dies, bei Bedarf den Originalurheber der verwendeten Bilder ausfindig zu machen. Allerdings kann man in der Regel nicht von einer eindeutigen Angabe der Urheberschaft ausgehen. Dies ist wiederum aus unterschiedlichen Gründen der Fall; einer davon kann sein, daß eine Person, die ein Bild im Internet veröffentlicht, nicht notwendigerweise dazu befugt bzw. mit dem Originalurheber identisch ist.

Im Fall der *Warhol Flowers* handelt es sich um eine komplizierte, aber für die Kunstgeschichte nicht untypische Angelegenheit, denn man kann nicht nur einen, sondern eine ganze Reihe von Originalurhebern ausfindig machen. Obwohl man zuerst an Andy Warhol als Originalurheber der berühmten und weit verbreiteten Blumenbilder denkt, die im Jahr 1964 entstanden und in über 1000 Variationen vorliegen, gibt es eine Vorlage, die nicht von ihm stammt. Tatsächlich hatte die US-amerikanische Fotografin Patricia Caulfield in einem Fotomagazin 1962 ihre Fotografie von Hibiskusblüten veröffentlicht, die Andy

---

12. Gerhard Schricker (Hg.), *Urheberrecht auf dem Weg zur Informationsgesellschaft*, Baden-Baden 1997, S. 48.

Elaine Sturtevant,
Warhol Flowers, 1990

Warhol offensichtlich so gut gefallen hat, daß er sie als Vorlage für seine Bilder verwandte. Der große Erfolg Warhols brachte es mit sich, daß auch seine Blumenbilder in kürzester Zeit große Verbreitung und Popularität fanden. Patricia Caulfield erfuhr so von der Weiterverarbeitung ihrer Fotografie und entschloß sich – auch aufgrund des finanziellen Erfolgs der Warhol-Bilder – den Künstler wegen Verletzung ihres Copyrights zu verklagen. Die Fotografin bekam Recht, und Warhol zahlte nicht nur eine Entschädigung, sondern auch fortlaufend Anteile seiner Einnahmen aus den Blumenbildern, was ihn bezüglich weiterer Verwendungen vorgefundener Motive vorsichtiger werden ließ.

Wie bereits erwähnt, gibt es von Warhol selbst mehr als 1000 Variationen der Blumenbilder. Abbildungen dieser Bilder finden sich vorwiegend auf den Webseiten von Museen, Galerien oder Postershops. In diesen Fällen kann man davon ausgehen, daß die Abbildungen autorisiert sind und es sich tatsächlich um Bilder von Warhol handelt. Darüber hinaus finden sich aber auch unzählige Abbildungen von Warhol-Blumenbildern bzw. von anderen, oftmals deren Manier nachahmenden und dieselbe Bezeichnung tragenden Bildern auf privaten Homepages. Diese Bilder sind, wenn sie von Warhol-Vorlagen stammen, nicht legitimiert und/oder haben oft wenig mit Warhols Motiv zu tun. Es kann aber nicht ausgeschlossen werden, daß auch derartige, fälschlicherweise mit ›Warhol flower‹ bezeichnete Bilder vom Netzkunstgenerator zu einem neuen Bild verarbeitet werden. Besonders komplex, sowohl aus kunsttheoretischer wie auch aus juristischer Sicht, wird unsere Frage nach dem Originalurheber, wenn Bilder von Elaine Sturtevant vom Netzkunstgenerator verarbeitet werden. Die Künstlerin hat ab 1965 die Siebdruckanlage von Andy Warhol benutzt, um exakte

Wiederholungen seiner Drucke herzustellen, die sie allerdings mit ihrer Unterschrift versehen in den Kunstmarkt einspeiste. Unter den von ihr nachträglich produzierten Bildern befindet sich auch das Blumenmotiv. Sturtevant behauptet bis heute die Echtheit und Originalität der von ihr signierten Reproduktionen bekannter Werke der Moderne. Da auch zahlreiche Reproduktionen der Warhol-Blumenbilder von Sturtevant im Netz zu finden sind, kann also nicht ausgeschlossen werden, daß das eine oder andere verwendete Originalmotiv nicht von Warhol, sondern von Sturtevant stammt. Dies kann jedoch nur eindeutig festgestellt werden, wenn das Bild entsprechend deutlich bezeichnet ist.

Im Fall unseres Warhol-Blumenbildes kann man eindeutig die Dominanz einer bestimmten Quelle erkennen, bei der es sich auch nicht direkt um die Originalabbildung eines Warhol-Bildes handelt. Das schwarz-weiße Bild, das die Blumen lediglich durch ihre Konturen andeutet, stammt von einer Lernwebsite für Kinder,[13] denen durch ein interaktives Malbuch-Konzept, das online wunderbar funktioniert, eine große Anzahl von Künstlern nahe gebracht wird. Einer davon ist Warhol, und die Kinder können durch Mausklick eine der vielen vorgegebenen Farben auswählen und durch einen weiteren Mausklick in ein abgeschlossenes Feld des Konturenbildes übertragen. Ist das Bild vollständig ausgemalt, kann es als eigene Version des Warhol-Blumenbildes heruntergeladen werden. Und natürlich kann es nicht nur heruntergeladen, sondern auch wieder als eigenes Werk (oder gefälschtes Warhol-Werk) auf der eigenen Website veröffentlicht werden.

13. http://www.enchantedlearning.com/paint/artists/warhol/coloring/flowers.shtml

Rein konzeptuell betrachtet, hätte Warhol sicherlich viel Freude an dem inter-aktiven Malbuch gehabt, das täglich unzählige neue Versionen seiner Blumen-bilder in immer wieder neuen Farbvariationen hervorbringt und Assoziationen zu seinem 1962 entstandenen Gemälde *Do it yourself (Landscape)* auslöst, in dem er die Idee des Malens nach Zahlen ironisch aufgreift. Und die Idee eines Com-puterprogramms, das sich nicht nur mit dem Erstellen neuer Farbvariationen begnügt, sondern – ausgehend von den vier einfachen Hibiskusblüten – unzäh-lige neue Bildkompositionen hervorbringt, würde ihm sicherlich noch viel mehr Freude bereitet haben. Speist man alle diese Variationen wieder unter dem Titel *Warhol Flowers* ins Netz ein, dürften sich langsam aber sicher die originalen Quellen immer weniger von »Bearbeitungen« und »freien Benutzungen« unter-scheiden lassen. Man kann sich vorstellen, daß diese Entwicklung durchaus die Konzepte Warhols weiterdenkt und somit seine amüsierte Zustimmung finden würde – sofern er keinen finanziell Nachteil daraus ziehen würde.

5. Die Ideengeberin

Zuletzt sollten wir zu der noch fehlenden Instanz der Ideengeberin und ihrer Rolle bei der Herstellung des Bildes kommen. Tatsächlich nehme ich bei unse-ren *Warhol Flowers* eine Doppelfunktion ein: die der Ideengeberin und – zusam-men mit Ihnen – die einer fingierten Userin. Um das Szenario konsequent zu Ende zu spielen, möchte ich im Moment meine Rolle als Userin unterschlagen und die Fiktion verwenden, daß jemand anderes den Titel eingegeben und (was ohne weiteres möglich ist) meinen Namen angegeben hat. Was wäre in so einem Fall meine Rolle?

Wie eingangs erwähnt, war die Entdeckung der Möglichkeit, Materialien aus dem Internet mit Hilfe eines Computerprogrammes zu rekombinieren, das zu-fällige Nebenprodukt einer künstlerischen Intervention. Die Herstellung der Zufallswebseiten diente einem klaren Zweck. Doch die entstanden Webseiten bzw. das darin sich offenbarende Potential kamen meinen künstlerischen Ideen sehr entgegen. Dem vom bürgerlichen Kunstbetrieb und dem Kunstmarkt favo-risierten Künstlerbild, das den Künstler als geniales und kreatives Individuum betrachtet, das sich Freiheiten nimmt, die sich der gemeine Bürger nicht erlaubt, bin ich seit Beginn meiner künstlerischen Karriere mit Skepsis begegnet. Dieser Clownrolle, die weder vorsieht, allen Menschen die bewunderte Freiheit zuzu-gestehen, noch es ermöglicht, den Künstler als verantwortungsvoll und politisch bewußt handelnd zu betrachten, kann aber nicht nur auf inhaltlicher Ebene begegnet werden, sondern sie muß strukturell verändert werden. Deshalb hat es mich immer interessiert, als Autorin nicht nur künstlerische Produkte herzu-stellen, sondern auch über die Mittel der Produktion nachzudenken und diese zu verändern.

»Allein die Möglichkeit der Reproduzierbarkeit eines Tafelbildes von Warhol, allein der Zweifel an der tatsächlichen Autorschaft des individuellen Produzen-ten an seinem Produkt nimmt diesem seinen jahrhundertealten Schein der Auto-

nomie, des Authentischen, des individuell Bedingten.«[14] Nicht nur an Warhols
Idee der Reproduzierbarkeit, sondern bereits an der Produzierbarkeit anknüp-
fend versuche ich, Irritationen des Künstlerbegriffes auszulösen – was übrigens
Warhol auch schon tat, indem er die Mitarbeiter der Factory veranlaßte, ›seine‹
Bilder für ihn zu machen: eine Massenproduktion mit Hilfe anderer. Warhol
wollte eine Maschine sein[15] und baute einen ganzen Apparat zur Bilderproduk-
tion auf. Nicht er war die Maschine, sondern er schuf die Maschine und wurde
Teil von ihr. Der Modellcharakter dieser Produktionsweise, die zwar von einem
Künstler angestoßen wird, aber ab einem bestimmten Zeitpunkt auch ohne ihn
auskommt, hat immer noch Gültigkeit. Und so wie Warhol ein überkommenes
Medium, das Tafelbild, mit dem damals neuen Medium der Fotografie kombi-
nierte, betreibe ich ein vergleichbares Konzept mit dem Internet. Das Konzept
des Netzkunstgenerators sieht vor, daß andere Mitwirkende bei der Herstellung
eine wesentliche Rolle spielen. Das Ergebnispotential ist offen für Schaffenspro-
zesse anderer. Der Konsument wird nicht nur zum Produzieren aufgefordert; es
ist jedem möglich, sich tatsächlich an der Produktion zu beteiligen.

Das Konzept, der Anstoß werden von mir geliefert; dann bedarf es der Aktivitäten anderer, um Ergebnisse hervorzubringen. Wie wesentlich die Rolle der
anderen Beteiligten im Falle des Netzkunstgenerators juristisch eingeschätzt
wird, wurde oben bereits erörtert. Was bedeutet es, die Verantwortung für das
Konzept zu haben und die Kriterien für die Regeln und den Code festzulegen?
Und was passiert mit mir, der Künstlerin? Schaffe ich mich selbst ab? Ver-
schwinde oder sterbe ich gar, nachdem ich den Programmierer bezahlt und alles
in Gang gesetzt habe? Was kann ich noch tun? Soll ich noch etwas tun?

Anfang der 1970er Jahre war man sich bezüglich Warhols Werk einig, daß es
angesichts der Vielheit von Abzügen, die existierten und kursierten keinen Sinn
mehr mache, nach dem Original zu fragen. Warhol schien es damit tatsächlich
gelungen zu sein, Teile der Kunst umzufunktionieren. Umso absurder erscheint
heute das von der Warhol Foundation betriebene »Andy Warhol Art Authenti-
cation Board«,[16] das genau das tut, was Warhol selbst zu unterwandern suchte,
nämlich Originale durch Bewertung und Zuschreibung ›herzustellen‹. Damit
wird deutlich, daß die Durchsetzung seines Konzeptes nur temporär möglich
war und langfristig vom Kunstmarkt und seinen Bedürfnissen wieder assimiliert
werden konnte.

Wie in den meisten Fällen verfolgt das Werk zwar eine bestimmte Absicht des
Künstlers, aber das Werk ist autonom, und es können Diskrepanzen zwischen
der Absicht des Autors und der Absicht des Werkes auftreten. Wie Ute Vorkoeper zum Netzkunstgenerator schreibt »assistieren alle AnwenderInnen der
Künstlerin, die Bild um Bild unter ihrem Namen sammelt, manches dann
belichtet, hinter Glas rahmt und an Galeriewände hängt.«[17] Sie geht davon aus,

14. Rainer Crone/Wilfried Wiegand, *Die revolutionäre Ästhetik Andy Warhols*, Darmstadt 1972.
15. »I want to be a machine«, sagte Andy Warhol in einem Interview mit Gene Swenson
(»What is Pop Art«, in: *Art News,* 62(1963), S. 26).
16. http://www.warholfoundation.org/authen.htm

daß ich in der Lage bin und es meine Absicht ist, mir die von anderen produzierten Werke anzueignen und diese einzig dazu dienen, meinen Ruhm zu mehren und an meinem Mythos zu arbeiten. Darin sieht sie mein künstlerisches Programm und entlarvt mich als gewinnsüchtige Auftraggeberin.

Während das Rechtssystem mir meine Autorenrolle abspricht, wird sie mir vom Kunstsystem aufgedrängt. Nun, ich werde mich bemühen, möglichst großen Gewinn zu erzielen, und weiterhin daran arbeiten, bestehende Kategorien und Hierarchien zu unterwandern.

Mein Dank gilt den ProgrammiererInnen der Netzkunstgeneratoren, sämtlichen User-Innen, die sich unermüdlich an der Bildproduktion beteiligen und all jenen, die ihr Material im Internet bereit stellen. Ferner sei gedankt Gerhard Plumpe für seine Anregung sowie RA Peter Eller, München, für seine juristische Unterstützung.

17. Ute Vorkoeper, »Programmierte Verführung. Cornelia Sollfranks Netzkunstgeneratoren testen das Autorenmodell«, in: *Telepolis,* 2.12.1999 (http://www.telepolis.de/deutsch/inhalt/sa/3466/1.html)

Geert Lovink

Fragmente zu Medienkunst und Wissenschaft
Die Grenzen der Neuen Medien

Von der Sonnenseite aus erscheint die Neue Medienkunst als eine aufblühende, hybride und zutiefst multidisziplinäre ›Wolke‹ von Mikro-Praktiken. Sie ist eher eine experimentelle Anordnung als eine etablierte Forschung. Aber sich selbst zwischen ›Kunst‹ und ›Technologie‹ zu verorten, fordert Unannehmlichkeiten heraus. Das ist nicht gerade das, was junge, kreative Bastler erwarten. Mit dem heroischen Leonardo-Schema im Kopf erwarten die Künstler-Ingenieure, daß alle Welt die Vereinigung von Geistes- und Naturwissenschaften freudig umarmt. Aber die Welt ist nicht bereit für so schöne Ideen. Was die unschuldige Neue Medienkunst statt Unterstützung vorfindet, ist Rivalität zwischen wissenschaftlichen Disziplinen und Kunstrichtungen, sind Verteilungskämpfe um schwindende Ressourcen und ein allgemeines Klima der Eifersucht und Ignoranz. Willkommen in den Verhältnissen des neuen Jahrtausends.[*]

★

In welchem Ausmaß haben der Zusammenbruch des ›Neuen Marktes‹ (*tech wreck*) von 2000/2001 und die nachfolgenden Skandale wohl unser Verständnis der Neuen Medien verändert? Kein Zweifel, es wird auch einen kulturellen Fallout geben. Kritische Arbeiten in den Neuen Medien brauchten lange, um auf den Glanz und das Elend der Dotcom-Euphorie zu reagieren. Die Welt der IT-Firmen und ihrer flatterhaften Notierungen auf dem globalen Aktienmarkt schien Lichtjahre von der Galaxie der Neuen Medienkunst entfernt. Die spekulative Blütezeit der Kultur Neuer Medien lag in den frühen und mittleren 90ern, vor dem Aufstieg des World Wide Web. Theoretiker und Künstler sprangen begierig auf noch gar nicht existierende und unverfügbare Technologien wie Virtual Reality auf. Der Cyberspace erzeugte eine reiche Sammlung an Mythologien. Fragen der Verkörperung und Identität wurden erhitzt debattiert. Schon fünf Jahre später, als die Internet-Kurse durch die Decke schossen, war nicht mehr viel von der anfänglichen Erregung in intellektuellen und künstlerischen Kreisen übrig. Die experimentelle Techno-Kultur bekam kein Spielgeld. Seit den letzten fünf Jahren herrscht eine fortschreitende Stagnation der Neuen Medienkultur, ihrer Konzepte und ihrer Finanzierung. Mit hunderten Millionen neuer User, die sich im Netz zu scharen begannen, konnte die Kunst nicht länger mithalten und zog sich in ihre eigene kleine Welt der Festivals, Mailinglisten und Workshops zurück.

★

---

[*] Im Original »post-millenial condition« in Anspielung auf Lyotards »The Postmodern Condition« (A.d.Ü.)

Während die Institutionen der Neuen Medienkunst, um Wohlwollen bettelnd, noch immer Künstler so darstellen, als arbeiteten sie an der vordersten Front der technologischen Entwicklung und kollaborierten mit den angesehensten Wissenschaftlern, sieht die Realität anders aus. Multidisziplinäres Wohlwollen hat den Nullpunkt erreicht. Im besten Fall sind die Neuen Medienprodukte der Künstler ›Demo Design‹, wie Peter Lunenfeld es in *Snap to Grid* beschreibt. Oft genug erreichen sie nicht mal dieses Niveau. Neue Medienkunst, wie sie von Institutionen wie *ISEA*, *Transmediale* und unzähligen anderen Bildungsprogrammen definiert wird, erreicht kaum ein Publikum außerhalb ihrer eigenen Subkultur. Was in positiven Begriffen als heroischer Kampf für die Etablierung eines selbstbezüglichen ›Kunstsystems Neuer Medien‹ durch eine rasante Ausdifferenzierung von Arbeiten, Konzepten und Traditionen beschrieben werden könnte, kann genauso gut auch als Sackgasse verbucht werden. Die Anerkennung der Neuen Medien durch führende Museen und Sammler wird schlichtweg nicht stattfinden. Warum also einige Jahrzehnte warten? Die Mehrheit von Arbeiten der Neuen Medienkunst, die am *ZKM* in Karlsruhe, im Linzer *Ars Electronica Center*, im *ICC* in Tokyo oder im gerade eröffneten *Australian Centre for the Moving Image* gezeigt werden, sind trostlos in ihrer Unschuld, sind weder kritisch noch radikal utopisch im Ansatz. Das ist der Grund, warum der Bereich der Neuen Medienkunst, ungeachtet seines ständigen Wachstums, sich zunehmend isoliert und unfähig ist, die Probleme einer gegenwärtigen, globalisierten Welt anzusprechen. Deshalb ist es verständlich, daß die Welt der Gegenwartskunst den Jahrzehnte alten stillen Boykott der Neuen Medienkunst in Galerien, Kunstmessen, Biennalen oder Ausstellungen wie der *documenta* fortführt.

Eine kritische Umwertung der Aufgabe von Kunst und Kultur in der gegenwärtigen, vernetzten Gesellschaft scheint nötig. Wir müssen über die ›taktischen‹ Absichten der beteiligten Spieler hinausgehen. Dabei geht es nicht um Schuldzuschreibungen. Der Künstler-Ingenieur, der an alternativen Mensch-Maschine-Interfaces, an sozialer Software oder an digitaler Ästhetik herumbastelt, hat erfolgreich in einem selbstgeschaffenen Vakuum operiert. Während der letzten Jahrzehnte haben sowohl Wissenschaft als auch Wirtschaft die kreative Community erfolgreich ignoriert. Und schlimmer noch: Künstler wurden im Namen der ›usability‹ aufs Nebengleis geschoben. Die Rückzugsbewegung gegenüber Webdesign, angeführt von Usability-Guru Jakob Nielsen, ist ein gutes Beispiel für diesen Trend. Andere einflußreiche Faktoren mögen die Ängste vor der geballten Herrschaft von Unternehmen wie AOL / *Time Warner* und *Microsoft* gewesen sein. Lawrence Lessig, der Anwalt von *Creative Commons*, behauptet, daß die Innovation des Internet selbst in Gefahr sei. Währenddessen wendet sich die jüngere Generation von den Fragen der Neuen Medienkunst ab und betätigt sich, falls überhaupt engagiert, als Anti-Unternehmens-Aktivisten. Seit dem Zusammenbruch hat das Internet rapide seine imaginative Anziehungskraft verloren. Tauschbörsen und Handys können dieses Vakuum nur kurzzeitig füllen. Es wäre dumm, das zu ignorieren. Die Neuen Medien haben ihre Zauberkraft eingebüßt; die einstmals so glamourösen Gadgets sind Teil des alltäglichen Lebens geworden, ähnlich wie das Radio und der Staubsauger. Diese langfristige Tendenz, die gerade in ihrer Beschleunigungsphase ist, untergräbt ernsthaft den Zukunftsanspruch der gesamten Neuen Medien.

Ein anderes Tabu-Thema der Neuen Medien ist die Generationenfrage. Während Video und teure interaktive Installationen die Domäne der Babyboomer waren, ergriff die Generation von 1989 das freie Internet. Aber das Netz stellte sich als Falle für die Jüngeren heraus. Während die Immobilien, die Stellen und die Macht in den Händen der langsam alternden Babyboomer blieb, erfüllte sich die Spekulation ihrer Vorgänger auf den Aufstieg der Neuen Medien nicht. Nachdem das Risikokapital weggeschmolzen ist, gibt es immer noch kein nachhaltiges Auszahlungssystem für den Fall des Internet. Es gibt kein Leben nach dem Demo-Design. Die träge arbeitenden Bildungs-Bürokratien haben die Krankheit der Neuen Medien noch gar nicht begriffen. Die Universitäten sind immer noch dabei, Neue Medien-Institute zu gründen. Aber das wird irgendwann ein Ende haben. Die beamteten Ordinarien und Vize-Kanzler in den Mittfünfzigern müssen ein gutes Gefühl bei ihrer hartnäckigen Sabotage haben. Die ›positive Generation‹ (*Wanadoo*) ist arbeitslos und verdammt frustriert. ›Was ist denn überhaupt so neu an den Neuen Medien?‹, fragen die Babyboomer. Computer erzeugen keine Geschichten, und was die Welt im Moment braucht, ist Sinn, nicht leere, ironische net.art. Technologie wurde letztlich bloß hochgejubelt, beworben von den Kriminellen bei *Enron* und *WorldCom*. Für Studenten ist es genug, wenn sie ein bißchen mailen und surfen, abgesichert in einem gefilterten und kontrollierten Intranet… Um dieser zynischen Vernunft zu begegnen, müssen wir dringend die Ideologie der gierigen 90er und ihres Techno-Liberalismus analysieren. Wenn wir die Neuen Medien nicht schleunigst von diesem Jahrzehnt trennen, wenn wir in der gleichen Rhetorik fortfahren, dann wird die Isolation des Bereichs der Neuen Medien früher oder später zu ihrem Tod führen. Wir müssen das Gerede um die Neuen Medien gemeinsam in etwas Interessanteres verwandeln – bevor es andere für uns tun. Der Wille, sich der Wissenschaft unterzuordnen, ist nicht mehr als eine hilflose, pubertäre Geste.

★

Die amerikanische Performancekünstlerin Coco Fusco schrieb am 26. Januar 2003 eine Kritik der Biotech-Kunst auf der *Nettime*-Mailingliste. »Biotech-Künstler haben behauptet, daß sie die Praxis der Kunst neu definieren und daß deshalb die alten Regeln für sie nicht mehr gelten.« Für Fusco hört sich die heroische Attitüde der Bio-Art und ihre Unempfindlichkeit gegenüber Kritik allmählich recht phrasenhaft und selbstgerecht an, besonders wenn das Bedürfnis nach Aufnahme in Mainstream-Institutionen der Kunst, in die Gestaltungs-Fakultäten der Universitäten, in den Kunst-Kanon, in die Geldflüsse der Kunstwelt und in die Kunstkritik so stark ist. Von dieser randständigen Position aus können ihre posthumanen Träume einer Überwindung des Körpers besser als Begehren gelesen werden, ihre eigene Marginalität zu überwinden, durch die sie weder als ›Kunst‹ noch als ›Wissenschaft‹ wahrgenommen wird. Coco Fusco: »Ich finde die Versuche vieler Befürworter der Biotech-Kunst, ihre Bemü-

hungen zu inszenieren als ginge es nur um ästhetische oder wissenschaftliche
Zwecke, verlogen. Ihre ganze Rhetorik der Transzendierung des Menschen ist
selbst ein gewalttätiger Akt der Auslöschung, ein Herrschaftsdiskurs, aus dem die
Schaffung von ›Sklaven‹ als Anderen folgt, die unterdrückt werden müssen.«
Gut, aber was wäre, wenn all dies nur ein Traum bliebe, Prototypen von
Mensch-Maschine-Interfaces, die – wie Demo-Design – nirgendwo enden. Die
isolierte Stellung der Neuen Medienkunst wird bei dieser Art von Kritik gar
nicht erst in Betracht gezogen. Biotech-Kunst muß allmächtig sein, damit die
Rhetorik von Fusco funktioniert.

Coco Fusco verweist zu Recht auf Künstler, die an Treffen von ›echten‹ Wissenschaftlern ›teilnehmen‹, aber in diesem Kontext werden sie zu Beratern dafür,
wie man Wissenschaft popularisiert, was wohl kaum das ist, was man eine kritische Intervention in wissenschaftliche Institutionen nennen würde. Künstler
sind keine ›besseren Wissenschaftler‹, und das wissenschaftliche Vorgehen ist
kein besserer Weg Kunst zu machen als irgendein anderer, schreibt Fusco. Sie
endet: »Den Respekt für das menschliche Leben zu verlieren ist sicherlich der
Unterstrom jedes militaristischen Abenteuers und bildet den Grund jener Vorstellungen von Rasse und Klasse, die die gewalttätige Anwendung von Wissenschaft über Jahrhunderte gerechtfertigt hat. Es besteht kein Grund zu glauben,
daß diese Art von Wissenschaft plötzlich verschwinden wird, weil einige Künstler nun Schönheit in der Biotechnologie entdecken.« Es bleibt eine offene Frage,
wo die radikale Kritik der (Lebens-)Wissenschaften geblieben ist und warum der
Kanon der Neuen Medien(kunst) immer noch auf einer so primitiven, regressi-
ven Stufe steht.

★

Dem herrschenden Flügel der westlichen Neuen Medienkunst fehlt der Sinn für
Überlegenheit, Unabhängigkeit, Bestimmung und Richtung. Man kann heute
eine Tendenz der ›digitalen Minderwertigkeit‹ auf schlechterdings jedem Cyber-
Ereignis beobachten. Die politisch naive Haltung der Techno-Art-Bastler hat
sich nicht ausgezahlt. Weder die Wissenschaft noch die Kunstwelt schenkt ihren
gut gemeinten Projekten Aufmerksamkeit. Künstler, Kritiker und Kuratoren
haben sich selbst der Technologie – und insbesondere den Life-Sciences – unter-
tänig gemacht und erfolglos um die Aufmerksamkeit ›echter‹ Biowissenschaftler
gebettelt. Diese ideologische Position erwuchs aus einer Ignoranz, die nicht einfach zu erklären ist. Wir reden hier über eine hintergründige Mentalität, nahezu
ein Tabu. Die kultische Übung einer ›dominanten‹ Wissenschaft und ihrer Sklaven (der neuen Medienkünstler) findet in den Hinterzimmern der Universitäten
und der Kunst-Institutionen statt, wärmstens unterstützt durch die vereinigten
bourgeoisen Elemente – Mitglieder von Gremien, Professoren, wissenschaftliche Autoren und Journalisten – die ein genuines Interesse an der Sache haben
und die technokulturelle Tagesordnung bestimmen. Wir reden hier nicht über
irgend eine Art von ›Techno-Feier‹. Die Welt der Unternehmen interessiert sich
nicht für die Neuen Medienkunstwerke, weil sie am Ende zu abstrakt sind und
es ihnen erheblich an Sex-Appeal mangelt. Diesen Fehler darf man nicht

machen. Neue Medienkunst ist nicht einfach eine Dienerin von Unternehmens-
interessen. Es gab keinen Ausverkauf aus dem einfachen Grund, daß es nicht mal
ein gundlegendes Interesse gab, bei dem er anfangen konnte. Wenn es doch nur
so einfach wäre. Die Anschuldigung, die Neue Medienkunst würde die Technologie ›feiern‹, ist eine Banalität, die nur von Outsidern kommt; und das Interesse an Biowissenschaften kann leicht als (geheime) Sehnsucht verkauft werden,
am übermenschlichen ›Triumph des logos‹ der Wissenschaften teilzuhaben, aber
das will ich hier nicht tun. Wissenschaftler sehen von ihrer Seite aus verächtlich
auf die Jahrmarkts-Interfaces und gutgemeinten Verrücktheiten der Techno-
Kunst herab. Nicht daß sie was sagen würden. Aber das feine Grinsen in ihren
Gesichtern verweist auf einen kulturellen Graben, der Lichtjahre breit ist. Eine
auserlesene Nicht-Kommunikation bestimmt die Lage. Ständig wachsende
Märkte für Internet, mobile Geräte und elektronische Konsumgüter machen es
schwer, das wahre Ausmaß der Verzweiflung auszumachen. Statt wieder einmal
zu einer positiveren Haltung gegenüber der Zukunft aufzurufen, könnte es eine
weit verführerischere Strategie sein, den Computer von solchen Labels wie ›neu‹
oder ›digital‹ zu entkoppeln und zu beginnen, die Netzwerke mit einer weit
schonungsloseren Intensität zu benutzen. Die Neue Medienkunst muß erwachsen werden. Sie kann dies tun, indem sie eine geheime, rituelle Initiation durch-
läuft. Es ist Zeit, die Gemütlichkeit des selbstgeschaffenen Ghettos zu verlassen
und das eigene Verschwinden zu inszenieren, um in die Gesellschaft einzutreten.

Aus dem Englischen von Claus Pias

COMPUTOPIA

Richard Stallman

Das GNU-Manifest

Was ist GNU? GNU ist nicht gleich Unix!

GNU steht für »GNU ist nicht gleich Unix« und ist der Name eines kompletten, Unix-kompatiblen Software-Systems, das ich gerade schreibe, um es dann an jeden, der es brauchen kann, frei weiterzugeben.[1] Einige andere Freiwillige unterstützen mich. Beiträge in Gestalt von Zeit, Geld, Programmen und Material werden dringend benötigt.

Bis jetzt haben wir einen *Emacs*-Texteditor mit *Lisp*, um Editorkommandos zu schreiben, einen Quelltextdebugger, einen yacc-kompatiblen Parsergenerator, einen Linker und etwa 35 Dienstprogramme. Ein Kommandointerpreter (*shell*) ist beinahe fertig. Ein neuer, portabler, optimierender C-Compiler hat sich selbst compiliert und könnte dieses Jahr herausgegeben werden. Anfänge zu einem Kernel existieren, aber es werden noch viele Funktionen benötigt, um Unix zu emulieren. Sobald der Kernel und der Compiler vollendet sind, wird es möglich sein, ein zur Programmentwicklung einsatzfähiges GNU-System herauszugeben. Wir werden *TeX* als Textsatzsystem einsetzen, aber auch an einem nroff wird gearbeitet. Auch werden wir das freie, portable X-Window-System verwenden. Danach werden wir ein portables *Common Lisp* hinzufügen, ein *Empire*-Spiel, ein Tabellenkalkulationsprogramm und hunderte anderer Dinge plus *on-line*-Dokumentation. Wir hoffen, schließlich alles Nützliche, was normalerweise zu einem Unix-System gehört, anbieten zu können – und mehr.

GNU wird in der Lage sein, Unix-Programme laufen zu lassen, aber es wird nicht mit Unix identisch sein. Auf der Grundlage unserer Erfahrungen mit anderen Betriebssystemen werden wir alle gebräuchlichen Verbesserungen vornehmen; insbesondere sind längere Dateinamen geplant, Datei-Versionsnummern, ein absturzsicheres Dateisystem, eventuell Dateinamen-Komplettierung, terminalunabhängige Ausgabe und schließlich ein auf *Lisp* basierendes Window-System, durch welches mehrere *Lisp*-Programme und gewöhnliche Unix-Programme ein- und denselben Bildschirm miteinander teilen können. Sowohl *C* als auch *Lisp* werden als Systemsprogrammiersprachen verfügbar sein. Für die

1. Diese Wortwahl war ein wenig sorglos. Die Absicht war, daß niemand für die *Erlaubnis* zahlen muß, das GNU-System zu benutzen. Dies geht jedoch nicht aus der Formulierung hervor, und man interpretiert dies häufig so, daß Kopien von GNU stets gegen kein oder höchstens geringes Entgelt verteilt werden sollen. Dies war niemals die Absicht; weiter unten erwähnt das Manifest die Möglichkeit für Firmen, GNU gegen Bezahlung zu verteilen. Später habe ich es gelernt, sorgfältig zwischen »frei« im Sinne von »Freiheit« und »frei« im Sinne von »Preis« zu unterscheiden. Freie Software ist Software, deren Benutzer die Freiheit haben, sie weiterzugeben und zu verändern. Manche werden ihre Kopien gratis erhalten, während andere dafür bezahlen werden – und wenn diese Geldsumme dazu beiträgt, die Software weiter zu verbessern, um so besser. Wichtig ist, daß jeder, der eine Kopie hat, auch die Freiheit hat, beim Gebrauch dieser Kopie mit anderen zu kooperieren.

Kommunikation beabsichtigen wir, UUCP, MIT-Chaosnet sowie die Internet-Protokolle zu unterstützen.

GNU zielt zunächst auf Maschinen der 68000/16000-Klasse mit virtuellem Speicher, weil es auf diesen am leichtesten lauffähig gemacht werden kann. Die Zusatzarbeit, es auf kleinere Maschinen zu portieren, überlassen wir jemandem, der es auf diesen verwenden will.

Um fürchterliche Verwechslungen zu vermeiden, sprechen Sie bitte auch im Englischen das »G« in »GNU« mit aus.

Warum ich GNU schreiben muß

Ich glaube, daß es das Gebot der Nächstenliebe verlangt, daß ich ein Programm, das mir gefällt, mit anderen teile, denen es ebenfalls gefällt. Software-Anbieter hingegen wollen die Anwender isolieren und beherrschen, wobei sie jeden Anwender dazu verpflichten, nicht mit anderen zu teilen. Ich weigere mich, die Solidarität mit anderen Anwendern in dieser Weise zu brechen. Ich kann nicht mit gutem Gewissen einen Nichtoffenbarungsvertrag oder einen Software-Lizenzvertrag unterzeichnen.

Damit ich ehrlich bleiben und trotzdem weiterhin Computer benutzen kann, habe ich mich entschlossen, eine genügend große Sammlung von freier Software zusammenzustellen, so daß ich in der Lage sein werde, ohne jegliche nicht-freie Software auszukommen. Ich habe meinen Beruf im *AI Lab* aufgegeben, um dem *MIT* keinen rechtlichen Vorwand zu bieten, mich daran zu hindern, GNU weiterzugeben.

Warum GNU Unix-kompatibel sein wird

Unix ist nicht mein ideales Betriebssystem, aber es ist nicht übel. Die wesentlichen Eigenschaften von Unix scheinen gut zu sein, und ich denke, daß ich fehlendes ergänzen kann, ohne die guten Eigenschaften zu verderben. Außerdem wird ein Unix-kompatibles System für viele Menschen eher annehmbar sein.

Wie GNU erhältlich sein wird

GNU ist nicht in der *public domain*. Zwar wird jedem gestattet sein, GNU zu modifizieren und weiterzugeben, aber keinem Distributor wird es erlaubt sein, die Weiterverbreitung von GNU einzuschränken; sprich: proprietäre Modifikationen werden nicht erlaubt sein. Ich möchte sicherstellen, daß alle Versionen von GNU frei bleiben.

Warum viele andere Programmierer mithelfen wollen

Ich habe viele andere Programmierer gefunden, die vom GNU-Projekt begeistert sind und ihre Hilfe anbieten.

Viele Programmierer sind mit der Kommerzialisierung von Systemsoftware unzufrieden. Es mag ihnen die Möglichkeit geben, mehr Geld zu machen, aber es zwingt sie gleichzeitig, andere Programmierer im allgemeinen als Gegner anstatt als Kameraden zu betrachten. Der fundamentale Akt der Freundschaft zwischen Programmierern ist das Teilen von Programmen; derzeitige Vermarktungspraktiken verbieten Programmierern im wesentlichen, sich gegenseitig als Freunde zu behandeln. Der Käufer von Software hat die Wahl zwischen Freundschaft und Gesetzestreue. Naturgemäß entscheiden viele, daß Freundschaft für sie wichtiger ist, aber diejenigen, welche an das Gesetz glauben, haben eine schwere Entscheidung. Sie werden zynisch und betrachten Programmierung nur noch als eine Möglichkeit, Geld zu machen.

Wenn wir an und mit GNU anstelle von proprietären Programmen arbeiten, können wir gleichzeitig zu jedem gastfreundlich sein und dem Gesetz genügen. Außerdem dient GNU uns als inspirierendes Beispiel und als Banner, andere zu sammeln, um sich uns beim Teilen anzuschließen. Dies kann uns ein Gefühl der Harmonie bringen, das beim Gebrauch nicht-freier Software unmöglich wäre. Für jeden zweiten Programmierer, mit dem ich gesprochen habe, ist dies ein wichtiges Glück, das durch Geld nicht ersetzt werden kann.

Wie Sie selbst beitragen können

Ich bitte Computerhersteller um Spenden in Gestalt von Maschinen und Geld. Ich bitte Einzelpersonen um Spenden in Gestalt von Programmen und Arbeit.

Wenn Sie uns eine Maschine zur Verfügung stellen, können Sie damit rechnen, daß GNU relativ früh darauf laufen wird. Die Maschinen sollten komplette, gebrauchsfertige Systeme sein, in einer Wohnung benutzt werden können und keine außergewöhnliche Kühlung oder Energieversorgung benötigen.

Ich habe sehr viele Programmierer gefunden, die bereit sind, einen Teil ihrer Arbeitszeit GNU zu widmen. Für die meisten Projekte würde derartig verteilte Teilzeitarbeit schwer zu koordinieren sein; die voneinander unabhängig geschriebenen Teile würden nicht zusammenarbeiten. Für die spezielle Aufgabe jedoch, Unix zu ersetzen, existiert dieses Problem nicht. Ein komplettes Unix-System enthält hunderte von Dienstprogrammen, von denen jedes separat dokumentiert ist. Die meisten Schnittstellen sind durch Unix-Kompatibilität festgelegt. Wenn jeder Beteiligte einen kompatiblen Ersatz für ein Unix-Dienstprogramm schreibt und dafür sorgt, daß es an der Stelle der Originalkomponente richtig arbeitet, dann werden diese Dienstprogramme auch richtig arbeiten, wenn man sie zusammensetzt. Selbst wenn wir Murphy erlauben, ein paar unerwartete Probleme zu produzieren, sollte das Zusammensetzen dieser Komponenten eine durchführbare Aufgabe sein. (Der Kernel wird eine engere Zusammenarbeit erfordern, daher wird eine kleine Gruppe daran arbeiten.)

Sollte ich Geldspenden erhalten, werden mich diese in die Lage versetzen, ein paar Leute in Voll- oder Teilzeitarbeit einzustellen. Die Gehälter werden für den Standard von Programmierern nicht hoch sein, aber ich suche Leute, für die das Bilden von Gemeinschaftsgeist wichtiger ist als Geld zu scheffeln. Ich sehe dies als einen Weg an, es ausgewählten Leuten zu ermöglichen, ihre gesamte Energie in ihre Arbeit an GNU zu investieren, indem ich sie von der Notwendigkeit freimache, ihren Lebensunterhalt auf andere Weise zu verdienen.

Warum dies allen Computerbenutzern nützen wird

Sobald GNU geschrieben sein wird, wird jeder in der Lage sein, gute Systemsoftware so frei wie Luft zu bekommen.[2]

Dies bedeutet mehr, als nur jedem den Preis für eine Unix-Lizenz zu ersparen. Es bedeutet, daß viele überflüssige Anstrengungen, Systemsoftware jedesmal neu zu programmieren, vermieden werden können. Dieselben Anstrengungen können stattdessen eingesetzt werden, uns auf dem Gebiet weiterzubringen.

Der komplette Quelltext des Systems wird für jeden verfügbar sein mit dem Ergebnis, daß ein Benutzer, der Veränderungen in dem System benötigt, immer die Freiheit haben wird, diese selbst vorzunehmen oder einen Programmierer oder eine Firma damit zu beauftragen. Die Benutzer werden nicht länger von der Gunst eines einzigen Programmierers oder einer einzigen Firma abhängig sein, welche den Quelltext besitzt und daher als einzige Veränderungen vornehmen kann.

Schulen können ein besseres pädagogisches Umfeld bieten, wenn sie die Schüler dazu anhalten, den Code des Betriebssystems zu studieren und zu verbessern. Das *Harvard's Computer Lab* verlangte, daß kein Programm im System installiert werden durfte, dessen Quelltext nicht öffentlich zugänglich war − und hielten dies aufrecht, indem bestimmte Programme tatsächlich nicht installiert wurden. Dies hat mich sehr inspiriert.

Und schließlich wird auch der Verwaltungsaufwand vermieden, zu überlegen, wem die Systemsoftware gehört und was man damit tun darf und was nicht.

Wenn Menschen für das Benutzen eines Programms einschließlich des Anfertigens von Kopien zahlen müssen, entstehen fürchterliche Kosten für die Gesellschaft durch den schwerfälligen Mechanismus, der notwendig ist, um herauszufinden für wie viel (d.h. für welche Programme) eine Person zahlen muß, und nur ein Polizeistaat kann jeden dazu zwingen, diese Verträge einzuhalten. Stellen Sie sich eine Raumstation vor, in der die Luft zu hohen Kosten hergestellt wer-

---

2.   Dies ist eine weitere Stelle, an der ich versäumt habe, sorgfältig zwischen den beiden verschiedenen Bedeutungen von »frei« zu unterscheiden. So, wie der Satz geschrieben ist, ist er nicht falsch − Sie können Kopien von GNU-Software kostenlos von Ihren Freunden oder über das Netz erhalten −, aber er suggeriert die falsche Idee.

den muß: Es mag fair sein, Atemluft pro verbrauchten Liter zu berechnen, aber das Tragen von Gasmasken mit Meßeinrichtungen – Tag und Nacht – ist intolerabel, selbst wenn der Luftpreis für jeden erschwinglich ist. Und allgegenwärtige Fernsehkameras, die überwachen, ob jemand die Maske abnimmt, sind abscheulich. Es ist besser, die Luftanlage durch eine Kopfsteuer zu finanzieren und die Masken wegzuwerfen.

Das ganze oder teilweise Kopieren eines Programms ist für einen Programmierer so natürlich wie Atmen – und so produktiv. Es sollte genauso frei sein.

Einige leicht zu entkräftende Einwände gegen die Ziele von GNU

»Niemand wird es benutzen, wenn es frei ist, weil dies bedeutet, daß Sie sich nicht auf Wartung verlassen können.«

»Sie müssen etwas für das Programm berechnen, um Service anbieten zu können.«

Wenn die Menschen lieber für GNU mit Service bezahlen, als GNU ohne Service frei zu erhalten, sollte eine Firma, die speziell diesen Service für Leute anbietet, die GNU frei erhalten haben, rentabel sein.[3]

Wir müssen zwischen Wartung in Gestalt von echter Programmierarbeit und Benutzerhilfe unterscheiden. Ersteres ist etwas, das Sie von einem Software-Händler nicht erwarten können: Wenn Ihr Problem nicht von genügend Leuten geteilt wird, wird der Händler Sie zum Teufel schicken.

Wenn Ihr Unternehmen darauf angewiesen ist, sich auf Wartung zu verlassen, ist der einzig gangbare Weg, alle nötigen Quelltexte und Werkzeuge vorliegen zu haben, denn dann können Sie jede verfügbare Person einstellen, Ihr Problem zu lösen, und sind nicht von der Gunst einer speziellen Person abhängig. Mit Unix ist dies infolge des hohen Preises der Quelltexte für die meisten Unternehmen unerschwinglich; mit GNU wird dies leicht sein. Es kann immer noch sein, daß keine kompetente Person zur Verfügung steht, aber dies liegt dann nicht an den Vertriebsbedingungen. GNU löst nicht alle Probleme der Welt, sondern nur bestimmte.

Gleichzeitig sind Anwender ohne Computerwissen auf Hilfe angewiesen: Dinge für sie erledigen, die sie leicht selbst tun könnten, aber nicht wissen, wie.

Derartige Dienste könnten von Firmen angeboten werden, die gerade solche Benutzerhilfen und Reparaturservice anbieten. Wenn es stimmt, daß Benutzer es vorziehen, für ein Produkt mit Service zu bezahlen, werden sie auch bereit sein, den Service zu bezahlen, während sie das Produkt frei erhalten haben. Die Serviceunternehmen werden in Qualität und Preis miteinander konkurrieren; die Benutzer werden nicht an ein spezielles gebunden sein. Gleichzeitig können diejenigen von uns, die den Service nicht benötigen, das Programm benutzen, ohne für den Service bezahlen zu müssen.

---

3. Inzwischen gibt es mehrere solche Firmen.

»Ohne Werbung können Sie nicht viele Leute erreichen, und Sie müssen etwas für das Programm berechnen, um dies zu ermöglichen.«

»Es ist nutzlos, für etwas zu werben, was man umsonst bekommen kann.«

Es gibt viele Formen kostenloser oder kostengünstiger Werbung, die dazu dienen kann, viele Computerbenutzer über so etwas wie GNU zu informieren. Es mag stimmen, daß man mehr Benutzer von Microcomputern durch Werbung erreichen kann; wenn dies so ist, sollte ein Unternehmen, das etwas für den Service des Kopierens und Verteilens von GNU berechnet, erfolgreich genug sein, um sich Werbung und mehr leisten zu können. Auf diese Weise zahlen auch nur diejenigen Benutzer für die Werbung, die von ihr profitieren.

Wenn andererseits viele Leute GNU von ihren Freunden erhalten und solche Unternehmen keinen Erfolg haben, zeigt dies, daß Werbung in Wirklichkeit gar nicht nötig war, um GNU zu verbreiten. Warum wollen die Vertreter der freien Marktwirtschaft nicht den freien Markt darüber entscheiden lassen?[4]

»Mein Unternehmen benötigt ein proprietäres Betriebssystem, um einen Wettbewerbsvorteil zu bekommen.«

GNU wird keine Betriebssystemsoftware aus dem Wettbewerb entfernen. Sie werden keinen Vorteil auf diesem Gebiet erzielen können, aber umgekehrt wird auch Ihre Konkurrenz Sie nicht übervorteilen können. Sie werden auf anderen Gebieten in Wettbewerb treten, während Sie auf diesem Gebiet voneinander profitieren werden. Wenn Ihr Unternehmen vom Verkauf eines Betriebssystems lebt, werden Sie GNU nicht mögen, aber das ist Ihr Problem. Wenn Ihr Unternehmen anders ist, kann GNU Sie davor bewahren, in das teure Geschäft gedrängt zu werden, Betriebssysteme zu verkaufen.

Ich würde es gerne sehen, wenn viele Hersteller und Benutzer die Entwicklung von GNU durch Spenden unterstützen würden, um die Kosten für jeden einzelnen zu senken.[5]

»Verdienen nicht die Programmierer eine Belohnung für ihre Kreativität?«

Wenn irgendetwas eine Belohnung verdient, dann sind es soziale Beiträge. Kreativität kann ein sozialer Beitrag sein, aber nur, wenn die Gesellschaft die Freiheit hat, die Resultate zu nutzen. Wenn Programmierer eine Belohnung für das Schreiben innovativer Programme verdienen, müßten sie aus demselben Grunde bestraft werden, wenn sie die Nutzung dieser Programme einschränken.

»Sollte ein Programmierer nicht eine Belohnung für seine Kreativität verlangen dürfen?«

Es ist nichts Falsches darin, Bezahlung für Arbeit zu verlangen oder sein Einkommen maximieren zu wollen, solange man nicht destruktiv wird. Die zur

---

4.   Die *Free Software Foundation* bezieht den größten Teil ihres Kapitals von einem solchen Verteilungsservice, obwohl sie eher eine caritative Einrichtung als eine Firma ist. Wenn sich *niemand* dafür entscheidet, seine Kopien von der FSF zu beziehen, wird diese ihre Arbeit nicht machen können. Dies bedeutet nicht, daß proprietäre Einschränkungen gemacht werden sollten, um jeden Benutzer zum Bezahlen zu zwingen; wenn ein kleiner Bruchteil aller Benutzer seine Kopien von der FSF bezieht, genügt dies, die FSF flüssig zu halten. Daher bitten wir Benutzer in dieser Weise um ihre Unterstützung. Haben Sie Ihren Teil bereits geleistet?

5.   Eine Gruppe von Computerunternehmen hat vor kurzem Kapital angesammelt, um die Wartung des GNU-C-Compilers zu unterstützen.

Zeit auf diesem Gebiet gebräuchlichen Mittel basieren auf einer Form von Zerstörung.

Geld von Benutzern zu kassieren, indem man den Gebrauch eines Programms einschränkt, ist destruktiv, weil die Einschränkungen die Häufigkeit und die verschiedenen Weisen begrenzen, in denen das Programm benutzt werden könnte. Dies begrenzt den Reichtum, der aus dem Programm für die Menschheit entsteht. Die schädlichen Auswirkungen einer bewußten Beschränkung sind eine bewußte Form von Zerstörung.

Der Grund, weshalb ein guter Bürger derart destruktive Mittel nicht anwendet, um reich zu werden, ist, daß, wenn dies jeder täte, wir alle durch die wechselseitige Zerstörung ärmer würden. Dies ist Kantsche Ethik – oder das Gebot der Nächstenliebe. Die Konsequenzen, die daraus entstünden, daß ein jeder Information horten würde, gefallen mir nicht, daher sehe ich mich gezwungen, es für falsch zu befinden, wenn sich einer so verhält. Insbesondere begründet der Wunsch, für Kreativität belohnt zu werden, es nicht, die gesamte Welt all dieser Kreativität oder von Teilen davon zu berauben.

»Werden die Programmierer nicht verhungern?«
Ich könnte antworten, daß niemand gezwungen ist, ein Programmierer zu sein. Die meisten von uns könnten nicht davon leben, auf der Straße zu stehen und Possen zu reißen, aber wir sind deswegen noch lange nicht dazu verdammt, auf der Straße zu stehen, Possen zu reißen und zu verhungern – wir machen etwas anderes.

Aber dies ist die falsche Antwort, weil sie die implizite Annahme des Fragestellers akzeptiert, daß nämlich Programmierer keinen Pfennig erhalten würden, wenn es keinen Besitz von Software gibt. Es wird angenommen, daß es um »alles oder nichts« geht.

Der wirkliche Grund, weshalb Programmierer nicht verhungern werden, ist, daß es für sie immer noch möglich sein wird, Geld für Programmierung zu erhalten, nur eben nicht so viel, wie dies im Moment der Fall ist.

Eingeschränktes Kopieren ist nicht die einzige geschäftliche Basis in Sachen Software. Es ist die üblichste Basis, weil sie am meisten Geld einbringt. Wäre diese Basis verboten oder würde sie von den Kunden abgelehnt, würde sich das Software-Geschäft auf andere organisatorische Grundlagen begeben, die zur Zeit weniger häufig verwendet werden. Es gibt immer viele Wege, Geschäfte zu organisieren.

Sicherlich wird das Programmieren auf dieser neuen Basis nicht so lukrativ sein, wie es jetzt ist, aber dies ist kein Argument gegen den Wechsel. Man betrachtet es im allgemeinen nicht als ungerecht, daß Verkäufer die Gehälter bekommen, die sie bekommen. Würden Programmierer die gleichen Gehälter beziehen, wäre dies ebenfalls nicht ungerecht. (In der Praxis werden sie auch weiterhin deutlich mehr beziehen.)

»Haben Menschen nicht das Recht, zu kontrollieren, wie ihre Ideen verwendet werden?«
»Kontrolle über den Gebrauch von Ideen« konstituiert in Wirklichkeit Kontrolle über das Leben anderer Menschen, und sie wird normalerweise eingesetzt, um den Menschen das Leben schwerer zu machen.

Leute, die das Thema geistigen Eigentums sorgfältig studiert haben (z.B. Anwälte) sagen, daß es kein intrinsisches Recht auf intellektuelles Eigentum gibt. Die von der Regierung anerkannten Arten angenommenen intellektuellen Eigentums wurden durch spezielle Gesetze für spezielle Zwecke geschaffen.

Beispielsweise wurde das Patentsystem etabliert, um Erfinder zu ermutigen, die Details ihrer Erfindungen zu offenbaren. Der Sinn war eher der Gesellschaft zu helfen als dem Erfinder. Zu jener Zeit war die Lebensdauer von 17 Jahren für ein Patent klein verglichen mit der Geschwindigkeit des Fortschritts. Weil Patente nur für Hersteller ein Thema sind, für welche die Kosten und Mühen einer Lizenz klein verglichen mit den Produktionskosten sind, schaden Patente meistens nicht viel. Die meisten Einzelpersonen, die patentierte Produkte benutzen, werden dadurch nicht behindert.

Die Idee des Urheberrechts existierte früher nicht, als Autoren häufig andere Autoren in nicht-fiktionalen Werken kopierten. Diese Praxis war nützlich, und nur auf diesem Wege sind die Werke vieler Autoren wenigstens teilweise erhalten geblieben. Das System des Urheberrechts wurde ausdrücklich dafür entwikkelt, Autorenschaft zu ermutigen. Auf dem Gebiet, für das es erfunden wurde – Bücher, die nur auf einer Druckerpresse auf ökonomische Weise vervielfältigt werden konnten – schadete es wenig, und die meisten Leser wurden dadurch nicht behindert.

Alle intellektuellen Eigentumsrechte wurden von der Gesellschaft lizenziert, weil man – richtig oder falsch – glaubte, daß die gesamte Gesellschaft von der Einführung dieser Rechte profitieren würde. In einer speziellen Situation jedoch müssen wir uns fragen, ob wir wirklich besser damit fahren, solche Rechte zu lizenzieren. Welche Art von Handlungen erlauben wir den Personen?

Der Fall von Computerprogrammen heute ist sehr verschieden von dem von Büchern vor hundert Jahren. Die Tatsache, daß der einfachste Weg, ein Programm zu kopieren, von Nachbar zu Nachbar geht, die Tatsache, daß zu einem Programm sowohl Quelltext als auch Objectcode gehören, die verschieden sind, und die Tatsache, daß ein Programm benutzt und nicht gelesen und genossen wird, schaffen zusammen eine Situtation, in der eine Person, die ein Urheberrecht einfordert, der gesamten Gesellschaft sowohl materiellen als auch spirituellen Schaden zufügt – eine Situation, in der eine Person kein Urheberrecht einfordern sollte, unabhängig davon, ob die Gesetze es ihr erlauben.

»Im Wettbewerb werden Dinge besser ausgeführt.«

Das Musterbeispiel eines Wettbewerbs ist ein Wettrennen: Indem wir den Gewinner belohnen, ermutigen wir jeden Teilnehmer, schneller zu laufen. Wenn der Kapitalismus tatsächlich auf diese Weise funktioniert, ist es gut, aber seine Befürworter haben Unrecht mit der Annahme, daß es immer so funktioniert. Wenn die Läufer vergessen, weshalb der Preis ausgesetzt wurde und unbedingt gewinnen wollen – egal wie –, entdecken sie vielleicht andere Strategien, zum Beispiel, andere Läufer anzugreifen. Wenn die Läufer in einen Faustkampf geraten, werden alle erst spät durchs Ziel gehen.

Proprietäre und geheime Software sind das moralische Äquivalent von Rennläufern in einem Faustkampf. Es ist traurig, daß sich der einzige vorhandene

Schiedsrichter nicht um Faustkämpfe sorgt und sie lediglich reguliert (»Pro zehn gelaufene Meter dürft ihr einen Schuß abfeuern«). Er sollte sie stattdessen auseinanderbringen und Läufer bereits für den Versuch eines Angriffs bestrafen.

»Wird ohne finanziellen Ansporn nicht jeder aufhören zu programmieren?«
Tatsächlich werden viele Menschen absolut ohne jeden finanziellen Ansporn programmieren. Das Programmieren übt eine unwiderstehliche Faszination auf manche Leute aus – normalerweise diejenigen Leute, die darin am besten sind. Es gibt keinen Mangel an Berufsmusikern, die bei ihrem Beruf bleiben, obwohl sie keinerlei Hoffnung haben, damit ihren Lebensunterhalt bestreiten zu können.

Aber in Wirklichkeit ist diese Frage, obwohl sie häufig gestellt wird, der Situation nicht angemessen. Die Bezahlung für Programmierer wird nicht verschwinden, sondern nur weniger werden. Die richtige Frage ist daher: Wird irgendjemand bei reduziertem finanziellen Ansporn programmieren? Meine Erfahrung zeigt, daß jemand es tun wird.

Vor über zehn Jahren haben einige der besten Programmierer der Welt im *Artificial Intelligence Lab* für weit weniger Geld gearbeitet, als sie anderswo hätten verdienen können. Sie erhielten nicht-finanzielle Belohnungen in vielerlei Art, zum Beispiel Berühmtheit und Dank. Außerdem ist die Kreativität selbst eine Freude, eine Belohnung für sich.

Dann geschah es, daß die meisten dieser Programmierer verschwanden, als sie eine Chance bekamen, dieselbe interessante Arbeit für viel Geld zu tun.

Die Tatsachen zeigen, daß Menschen aus anderen Gründen als Bereicherung programmieren werden, aber wenn man ihnen eine Möglichkeit gibt, außerdem noch viel Geld zu scheffeln, geschieht es, daß sie dieses Geld erwarten und verlangen. Niedriglohn-Organisationen machen sich schlecht neben Höchstlohn-Organisationen; dies entfällt, wenn die Höchstlohn-Organisationen verboten sind.

»Wir sind auf die Programmierer angewiesen. Wenn die verlangen, daß wir aufhören, unseren Nachbarn zu helfen, müssen wir nachgeben.«
Sie können niemals so verzweifelt sein, daß Sie derartigen Forderungen nachgeben müssen. Vergessen Sie nicht: Millionen für die Verteidigung – keinen Pfennig für Tribut!

»Programmierer müssen von irgendetwas leben.«
Kurzfristig existiert dieses Problem. Es gibt aber viele Wege, wie Programmierer ihren Lebensunterhalt bestreiten können, ohne das Recht zu verkaufen, eine Programm zu benutzen. Der derzeitige Weg ist üblich, weil er Programmierern und Geschäftsleuten das meiste Geld einbringt und nicht, weil es der einzige Weg ist, seinen Lebensunterhalt zu verdienen. Es ist leicht, andere Wege zu finden, wenn man sie sucht; einige Beispiele folgen.

Ein Computerhersteller, der einen neuen Computer einführt, zahlt für die Portierung des Betriebssystems auf die neue Hardware.

Programmierer können in der Schulung, Benutzerhilfe und Wartung unterkommen.

Leute mit neuen Ideen können Programme als FreeWare verteilen und zufriedene Benutzer um Spenden bitten oder Benutzerhilfen anbieten. Ich bin einigen Leuten begegnet, die bereits erfolgreich in dieser Weise arbeiten. Benutzer mit ähnlichen Bedürfnissen können Interessensgemeinschaften bilden und Beiträge zahlen. Die Gruppe würde dann Programmierfirmen damit beauftragen, Programme zu schreiben, die die Mitglieder gerne benutzen würden.

Alle Arten von Weiterentwicklung könnten durch eine Software-Steuer finanziert werden:

Stellen wir uns vor, jeder, der einen Computer kauft, muß x Prozent des Preises an Software-Steuer entrichten. Die Regierung gibt dieses Geld einer Agentur wie der NSF, um es für Software-Entwicklung einzusetzen.

Wenn allerdings der Computerkäufer selbst für Software-Entwicklung spendet, wird die Spende mit der Software-Steuer verrechnet. Er kann für das Projekt seiner Wahl spenden – häufig in der Hoffnung ausgewählt, das Ergebnis benutzen zu können. Er kann beliebig hohe Spenden anrechnen lassen bis hin zum Gesamtvolumen der zu zahlenden Steuer.

Der Steuersatz könnte durch die Steuerzahler selbst durch Wahl festgelegt werden, gewichtet gemäß der Menge der zu zahlenden Steuer.

Die Konsequenzen:
– Die Gemeinschaft der Computerbenutzer unterstützt die Software-Entwicklung.
– Die Gemeinschaft entscheidet, wieviel Unterstützung benötigt wird.
– Benutzer, denen es darauf ankommt, an welchen Projekten sie sich beteiligen, können dies selbst entscheiden.

Auf lange Sicht ist das Freigeben von Programmen ein Schritt in Richtung einer Welt ohne Mangel, in der niemand hart arbeiten muß, um sein Leben zu bestreiten. Die Menschen werden frei sein, sich Aktivitäten zu widmen, die Freude machen, zum Beispiel Programmieren, nachdem sie zehn Stunden pro Woche mit notwendigen Aufgaben wie Verwaltung, Familienberatung, Reparatur von Robotern und der Beobachtung von Asteroiden verbracht haben. Es wird keine Notwendigkeit geben, von Programmierung zu leben.

Wir haben bereits die Menge an Arbeit, welche die Gesellschaft für ihre Produktivität aufbringen muß, gewaltig reduzieren können, aber nur ein kleiner Teil davon übertrug sich in mehr Freizeit für Arbeiter, weil jede produktive Aktivität zwangsläufig von viel unproduktiver Aktivität begleitet wird. Die Hauptursache hierfür ist Bürokratie und gegenseitiges Bekämpfen, ohne dabei voran zu kommen, anstelle von Wettbewerb. Freie Software wird diese Auswüchse auf dem Gebiet der Software-Entwicklung in großartiger Weise reduzieren. Wir müssen so handeln, um technische Fortschritte in Sachen Produktivität zu erzielen, die sich in weniger Arbeit für uns alle äußern werden.

Aus dem Amerikanischen von Peter Gerwinski

Wolfgang Pircher

Das Wissen des Kapitals und der Software-Anarchismus
Ein Kommentar zum GNU-Manifest

Da nichts in der Welt absolut ist, verweist auch das GNU-Manifest auf Bedingungen seines Entstehens, die gleichzeitig die seiner Rezeption sind. Nur weil es auf eine bestimmte allgemeine Situation antwortet, kann es selbst zum Aufruf werden. Seinem Wortsinn nach macht ein Manifest etwas sichtbar, was eigentlich schon auf der Hand liegt, aber doch, um konzentriert in seiner eigentlichen Bedeutung wahrgenommen zu werden, diese Rede braucht. Aber ein Manifest ist nicht nur eine Tatbestandsaufnahme, es ist auch Anklage. Diese soll Empörung wecken gegen Verhältnisse und ihre Verursacher, die nicht nur als verderblich, sondern auch als schon im Schatten des Besseren stehend vorgeführt werden. Ein Manifest ist kein Dokument der Rat- oder Mutlosigkeit, es weiß die Lösung der Misere schon und verrät sie auch. Im wohl berühmtesten aller Manifeste heißt es über die objektive Bedingung der notwendigen Umwälzung:

Der Fortschritt der Industrie, dessen willenloser und widerstandsloser Träger die Bourgeoisie ist, setzt an die Stelle der Isolierung der Arbeiter durch die Konkurrenz ihre revolutionäre Vereinigung durch die Assoziation. Mit der Entwicklung der großen Industrie wird also unter den Füßen der Bourgeoisie die Grundlage selbst hinweggezogen, worauf sie produziert und die Produkte sich aneignet. Sie produziert vor allem ihren eigenen Totengräber. Ihr Untergang und der Sieg des Proletariats sind gleich unvermeidlich.[1]

Und schließlich die Prophezeiung: »An die Stelle der alten bürgerlichen Gesellschaft mit ihren Klassen und Klassengegensätzen tritt eine Assoziation, worin die freie Entwicklung eines jeden die Bedingung für die freie Entwicklung aller ist.«[2]
Das ferne Echo dieser Botschaft:

Auf lange Sicht ist das Freigeben von Programmen ein Schritt in Richtung einer Welt ohne Mangel, in der niemand hart arbeiten muß, um sein Leben zu bestreiten. Die Menschen werden frei sein, sich Aktivitäten zu widmen, die Freude machen, zum Beispiel Programmieren, nachdem sie zehn Stunden pro Woche mit notwendigen Aufgaben wie Verwaltung, Familienberatung, Reparatur von Robotern und der Beobachtung von Asteroiden verbracht haben. Es wird keine Notwendigkeit geben, von Programmierung zu leben.[3]

Auf diesen Fluchtpunkt läuft schließlich dieses sich nicht besonders utopisch gebende Manifeste hinaus. Von dieser perspektivischen Idylle abgesehen, ist alles schon machbar und dies nicht zuletzt deswegen, weil es schon war, aber wieder vergangen ist. Der einzige Feind, das einzige Hindernis, die proprietäre und

1. Karl Marx/Friedrich Engels, *Manifest der Kommunistischen Partei*, in: Marx Engels Werke, Band 4, Berlin 1964, S. 474f.
2. ebd., S. 482.
3. Richard Stallman, *The GNU-Manifesto*, 1985 (http://www.gnu.org/gnu/manifesto.html); Übersetzung in diesem Band S. 197-206, hier S. 206.

geheime Software, wird im *GNU-Manifest* gelegentlich als das »moralische Äquivalent« von Rennläufern angesprochen, die sich weniger um den Lauf als um den unmittelbaren Kampf gegen die Konkurrenten sorgen. Insofern, um im Bild zu bleiben, sind sie Gegner, die sich selbst aufzureiben versprechen, denn niemand kann schnell laufen, wenn er dauernd versucht den Nebenläufer niederzuschlagen. Proprietäre Software ist also eine Form von Zerstörung, von Begrenzung von Reichtum zum Schaden der Menschheit. Das Programm nimmt somit die Position des Proletariats ein, das nur sich selbst zu befreien braucht, um alle Menschen zu befreien. Programme haben nichts zu verlieren als ihre Ketten.

Empörung

1871, dem Jahr der großen sozialistischen Niederlage, notiert Michael Bakunin, Anarchist von Beruf und Berufung, kurz und bündig das Wesentliche der Menschheitsgeschichte:

Ja, unsere ersten Vorfahren, unsere Adams und Evas waren, wenn nicht Gorillas, doch sehr nahe Cousins des Gorilla, omnivore, intelligente und wilde Tiere, die in unendlich höherem Grade als alle anderen Tierarten die zwei wertvollen Fähigkeiten besaßen: die Fähigkeit zu denken und die Fähigkeit, das Bedürfnis, sich zu empören.

Diese beiden Fähigkeiten und ihr progressives Zusammenwirken im Lauf der Geschichte bilden den bewegenden Faktor, die negierende Kraft in der positiven Entwicklung der menschlichen Animalität und schaffen folglich alles, was das Menschliche in den Menschen bildet.

Es liegt im Wesen der Empörung, daß sie weitgehend unberechenbar entflammt, bei kleinen wie bei großen Ereignissen. Sie kann die Unterdrückung und Ausbeutung des Proletariats zum Anknüpfungspunkt machen, aber ebenso einen schlecht funktionierenden Laserdrucker. Wechselnde Zeiten, wechselnde Probleme. Was später »built to counteract the growing wave of software secrecy overtaking the computer industry«[4] hat seinen Ursprung 1980, als Richard Stallman am MIT mit einem *Xerox*-Laserdrucker den Kampf beginnt. Genau gesagt war es nicht das unschuldige Gerät, sondern der nicht beigegebene Quellcode, was verhinderte das Gerät an die Bedürfnisse derer anzupassen, die von ihm die Ausdrucke ihrer Papiere erhofften.

Eine kleine technische Urszene: Man kann nicht haben, was man brauchen würde, um ein technisches Gerät den alltäglichen Bedürfnissen anzupassen. Gleichzeitig ein Indikator für die innere Spaltung der Maschinen: Man kann sie nur mit Wissen bedienen, dazu dient seit altersher die Anweisung für den Gebrauch, die zugleich eine Vorschreibung ist. Über sie kommuniziert der Ingenieur mit dem, der sich der Maschine aussetzt und durch sie hindurch über ihre Konstruktion mit dem abwesenden Ingenieur zu kommunizieren hat. In

---

4. Sam Williams, *Free as in Freedom. Richard Stallman's Crusade for Free Software*, Beijing/Cambridge u.a. 2002, S. 14.

vielen Fällen sind die Maschinen nicht »selbstredend«, sie tragen die Merkmale ihrer rechten »Bedienung« nicht an sich. Ein Text ist nötig, um sie zur »Sache« zu bringen, d.h. sachgerecht bedient zu werden. Solche Bedienungsanleitungen haben sich nicht allein in simplen Anweisungen erschöpft, sondern häufig auch, z.b. bei Fernsehgeräten in der Schwarzweißzeit den Schaltplan des gesamten Gerätes samt den Oszillogrammen für wichtige Meßpunkte beinhaltet. Damit war der, der es konnte, imstande das Gerät zu reparieren und nicht bloß an der Außenseite wenige Knöpfe zu drehen. Somit ist gewissermaßen der Schaltplan der Quellcode jeder elektrischen Maschine. Seine Veröffentlichung eröffnet jedem »Handwerker« einen erweiterten Umgang mit dem Gerät, sei es der Verbesserung, der Adaption oder der Reparatur und somit eine gewisse Unabhängigkeit vom Erzeuger. Handwerk meint hier den nicht-industriellen Bereich und umfaßt z.B. auch den berühmten »Bastler«.

Eine alte Geschichte

Aufgerufen ist ein alter Konflikt, d.h. ein Konflikt, der genau so alt ist wie die Industrialisierung, die nicht nur von wagemutigen Ingenieur-Entrepreneurs geformt wurde, sondern in der Anfangszeit, insbesondere auf dem europäischen Kontinent, auch eine Angelegenheit intellektueller Institutionen war. Universitäten und Akademien haben sich im 18. Jahrhundert verstärkt um das handwerkliche Wissen bemüht, es »veröffentlicht«, d.h. aus einem dunklen, oft nur mündlich überlieferten Arkanwissen in das Licht der Wissenschaft gehoben. Mit dieser »Veröffentlichung«, die im Fall der *Grande Encyclopédie* auch ein riesiges Publikationsgeschäft war, ging auch der Versuch der Systematisierung einher. Wissenschaftliches Wissen muß sich ordnen können, und es wird auch in öffentlicher Diskussion immer neu geordnet. Aber trotz des Einsatzes von Wissenschaft, blieb die industriell-technische Entwicklung des Kontinents hinter der britischen zurück, was eine fortgesetzte Reisetätigkeit von Ingenieuren zur Folge hatte. Reisten die Künstler nach Italien, so die Techniker nach Großbritannien. Erklärtes Reiseziel war die Ausspionierung maschineller Techniken, was die Gegenreaktion hervorrief, die Maschinen abzudecken, um ihre innere Anordnung vor den gierigen Blicken zu verbergen. Zeichnen war sowieso verboten. Seither hat die Maschine ein mehr oder weniger glattes Äußeres und ein vielfältig gekerbtes Inneres. Das hängt damit zusammen, daß eine Maschine nicht nur ein technisches Ding ist, sondern ökonomische Funktionen erfüllt und somit auf das Eigentum referiert. Wäre die industrielle Technik auf irgendeine Art der Form der Öffentlichkeit von Wissen gefolgt, d.h. hätte sie vornherein sich nicht in ökonomische Fesseln legen lassen, dann, zumindest glaubten das viele rebellische Ingenieure, wäre ein noch größerer Fortschritt das Resultat gewesen, der noch dazu allen Menschen und nicht nur wenigen zugute gekommen wäre. Wie bekannt, argumentierten die Vertreter der industriellen Ökonomie gerade umgekehrt, denn sie sahen in der Konkurrenz der Eigentümer, die sich auf dem Kampfplatz des Marktes ihre Gefechte um mehr Profit liefern, den wahren Garanten auch und gerade des technischen Fortschritts. Es ist vielleicht kein Wunder, daß genau jene Ingenieure, die von öffentlichen Institutionen wissenschaftlich ausgebildet worden waren, wie z.B. der *Ecole Polytechnique*, sozialistischen Neigungen frönten, während die selfmade-Ingenieure englischer Prägung davon nichts wissen wollten.

Mit der Industrialisierung und der sie bedingenden großen Maschinerie wurden dem Handwerk die Werkzeuge aus der Hand genommen. Die Folge war eine Deklassierung des Wissens und somit eine Enteignung der kleinen Warenbesitzer. Lohnarbeit heißt von den Quellen abgeschnitten zu sein, die ein autonomes Arbeiten erlauben. Nicht zufällig wird hier die Form von Disziplin eingeführt, die zunächst im Bereich des Militärischen Erfolg hatte. In beiden Fällen geht es nun darum, einem Befehl zu gehorchen. Im Fall der industriellen Produktion ist das der Befehl des Konstrukteurs, und die Mittel der Übermittlung sind (Werkstatt)-Zeichnungen. Die Reduktion auf einen disziplinierten Körper, dem gerade so viel Geist zugestanden wird, um die Anweisungen verstehen zu können, ging ja nicht ohne massive Kämpfe ab. Nicht nur die Landbevölkerung wurde enteignet, sondern auch das Handwerk und im Grunde alle Facharbeit. In diesem Entwertungsprozeß von Wissen setzt sich nicht nur eine Zurichtung von Humankapital, sondern auch die Hoffnung durch, alles produktionsrelevante Wissen auf die Ebene der Planbarkeit zu bringen. Das geht nur mittels der Industrialisierung der Wissensproduktion selbst. Das Ingenieurwesen ist Ausdruck davon: Der Ingenieur arbeitet unentwegt an der Entwertung des von ihm erworbenen Wissens. Der Antrieb dieser Entwertung liegt allerdings nicht in dem simplen Prozeß der beständigen »Verbesserung« und »Revolutionierung« des technischen Wissens, sondern in seiner ökonomischen Entwertung auf Grund des dauernden Dranges nach Verwertung des Kapitals. Dieses kann sich nicht mit bestimmten Lösungen zufriedengeben, aber es kann sich auch nicht mit der Regellosigkeit der Wissensproduktion abfinden.

Die neue Version der alten Geschichte[5]

Die Software-Krise ist so alt wie die Software selbst. Klagen darüber, daß Software nicht zeitgerecht, nicht ohne Budgetüberschreitung, in akzeptabler Qualität und Verfügbarkeit produziert wird, gibt es seit langem. Nach Ensmenger und Aspray ist die Software-Krise eine Krise der Programmier-Arbeit. Mit anderen Worten und in obiger Perspektive: Diese Arbeit hat ein gegenüber dem Kapital widerspenstiges Element an sich. Sie ist nicht so ohne weiteres von der spezifischen Qualität der Arbeitenden zu lösen, womit diesen eine relative Position der Stärke zukommt. Es ist, wie wenn im industriellen Produktionsprozeß der

5.   Für das folgende: Nathan Ensmenger/William Aspray, »Software as Labor Process«, in: *Proceedings of the International Conference on History of Computing: Software Issues*, New York 2000, S. 139-165.

Werkstätte (genauer: bestimmten Handwerker-Künstlern) entscheidendes Gewicht zufiele.

Wie immer, so spielt auch hier Ideologie mit, d.h. die Perspektive der Sprecherposition. Da in der entsprechenden Literatur der Standpunkt der Unternehmer und des ihm verpflichteten Managements dominiert, weiß man wenig über die tatsächlichen Arbeitsprozesse und über die Erfahrungen der Software-Entwickler.[6]

Was sich scheinbar leichter beschreiben ließ, waren die gewünschten Qualifikationen und die Menge der erforderlichen Arbeitskräfte, die darüber verfügen. Schon 1962 warnte man vor einem drohenden Mangel an entsprechend ausgebildetem Personal. Bis dahin wurde allgemein mathematisches Wissen als wesentliche Komponente des Programmierens angesehen. Wie schon in der Ingenieurausbildung des 19. Jahrhunderts erlangten daher akademische Institutionen ein Ausbildungsübergewicht. Schon in den 1950er Jahren ging man in den USA von einem deutlichen Mangel an akademisch ausgebildeten Mathematikern aus, der sich in der Folge, so wurde prophezeit, eher verschlimmern als beheben lassen würde. Große militärische Projekte der US-amerikanischen Regierung, v.a. das SAGE (*Semi-Automatic Ground Environment*) Luftverteidigungssystem,[7] zogen den Hauptbestand der Arbeitskräfte an sich. Im Rahmen solcher Projekte gingen die beteiligten Firmen, wie SDC (*System Developing Corporation*) oder IBM, dazu über, die Arbeitskräfte selbst auszubilden. Als der Markt für kommerzielle Rechner in den 1960er Jahren expandierte, stieg der Bedarf an erfahrenen Programmierern rasant. Das trieb die Löhne in die Höhe. Die Programmierer zählten zu den wahrscheinlich am besten bezahlten technischen Berufen.

Es stellte sich rasch heraus, daß bestimmte Programmierer wesentlich effektiver arbeiteten als andere. Eine frühe IBM-Studie schätzte einen erfahrenen Programmierer als zehn mal effizienter ein als einen mehr durchschnittlichen Kollegen. Die fundamentale Frage der Firmen lautete also nicht, »wo kann ich einen Programmierer finden?«, sondern »wo kann ich einen herausragenden Programmierer finden?« Das wiederum führte zur Frage, was genau einen herausragenden Programmierer auszeichnet. Die einfache Antwort, daß ein guter Mathematiker auch ein guter Programmierer sein würde, stellte sich als nicht generell richtig heraus.[8] Die universitären Computerausbildungsprogramme (formale Logik und numerische Analyse) entfernten sich mehr und mehr von dem steigenden kommerziellen Bedarf. Wie der Autor einer 1959 veröffentlichten Studie *Business Experience with Electronic Computing* feststellte, neigten die mathematisch ausgebildeten Programmierer dazu, die komplexen Probleme des

6. Eine gewisse Ausnahme macht Pascal Zachary, *Der Krieg der Codes. Wie Microsoft ein neues Betriebssystem entwickelt*, Hamburg 1996. Letztendlich läuft es aber doch auf eine Heroengeschichte des NT-Entwicklers Cutler hinaus.
7. Dazu Kent C. Redmond/Thomas M. Smith, *From Whirlwind to MITRE. The R&D Story of the SAGE Air Defense Computer*, Cambridge/Mass. 2000.
8. In den Heroengeschichten von Bill Gates und Richard Stallman werden allerdings genau ihre mathematischen Fähigkeiten hervorgehoben.

Geschäftslebens zu unterschätzen, und viele ihrer Lösungen waren unzulässige Vereinfachungen.

Die meisten der universitären Computer-Zentren waren in den Ingenieurs-Abteilungen situiert und entsprechend mehr maschinenorientiert, oder sie funktionierten als Service-Büros für traditionelle akademische Abteilungen. Diese Service-Abteilungen orientierten sich allgemein an wissenschaftlichen Anwendungen, üblicherweise mit Verwendung von Programmiersprachen wie FORTRAN. Die Spannung zwischen den theoretisch orientierten akademischen Computerspezialisten und den praktischen Erfordernissen der Industrie verschlimmerte den verspürten Mangel an erfahrenen Business-Programmierern.

In den 1960er Jahren entstanden private Schulen, die allerdings als profitorientierte Unternehmen mehr an Quantität als an Qualität interessiert waren. Erneut entstand die Frage nach den besonderen Qualitäten der Programmierarbeit: Ist sie eine angeborene Fähigkeit oder kann sie erworben werden? In den späten 1950er und frühen 1960er Jahren war es nicht ungewöhnlich, die Tätigkeit der Programmierer mehr als Kunst denn als Wissenschaft zu beschreiben. Man mündet damit wieder in jene seit Sokrates und den Sophisten das Abendland beunruhigende Frage nach dem Status des Wissens ein. Als bloß technisches ist es lehrbar und somit mit Geld zu erwerben, nämlich indem man den Lehrer zahlt. Hat das (wahre) Wissen aber einen anderen Status, dann geht es in dieser (sophistischen) Sphäre nicht auf, womit ein Problem entsteht.

Es ist klar, daß kapitalistische Unternehmen an der Technifizierung dieses für sie wichtigen Wissens interessiert waren. Was sie wollten, war eine Art Standard-Test. Industrie-Psychologen entwickelten 1955 den *IBM Programmer Aptitude Test* (PAT), der für viele Jahre de facto Industriestandard war. Es handelte sich dabei jedoch um eine recht primitive Filter-Methode. Getestet wurden Fähigkeiten und Charakteristiken die für Angestellten-Arbeit typisch sind: Fähigkeit des logischen Denkens, unter Druck zu arbeiten, mit Menschen auszukommen, gutes Gedächtnis, den Wunsch ein Problem zum Abschluß zu bringen, Aufmerksamkeit für Details. Das einzig überraschende Ergebnis war, daß gute mathematische Kenntnisse nicht in signifikanter Beziehung zur Leistung als Programmierer steht. 1996 stellte schließlich ein Projektmanager nach mehr als 20 Jahren Erfahrung fest, daß exzellente Programmierer geboren und nicht gemacht werden.

Kurz gesagt, es ließen sich keine zuverlässigen Standards für gutes Programmieren angeben. Damit entzog sich diese Arbeit in gewisser Weise aller Kontrolle, was als Problem fehlender Disziplin wahrgenommen wurde. So sprach Herb Grosch 1966 von den Programmierern als einer »Cosa Nostra«. Umgekehrt hatten die fehlenden Standards auch den Effekt, daß sich beliebig ausgebildete Personen zum Computer-Experten erklären konnten. Wie auch immer, die Softwarespezialisten gewannen nie effektive Kontrolle über ihren eigenen Berufsstand. Sowohl Ausbildung wie Arbeitserfahrung differierten dramatisch von Individuum zu Individuum und von Arbeitsplatz zu Arbeitsplatz. Es gab z.B. einen tiefen Graben zwischen den Systemprogrammierern, die das Biest zähmen mußten, das die Computerkonstrukteure gebaut hatten und den Anwendungsprogrammierern, welche das gezähmte Biest dazu bringen mußten Leistung für Anwender zu erbringen. Es war möglich, daß zwei Programmierer nebeneinander saßen, vom selben *data processing manager* geleitet, vom selben Personalchef angeheuert und an völlig verschiedenen Typen von Projekten arbeiteten, die wiederum völlig getrennte Kenntnisse und Erfahrung verlangten.

In den 1950er Jahren waren viele Programmierer Migranten von anderen, mehr traditionellen wissenschaftlichen oder Ingenieursdisziplinen. Der Charakter der Programmierarbeit änderte sich jedoch und wurde spezialisierter und unterschiedlicher. Eine Hierarchie entstand, die breiter ausgebildeten »Systemanalytiker« wollten sich von den technisch eingeschränkteren »Kodierern« und Lochkartenoperatoren unterscheiden. Die Programmierer saßen irgendwo zwischen diesen beiden Extremen. Systemanalyse wurde als abstrakte Form des Problemlösens beschrieben und weniger als Programmieren und war dementsprechend von größerer Anwendungsbreite. Die Nähe zum *Operations Research* machte sie auch dem Management vertrauter.

Erfahrene Software-Entwickler waren vielen Verwertungszwängen ihrer Arbeitskraft enthoben, da ihnen der Arbeitsmarkt viele Möglichkeiten bot. Damit spielte die Qualität der Arbeit eine relativ große Rolle und die Entlohnung eine entsprechend nebensächliche. Eine Studie über Berufszufriedenheit von 1971 zeigte, daß die Mehrzahl der Programmierer die psychologischen Vorteile ihrer Arbeit – Selbstentwicklung, Anerkennung, Verantwortlichkeit – mehr schätzten als die Entlohnung. Dagegen, wenig verwunderlich, lehnten sie eine strikte Steuerung und Kontrolle ihrer Arbeit ab.

Da die Lohnkosten der Programmierer einen sehr hohen Anteil an den Gesamtinvestitionen einer Computer-Installation in den Betrieben ausmachten, gerieten sie in ihrer beanspruchten Eigenständigkeit schnell ins Feuer der kommerziellen Kritik. Sie erwarben sich den Ruf nachlässig, unprofessionell und schwierig im Umgang zu sein. In der Zeit des Übergangs war es nur allzu natürlich, daß das Regime der »alten« Männer, die in den großen Firmen meist die Häuptlingspositionen einnahmen, aber über nahezu keine Kenntnisse dieser neuen Techniken verfügten, sich über die Arroganz und Ungeduld dieser »Künstler« beklagten.

Die empfohlenen Lösungen für die Software-Krise waren nicht sehr von denen des wissenschaftlichen Managements von Frederick W. Taylor verschieden: Mittels einer »Verwissenschaftlichung« der Arbeitsvorgänge sollten diese dem Arbeiter nicht mehr überlassen, sondern detailliert vorgeschrieben werden. Es ist bekannt, daß Taylor von den intellektuellen Fähigkeiten der Arbeiter nicht viel hielt und sie »effektiver« zu machen versuchte, indem er sie gleichsam als Maschinenteile betrachtete. Die angestrebte »Routinisierung der Arbeitsvorgänge« kann leicht als Disziplinierung verstanden werden, d.h. als Gewinnung der völligen Kontrolle über den Arbeitsprozeß durch die Unternehmer und das Management. Die NATO Konferenzen 1968 zum Thema des Software-Engineering stellten den Versuch dar, das Programmieren traditionellen industriellen Rationalisierungsgrundsätzen zu unterwerfen. Davon erhoffte man sich eine »software industrial revolution«, wobei automatisches Programmieren die Programmierer so weit wie möglich durch Maschinen ersetzen sollte[9]. Dieses ist eine Art Manager-Ideal der gesteuerten Fließband-Software Entwicklung. Die vom Verteidigungsministerium der USA geförderte Programmsprache ADA wurde z.B. als ein Mittel gefeiert, das idiosynkratische künstlerische Ethos, das so lange das Programmschreiben dominiert hatte, durch ein effizienteres, kosten-effektives und ingenieurhaftes Verfahren zu ersetzen.

Programm-Utopien

Der »Kreuzzug« den Richard Stallman für die freie Software führt, läßt sich somit als Versuch deuten, einen Bereich von Wissens-Arbeit der Aneignungslogik des Kapitals zu entziehen. Es handelt sich einerseits um eine »Wiedergewinnung« des Jerusalems der frei zirkulierenden Software, andererseits um ein Konzept, das den Kampf mit den Vertretern der proprietären Software sucht. Man verfällt dabei leicht einer heroischen Geschichtsbetrachtung, vor der uns Slavoj Zizek gewarnt hat, nämlich der »fetischisierte[n] Personifikation sozialer Kämpfe: der Glaube an die Schlüsselrolle des heroischen Individuums.«[10] In unserem Fall würde es sich um den Kampf des schwarzen Ritters Bill Gates gegen den weißen Ritter Richard Stallman handeln. Aber auch der schwarze Ritter verfügt über eine Vision des himmlischen Jerusalems als Bauplan einer künftigen Welt. In dieser Vision tauchen die besagten Programmier-Künstler auf, um ein bestimm-tes Trugbild zu vermitteln. »Sie realisieren […] scheinbar eine Art proto-sozia-listischer Utopie der Überwindung der Opposition zwischen der entfremdeten Arbeit, bei der Geld verdient wird, und dem privaten Hobby, dem man am Wochenende zum Vergnügen nachgeht.«[11] Aber das sind die im Licht, die im Dunklen sieht man nicht. Es sind die vielen, die durch die Eigentumspolitik von *Microsoft* dazu verurteilt werden, ob sie es wollen oder nicht, durch die Bezah-lung von Lizenzgebühr am Empire von Gates mitzuwirken. Aber es geht hier weniger um die Aneignung bzw. Enteignung von Produkten, sondern vielmehr um die Erhaltung einer bestimmten Arbeitssphäre. Es handelt sich also um einen Kampf um die Bedingungen der Möglichkeit von Arbeit.

Hier sind die der Produktion äußerlichen Rechtsverhältnisse seit alters her ent-scheidend. Sie sind das Machtmittel der Aneignung und Enteignung. Wenn auch die Rechtsverhältnisse das Privateigentum schützen, so ist es doch nicht egal, ob die »Privatleute die Arbeiter oder die Nichtarbeiter sind«[12]. Besitzt der Arbeiter seine Produktionsmittel in der Form des Kleinbetriebes, dann ist er

9. Marx hat ja schon bemerkt, daß wann immer die Arbeiter dem Kapital lästig werden, es ver-sucht, sie durch neue Maschinen zu ersetzen.

10. Slavoj Zizek: »Die drei Gesichter des Bill Gates«, in: *Microsoft. Medien – Macht – Monopol*, Hg. A. Roesler/B. Stiegler, Frankfurt/M. 2002. S. 11.

11. Ebd., S. 18.

12. Karl Marx, *Das Kapital*, Erster Band: *Der Produktionsprozeß des Kapitals*, Marx Engels Werke, Band 23, Berlin 1974, S. 789.

»freier Privateigentümer seiner von ihm selbst gehandhabten Arbeitsbedingungen«, er ist »der Handwerker des Instruments, worauf er als Virtuose spielt«[13]. Die »engen naturwüchsigen Schranken« einer solchen Produktion und Gesellschaft werden gesprengt durch die »Verwandlung der individuellen und zersplitterten Produktionsmittel in gesellschaftlich konzentrierte«[14], was die Enteignung der großen Volksmasse zur Bedingung hat. Das ist die gewaltsame Vorgeschichte des Kapitals, auf deren Grundlage »die kapitalistische Produktionsweise auf eignen Füßen steht«, ohne aber die weitere Vergesellschaftung zu beenden. Nun aber erlangt die Enteignung eine neue Form: »Was jetzt zu expropriieren, ist nicht länger der selbstwirtschaftende Arbeiter, sondern der viele Arbeiter exploitierende Kapitalist.«[15] Der Konzentrationsprozeß des Kapitals, wo ein Kapitalist viele andere totschlägt, befördert neben anderem »aber auch die Empörung der stets anschwellenden und durch den Mechanismus des kapitalistischen Produktionsprozesses selbst geschulten, vereinten und organisierten Arbeiterklasse.«[16] In deren Revolution wird die erste Negation des auf »eigne Arbeit gegründeten Privateigentums« durch eine zweite überboten und »diese stellt nicht das Privateigentum wieder her, wohl aber das individuelle Eigentum auf Grundlage der Errungenschaft der kapitalistischen Ära: der Kooperation und des Gemeinbesitzes der Erde und der durch die Arbeit selbst produzierten Produktionsmittel.«[17]

Das alles ist Musik, deren Ton schon im *Manifest der Kommunistischen Partei* angeschlagen wurde. Die Zukunft wird nicht gewonnen in einer Geschichtsvergessenheit, aber auch nicht in der bloßen Wiederherstellung des Alten. Die Empörung muß erfinderisch werden, sie muß die Mittel zu nutzen verstehen, die ihr durch die Verhältnisse zufallen können, die gleichzeitig ihre Ursache sind. So bringt man die Verhältnisse eben zum tanzen.

Notgedrungen gibt man es heute billiger. Wohl ist der Kampf um freie Software auch ein Kampf um Produktionsmittel, wohl ersetzt das www in gewisser Weise das Dach der Fabrik, das in der Marxschen Metaphorik die formale (mediale) Vereinigung der Arbeiter ermöglicht, aber man wird doch seine Signale bescheidener adressieren. Zunächst ist es das Erstaunen darüber, wie einfach gewisse Dinge sind, die doch gut funktionieren.[18] Aus diesem Erstaunen kann ein Wissen werden, das dem Prinzip der Selbstorganisation dient, welche Ausdruck der ältesten utopischen Hoffnung, der nach Selbstbestimmung, ist.

13. Ebd.
14. Ebd.
15. Ebd., S. 790.
16. Ebd., S. 791
17. Ebd.
18. Eric S. Raymonds *Die Kathedrale und der Basar* gibt darüber beredten Ausdruck.

Claus Pias

»Children of the revolution«
Video-Spiel-Computer als Kreuzungen
der Informationsgesellschaft

Forget antiwar protests, Woodstock, even long hair. The real legacy of the sixties generation is the computer revolution   Stewart Brand

1979 lieferte Jean François Lyotard in seinem Bericht über *Das postmoderne Wissen* die wissenshistorische Analyse einer medientechnischen Lage. Der Begriff der »Bildung« beziehe sich (so Lyotard) nicht mehr auf Geist und Person, sondern bezeichne nurmehr die Lieferung und Benutzung von Wissen. Im Konzept der »Sprachspiele« folge daraus einerseits eine *Ent*mächtigung des *Subjekts*, das durch die Agonistik der Sprechakte zu einem Posten wird, der »von Nachrichten verschiedener Natur passiert«[1] wird, andererseits aber eine *Er*mächtigung des *Spielers*, der »aus verschiedenen Arten von [... ihn] konstituierender Kompetenz zusammengesetzt ist.«[2] Und die Überwindung der Machtlosigkeit des Subjets durch den Spieler soll in dessen Fähigkeit gründen, in verschiedenen Sprachspielen gute Performanzen zu erzielen. Dieses epistemische Datum wird bezeichnet durch »die Probleme der Kommunikation und die Kybernetik, die modernen Algebren und die Informatik, die Computer und ihre Sprachen, die Probleme der Sprachübersetzung und die Suche nach Vereinbarkeiten zwischen Sprachen – Automaten, die Probleme der Speicherung in Datenbanken, die Telematik und die Perfektionierung ›intelligenter‹ Terminals«.[3] Im Zusammenschluß von Sprachspiel einerseits und Kybernetik, Informationstheorie und Digitalcomputer als den neuen Kommunikations- und Verkehrsformen ›informatisierter‹ Gesellschaften andererseits, entsteht so ein postmodernes Curriculum. Zu lernen gelte es fortan, so Lyotard,

> den Gebrauch von Terminals, das heißt einerseits neue Sprachen, und andererseits eine raffinierte Handhabung jenes Sprachspiels, das die Befragung darstellt: Wohin die Frage richten, das heißt welcher Speicher ist für das, was man wissen will, relevant? Wie sie formulieren, um Fehlgriffe zu vermeiden? usw.[4]

Die schlichte These des folgenden Textes ist, daß es einen dichten Zusammenhang gibt zwischen dem Spielen von Computerspielen und dem Spielen von Sprachspielen, zwischen dem Spiel des Hackers und dem Spiel des Users; zwischen Herstellen und Konsumieren; zwischen dem Schreiben von Programmen und dem (lesenden) Zugriff auf Information – einen Zusammenhang, dem unterschiedliche ›Zukünfte des Computers‹ entspringen. Entscheidend für all

1. Jean François Lyotard, *Das postmoderne Wissen. Ein Bericht*, Wien 1986, S. 55.
2. Ebd., S. 65.
3. Ebd., S. 20f.
4. Ebd., S. 149.

Sprachspiele der Informa-
tionsgesellschaft (*TRS-80-*
Homecomputer von 1978)

dies ist jedoch eine Hardware, die Lyotard – vom Standpunkt des Berichtenden,
1979 – schlicht als gegeben übersieht, die aber als Möglichkeitsbedingung all dieser Spiele erst einmal erfunden sein wollte. Und sie wird, im Vorfeld der *condition
postmoderne*, in den 70er Jahren, auf seltsame Weise aneinander vorbei erfunden,
auf Kreuzwegen von politischem Aktivismus und Firmengründungen, von
Bastelei und Standardisierung, von Hackertum und Büroarbeit, und wird dennoch am Ende des Jahrzehnts fertig sein. Wie ein Scharnier spannt sich das Jahrzehnt, in dem Videospiele *und* Computerspiele *und* Homecomputer erschienen
und sich rapide vermehrten, zwischen die hochfliegenden Hoffnungen der späten 60er und den beginnenden Alltag der 80er Jahre. Es ging, mit Lewis Mum-
ford um die ›Erfindung der Erfindung‹ des Computers *as we kow it.*

Historisches Vorspiel

Bälle auf Bildschirmen gab es schon lange. Einer hüpfte bereits um 1950/51 über
den Bildschirm des *Whirlwind*-Rechners – einer digitalen Maschine, deren Entwicklung Mitte der 40er Jahre als Flugsimulator begonnen hatte und die ab 1948
unter der Leitung von Jay Forrester zu einem Frühwarnsystem umgewidmet
wurde.[5] Ein anderer flog – diesmal schon in ein vollständiges Zwei-Personen-
Spiel eingebunden – 1958 über das Display eines Oszilloskops am *Instrumentation
Lab* des *Brookhaven National Laboratory*.[6] Weitere zwei Jahre später, 1960, war

5. Zum *Whirlwind* vgl. N. Metropolis/J. Howett/G.-C. Rota (Hg.), *A History of Computing in
the Twentieth Century*, New York/London 1980; zu den frühen Ping-Pong-Spielen und ihrer
Logik der Freund/Feind-Erfassung vgl. Claus Pias, »Wenn Computer spielen. Ping/Pong als
Urszene des Computerspiels«, in: *Homo faber ludens. Geschichten zu Wechselbeziehungen von Technik und Spiel*, Hg. S. Poser/K. Zachmann, Frankfurt/M. 2003, S. 255-280.
6. Der Aufbau wurde 1997, zum 50jährigen Jubiläum des *BNL*, rekonstruiert. Eine Video der
Installation findet sich unter www.pong-story.com/tennis1958.htm.

Ein *IBM 704* mit
Kontrolltafel, ungehackt
(Aufnahme von 1956)

eine dritte Art von Ballspiel zu sehen, das Studenten des *MIT* für den *IBM704*
geschrieben hatten. Dieser besaß eine Kette von Kontrollämpchen, über die die
Funktionsfähigkeit einzelner Bauteile getestet werden konnte. Das Programm
bestand nun darin, die einzelnen Teile des Rechners in einer bestimmten Reihenfolge zu testen, um so die Lämpchen nacheinander aufleuchten zu lassen und
einen wandernden Lichtpunkt zu erzeugen, der rechts verschwand um links
sofort wieder zu erscheinen. Drückte man dann pünktlich beim Aufleuchten des
letzten Lämpchens eine Taste, so kehrte der Lichtpunkt seine Laufrichtung um,
schien abzuprallen und zurückzuwandern. Die Kontrolltafel des *IBM704* war zu
einer Art eindimensionalem Tennisspiel geworden.

Diese letzte Installation markiert allerdings einen (nicht zuletzt generationsmäßigen) Bruch, der sich bei den beiden ›Erfindern‹ kommerzieller Computerspiele der 70er Jahre wiederholen wird. Die Unternehmungen der jungen Hak-
ker der 60er Jahre hatten völlig andere Grundlagen und Ambitionen als die
vorangegangenen Demonstrationen der Rüstungsingenieure.[7]

Der Hacker entstand, als Computer für Studenten zugleich zugänglich und
unzugänglich wurden. Er erschien an den Grenzen dessen, was erlaubt und
unerlaubt, sinnvoll und sinnlos, sichtbar und unsichtbar sein sollte, um genau
diese Grenzen zu explorieren und immer aufs Neue zu problematisieren und zu
verschieben. Der Hacker war weder ein genügsamer ›Benutzer‹ (eine Kategorie,
die selbst in den 60ern erfunden wurde), noch war er unbedingt ein geschulter
Techniker oder Programmierer. Der Hacker war vielmehr respektlos gegenüber
den willkürlichen Vorschriften von Programmen, Systemverwaltern oder Nut-
zungskontexten. Die Autorität, die seine autodidaktischen Basteleien legiti-
mierte und begrenzte, war nur die konkrete Technik selbst, die Materialität von

7.   Claus Pias, »Der Hacker«, in: *Grenzverletzer. Von Schmugglern, Spionen und anderen subversiven
Gestalten*, Hg. E. Horn/U. Bröckling, Berlin 2002, S. 248-270; Pekka Himanan, *Die Hacker-
Ethik*, München 2001.

Geräten und ihren Leistungsgrenzen. Der Hacker experimentierte, und die Bedingung dafür waren zugängliche Digitalrechner mit Programmiersprachen, an denen sich jedes experimentelle Programm als legitim (aber vielleicht nicht als legal) erweist, das *läuft*. Der Hacker war ein Spieler mit digitalem Apriori.

Aus dieser Gratwanderung an den Grenzen von Benutzerrechten, Sinn und Hardware resultierte die (erst in den 80ern schriftlich fixierte) Hacker-Ethik, die als eine Ethik des Spiels gelesen werden kann: Jeder darf und soll mitspielen, alle Spieler sind gleich, die Spielregeln und -elemente sollen frei zugänglich sein, das Spiel der anderen soll respektiert und geschützt werden, und das alles soll zu einer besseren Welt führen. Die Hacker gründeten gewissermaßen einen ›ästhetischen Staat‹ auf der Basis von Turingmaschinen.

Dabei interveniert der Hacker – aus welchen Gründen auch immer – von der Position des Außenseiters aus. Diese besondere Position ist es, die ihm eine schillernde und zukunftsträchtige Welt erscheinen läßt, die aber nur *er* (nicht jedoch die ›Bosse‹, die Ingenieure oder andere professionell Deformierte) erkennen kann. Die frühen Hacker und Phreaker sind deshalb erstaunlich zurückhaltend in ihrer Kritik der großen Technologiekonzerne (sei es IBM oder ›Ma Bell‹). Sie nehmen eher die Rolle des Enthusiasten (oder Dilettanten, im Burckhardt'schen Sinne) ein, der aus Begeisterung und Liebe weiß, wie die Dinge besser sein könnten. Der Hacker als intimer Bewunderer der neuen Technologien weiß um ihr Potential, und schon deshalb darf sein Status nicht an »bogus criteria« (wie akademischer Reputation, Alter, Geschlecht usw.) gemessen werden. Zugleich konnte sein Wissen jedoch als Eintrittskarte zu Status und Macht dienen, wie die Karrieren von der Anklagebank zum Sicherheitsberater eine Zeit lang bewiesen. Allemal lief seine Strategie jedoch auf Figuren der Umkehrung herrschender Ideologie heraus, in dem die etablierten Besetzungen des Computers verkehrt werden (›friendly‹ versus ›kalt‹, ›community‹ statt Arkanwissen, Dezentralisierung statt mainframes; Überschuß statt Effektivität; menschlich statt unmenschlich usw.). Es sind symbolische Inversionen, die seinen technischen Umwidmungen entsprechen.

Historisch bekam der Hacker damit einen sozialutopischen Impetus und eine politisch-pädagogische Mission. Es ging darum, der prinzipiellen Freiheit und Eigensinnigkeit der neuen Technologie zu einer noch unausgemachten Zahl von Spielen auch eine entsprechende Freiheit ihrer Benutzer gegenüberzustellen, alle diese Spiele spielen zu dürfen. Es ging um eine Form der Erschließung von vorhandenen, aber noch nicht genutzten Möglichkeiten, die jedoch nur mit hinreichender technischer Kompetenz realisierbar sind. Das Volk der Computerbenutzer mußte folglich aufgeklärt werden, um seine Geschicke selbst in die Hand nehmen zu können – ob es will oder nicht. Denn Freiheit erfährt der User nur dort, wo er spielt, d.h. selbst programmiert, statt fremden Programmen zu folgen. Das bedeutet umgekehrt aber nur: Wer nicht mit seinen Geräten spielt, sondern sie zu ›trivialen‹ Maschinen degradiert, hat einen unzureichenden Begriff seiner Tätigkeit und wird zum Objekt einer Pädagogisierung.

In diesem Kontext enstand ab 1961/62 *Spacewar*, das verschiedene Hacks zusammenfaßte und zu einem vollständigen Computerspiel ergänzte. Dan

Spacewar und seine erwachsen gewordenen Programmierer (1983)

Edwards, Alan Kotok, Peter Samson und Steve Russell benutzten den *DEC PDP-1*-Rechner und seinen Vektorbildschirm, um ein graphisches Echtzeit-Schießspiel für zwei Personen zu programmieren, das sich vor einem bewegten Sternenhimmel abspielte, das Töne machte und Punkte zählte. Spiele wie dieses galten im Sinne der Hacker-Ethik als prominente Beispiele einer Aneignung von hardwaregewordener Verwaltungstechnik an den Schaltstellen der Macht, als politische motivierte Ent- und Verwendung des Computers, als Demokratisierung von Arkanwissen und nicht zuletzt als ästhetisches Experiment in und mit einem neuen Medium. Spiele wie *Spacewar* bedeuten einen »administrative headache«, wie Stewart Brand 1972 im *Rolling Stone* kommentierte:

> *Es* [Spacewar] *war das nichteheliche Kind aus der Verbindung von Computern und Grafikdisplays. Es war nicht Teil eines großen Plans von irgendjemand. Es diente keiner anspruchsvollen Theorie.* [...] *In jenen Zeiten des Batch-Processing und des passiven Konsumismus (Daten waren etwas, das man an den Hersteller schickte, wie Farbfilm) war Spacewar eine Häresie, nicht bestellt und unwillkommen. Die Hacker haben Spacewar gemacht, nicht die Planer.* [...] *Es diente in erster Linie als Kommunikationsinstrument zwischen Menschen.* [...] *Es erfüllte menschliche Bedürfnisse, nicht die von Maschinen.* [...] Spaceware *dient dem Weltfrieden. Wie überhaupt alles schicke Herumspielen mit Computern und jede Beschäftigung mit Computern zu unseren ureigenen Zwecken.*[8]

1972 – das war auch das Jahr, in dem die ersten kommerziellen Computerspiele auf den Markt kamen: die *Odyssey* von *Magnavox* und kurz darauf *PONG* von *Atari*. Anders als das zehn Jahre ältere *Spacewar*, das die Universitäten nie wirklich verließ und das seine größte Verbreitung wahrscheinlich sogar als Testprogramm bei Servicetechnikern des Computerherstellers *DEC* fand, zogen diese Spiele in den 70ern hunderttausendfach und weltweit in die Haushalte ein. Aber sie wurden weder als politischer Akt, noch als *Appropriation Art*, noch gar als Hoffnungsträger einer *computer literacy* wahrgenommen, noch erkannte man in ihnen irgendein utopisches Potential zur Rettung des Weltfriedens. Sie waren Spiel-Zeug im banalsten Sinne, das – anders als die heimischen Schachcomputer, die

---

8. Übersetzung zit. nach Claus Pias, *ComputerSpielWelten*, München 2002, S. 301.

wenige Jahre später folgen sollten – kaum ernsthaft mit Computern assoziiert wurde. Der Grund, so wird hier vermutet, liegt im kleinen aber entscheidenden Unterschied zwischen *Video-* und *Computer*spiel. Das Tennisspiel am Bildschirm wurde nämlich (nachdem es ja eigentlich in den 50er Jahren schon lief) um 1970 noch *zweimal* erfunden (was viele spätere Streitigkeiten erklärt): einmal als *Video*-spiel und einmal als *Computer*spiel, aber leider in keinem der beiden Fälle aus dem Geiste der Hacker.

Mit Video spielen

> *By definition, video games use video displays*
> Ralph Baer

Für Ralph Baer (Jahrgang 1922), den ersten Erfinder, waren die gesammelten Demos und Hacks nämlich noch gar keine Videospiele – wohlgemerkt mit der Betonung auf dem Wort *Video*. Baer, 1938 als deutscher Jude ohne Schulabschluß emigriert, wurde im Krieg zum Fernmeldetechniker ausgebildet und erwarb anschließend am *American Television Institute of Technology* in Chicago einen BA in »Television Engineering«, bevor er ab 1955 eine dreißigjährige Laufbahn als Chefingenieur bei dem Rüstungslieferanten *Saunders Associates* begann. Baer war also ein arrivierter Ingenieur, der kaum noch unter die Kategorie ›Hacker‹ fiel. Aus seiner Biographie resultierte nicht nur eine profunde Kenntnis analoger Signalverarbeitung und eine genaue Vorstellung davon, was gelingende (technische) Kommunikation ist, sondern vor allem die unumstößliche Überzeugung, daß Spiele mehr mit *(tele)vision* als mit *computing* zu tun haben. So schrieb Baer kürzlich in einer e-mail im Vorfeld seiner demnächst erscheinenden Autobiographie:

> *So, how do you categorize Higginbotham? […] he built a lab-demo for an ›open house‹ to be played by visitors. It was done with the aid of a large analog computer and a standard lab oscilloscope. Then it wasn't heard from again for 20 years until the lawyers dug it up. No one, including me, knew of that physics demo. And even if I had known about it, would that have suggested the use of a home TV receiver to play games? Hardly! […] He [Russell] was certainly the first person to program and play a game using a refrigerator-sized PDP-1 computer at MIT; his display was an analog CRT display just like a 'scope … no one is calling that a video game despite the fact that it uses a CRT. Nevertheless Russell certainly deserves the title of Father of Computer[!] Games. […] To qualify as a video[!] game, you have to pass one major test: Can you play the game on a standard TV set or a TV monitor?[9]*

In eben diesem Sinne war es dann auch Baer, der in den späten 60er Jahren mit der Kopplung elektronischer Bildgeneratoren und handelsüblicher Fernseher zu experimentieren begann, um *nach* dem Computerspiel erst einmal das *Video*spiel zu erfinden. Dabei spielte das zurückgewiesene Dispositiv der Radar-Arbeits-

---

9. www.pong-story.com/inventor.htm

plätze sehr wohl eine bedeutsame Rolle: Von Anfang an ging es um Lichtpunkte, die sich statt über Vektorbildschirme nun über Fernseher bewegen sollten, die sich treffen oder eben nicht treffen sollten, und um die Selektion von
Punkten durch ein waffenförmiges Eingabegerät, das bei den Radaroperatoren
der 50er Jahre die Lightgun war und bei Baer eben ein Spielzeuggewehr. (Dies
verbindet seine Erfindung nicht zuletzt auch mit den optoelektrischen Schieß-
spielen, die eine Jahrzehnte alte Jahrmarktstradition hatten.) Der Hintergrund
war ja auch allemal ernst: Baer erkaufte sich seine Forschungsgelder und -zeiten
mit dem Versprechen, effektivere militärische Trainingsgeräte billiger herstellen
zu können, d.h. also gerade nicht als Hacks einer Gegenökonomie, sondern
strikt innerhalb der betrieblichen Anforderungen.

Baers entscheidende Leistung, die es in den 70er Jahren Millionen von Benutzern erlauben sollte, auf der vertrauten Hardware von Fernsehern *Video*spiele zu
spielen, ist in seiner 1968 eingereichten und 1971 niedergelegten Patentschrift
formuliert, in der das Wort »Computer« niemals, das Wort »Fernsehempfänger«
aber andauernd fällt:

Die vorliegende Erfindung betrifft einen Apparat und ein Verfahren für die Erzeugung,
Darstellung, Manipulation und Benutzung von Symbolen oder geometrischen Figuren
in Verbindung mit monochromen und farbigen Fernsehempfängern zum Zwecke der
Trainingssimulation, der Verwendung von Spielen und der Ausführung anderer Akti-
vitäten durch jeweils einen oder mehrere Teilnehmer. Die Erfindung umfaßt in einer
Version eine Kontrolleinheit, einen Apparat, der die Kontrolleinheit mit dem Fernseh-
empfänger verbindet, und in einigen Anwendungen eine Bildschirm-Maskierungs-Folie,
die mit einem Standard-Fernsehempfänger verwendet wird. Die Kontrolleinheit beinhal-
tet den Regler, die Schaltung, Schalter und andere elektronische Bauteile für die Erzeu-
gung, Manipulation und Steuerung von Videosignalen, die auf dem Fernsehbildschirm
angezeigt werden sollen. [...] Eine Maskierungs-Folie, die entfernbar auf dem Fernseh-
bildschirm angebracht werden kann, bestimmt die Art des Spiels, das gespielt oder des
Trainings, das simuliert wird. Jeder Teilnehmer kann eine Kontrolleinheit erhalten.[10]

Und so ist (technisch korrekt) auch nirgendwo von Computern die Rede (sondern nur von »Kontrolleinheit«), weil es eben nicht um Computer geht. Baers
Erfindung bewegt sich also auch deshalb jenseits der Domäne der Hacker, weil
sie nichts mit der Frage der (symbolischen) Programmierung zu tun hat, sondern
im Realen analoger Elektrotechnik verbleibt.

Nachdem keines der bisherigen Spiele in irgendeiner Form rechtlich geschützt
oder gar patentiert worden war, hatte Baer mit seinem Antrag auch die Grundlage der Vermarktung für das folgende Jahrzehnt geschaffen. Und angemessener-
weise kamen als Produktions- und Vertriebspartner weder die bekannten Spiel-
zeug- noch die großen Computerfirmen in Frage, sondern ausschließlich die
damals führenden Fernsehhersteller. Ab 1969 gingen die Vertreter von *RCA*,
Zenith, Sylvania, General Electric, Motorola, Magnavox oder *Sears Roebuck* bei *Saun-*
ders Associates ein und aus. Nach etlichen Pannen startete dann am 27. Januar
1972 die Produktion der ersten käuflichen Spielkonsole unter dem Namen

---

10. Übersetzung des Patentantrags, zit. nach Pias, *ComputerSpielWelten*, a.a.O., S. 106f.

Das analoge Innenleben der
Odyssey und Screenshot (1972)

Odyssey bei *Magnavox*. Im Mai begannen der Verkauf und die Fernsehwerbung, die allerdings suggerierte, daß die *Odyssey* nur mit *Magnavox*-Fernsehern funktioniere. Erst der geballte Einsatz von Frank Sinatra als Werbeträger konnte den Absatz retten, so daß nach dem ersten Weihnachtsgeschäft 80.000 einzelne Geräte und 20.000 sog. *Rifle-Packs* (mit Lichtgewehr) verkauft waren. Bis zur Einstellung dieses ersten Modells 1975 wurden dann weitere 250.000 Geräte und 50.000 *Rifle-Packs* verkauft.

Ebenso gewöhnlich wie das Ausgabegerät war die Spielkonsole selbst. Die *Odyssey* benutzte keinen Mikroprozessor und hatte keinen Speicher. Vielmehr bestand sie aus einer hybriden Schaltung analoger und digitaler Komponenten von etwa je 40 Dioden und Transistoren und den dazu gehörigen Widerständen und Kondensatoren. Sie konnte weder speichern, noch rechnen, noch diskrete Daten prozessieren und war folglich gar kein Computer, sondern tatsächlich nur ein ›Apparat für die Darstellung und Erzeugung geometrischer Figuren‹. So war es Aufgabe eines 300-teiligen Sortiments an Zubehör, die beweglichen Lichtpunkte zu verschiedenen Spielen zu semantisieren. Folien, die auf den Fernseher geklebt wurden, Karten, Papiergeld, Würfel und Pokerchips mußten also nicht nur übernehmen, was die Hardware nicht leisten konnte, sondern machten auch den Effekt, daß das Gleiche je anders aussah. Bewegungsbahnen erwiesen sich als bedeutungsneutral und konnten ihre Haut wechseln. Ob Tischtennis oder Ski, Hockey oder Fußball, Roulette oder Lernspiel – alle gründeten auf einer Kombinatorik von maximal zwei Punkten und einer Linie, die jeweils an/aus und an einer bestimmten Position sein können und einer Kollisionsabfrage, die feststellt, ob zwei Elemente an der gleichen Position sind. Diese Einstellungen wurden über steckbare Cartridges vorgenommen, die eben keine Programme enthielten, sondern nur dazu dienten, die aus Dioden aufgebauten Schaltkreise anders zu verbinden.

So simpel dieses Ping-Pong-Spiel heute erscheinen mag, so erklärungsbedürftig muß es damals auf die ersten Fernsehspieler gewirkt haben. Dafür spricht jedenfalls die Ausführlichkeit, mit der (zumindest die deutschen) Handbücher jedes Detail erklären. Denn anders als in Frankreich, wo nur das unveränderte, 24-

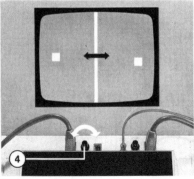

Fig. 21

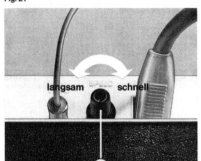

Fig. 22

C. Bedienung

Sie lernen jetzt die Lage und die genaue Funktion aller Bedienungselemente sowie die einzelnen Bildschirmfiguren und -signale kennen. Dazu lassen Sie den Spielprogramm-Stecker Nr. 1, den Stecker für das Grund-Spiel Tischtennis, im Schlitz ② SPIELPROGRAMM des Spielzentrums stecken oder — falls inzwischen herausgezogen — stecken ihn wieder ein.

1. Knöpfe am Spielzentrum

a) ④ MITTELLINIE (Fig. 21)

Mit dem Knopf ④ können Sie die auf dem Bildschirm sichtbare senkrechte Linie seitlich verschieben. Diese Linie ist das Tischtennisnetz. Stellen Sie den Knopf ④ so ein, daß die Tischtennis-Linie den Bildschirm in zwei gleiche Hälften aufteilt.

b) ⑦ TEMPO (Fig. 22)

Mit dem Knopf ⑦ stellen Sie das Spieltempo ein; Sie bestimmen also das Tempo, mit dem sich der später auf dem Bildschirm sichtbare Ball von einer Seite zur anderen bewegen soll. Anfangs empfiehlt es sich, den Knopf ⑦ ganz nach links auf langsamstes Tempo einzustellen. Bei vollendeter Spielgeschicklichkeit können Sie durch Drehen des Knopfes ⑦ nach rechts das Spieltempo beliebig erhöhen.

2. Knöpfe und Tasten an den Spielpulten

Aus Abschnitt B4 wissen Sie bereits: beide Spielpulte haben gleiche Bedienungselemente. Mit den folgenden Beschreibungen zeigen wir Ihnen jedoch genau die unterschiedlichen Positionen auf, die die Spieler 1 und 2 mit den Spielpulten einstellen sollen. Entsprechend sind die Spielpulte im Text und in den Abbildungen mit 1 für den linken Spieler und 2 für den rechten Spieler bezeichnet.

a) ⑮ HORIZONTAL (Fig. 23, 24)

Mit Knopf ⑮ lassen sich die auf dem Bildschirm erscheinenden Vierecke, die Bildschirm-Figuren, waagerecht verschieben. Diese Bildschirm-Figuren stellen Tischtennisspieler dar.

Spieler 1 stellt mit Knopf ⑮ seines Spielpults 1 die Bildschirm-Figur 1 ca. 5 cm vom linken Bildschirmrand entfernt auf (Fig. 23).

Spieler 2 stellt mit Knopf ⑮ des Spielpults 2 die Bildschirm-Figur 2 ca. 5 cm vom rechten Bildschirmrand entfernt auf (Fig. 24).

Bitte üben Sie die Bewegung mit dem Knopf ⑮ HORIZONTAL:

Das Drehen nach hinten verschiebt die Bildschirm-Figur nach links, das Drehen nach vorn verschiebt sie nach rechts.

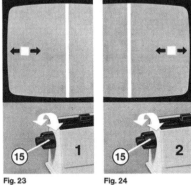

Fig. 23   Fig. 24

10

Seite aus der Bedienungsanleitung der deutschen *Odyssey* (1974)

seitige englische Heft mitgeliefert wurde, kam die deutsche *Odyssey* mit einer reich illustrierten »Bedienungsanleitung« und einem ebenso aufwendigen Heft der »Spielregeln« (verkennend, daß Spielen und Bedienen hier schlicht zusammenfallen). Während die »Bedienungsanleitung« stilistisch so gehalten war wie die eines Fernsehers oder Radios folgte die »Spielanleitung« eher dem bunten Anleitungsdesign von Brettspielen. Und in ihrer umständlichen Insistenz auf dem Repräsentationsaspekt, die dauernd betont, daß ein Ball nur ein »Ball« ist, läßt sich noch eine tastende Distanz ablesen, die nicht recht weiß, was sie mit der Op-Art der neuen Spiele anfangen soll:

> *3. Spieler 1 drückt die Start-Taste an seinem Spielpult* [noch nicht: Konsole]. *Dadurch wird der ›Ball‹* [man beachte die Anführungszeichen] – *von links nach rechts fliegend – in Bewegung gesetzt. (Falls der ›Ball‹ durch Drücken der Start-Taste am Spielpult 1 nicht auf dem Bildschirm erscheint, befindet er sich hinter der ›Aus-Linie‹ auf der rechten Spielfeld-Seite. Daher muß also erst einmal die entsprechende Start-Taste am Spielpult des Spielers 2 gedrückt werden, um den ›Ball‹ ins Bild und damit in Bewegung zu setzen). Fliegt der Ball* [jetzt ohne Anführungszeichen] *nun von links nach rechts, muß der Spieler 2 durch Drehen des Horizontal- bzw. Vertikal-Knopfes versuchen, seine Bildschirm-Figur* [nicht: ›Schläger‹] *so zu plazieren, daß sie den heranfliegenden ›Ball‹ berührt. Gelingt diese Berührung, dann prallt der ›Ball‹ zurück. Seine Flugbahn* [ohne Anführungszeichen] *kann jetzt durch den ›Ball‹-Knopf am Spielpult 2 gelenkt werden. Berührt danach Spieler 1 den ›Ball‹ mit seiner Bildschirm-Figur, dann prallt der ›Ball‹ in entgegengesetzter Richtung zurück. Jetzt kann seine Flugbahn durch den ›Ball‹-Knopf am Spielpult 1 gelenkt werden.*

Man mußte anscheinend noch die Phantasie des Benutzers adressieren, damit dieser ein »Tisch-Tennis« auf dem Bildschirm zu entziffern vermochte: »stellen wir uns vor, dieser Lichtfleck sei...« Jedenfalls hatte so auch die europäische Geschichte des Videospiels mit der *Odyssey* begonnen, deren erste Werbung im Jahre 1973 erschien und die ab 1974 ausgeliefert wurde. Auch *ITT Schaub-Lorentz* (nicht zufällig ein namhafter Fernsehhersteller) verkaufte (s)eine *Odyssee*, die mit identischen Handüchern versehen war, deren Spielkarten jedoch übersetzt und deren *Magnavox*-Firmenlogo überklebt war. Festzuhalten bleibt, daß das Videospiel eben alles andere als die von Brand zeitgleich propagierte »Beschäftigung mit Computern zu unseren ureigensten Zwecken« war, sondern eben genau jener »passive Konsumismus«, gegen den es vorzugehen galt. Bezeichnenderweise war denn auch gleich zu Beginn des Handbuchs der *Odyssey* zu lesen: »nochmals der Hinweis: spielen Sie nur nach der beiliegenden Spielanleitung.«[11]

Die heimliche Digitalisierung

> *I graduated with an engineering degree and didn't get a job offer from Disney*
> Nolan Bushnell

Allgemein gilt jedoch immer noch ein anderer Name als Synonym für die Entstehung und Verbreitung von Video- und Computerspielen seit den 70er Jahren: *Atari*. Dessen Gründer Nolan Bushnell – immer wieder (und trotz eines in zwei Instanzen verlorenen Copyright-Verfahrens) als Erfinder des Computerspiels apostrophiert – entstammte einer anderen Generation und einem anderen Kon-

---

11. Deutsches Handbuch der *Odyssey*, 1973, S. 13.

text als Ralph Baer. Bushnell (geboren 1943) gehörte weder der Kriegsgeneration an, noch kam er aus dem Umfeld der Fernmeldetechnik. Vielmehr gehörte er jener ersten Studentengeneration der Hacker an, die Zugang zu Computern hatte, die sie nicht mehr selbst konstruiert hatten, sondern als »User« im heutigen Sinne benutzen durften. So hatte Bushnell an der *University of Utah* bei David C. Evans und Ivan Sutherland studiert, den Gründern der *Evans & Sutherland Computer Corporation* in Salt Lake City, von denen der eine ein Pionier im Bereich von Computergrafik und Timesharing, der andere (vor allem durch seine *Sketchpad*-Dissertation bei Claude Shannon) im Bereich der graphischen Interfaces war. Schon deshalb hatte Bushnell die entscheidenden Lektionen für Computerspiele (Grafik, Geschwindigkeit, Spielbarkeit) schon von seinen akademischen Lehrern mitbekommen. Und er hatte als Student *Spacewar* gespielt und nach dem Studium begonnen, in seiner Freizeit einen kommerziellen Nachbau in Form eines Spielautomaten namens *ComputerSpace* herzustellen. Obwohl *ComputerSpace* wenig erfolgreich war (*Nutting Associates* produzierte Anfang der 70er nur etwa 1.500 Stück), wußte Bushnell, wie man aus einer Idee ein Produkt macht und hatte den Markt für Spielautomaten kennengelernt. Denn Flughäfen und Bars, Spielsalons und Jahrmärkte stellen andere Anforderungen als Rechenzentren und Wohnzimmer.

Als Bushnell sich dann am 24. Mai 1972 am Marina Airport in Burlingame, CA, ins Gästebuch einer Präsentation der *Odyssey* eintrug, liefen anscheinend verschiedene Fäden zusammen, denn kaum einen Monat später wurde *Atari* gegründet. Schließlich brauchte Bushnell nur noch zusammenfügen, was bereit lag. Erstens hatte er – ohne selbst aus der Fernsehtechnik zu kommen – schon in *ComputerSpace* einen SW-Fernseher von *General Electric* benutzt, um die Herstellungskosten zu senken. Zweitens hatte er an diesem (für eine noch nicht computeralphabetisierte Käuferschicht) viel zu komplizierten Spiel gelernt, daß aller Anfang einfach sein muß – oder mit seinen eigenen Worten: »Um erfolgreich zu sein, mußte ich ein Spiel herausbringen [...], das so einfach ist, daß es jeder Besoffene in der Kneipe spielen kann.«[12] Drittens wußte er, daß Spiele im öffentlichen Raum alleine gespielt werden müssen, daß sie keine externen Spielmittel voraussetzen dürfen und daß sie ein Ende haben müssen, damit eine neue Münze eingeworfen werden kann. Und viertens wußte er durch sein Studium der Computer Science, daß dies nur auf digitaler Basis möglich sein würde. Folglich wurde *PONG* als Spiel (fast) ohne Anleitung, dafür aber mit Fernsehbildschirm, Single-Player-Modus, Punktestandsführung und Münzeinwurf konstruiert, das keine zusätzlichen Spielmittel benötigte, das nur ein einziges Spiel spielte und das als digitaler Spielautomat deutlich teurer sein durfte als ein Massenprodukt wie die *Odyssey*.[13] Hinzu kam zuletzt das namengebende, onomatopoetische »Pong«, das nicht mehr war, als ein extrem verstärktes Knacken im Zeilenzähler (sog. *vertical sync*). Der Spieler hört also bei gelungener Synchronisation mit dem Spiel zugleich die Synchronisation des Gerätes selbst. Mit *PONG* begann das

---

12. Übersetzung nach Pias, *ComputerSpielWelten*, a.a.O., S. 112.
13. Der *PONG*-Automat war aus 70 TTL-Chips aufgebaut.

Der erste Versuchsautomat von *PONG*: Von hinten ist der verbaute Fernseher gut erkennbar (1972, © The Atari Historical Society)

Tennisspiel also schlicht noch einmal, allerdings als digitales Computerspiel im öffentlichen Raum und nicht als analoges Videospiel im heimischen Wohnzimmer. Nur daß dieser feine, aber entscheidende Konstruktionsunterschied an der Bildschirmoberfläche der verbauten *Hitachi* 13"-Fernseher nicht offensichtlich wurde.

Ebenfalls 1973 begannen Harold Lee und Alan Alcorn (beides von *AMPEX*, Bushnells ehemaligem Arbeitgeber, abgeworbene Ingenieure) mit dem Entwurf einer Heimversion unter dem Codenamen »Darlene« – jener *Atari*-Mitarbeiterin mit der legendärerweise schmalsten Taille. Diese wurde 1975 über den Weihnachtskatalog des Versandhauses *Sears Roebuck* mit dem Label *Tele-Games* mit 150.000 Exemplaren so erfolgreich verkauft, daß *Atari* 1976 mit der Produktion unter eigenem Namen begann. Diese Version, die zwar weniger konnte als die *Odyssey*, dafür aber systemisch geschlossen wie der Automat war, beruhte auf einem einzigen proprietären Chip aus eigener Produktion. Dieser konnte zwar nichts anderes als *PONG* spielen, war dafür aber wortwörtlich ein zählendes Element, denn plötzlich rechnete etwas im Gerät – und seien es nur Punktestände. Kurz gesagt: Die heimische *PONG*-Version war ein digitaler Computer, der nur deshalb als Videospiel rezipiert werden konnte, weil es die analoge *Odyssey* schon gab und weil die Oberflächen und Spielprinzipien sich zum Verwechseln ähnlich sahen. Zwar gehört Bushnell der Hacker-Generation an, geht jedoch nicht auf deren utopisches Programm ein, sondern offenbart dessen Dilemma: Zwar gibt es Ansätze einer klassischen Hacker-Erzählung über jenen Bushnell, der im Kinderzimmer seiner Tochter *ComputerSpace* mit einem vollwertigen Computer bastelt, doch das ist eher ein Mythos, der konservierbar für jenen Prozeß der Wertschöpfung ist, der kurz darauf einsetzte. (Die alte Gründer-Geschichte der Computerindustrie...) Was herauskommt, ist ein Computer, der getarnt und beschnitten ist und gerade durch diese ›Phantasmagorie‹ so erfolgreich sein kann. So ist der Computer in den 70ern nicht laut und programmatisch über PCs, sondern leise und unvermerkt über Spiele in die Haushalte eingezogen, oder genauer: über ein Computerspiel, das aussah wie ein Videospiel.

```
         NC   1        28   NC
        GND                  Entrée lumineuse pistolet/fusil
 Sortie audio                Entrée gachette pistolet/fusil
         Vcc                 Bouton reset
Switch angle de la balle     Sortie vidéo du terrain et des scores
Sortie vidéo de la balle     Selection jeu PRACTICE
Switch de vitesse du jeu     Selection jeu SQUASH
                 AY-3-8500   Selection jeu HOCKEY
Bouton de service manuel     Selection jeu TENNIS
Sortie vidéo joueur droit    Selection jeu de tir 2
Sortie vidéo joueur gauche   Selection jeu de tir 1
    Entrée joueur droit      Entrée horloge
    Entrée joueur gauche     Sortie synchro vidéo
    Taille des raquettes
          NC   14       15   NC
```

Die erste Heimversion von PONG (1974) und ein Chip mit mehreren Spielen: der AY-3-8500 (1975, rechts der originale Atari PONG-Chip)

Von hier aus, von der verborgenen Digitalisierung her, sollte jedenfalls die Computerspielwelle der 70er ihren Ausgang nehmen. Schon 1975 entarf *General Instruments* einen LSI-Chip (Large Scale Integration), der nur *PONG* spielte, und besiegelte damit das Ende der Komponentensysteme vom Typ der *Odyssey*. Dieser Chip, *AY-3-8500* genannt, spielte vier *PONG*-Varianten, zwei Schießspiele und ein undokumentiertes siebtes Spiel (eine Fußball/Hockey-Variante), die einfach über das Verbinden bestimmter Kontakte aktivert wurden. Allein auf dieser single-chip-Lösung sollten in den darauf folgenden Jahren etwa 500 verschiedene Spielekonsolen basieren, die von über 300 Herstellern weltweit angeboten wurden. *National Seminconductor* produzierte bald darauf den MM-57100 (NTSC-Standard) und den MM-57105 (PAL-Standard), die Farbe – und damit beispielsweise grüne Tenniswiesen – darstellen konnten. *MOSTEK, Universal Research Labs, Texas Instruments* und weitere Hersteller folgten mit anderen, ähnlich einfachen Spiele-Chips, von denen heute etwa 50 bekannt sind.

Am Übergang zur Digitalisierung und den mit ihr verbundenen standardisierten Bauweisen, machten nun allenfalls noch Gerätedesign und Preis einen Unterschied. Damals hätte man das wohl »Kulturindustrie« genannt. So ließe sich entlang des Tableaus der unzähligen Spielekonsolen jener Zeit nicht nur ein Katalog der ›feinen Unterschiede‹ schreiben, sondern auch eine Designgeschichte der 70er: von der weißgelackten Schachtel bis zur orange-braunen Schale, vom kantigen Holzdekor bis zum science-fiction-artigen Chromglitzern. Als kleines Hacker-Residuum bildete sich für nur wenige Jahre eine Bastlerkultur heraus, die in ihren Grundzügen durchaus der Radioszene der Weimarer Republik vergleichbar ist. Dies mag kaum verwundern, enthielten doch schon die Betriebsanleitungen der Fertiggeräte – wie damals auch noch bei

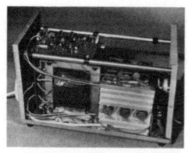

Fig. 3(a): This view of the prototype control unit during construction shows on the left the isolation transformer with the ramp generator board (to be described in Part 2) above it and on the right the power supply regulator board with its associated series stabiliser transistors. The mains transformer is beneath the regulator board.

Fig. 3(b): View of the prototype control unit with the front panel removed to show the mains transformer, rectifiers and reservoir capacitors mounted under the regulator circuit board.

Fig. 4 (right): Layout of the power supply stabiliser board, which is built on strip-board.

shown in Fig. 6. This bar can be moved up and down to any position on the screen by adjusting VR5. The width of this bar is determined by the pulse width generated by IC7, in turn controlled by R26 and C19. Capacitors C10 and C11 suppress noise generated by

★ Components list

POWER SUPPLY

Resistors: (all ±10%, ½W)

R1, R4, R7	1 Ω	R10	2.2k Ω
R8	680 Ω	R3, R6	3k Ω
R9	750 Ω	R2, R5	3.3k Ω

Preset Potentiometers: (all miniature carbon)

VR1, VR2	1k Ω	VR3	500 Ω

Capacitors:

C3, C5, C7	470pF	C4a, C8a	0.01µF
C1, C2	1000µF 40V	C4, C6, C8	100µF 25V

Semiconductors:
Tr1, Tr2, Tr3   2N3055
D1, D2   Bridge rectifier   1A 50V piv
IC1, IC2, IC3   µA723   Fairchild

Transformers:
T1   Pri.—240V,   Sec. 1—19V 1A,   Sec. 2—19V 1A
T2   Mains isolation, power rating to suit TV receiver used

MAN—BALL CONTROL CIRCUITS

Resistors: (all ± 5%, ½W)

R16, R20, R23, R27	220 Ω	R17, R21, R24, R28	510 Ω
R31, R33	330 Ω	R32, R34	1k Ω
R18, R25, R35, R36	390 Ω	R26, R30	10k Ω

Capacitors:

C14, C15, C16, C17, C18, C20, C22, C23, C24	1,000pF ceramic
C26, C27, C28, C29	0.1µF ceramic
C19, C21 0.22µF	C25 0.5µF

Semiconductors:

Tr4, Tr5, Tr6, Tr7	BC214
D3, D4, D5, D6, D8, D9	1N914
IC4, IC5	7413
IC6, IC7	74121
IC8	7404
IC9	7400

Bauanleitung für ein Videospiel aus dem britischen *Television Magasine* (Juli 1976)

Fernsehern und Radios üblich – komplette Schaltpläne.[14] So entstanden nicht nur zahlreiche fertig zusammengestellte Bausätze, sondern wurden auch Bauanleitungen unterschiedlichsten Niveaus in diversen Zeitschriften veröffentlicht. Diese reichten von ganzen Artikelserien, die die Funktion jedes einzelnen Bau-

14. Beispielsweise das deutsche Intel-Gerät namens *Super-Telesport* von 1977 oder das von Quelle vertriebene *Universum TV Color-Multispiel 4014*.

teils erklärten und Vorlagen für das Selbstätzen von Platinen enthielten,[15] bis hin zu halblegalen Kleinanzeigen, die funktionsfähige Nachbauten der Platinen des *Atari*-Spielautomaten feilboten.[16] Für weniger Begabte mit Gestaltungswillen lieferte *Coleco* sogar halbgefertigte Spiele, bei denen die Elektronik bereits vollständig aufgebaut war und nur noch das Gehäuse zusammengesetzt und verziert werden mußte. Kitsch eben.

Computer für alle

> *I believe computer screens can make people happier*
> Ted Nelson

Es sind vielleicht die Basteleien Mitte der 70er Jahre, die zurück zu den pädagogischen, politischen und ästhetischen Ambitionen der 60er Jahre führen, die sich (dann ebenfalls Mitte der 70er Jahre) in verschiedensten Projekten von Home-, Personal- oder Volks-Computern bündeln sollten.[17] Gundolf Freyermuth brachte das zuletzt auf die Diagnose einer »Techno-Boheme [...] zwischen technischer Bastelei und messianischer Agitation, die von der neuen Technik nichts weniger als die Veränderung der Welt erwartete«[18]. Jedenfalls hatte das besondere ›Spielen‹ des Hackers (das Basteln, das Programmieren, das Experimentieren) in den Video- und Computerspielen im heutigen Wortsinne (den ›geschlossenen‹ Lösungen von Baer und Bushnell also) keine Heimat finden können und verlegte sich auf ›richige‹ oder ›offene‹, aber kleine Computer. Daß die Industrie daran nicht gedacht hatte, ist Teil des Gründermythos. Die banalere Erklärung ist, daß man sich dort schlicht keine sinnvolle Anwendung vorstellen konnte. Ken Olsens aus der Siegerperspektive belächelter Satz »There is no reason for any individual to have a computer in their home« ist historisch allemal einleuchtend. In der hackertypischen (d.h. oppositionellen und zugleich nach Anerkennung verlangenden) symbolischen Inversion wurde einfach nur umgekehrt, was Standard (und damit sinnvoll) war: Kinder statt Erwachsene, Sound statt Stille, Spiele statt Arbeit, klein statt groß usw. So schwärmte beispielsweise Alan Kay (ein anderer Doktorand Ivan Sutherlands[19]) 1972 gegenüber Stewart Brand von einem Computer (dem berühmten *Dynabook*) mit graphischer Oberfläche im heutigen Laptop-Format für jeden Schüler:

Es speichert eine Million Buchstaben und besorgt die ganze Textverwaltung für dich – bearbeiten, anzeigen, suchen, Dinge dieser Art. Es wird Grafikfunktionen haben, mit denen man Skizzen und Zeichnungen anfertigen kann. Alan will auch Sound einbau-

---

15. z.B. *Television Magasine*, Juli 1974.

16. *Television Magasine*, Oktober 1974.

17. Leider nur sehr fragmentarisch in Michael Friedewald, *Der Computer als Werkzeug und Medium. Die geistigen und technischen Wurzeln des Personal Computers*, Berlin 1999, S. 356ff.

18. Gundolf S. Freyermuth, »Die Geburt des PC aus dem Geiste des Protests. Eine kleine Kulturgeschichte«, in: *c't*, 24(2003), S. 270-276.

19. Alan Kay, *The Reactive Engine*, Diss. University of Utah 1969.

Frühe Sinnfragen des Heimcomputers in der Industrie: links der *Electronic Computing Home Operator* (ECHO IV) von *Westinghouse* zur Haushaltsverwaltung (1969), rechts der *Honeywell H316* Kitchen Computer als Rezeptberater

en, so daß man es zum Komponieren benutzen kann. Als Sprachfunktion ist Smalltalk dabei, womit man ganz einfach seine eigenen Sachen programmieren kann. Das Interface soll so eine Art Bastelspielzeug sein. Und natürlich spielt es Spacewar. [...] Alan ist entschlossen, die Kosten unter $500 zu halten, so daß Schulen die Dynabooks aus ihrem Lehrbuch-Etat kostenlos zur Verfügung stellen können.[20]

Daß das Kind entscheidend für die Zukunft des Computers und der Computer entscheidend für die Zukunft des Kindes ist, verwundert kaum.[21] Schließlich ist das Kind nur der kommende Bewohner jener elektrifizierten ›bürgerlichen‹ Öffentlichkeit‹, deren Grundausstattung der persönliche Computer sein sollte. Man mag diese Verzahnung an wenigen Äußerungen zweier Wortführer der Personal-Computing-Bewegung ablesen.[22] Ted Nelson und Lee Felsenstein galten nicht nur als Hacker, sondern waren auch beide fest im Milieu der kalifornischen *Counterculture* der frühen 70er verankert.

Nelson, von Haus aus Philosoph (BA) und Soziologe (MA), hatte 1974 seine manifestöse Doppelpublikation *Dream Machines/Computer Lib* veröffentlicht,[23] von der etwa 50.000 Kopien verkauft wurden. Während der eine Teil (Vannevar Bushs *Memex* fortführend) eine Informationsutopie vernetzten Wissens namens *Xanadu* entwarf und die Grundlagen einer Theorie des Hypertext legte, war der andere Teil ein politisches Manifest, das mit geballter Faust zur Befreiung aufrief: »You can and must understand computers NOW.« Und es sind pädagogische Fragen, an denen sich die Zukunft des Computers und damit die Zukunft der

---

20. Übersetzung nach Pias, *ComputerSpielWelten*, a.a.O., S. 301.
21. Vgl. auch Alan Kay/Adele Goldberg, »Personal Dynamic Media«, in: *Computer*, 10/3(1977), S. 31-41, und natürlich Seymor Papert, *Mindstorms. Children, Computers and Powerful Ideas*, New York 1980.
22. Paul Freiberger/Michael Swaine, *Fire in the Valley: The Making of the Personal Computer*, Berkeley 1984; der Begriff »personal computer« wird etwa 1975 (im Zusammenhang einer Werbekampagne für den *Altair 8800* geprägt.
23. Ted Nelson, *Dream Machines/Computer Lib*, Privatdruck 1974 (im Folgenden zitiert nach dem Teilabdruck in: Noah Wardrip-Fruin/Nick Montfort (Hg.), *The New Media Reader*, Cambridge/Mass. 2003, S. 301-338).

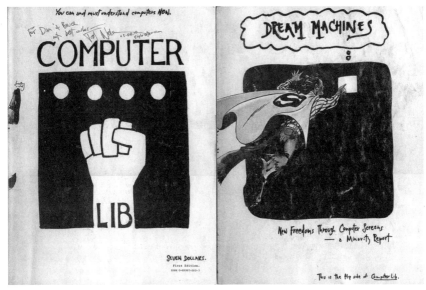

Vorder- und Rückseite von Ted Nelsons *Dream Machines/Computer Lib* (1975)

Gesellschaft entscheidet. Denn für Nelson gilt, daß der Mensch ›von Gott aus‹ interessiert ist und erst durch Erziehung in ›krimineller‹ Weise verdorben wird:[24]

The human mind is born free, yet everywhere it is in chains. The educational system serves mainly to destroy for most people, in varying degrees, intelligence, curiosity, enthusiasm, and intellectual initiative and self-confidence. […] Everything is interesting, until ruined for us. Nothing in the universe is intrinsically uninteresting. Schooling systematically ruins things for us […] There are no ›subjects.‹ The division of the universe into ›subjects‹ for teaching is a matter of tradition and administrative convenience. […] There is no natural or necessary order of learning. Teaching sequences are arbitrary, explanatory hierarchies philosophically spurious. […] Anyone retaining his natural mental facilities can learn anything practically on his own, given encouragement and resources.[25]

Und genau hier liegt das utopische Einsatzgebiet des Computers, das es gegen eine autoritäre *Computer Aided Instruction* zu entfalten gilt: »Computers offer us the first real chance to let the human mind grow to its full potential«. Dazu muß es – so Nelson – wiederum möglich sein, mit dem Computer zu spielen, d.h. beispielsweise eigene Wege durch Datenbestände zu erforschen. Und dabei spielen graphische Oberflächen eine ganz entscheidende Rolle: »Rigid and inhuman computer systems are the creation of rigid and inhuman people. […] Knowledge, understanding and freedom can all be advanced by the promotion and deployment of computer display consoles.« Das Ideal ist, ganz der autodidaktischen Hacker-Logik folgend, der Selbstunterricht und die gegenseitige Hilfe in

24. Ebd., S. 308.
25. Ebd., S. 309.

der ›community‹: »teacherless learning exists in our society«.[26] Daß die technische Wirklichkeit – der Intel 4004 als erster Microprozessor war gerade 1971
erschienen – anders aussah, störte nicht wirklich: »The technicalities matter a lot,
but the unifying vision matters more«.[27]

Lee Felsenstein andererseits war nicht nur Ingenieur, sondern auch Anhänger
der *Free Speech*-Bewegung[28] und Mitorganisator des *Community Memory*-Pro-
jekts, das den Computer aus den Rechenzentren und Forschungsinstituten zu
befreien suchte. In seiner technokulturellen Utopie sollte schon die Aufstellung
einfach zu benutzender Terminals im öffentlichen und privaten Raum eine
kommunikative und zugleich soziale Revolution auslösen. Datenübertragung
galt als Guerilla-Instrument[29] gegen Bürokratie und Zentralismus, und es war
Felsenstein, der innerhalb des *Community Memory*-Projekts die Hard- und Software für das erste öffentliche und freie BBS (*Bulletin Broadcast System*) entwarf.[30]

So forderte die Personal Computing-Bewegung mit dem Slogan »computer
power to the people« Dezentralisierung und Unabhängigkeit von Konzernen,
Bildung und neue Kommunikationsmöglichkeiten, freie Information und
direkte Demokratie:[31]

*We didn't have many things you take for granted today, but we did have a feeling of
excitement and adventure. A feeling that we were the pioneers in a new era in which
small computers would free everyone from much of the drudgery of everyday life. A feeling
that we were secretly taking control of information and power jealously guarded by the
Fortune 500 owners of multi-million dollar IBM mainframes. A feeling that the world
would never be the same once ›hobby computers‹ really caught on.[32]*

Und an anderer Stelle erinnert sich Felsenstein:

*I was fortunate enough to participate in a public access computer project which demonstra-
ted graphically, to me at least, the absolute need for and effectiveness of personal computers. In my view a public access computer system would not be feasible until every piece
of computer hardware in it had a computer club about it. Then, or so I theorized, the
problem of a centralized maintenance and support structure would be solved. I began to
do my duty as an engineer in 1974 by defining preliminary specifications for the kind of*

26. Ebd., S. 310.
27. Ebd., S. 305.
28. David Lance Goines, *The Free Speech Movement: Coming of Age in the 1960s*, Berkeley 1993
29. A. Richard Immel, »Computer Guerillas«, in: *Popular Computing*, 7(1983), S. 89–94.
30. »In August of 1973 we were able to try an idea proposed by Efrem Lipkin and placed
terminals in public places (a record store in Berkeley, followed by a branch of the SF Public
Library) which people could use as a bulletin board. We called it ›Community Memory‹« (Lee
Felsenstein, »The Commons of Information«, in: *Dr. Dobbs' Journal*, May 1993).
31. Ganz neu waren diese Vorstellungen nicht, sie wurden teilweise auch schon an die Elektri-
zität geknüpft (vgl. z.B. James W. Carey/John J. Quirk, »The Mythos of the Electronic Revolution«, in: *American Scholar*, 39(1970), S. 219-241, 395-424; Leo Marx, *The Machine in the
Garden*, New York 1964).
32. So der Co-Konstrukteur des *Sol*-Rechners Robert Marsh, »1975: Ancient History«, in:
Creative Computing 11 (1984), S. 110; die Zeitschrift *Creative Computing* selbst wurde im September 1972 als erstes Magazin für Heimcomputer gegründet.

hardware I thought would qualify as honey for that kind of bee. I called the concept the Tom Swift Terminal and distributed a mimeographed description.[33]

Ganz aus dem Nichts kamen die ›Pflichten des Ingenieurs‹ allerdings nicht. Felsenstein selbst erinnert sich, im September 1973 einen Aufsatz in einem Elektronik-Magazin geblättert zu haben, in dem ein gewisser Don Lancaster eine »TV Typewriter« zum Eigenbau versprochen hatte – eine Art Terminal mit dem man Buchstaben auf einem (Fernseh)Bildschirm würde darstellen können. Daß darauf nicht 20 (wie von der Redaktion erwartet), sondern 10.000 Leser ansprangen, brachte Felsenstein zu (s)einer Theorie der ›Umwidmung‹ von Empfängern zu Sendern, die sich im besten Sinne auf Brecht berufen könnte:

I spoke with Lancaster and asked him why the design was not really usable as a computer terminal. He responded that ›people just want to put up characters on their TV sets‹, and he was right. The promise of ›inverting the media‹, of controlling the display of one's own TV set, especially through a sacred-cow technology like digital computer electronics, was hard to resist.[34]

Und da ist er wieder: der Fernseher, an dem die Spiele von Baer und Bushnell gerade zuvor gezeigt hatten, was »controlling the display« heißen könnte. Ähnlich wie bei den Computerspielen ist es der Fernseher, der dank seiner millionenfachen Verbreitung nur noch ›angeschlossen‹ werden müßte, um der Utopie einer informierten, mündigen und computerliteraten Gesellschaft zum Durchbruch zu verhelfen. Dazu müßten aber die »gezähmten Produktionsmittel«, wie Hans-Magnus Enzensberger es 1970 nannte (d.h. *PONG* oder *Odyssey*) durch »schmutzige« (d.h. ›echte‹ Computer) ersetzt werden, die wiederum nicht in einer von der Industrie geförderten »Bastelei« enden dürften, sondern sich aus der ›community‹ heraus entwickeln müßten.[35]

Und von nun an, in den Jahren 1975 und 1976, sollten sich jene Ereignisse überschlagen, von denen hier allenfalls ein knapper Abriß gegeben werden kann. Im Januar 1975 veröffentlichten Edward Roberts und William Yates in der Zeitschrift *Popular Electronics* eine Bauanleitung für einen sogenannten »minicomputer«, der weniger als $400 kosten sollte und begannen ihren Text mit den Worten: »The era of the computer in every home [...] has arrived!«[36] Es handelte sich um den *Altair 8800*, der auf einem Nachfolger des *Intel*-Microprozessors basierte, etwa 100 Stunden Bauzeit und einige Bastelerfahrung benötigte. Der *Altair* war nicht an den Fernseher anschließbar und wurde über eine Sprache programmiert, die zum Standard aller Homecomputer der 80er Jahre werden sollte:

---

33. Lee Felsenstein »How we trapped the Dinosaurs«, in: *Creative Computing*, November 1984
34. Lee Felsenstein, »The Commons of Information«, in: *Dr. Dobbs' Journal*, May 1993. So warben auch französische Anzeigen der *Odyssey* zeitgleich mit dem Slogan: »participez réellement à la télévision!« Felsenstein hatte übrigens zur Überwindung der bloßen Kommunikation mit dem heimischen Fernseher eines der ersten preiswerten Modems mit dem namen *Pennywhistle* konstruiert.
35. Hans Magnus Enzensberger, »Baukasten zu einer Theorie der Medien«, in: *Kursbuch*, 20(1970), S. 159-186.
36. Edward Roberts/William Yates: »Altair 8800: The most powerful minicomputer project ever presented«, in: *Popular Electronics*, Januar 1975, S. 33-58.

BASIC. Und diese wurde von einem jungen Mann namens Bill Gates geliefert, dessen Firma namens *Micro-Soft* ebenfalls 1975 gegründet wurde.[37]

Im Februar 1976 stellten Lee Felsenstein und Robert Marsh den Prozessor ihres eigenen *Sol*-Rechners vor, der im Juni des Jahres in Atlantic City enthüllt wurde. Anders als beim *Altair* handelt es sich dabei um ein Gerät, das irgendwo zwischen den Kategorien PC und Homecomputer der 80er Jahre liegt: Ein kompaktes Gehäuse mit Schreibmaschinentastatur, das 5 Steckplätze für Erweiterugskarten besitzt, über einen *BASIC*-Interpreter programmiert wird, einen Cassettenrecorder zum Speichern von Daten und Programmen besitzt und an einen Fernseher angeschlossen wird. Zugleich entstand ein Newsletter namens *SOLUS*. Während der *Sol* in der Fernsehshow *Tomorrow* mit einem Spiel(!) namens *Target* vorgestellt wurde, war die erste Software legendärerweise eine Textverarbeitung namens *Electric Pencil* von Michael Schrayer. Und obwohl der *Sol* schon aufgrund seines Preises kaum als Computer für Jedermann geeignet war, wurde er sowohl als Bausatz als auch als Fertiggerät geliefet und 12.000 mal verkauft.

Wiederum im gleichen Jahr hatte ein ehemaliger *Atari*-Mitarbeiter namens Steve Jobs ausgerechnet seinem früheren Arbeitgeber vorgeschlagen, einen Personal Computer zu bauen, und ein Bastler namens Steve Wozniak war mit dem gleichen Anliegen bei *Hewlett-Packard* vorstellig geworden. Nachdem beide Vorschläge auf Ablehnung gestoßen waren, gründeten sie am 1. April eine Firma namens *Apple*, deren erstes Modell im Juli 1976 als Bausatz für $666,66 lieferbar war. Die Finanzierung dieses Projekts stammte nicht zuletzt aus sog. *blue-boxes*, also kleinen Hacker- (oder näherhin Phreaker-) Geräten, die das Prellen von Telefongesellschaften leicht machten. Auch der *Apple I* war an einen Fernseher anschließbar, und ihm sollte nur ein Jahr darauf der *Apple II* folgen, der schon professionelle Textverarbeitung und vollwertige Tabellenkalkulation vorweisen konnte.

Wiederum im gleichen Jahr sollte bei *XEROX* ein Projekt namens *Janus* begonnen werden. Dessen Ergebnis war drei Jahre später (1979) der Bürocomputer *Star 8010*, von dem sich unsere heutigen graphischen Benutzeroberflächen ableiten, die es fortan allen dümmsten anzunehmenden Benutzern erlauben sollten, ihre Computer zu bedienen. Und zuletzt startete *Atari* im Jahr 1976 eine Entwicklung namens *Stella*, die im Juni 1977 als *VCS 2600* für $190 im Handel erhältlich sein sollte. *VCS* stand dabei für *Video Computer System* und hatte damit viel zu spät (als Farce gewissermaßen) im Namen versöhnt, was technisch schon auseinandergeraten war: Video, Spiel und Computer.

---

37. Zusammen mit Paul Allen und im Folgejahr als *Microsoft* registriert.

Befreite und gezähmte
Produktionsmittel:
Oben ein aufgebauter
Altair 8800-Rechner
(1975, mit zusätzlichem
Laufwerk), unten Com-
puterspiele als Partyspaß
(Werbung von 1977)

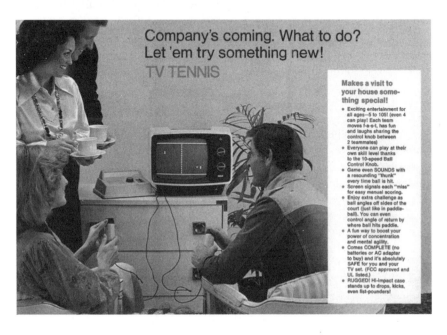

Schluß

> *»I foresee a time when computer terminals will be*
> *as widely distributed as television sets are now«*
> Ulric Neisser, 1966

Wie lassen sich diese verschiedenen Fäden nun zusammenführen? Nachdem die Digitalcomputer und Grafikdisplays aus Rüstung und Forschung in den 50er Jahren die technischen Grundlagen für Echtzeit-Interaktivität geschaffen hatten, läßt sich in den 60er Jahre die Spaltung einer Linie ausmachen, deren lose Enden in der Folge immer noch zusammenhängen, sich überkreuzen und verknoten sollten. Die eine Linie beschreibt die Erfindung des Bildschirmarbeiters oder Users, die sich sowohl in der kybernetischen Theoriebildung von synergetischen Mensch-Maschine--Symbiosen, als auch in ›harten‹ experimentalpsychologischen und arbeitswissenschaftlichen Versuchsreihen niederschlägt.[38] Man mag dies auf Seiten der »Ideologie« verbuchen.[39] Die andere Linie, die der Hacker, entspinnt sich aus den gleichen medientechnischen Gegebenheiten, sucht diese Erfindungen aber sozial, politisch oder ästhetisch anders zu erfinden. Wie jede Form der Aneignung setzt sie dabei eine autorisierende Institution voraus und benötigt sie, um sich selbst in ein oppositionelles Verhältnis zu ihr zu setzen. Die Taktiken der Hacker-Seite sind Appropriation, Umwidmung oder *détournement*. Nicht umsonst wird immer wieder – und gegen die Optimierung von Arbeitsprozessen, die die Gegenseite beherrscht – das künstlerische Potential (Komponieren, Schreiben, Zeichnen, eigene Programme schreiben...) der Rechner hervorgehoben. Man mag dies auf Seiten der »Utopie« verbuchen.

Dieses Spannungsfeld wird – so darf man zumindest spekulieren – zu Beginn der 70er Jahre durch die Kontingenz einer Erfindung katalysiert, die weder so recht aus dem Rechnerbau, noch aus der Kybernetik, noch aus einschlägigen Hackerkreisen kommt. Vielmehr datiert sie auf einen Fernsehingenieur und hat weder mit Computern zu tun, noch mit den brisanten kybernetischen Diskussionen, noch gar mit oppositionellen Umwidmungen. Sie entdeckt lediglich den Fernseher und erfindet damit nicht bloß einen Videospiel-Apparat, sondern auch das Video-Spielen als Praxis und setzt dessen ästhetische Standards.[40] Und hier, an einer millionenfach verbreiteten und etablierten Medienhardware sollten wiederum zwei Linien ganz wortwörtlich anschließen, deren Richtung vertraut klingt. Zum einen nämlich eine Entwicklung, die aus Videospielen nicht nur hinterrücks Computerspiele macht, indem sie deren analoge Ästhetik digital rekonstruiert (*Odyssey/PONG*), sondern die dabei auch das Potential der Computerisierung unterschlägt und unkenntlich macht. Der Computer im Wohnzimmer, den die PC-Utopisten erhofften, stand eigentlich schon da. *PONG &*

---

38. Dazu Pias, *ComputerSpielWelten*, a.a.O., S. 89-104.
39. Karl Mannheim, *Ideologie und Utopie*, Bonn 1929.
40. Die Nähe der frühen Spielegrafik zu Testbildern ist nicht nur ikonographisch, sondern auch technisch (aufgund der verwendeten Bildgeneratoren) evident.

Die Ablösung der Industrie- durch
Kontrollgesellschaften:
Cover der Zeitschrift BYTE mit
Altair 8800-Rechner, Januar 1977

Co. verschließen (nach anfänglichen Basteleien) ihre Geräte zu *black boxes* im besten Sinne: Computerspiele werden in den 70ern produktförmig, werden eingeschweißt in kleine Kisten und eingegossen in buntes Plastik, so daß es an ihnen nichts mehr zu basteln und nichts mehr zu verstehen gibt außer den (von Anfang an gut geschützten) neuesten Spielen. Hunderttausende haben schon Computer zu Hause, die sie nicht als Computer nutzen können, sondern an die sie (bei aller schönen neuen Interaktivität) nur konsumierend angeschlosen sind.[41] Das unterläuft die Hoffnungen der Hacker, Computer und Spielen (im umfassenden Sinn) zur Grundlage eines utopischen Entwurfs der Informationsgesellschaft machen zu können (d.h. einer Entgrenzung der Kategorien von Arbeit und Spiel, öffentlich und privat, Produktion und Konsum, kurz: eine Versöhnungsphantasie) und reduziert das Spiel auf das Spielen käuflicher Spiele. Der Computerspielemarkt erzeugt Computerspiele-User, so wie neue Arbeitswissenschaften der 60er Jahre begonnen hatten, Sekretärinnen zu Textverarbeiterinnen und Befehlshaber zu Simulationsbenutzern an Radarbildschirmen zu erziehen. Die einst oppositionellen Computerspiele wurden also in den 70ern selbst zur Institution, gegen die KünstlerInnen erst seit den späten 90er Jahren wiederum Verfahren der Appropriation und der Umwidmung einzusetzen beginnen.[42.]

Das mag ein nicht gerade ermutigendes Modell für die andere Linie abgeben, die das Spiel in den PC verlegt und ihre Geräte ebenfalls in den 70ern an den

41. Erst für den erwähnten *Atari VCS 2600* gab es eine Tastatur, um ihn auch selbst programmieren zu können.
42. Vgl. beispielsweise die Ausstellung *games. Computerspiele von künstlerInnen*, Phoenix West, Dortmund, 11.10.– 30.11.2003.

Fernseher anschließt. Denn wenn die Hoffnungen einer durch Computer befreiten, aufgeklärten und partizipierenden Gesellschaft irgendeine Aussicht haben soll, müssen alle mitmachen – und da ist die Masse der Fernsehbesitzer eine mehr als nur passable Ausgangsposition. Schließlich sollte der PC ein Medium[43] sein »[to] equalize opportunity for all races, creeds, minority groups, social classes«.[44] Und für einen kurzen historischen Moment der späten 70er Jahre scheint tatsächlich etwas in einer hoffnungsvollen Schwebe gewesen zu sein, was keine Open-Source-Community heute mehr einzuholen vermag. Eine Bastlerkultur blühte auf, und während schon die ersten Druckbetriebe streikten, während die ersten Autofabriken durch Roboter rationalisiert wurden und der ›Kollege Computer‹ sich bedrohlich näherte, bauten kleine Firmen ausgewachsene Computer für die neuen Sprachspiele des postindustriellen Zeitalters. Kurzzeitig schwang sich die sogenannte ›PC-Revolution‹ zur paradiesischen Vorstellung auf, »that technology would allow [...] humanity to escape history, to rise above its corruptions of poverty, ignorance, scarcity, and injustice«.[45] Ihre subkulturell bleibenden Zeichen waren DFÜ-Mailboxen und regionale Computer-Clubs, charmant-dilettantische Messen und Fersehsendungen zu entlegenen Uhrzeiten, obskure Tauschbörsen und anfangs noch xerokopierte Zeitschriften mit endlosen Listings, Computercamps, Conventions und Bücher mit ROM-Dumps, überquellende Elektronikläden und halbprivate Zubehörbastler, Spiele- und Programmhersteller im Teenageralter und ihre gleichaltrigen Cracker und Raubkopierer.[46] Wenig später sollten ausgewachsene Konzerne dann kleine Computer bauen, sollten graphische Benutzeroberflächen helfen, erfolgreich illiterat zu bleiben und sich die milliardenschweren Märkte für PCs und Spielekonsolen ausdifferenzieren. »The Personal Computer Revolution Was No Revolution.«[47]

PS.: Mitte der 80er Jahre sollte sich eine technische Medienwissenschaft solcher Augenblicke erinnern, an denen die Verwirklichung der Hacker-Ethik an selbstgebauten und -programmierten Computern zum Greifen nahe schien und zur ~~geistes~~wissenschaftlichen Parole durcharbeiten. Von den Hackern der 70er stand immerzu zu lernen, selbst zu programmieren und Schaltpläne zu lesen und damit die Diskursanalyse auch auf jene Aussagen auszuweiten, die Programmiersprachen und gebaute Hardware selbst sind.

---

43. Die PC-Aktivisten (Nelson, Kay, Papert usw.) hatten damals schon alle ihren McLuhan gelesen.

44. David Bunnell, »The Participatory PC«, in: *PC World*, 12(1987), S. 15.

45. James Carey, »The Mythos of the Electronic Revolution«, in: *Communication as Culture: Essays on Media and Society*, New York 1989, S. 118.

46. Matthias Horx hat ihnen in *Chip Generation. Ein Trip durch die Computerszene*, Reinbek 1984, ein Denkmal gesetzt.

47. Bryan L. Pfaffenberger, »The Social Meaning of the Personal Computer, Or: Why the Personal Computer Revolution was no Revolution«, in: *Anthropological Quarterly*, 61(1), 39-47.

Volker Grassmuck

Das Ende der Universalmaschine

Der Krieg wird mit Technologie, mit Gesetzen und mit Wörtern geführt. Beginnen wir bei den Wörtern, z.B. »Piraterie«, einem Dauerbrenner im Feldzug der Verwertungsindustrie. Piraterie ist tatsächlich ein gewaltiges Problem – für die Seefahrt. Nach konservativen Schätzungen erlitt allein die kommerzielle Schifffahrt im Jahr 2000 einen allein materiellen Schaden von 16 Milliarden US-Dollar. Und die Überfälle werden immer gewalttätiger und tödlicher (Piraterie).[1] Das Kopieren einer CD als »Piraterie« zu bezeichnen, ist eine Verniedlichung von schweren Verbrechen. Es ist ein maßlos überzogener Kampfbegriff, der in einer sachlichen Auseinandersetzung nichts zu suchen hat.

Auch ein so scheinbar harmloser Begriff wie »Verbraucher« dient bei genauerer Betrachtung der Verschleierung. Denn anders als bei Äpfeln und Autos wird Information durch ihre Nutzung ja gerade nicht verbraucht. Das ist keineswegs eine Spitzfindigkeit, sondern trifft den Kern der Sache: Würde sich Information durch Verzehr oder Abnutzung verbrauchen, wäre DRM-Technologie überflüssig. Mit ihrer Hilfe will die Rechteindustrie dafür sorgen, daß sich Information zukünftig wie ein Verbrauchsgut verhält. Eine Musikdatei ist nach dem Anhören natürlich auch dann nicht »aufgebraucht«, wohl aber ihre Lizenz. Wer das Stück dann noch einmal hören möchte, muß wieder eine neue Nutzungslizenz kaufen. Spricht man also von Informations-»Verbrauchern«, ist man der Rechteindustrie bereits auf den Leim gegangen.

Selbst die Bezeichnung »Digital Rights Management« ist gezielt irreführend. Sie suggeriert, daß allein die Verwerter urheberrechtlich geschützter Werke über digitale Rechte verfügen. Unterschlagen wird – und zwar nicht nur rhetorisch, sondern ganz praktisch durch technische Mittel –, daß auch Bürger Rechte im Cyberspace haben, z.B. das auf digitale Unverletzlichkeit der Wohnung und das auf Teilhabe am kulturellen Leben durch Zugang zu veröffentlichten Werken in Bibliotheken und durch die Privatkopie. »Management« legt nahe, daß es um Verwaltung oder Geschäftsführung gehe, wo es doch um Restriktionen und Kontrolle geht. Und selbst »digital« ist falsch, da DRM-Technologie auch die Kontrolle über analoge Formate von Druckern, Fotokopierern oder Lautsprecherausgaben einschließt. Genauer wäre daher die Version von Richard Stallman, der empfiehlt, von »Digital Restrictions Management« zu sprechen.[2]

Den Kern der technokratischen Vision von DRM bildet Technologie, die den Umgang mit Wissen kontrollierbar macht. Doch wo werden ihr Grenzen gesetzt? Wird sich die vom Gesetzgeber abgesicherte »technologische Selbsthilfe«

1. Siehe z.B.: http://www.maritimesecurity.com/ und http://www.iccwbo.org/ccs/menu_imb_piracy.asp
2. Richard Stallman, »Words to Avoid«, http://www.gnu.org/philosophy/words-to-avoid.html#DigitalRightsManagement

der Datenherren auf legitime Interessen von Urhebern und Mittlern beschrän-
ken oder wird sie den digitalen Kommunikations- und Wissensraum für alle
anderen Zwecke als das Verkaufen von digitalen Waren unbrauchbar machen?
Worin begründet sich ein Verbot derselben technologischen Selbsthilfe für
ebenso legitime Interessen von Informations-Nutzern? Und vor allem: wer entscheidet? Es geht also darum, ob aus der zunehmenden wechselseitigen Durchdringung von Cyberspace und Gesellschaft eine Volksherrschaft entsteht oder ob
Digitalien – dieses Land, in dem wir alle in zunehmendem Maße leben, arbeiten,
kommunizieren, uns amüsieren – zu einem privat regierten Kommerzraum
wird, in dem nicht demokratische Gesetze gelten, sondern Hausregeln. Es geht
um die Macht.

Clash of Cultures

Das System der Alten Medien beruht darauf, daß Inhalte an materielle Träger
gekoppelt sind, deren Herstellung erhebliche Investitionsgüter wie Druck-
maschinen und Presswerke voraussetzt. Selbst für ein gewisses Maß an Kontroll-
schwund an den Rändern z.B. durch Privatkopien mit Fotokopierern, Audio-
und Videokassettenrecorder, fand sich eine Regelung, mit der alle Beteiligten
redlich zufrieden sind. Ökonomisch lautet das Argument, daß die Verluste aus
Nutzungen, die nicht mit vertretbarem Aufwand unterbunden werden können,
durch Pauschalvergütungen auf Recorder und Leermedien ausgeglichen werden. Das demokratietheoretische Argument dagegen zielt auf Partizipation am
politischen und kulturellen Gemeinwesen. Grundgesetz und Urheberrecht nehmen dazu eine Güterabwägung vor, die die Interessen der Autorinnen an Vergütung und die Interessen der Allgemeinheit ausbalancieren, bestimmte Nutzungen vorzunehmen, ohne um Erlaubnis bitten zu müssen.
   Die digitale Revolution stellt dieses eingefahrene System nun vor neue Herausforderungen. Vor 66 Jahren erfand Alan Turing die Universalmaschine. Vor
33 Jahren folgte das Internet. Vor neun Jahren erklärte der US-Vizepräsident es
zur neuen Informationsinfrastruktur der USA und kurz darauf der Welt. Jetzt
erst wurden die »Oligarchen der Kultur«, wie der New Yorker Rechtsgelehrte
Eben Moglen die Medienkonzerne bezeichnet,[3] darauf aufmerksam. Sie erkannten darin einen potentiell idealen Medienauslieferungskanal, allerdings erst dann,
wenn seine historisch gewachsene Architektur grunderneuert, auf die Zugangs-
und Nutzungskontrolle ihrer Waren hin optimiert und alles, was diesen Daseins-
zweck des Netzes untergräbt, beseitigt wird.
   Seither betrachten die Verkäufer informationeller Waren Rechner und Netz
als ihre »natürliche« Domäne. Allen voran melden die globalen Medienoligo-
pole, für die der Karlsruher Wissensphilosoph Helmut Spinner den treffenden

---

3. Eben Moglen, »Gates at Appomattox: Why the US Surrendered«, 9. September 2001,
http://emoglen.law.columbia.edu/publications/microsoft-surrender.pdf

Ausdruck »Datenherren«[4] prägte, ihre Hoheitsansprüche an. Die vertikal integrierten Konglomerate *Disney*, *AOL-Time Warner*, *Sony*, *News Corporation*, *Viacom*, *Vivendi* und *Bertelsmann* wollen ihre immer stärker konzentrierten Content-Portfolios nun auch über digitale Kanäle vergolden.

Die größten Akteure weisen die stärkste Veränderungsresistenz auf. Wie die Dinosaurier sind sie zu schwerfällig, sich in einer sich grundlegend wandelnden Welt anzupassen. Statt dessen werfen sie ihr ganzes Gewicht um sich, damit die Welt sich an sie anpaßt. Die Singer/Songwriter-Veteranin Janis Ian sieht darin keinen Unterschied zwischen der Musikindustrie und anderen Großunternehmen wie *Mobil Oil* oder der katholischen Kirche. Ihre Reaktion auf neue Technologien, die Geschäftsmodelle revolutionieren, sei vorhersagbar:

a) Destroy it. *And if they cannot,*

b) Control it. *And if they cannot,*

c) Control the consumer *who wishes to use it, and the legislators and laws that are supposed to protect that consumer.*[5]

b) und c) sind heute die Hauptstrategien, doch auch die Vernichtung von Computer und Internet, wie wir sie heute kennen, ist eine drohende Gefahr. Damit die Geschäftsmodelle so bleiben können, wie sie sind, muß der Cyberspace umgekrempelt werden, müssen digitale Werkstücke dazu gebracht werden, sich wie materielle zu verhalten. Oder am besten noch kontrollierbarer als diese.

Die Informatikindustrien sind im Gegensatz zu den alten Medienkonzernen vor allem an der Erhaltung ihrer offenen Arbeitsumgebung interessiert, natürlich als Produktionsumgebung für sich selbst, aber auch für ihre Kunden, denen sie mit Rechner, Netz und Editoren (für Software, Text, Bild, Klang, Video) eben auch Produktionsmittel für kreatives Schaffen an die Hand geben.

Bei allen Interessenüberschneidungen zwischen den beiden Lagern gibt es einen grundlegenden Unterschied zwischen der Content- und der Informatikindustrie: Die eine denkt von ihren Kunden als »Konsumenten«, die andere sieht ihre als »Anwender«. Während die eine *Couchpotatoes* (Bier, Chips, Fernbedienung) mit Medienkonserven füttert, hat die andere zu einem *Empowerment*, einer Aktivierung ihrer Nutzer beigetragen, dessen eindrucksvollstes Beispiel die freie Software ist.[6] Die mag zwar einigen Vertretern der Software-Industrie ein Dorn im Auge sein, hat aber eine so breite Akzeptanz gefunden, daß sie aus der Logik der Branche heraus nicht angreifbar ist. Der Zeitpunkt ist absehbar, an dem *Microsoft* vom Gesicht der Erde verschwinden könnte, ohne daß es jemand merken würde. Hier bietet DRM für den Platzhirsch der Informatikindustrie ein weiteres willkommenes Einsatzgebiet, wie wir gleich sehen werden.

---

4. Helmut F. Spinner, *Die Architektur der Informationsgesellschaft*, Bodenheim 1998, S. 28, 36.
5. Janis Ian, »Fallout. A Follow Up to the Internet Debacle«, August 2002, http://www.janisian.com/article-fallout.html; dies., »The Internet Debacle – An Alternative View«, Mai 2002, online: 12. Juli 2002, http://www.janisian.com/article-internet_debacle.html
6. Vgl. Volker Grassmuck, *Freie Software zwischen Privat- und Gemeineigentum*, Bundeszentrale für politische Bildung, Bonn 2002, http://freie-software.bpb.de/

Mike Godwin hat die beiden Perspektiven in seinem Aufsatz »Hollywood Versus the Internet« trefflich charakterisiert:

If you see the world as one of ›consumers,‹ you think: nobody gets things to consume for free, but price it appropriately and consumers will come. You control access to what you offer, and do everything you can to prevent theft, for the same reason that supermarkets have cameras by the door and bookstores have electronic theft detectors. Allowing people to take stuff for free is inconsistent with your business model.

But if you think of the world as one of ›users‹, you see the market as one in which you give people more features and powers at cheaper prices. The impulse to empower users was at the heart of the microcomputer revolution – Steve Jobs and Steve Wozniak, for example, wanted to put computing power into ordinary people's hands, and that's why they founded Apple Computer Inc. If this is your philosophy – one of empowering users to do new things – it's hard to wrap your mind around building in limitations. Plus, at some basic level, moving bits around from hard drives to RAM to screen and back again, with 100-percent accuracy in copying, is simply what computers do. Building DRM into all of this – limiting how computers perform their basic functions – seems to the Tech Faction almost to be an effort to make a computer something other than a computer – a digital appliance, maybe, or something special-purpose like a toaster. It's an approach that would have the effect of undoing the user-empowerment philosophy that drove the PC revolution in the first place.[7]

So absurd es erscheinen mag, genau darauf zielt in logischer Konsequenz die Konterrevolution des DRM-Projekts.

Das Großprojekt DRM

Digital Rights Management (DRM) is the umbrella term for new business processes designed to unleash the tremendous capabilities of the Internet.[8]
A more favorable way to look at trusted systems is to compare them to vending machines.[9]

Informatiker haben die Neigung, jedes Problem als technisches wahrzunehmen und entsprechend eine technische Lösung dafür zu suchen. Einer der Vordenker der digitalen Rechtekontrolle ist Mark Stefik vom *Xerox* PARC. Bereits Mitte der 1990er visionierte er eine architektonische Grunderneuerung des Cyberspace. Sein Aufsatz mit dem von einem Aufklärungspathos getragenen Titel »Letting Loose the Light« (»Das Licht freisetzen«) ist immer noch lesenswert. Sein Begriff für das, was heute gemeinhin DRM heißt, ist »Trusted Systems«, ein Orwellscher Newspeak, der eigentlich »distrusting systems« meint. Solche Sys-

---

7.   Mike Godwin, »Coming Soon: Hollywood Versus the Internet«, 18. Dezember 2001, http://cryptome.org/mpaa-v-net-mg.htm
8.   http://www.intertrust.com/
9.   Mark J. Stefik, »Letting Loose the Light: Igniting Commerce in Electronic Publication«, in: M. Stefik (Hg.), *Internet Dreams: Archetypes, Myths, and Metaphors*, Cambridge, Mass. 1996, S. 13 und http://www.parc.xerox.com/istl/projects/uir/pubs/pdf/UIR-R-1996-10-Stefik-Internet Commerce-IgnitingDreams.pdf

teme sollen das Vertrauen der Datenherren gewinnen, indem sie ein Modell des
Kunden als Dieb implementieren. »One way of looking at them is to say that
trusted systems presume that the consumer is dishonest. This perception is unfor-
tunate, and perhaps incorrect, but nonethless real.«[10] Der Begriff taucht in der
Trusted Computing Platform Alliance und in Microsofts *Trustworthy Computing Initiative* wieder auf.

Digital Restrictions Management hat Wurzeln zum einen in der Informatikindustrie und zum anderen in der audiovisuellen Konsumentenelektronik. Den
Anfang machten Kopierschutzverfahren für Computerprogramme, die in Software (Verschlüsselung, Standardabweichungen bei Diskettenformaten) oder
Hardware (Dongles, *Nintendo*-Cartridges) ausgelegt sind.

In der Unterhaltungselektronik sind z.B. für Settop-Boxen für Satelliten- und
Kabelempfang immer aufwendigere Zugangskontrollen entwickelt worden. Die
ersten Geräte auf dem Konsumentenmarkt, die digitale Aufzeichnungen ermöglichten, waren DAT-Recorder. Mitte der 1980er war die Technologie ausge-
reift, doch *Philips* und *Sony* führten sie nur mit gebremster Kraft auf dem Markt
ein, denn inzwischen ging die Musikindustrie auf die Barrikaden. Der technologische Kompromiß, der bei diesen Auseinandersetzungen herauskam, war das
Serial Copy Management System (SCMS). Da man bei einem Recorder schlecht
verhindern kann, daß er Daten speichert, sollte das SCMS wenigstens das Kopieren von Kopien verhindern. Die Technologie wurde rechtlich flankiert durch
den *Audio Home Recording Act* (AHAR) von 1992. Diese Novellierung des US-
Copyright Act verpflichtet alle Hersteller und Importeure von Geräten für digitale Audioaufnahmen, diese mit einem SCMS auszurüsten. Gleichzeitig verbietet sie Geräte, deren primärer Zweck es ist, solche Kopierschutzmechanismen zu
umgehen, zu entfernen oder zu deaktivieren. Diese Regulierung einer Einzeltechnologie ist das Vorbild für die generelle und weltweite Disziplinierung des
Cyberspace im Namen des Urheberrechts, die wir derzeit erleben. Ein Kontroll-
standard für eine neue Mediengeneration wird erarbeitet. Da der Markt ihn frei-
willig nicht implementieren würde, schreibt der Gesetzgeber es ihm vor. Und
da die Technologie unwirksam ist – nur Tage nach der Markteinführung von
SCMS fanden sich in einschlägigen Quellen Bauanleitungen, um es auszuschalten – verbietet man auch ihre Umgehung.

Anfang der 1990ER wurde die »Konvergenz« von Informatik, Telekommuni-
kation und Alten Medien eingeläutet, und die Kontrollansprüche der Datenherren griffen auf den Computer durch. Bis die Technologieentwicklung und ihre
DRM-Aufrüstung synchronisiert waren, brauchte es noch die gesamten 1990er
Jahre.

Beispielsweise enthält die Seitenbeschreibungssprache *PostScript*, 1985 von
Adobe auf dem *Apple LaserWriter* vorgestellt, noch keinerlei DRM-Mechanismen. Ihre Weiterentwicklung, das »Portable Document Format« (PDF) von
1993 erlaubt standardmäßig, einzelne Nutzungen (Drucken, Ausschneiden, Verändern) zu verhindern und das Dokument mit einem Passwort zu schützen, und

10. Ebd.

sie bietet eine Schnittstelle für DRM-Verfahren von Drittanbietern an, wie *Soft-Lock* oder *Glassbook*. PDF ist heute vermutlich das am weitesten verbreitete DRM-Format.

Auch das Audiokompressionsformat MP3 von 1995 berücksichtigt als Standard noch kein DRM. Das Fraunhofer-Institut, das MP3 maßgeblich entwickelt hat, legte dafür das *Multimedia Protection Protocol* (MMP) nach. Weitere Verfahren zur DRM-Kapselung von MP3s folgten. Die aktuellen Vertreter der MPEG-Familie (MPEG-4 und MPEG-7) enthalten von vornherein DRM-Mechanismen.

Die Markteinführung der DVD-Technologie wurde wie die von DAT verzögert, bis sich die Beteiligten halbwegs auf DRM-Verfahren einigen konnten. Dieser Prozeß ist noch nicht abgeschlossen, aber schon heute enthält eine DVD bis zu zehn verschiedene DRM-Technologien, von denen CSS (*Content Scrambling System*), *Macrovision* und Regionen-Code nur die bekanntesten sind.

Seit Ende der 1990er hält DRM-Technologie Einzug in sämtliche Geräte (Fotokopierer, Scanner, Festplatten, Satelliten-Dekoder, CPU), Medien (CD, Rundfunksignale, Dateiformate) und Software (Viewer, Editoren, Betriebssysteme), die mit urheberrechtlich geschütztem Material in Berührung kommen könnten. Die heutigen DRM-Systeme, die auch als zweite Generation bezeichnet werden, sind ein komplexes dynamisches Gefüge aus unterschiedlichsten Ebenen und Bausteinen, die sowohl online wie offline zum Einsatz kommen.[11]

Metadaten

Um feststellen zu können, worum es sich bei einer gegebenen Datei handelt, werden ihr Informationen über den Inhalt, die Künstler und die Rechteinhaber beigefügt. Dazu braucht es weltweit einheitliche Numerierungssysteme nach der Art der ISBN für Bücher und des ISRC für Tonträger. Hier engagieren sich vor allem die Verwertungsgesellschaften, deren Abrechnung die Identifikation der genutzten Werke erfordert. Ihr Dachverband CISAC (*Confédération Internationale des Sociétés d'Auteurs et Compositeurs*) entwickelt nicht nur einzelne Nummernsysteme wie den *International Standard Works Code* (ISWC) für Kompositionen und die *International Standard Audiovisual Number* (ISAN) für Filme, die sich beide in der ISO-Standardisierung befinden, sondern mit dem *Common Information System* (CIS) auch ein *One-Stop Clearing-House* für Rechtefragen.

Speziell für Werke im Netz entwickelt die Printverlagsindustrie den *Digital Object Identifier* (DOI). Er soll eine automatisierte Rechteverwaltung von der Inhalteerzeugung über Marketing und Vertrieb bis zur Nachkontrolle beim Käufer möglich machen.

Neben einer solchen expliziten Kennzeichnung von Werken kann der Inhalt selbst sich auch durch seinen Fingerabdruck zu erkennen geben. Für die *AudioID*, die am selben Fraunhofer Institut entwickelt wurde, aus dem MP3

---

11. Überblicksdarstellungen in Stefan Bechtold, *Vom Urheber- zum Informationsrecht. Implikationen des Digital Rights Management*, München 2002; European Commission, *Commission Staff Working Paper: Digital Rights. Background, Systems, Assessment*, SEC(2002) 197, Brussels, 14.2.2002 (nicht mehr online); Grassmuck, *Freie Software*, a.a.O.

stammt, wird aus einem Musikstück eine kompakte, einzigartige Signatur errechnet und in einer Datenbank abgelegt. Spielt man dem System dann einen Ausschnitt aus einem unbekannten Stück vor, wird daraus ebenfalls ein Fingerabdruck generiert und mit der Datenbank abgeglichen. Bei einem Treffer meldet das System alle damit verbundenen Informationen. Die Wiedererkennung funktioniert sogar, wenn man ihm ein Musikstück über ein Mobiltelefon vorspielt. Das experimentelle System schickt dann eine SMS mit Titel, Interpret und Bestellinformation zurück. Das System kann außerdem Radiokanäle abhören, um den Urhebern ihre Vergütung zu sichern, und helfen, nichtautorisierte Musik im Netz ausfindig zu machen.

Personalisierung
Damit sich immaterielle wie materielle Gegenstände verhalten, müssen aus Bitfolgen Unikate werden. Bei körperlichen Vertriebsstücken wie CD und DVD kann dies einfach durch eine fortlaufende Nummer geschehen. Bei der Online-Auslieferung werden Informationen über das Abspielgerät oder die Käuferin in die Datei kodiert. Eine Kopplung an die ID eines Prozessors oder einer Abspiel-Software hat den Nachteil, daß auch ein autorisierter Nutzer das Werk nicht ohne weiteres auf ein anderes, z.B. portables Gerät übertragen kann. Durch die Verbindung von Hardware-ID und Abrechnungsdaten läßt sich auch so leicht eine Personalisierung vornehmen. Daher geht der Trend generell zu einer personengebundenen Kodierung. Sind die ausgelieferten Daten mit dem Abrechnungsmechanismus verbunden, wird ein Käufer das Werk kaum zusammen mit seinem Schlüssel an Dritte weitergeben, da diese auf seine Rechnung weitere Produkte kaufen könnten. Für den Identitätsnachweis kann z.B. *Microsofts* Passport-System verwendet werden, das Adresse, Kreditkarten- und Sozialversicherungsnummer, Signatur usw. für Online-Transaktionen speichert.
Digital World Services,[12] die DRM-Tochter von *Bertelsmann*, nennt ihre Lösung den *Rights Locker*. Verkaufen Content-Anbieter ihre Online-Waren durch dieses System, werden die jeweils erworbenen Nutzungsrechte automatisch im persönlichen »Rechteschließfach« registriert. Als Vorteil für den Kunden wird die Back-up-Funktion angepriesen: Wenn die Festplatte stirbt, hat er immer noch seine Rechte im Netz und kann sich die Musikstücke usw. erneut herunterladen. Damit soll dem Recht auf Sicherungskopien genüge getan sein – praktischerweise ohne daß man lokale Kopien zulassen muß. Datenherren, die so wagemutig sind, ihren Kunden zu erlauben, Kopien zu machen, auf andere Geräte zu übertragen oder auf die PC-Daten einer kopiergeschützten Audio-CD zuzugreifen, können dies über den *Rights Locker* tun. Die Kunden müssen sich dafür jedesmal an das *Central Repository* wenden, das die Copyrights, die hier pikanterweise »User Rights« heißen, freischaltet oder nicht – ganz nach dem Geschäftsmodell des Rechteinhabers. Als »instantane Gratifikation« bezeichnet es DWS, daß der Käufer einer Secure CD zum Anhören nur den Schlüssel herunterladen muß, nicht aber den Inhalt selbst.

---

12. Zum Rights Locker: http://www.dwsco.com/www/solution/adora/rlc.html

Es ist noch gar nicht so lange her, daß auf Host-Rechnern eine Zugangskontrolle durch Passwörter eingeführt wurde. Noch Anfang der 1980er führte Richard Stallman eine Kampagne gegen ihre Einführung am MIT. Heute sind wir es gewohnt, uns zu identifizieren – schon beim Einschalten des Rechners, sofern wir ein Unix verwenden, spätestens, wenn wir ins Netz gehen unserem Provider gegenüber. Mit DRM müssen wir uns nun auch noch jeder einzelnen gekapselten Information gegenüber ausweisen. Die Zeiten, in denen wir ohne Identifikationszwang ein Buch lesen oder ein Album hören konnten, gehen dem Ende entgegen.

Nutzungsvokabular

Willems Buhse von DWS berichtete auf der Konferenz »Digital Rights Management 2002«, er und seine Kollegen hätten auf eine Musik-CD geschaut und dort 60 einzelne »Rechte« entdeckt. Gemeint sind nicht etwa 60 Objekte oder Rechteinhaber, sondern Nutzungsformen wie Darstellen (auf Monitor oder Lautsprecher), beschränkte Anzahl oder Zeit von Darstellung, Drucken, Extrahieren (cut-and-paste), auf CD Brennen, Erstellen einer Sicherheitskopie, einer analogen Kopie, Verleihen, Weiterverkaufen etc.[13]

Um sämtliche implementierbaren – und damit verkauf- oder sperrbaren – Nutzungen zu benennen, braucht es ein maschinenlesbares Vokabular, im Branchenjargon eine *Rights Expression Language* (REL). Ein prominentes Beispiel ist die *eXtensible rights Markup Language* (XrML). Sie geht auf Entwicklungen von Mark Stefik am Xerox PARC zurück und wird von *ContentGuard*, einem Joint Venture von *Xerox* und *Microsoft* vermarktet. XrML erlaubt es festzulegen, wer eine digitale Ressource (Content, Dienstleistung oder Software) nutzen darf, welche Nutzungen er oder sie vornehmen darf und unter welchen Bedingungen.

Einbettung

Metadaten und Nutzungsvokabular müssen möglichst untrennbar mit dem digitalen Objekt (Musik, Video, Text, Bild) verbunden werden. Das kann im Dateivorspann geschehen oder steganographisch über die Daten verteilt. Im zweiten Fall spricht man von digitalen Wasserzeichen und, wenn sie kundenspezifische Informationen enthalten, von Fingerabdrücken. Wasserzeichen müssen einerseits unsichtbar sein, dürfen also die Wahrnehmung von Musik, Bild oder Video nicht beeinträchtigen, andererseits müssen sie manipulationsrobust, also auch nach Komprimierung, Skalierung, Rotation, Veränderung von Auflösung oder Farbtiefe, Digital-Analog-Wandlung usw. noch auslesbar sein.

Im regulären Einsatz lesen DRM-Module diese Information und werten sie automatisch aus. Sind digitale Objekte dem DRM-Schutz entkommen und werden im Netz angeboten, können spezielle Suchmaschinen sie ausfindig machen.

---

13. Willems Buhse, »Business models for digital goods – scenarios for the music industry«, gehalten auf: *Digital Rights Management* 2002 (http://www.digital-rights-management.de), org. Forschungsverbund Datensicherheit NRW, DIHK et al., Berlin, 29.-30.1.2002, http://www.eurubits.de/drm/drm_2002/audio/buhse.mp3

Verschlüsselung

Die eigentliche Zugangskontrolle beruht auf einer kryptographischen Kapselung der digitalen Objekte, die ausschließlich unter den Bedingungen geöffnet wird, die die Rechteinhaber festgelegt haben. Bei der personalisierten Auslieferung kann ein individueller Schlüssel geprägt und durch einen rechenaufwendigen asymmetrischen Sitzungsschlüssel an den Kunden übertragen werden. Bei einem Massenvertrieb über DVD, Rundfunk oder Webcast können nur die im Endgerät, einer Settop-Box oder einem DVD-Player, vorhandenen globalen Schlüssel verwendet werden, die daher regelmäßig ausgetauscht werden.

Sicherheitsexperten sind der einhelligen Ansicht, daß Software-gestützte Kryptosysteme ernsthaften Angreifern grundsätzlich nicht standhalten können,[14] daher geht der Trend zu einer Implementierung in Hardware. Ein Prozessor, z.B. auf einer Chipkarte, kann mit mechanischen, elektrischen und chemischen Mitteln gegen Manipulation gesichert werden.

Kryptosysteme bedürfen weiterer Mechanismen für die Schlüssel- und Transaktionsverwaltung und die Authentifizierung mit Hilfe digitaler Signaturen. Ursprünglich für die militärische Kommunikation entwickelt, finden sie heute vielfältigen Einsatz zur Gewährleistung von Systemsicherheit, Vertraulichkeit und Datenschutz, Datenintegrität und Identitätsnachweis. In DRM-Systemen werden diese allgemeinen Techniken für die Nutzungskontrolle optimiert.

Widerrufung und Systemerneuerung

Da sich die Hoffnung auf ein ein-für-allemal sicheres System als Denkfehler erwiesen hat, enthalten alle aktuellen DRM-Systeme Mechanismen zur Fernwartung und Erneuerung. Verbreitet sich wieder einmal ein Hack des *Windows Media Players*, spielt *Microsoft* in sämtlichen installierten Playern einen Patch ein, der ihn unwirksam macht. Den Nutzern hat das Unternehmen bei der Installation per Lizenz die Einwilligung abverlangt, daß *Microsoft* den Player und DRM-relevante Komponenten des Betriebssystems jederzeit ungefragt über das Netz updaten darf.[15]

Kompromittierte Geräte, Programme oder Daten, deren DRM-System nicht auf diese Weise erneuert werden kann, werden mit Hilfe der *Device Revocation* ausgeschaltet. Diese berüchtigte Erfindung der *Digital Transmission Licensing Administration* beruht auf einer schwarzen Liste von Geräten, für die Umgehungen bekannt sind. Beim Authentifizierungsdialog zwischen Content und Abspielumgebung wird diese Liste ausgewertet. Trifft ein »legitimiertes« Gerät dabei auf eines, dessen ID in der aktuellen Wiederrufungsliste steht, bricht es die

---

14. Prof. Dr. Andreas Pfitzmann (technischer Teil), Prof. Dr. Ulrich Sieber (strafrechtlicher Teil), *Gutachten: Anforderungen an die gesetzliche Regulierung zum Schutz digitaler Inhalte unter Berücksichtigung der Effektivität von technischen Schutzmechanismen*, erstellt im Auftrag von DMMV und VPRT (Hg.), September 2002, http://www.vprt.de/aktuelles/veroeffentlichungen.html
15. Ed Foster, »Check the fine print«, in: *InfoWorld*, 8. Februar 2002, http://staging.info-world.com/articles/op/xml/02/02/11/020211opfoster.xml; Lars Sieling, »Auf leisen Sohlen vom Betriebs- zum DRM-System«, in: *Telepolis*, 3. Juli 2002, http://www.heise.de/tp/deutsch/special/copy/12838/1.html

Verbindung ab. Auf diese Weise können die Datenherren einzelnen oder ganzen Klassen von Geräten und Programmen per Fernbedienung die Existenzberechtigung entziehen.

Suchmaschinen und Filterung
Für den Fall, daß alle anderen Abwehrmechanismen versagen, dienen spezielle Suchmaschinen dazu, die entkommenen Objekte anhand von Wasserzeichen oder anderen Merkmalen im Netz ausfindig zu machen. Der Rechteinhaber kann dann den Anbieter oder seinen Provider unter Androhung von Rechtsmitteln auffordern, die Datei zu entfernen.

Befindet sich der Anbieter außerhalb der Wirksamkeit eines solchen *Notice-and-Takedown*, könnten Netzfilter zum Einsatz kommen. Die nichtautorisierten Dateien lägen immer noch im Netz, aber die betroffenen Nutzer könnten nicht mehr darauf zugreifen. Der Düsseldorfer Regierungspräsident Jürgen Büssow, der verfügt hat, daß die nordrhein-westfälischen Provider einen solchen URL-Filter einrichten sollen, legitimiert dies publikumswirksam mit der Sperrung von Nazipropaganda und Kinderpornographie. Doch einmal installiert, ist abzusehen, daß auch die Datenherren ihre Ansprüche anmelden werden, mit dem System gegen Urheberrechtsverstöße vorzugehen.

Integrierte Systeme
Bei aktuellen Systemen werden die Einzeltechnologien wie Content- und Transaktionsverschlüsselung, Wasserzeichen und Fingerabdrücke, Scrambling und Widerrufung zu gestaffelten »Verteidigungslinien« kombiniert. Eine DVD enthält bis zu zehn verschiedene Mechanismen. *Philips* und *Sony* haben ihre neue Super Audio CD mit fünf »lines of defense« ausgestattet.

Diensteanbieter wie IBM (EMMS) und *Bertelsmann* (DWS) stellen eigene DRM-Technologien und die Dritter wie *Microsoft* und *Adobe* mit generischen eCommerce-Elementen wie Kundenverwaltung und Abrechnung zu End-to-End Systemen zusammen. Ein Verlag bekommt hier alles aus einer Hand, von der Werkproduktion über Packaging, Rechte- und Finanz-Clearing bis zur Auslieferung und Nutzungskontrolle in Endgeräten wie PC, PDA und Mobiltelefon.

Zentrale Instanzen
Ein entscheidender Baustein dieser Infrastruktur ist eine zentrale Zertifizierungsinstanz, die die Einhaltung der DRM-Standards sichern, die Zertifikate kompromittierter Geräte widerrufen und als Schlichtungsstelle dienen soll. Stefik nannte sie *Digital Property Trust* (DPT). Aus der Logik des Systems heraus ist sie unerläßlich, setzt aber voraus, daß Content-, Geräte- und Informatik-Industrie sich darauf einigen könnten. Die streiten sich jedoch vor allem in verschiedenen Industriekonsortien und öffentlichen Standardisierungsgremien darum, wie technische Rechtekontrolle überhaupt funktionieren soll und wessen patentierte Technologie zum verbindlichen Standard erhoben wird.

Standardisierungsgremien

Standardisierung von Technologien erfolgt entweder in öffentlichen Gremien wie der ISO, IEEE, der MPEG oder JPEG, in Industriekonsortien wie dem W3C oder der SDMI, oder schließlich durch einzelne Unternehmen die qua Marktmacht einen de-facto Standard durchsetzen können. Auf die Rolle von *Microsoft* wird gleich noch näher einzugehen sein. Hier einige wichtige Beispiele für Konsortien:

eCommerce ist Chefsache. Der *Global Business Dialogue on Elecronic Commerce* (GBDE) ist ein illustrer Kreis von CEOs aus der Informatik-, Content- und Geräteindustrie – eine Art Bilderberg des Cyberspace. Der GBDE geht auf eine Diskussion zurück, zu der Martin Bangemann von der Europäischen Kommission 1998 geladen hatte. Er spricht sich, wie zu erwarten, für einen starken Schutz von IPR (*Intellectual Property Rights*) aus. In der IPR-Arbeitsgruppe unter Vorsitz von *Disney* ist auch *Microsoft* Mitglied. (Auf den GBDE-Seiten sind Angaben zu den Mitgliedern nicht zu finden, aber auf einer Seite des japanischen Unternehmerverbandes *Keidanren* wird *Microsoft* als Mitglied der IPR-Arbeitsgruppe genannt.[16])

Ebenfalls 1998 bildete sich die *Copy Protection Technical Working Group* (CPTWG). Heute sitzen dort Vertreter der Branchen Geräte (*Panasonic, Thomson, Philips*), Content (*Warner Bros.*, *Sony Pictures*, MPAA), DRM (*Macrovision, Secure Media*), Telekom (*Viacom, Echostar Communications*) und Informatik (*Intel,* IBM, *Microsoft*) zusammen. In der *Data-Hiding Sub-Group* der CPTWG z.B. wird die Wasserzeichentechnologie für DVD-Video und -Audio verhandelt.

Im selben Jahr haben sich die 5C (5 Companies: *Hitachi, Intel, Matsushita, Sony* und *Toshiba*) zusammengetan, um eine Zentralinstanz namens *Digital Transmission Licensing Administration* (DTLA) zu errichten.

Die 4C (IBM, *Intel, Matsushita* und *Toshiba*) wollen seit 2000 dafür sorgen, daß die wachsende Zahl der Einzeltechnologien in einer kohärenten Gesamtarchitektur zusammenarbeiten, die sie *Content Protection System Architecture* (CPSA) nennen. Die 4C arbeiten eng mit der *Secure Digital Music Initiative* (SDMI) zusammen. In dieser wiederum sitzen über 180 Unternehmen der Musik-, Geräte- und eCommerce-Industrie.

In der DVD *Copy Control Association* (CCA) hat die Filmindustrie eine nichtgenannte Zahl von Technologieunternehmen um sich geschart, um CSS, Regionenkontrolle und Wasserzeichen zu entwickeln. Ihr ging 1995 das DVD Consortium voraus, das heute DVD Forum heißt und etwa 230 Mitglieder hat. Wenn so viele zusammensitzen, kann es nur Streit geben. So scheiden sich z.B. bei der wiederbeschreibbaren DVD die Geister. Das DVD Forum verfolgt die DVD-RW, während die DVD+RW Alliance um *Dell* und HP ihr System DVD+RW nennt (man beachte den feinen typographischen Unterschied).

16. Keidanren, Zusammensetzung der IPR Issue Group des Global Business Dialogue on Electronic Commerce (GBDE), o.J., http://www.keidanren.or.jp/japanese/profile/topics/info/gbde/group.html

Die Breite der strategischen Allianzen macht deutlich: hier geht es nicht um eine Einzeltechnologie, wie einen neuen Dongle, nicht darum, Schlösser nur an Musikdateien und Videostreams anzubringen. Es geht um eine systemweite Grunderneuerung, bei der kein digitaler Stein auf dem anderen bleiben wird. Noch sind viele der Technologien in der Entwicklung oder Erprobung, doch die Zielrichtung dürfte klar geworden sein: das DRM-Projekt richtet sich gegen offene Rechner, offene Netze, offenen Code.

Vertragsfreiheiten

Die Datenherren bevorzugen es, ganz im neoliberalen Zeitgeist, die Verhältnisse zu ihren Zulieferern und Kunden in eigener Regie per Vertrag und per Technologie zu regeln. Ihre Vertragspartner sind einerseits die Kreativen, die schließlich allererst die ganze Verwertungsmaschinerie mit Verwertbarem versorgen. Aus den Verträgen, die Verwerter insbesondere freien Urhebern zumuten, wären zahlreiche Gruselgeschichten zu erzählen. Als Anfang des Jahres das Urhebervertragsrecht reformiert wurde, um freiberuflichen Autorinnen eine angemessene Beteiligung an den Erlösen aus der Verwertung ihrer Werke zu sichern, haben die deutschen Publikumsverlage mit »Fassungslosigkeit und Bestürzung« reagiert, in einer beispiellosen Kampagne mit Investitionsboykott und Abwanderung gedroht und ein Massensterben von Verlagen an die Wand gemalt. Ginge es nach den Verwertern, so würden sie den Urheberinnen, in deren Namen sie DRM doch durchzusetzen versuchen, sämtliche Nutzungsrechte für eine Pauschale abkaufen, um dann mit Hilfe von DRM jede nur implementierbare Nutzung einzeln zu verkaufen.

Dem »Massenmarktnutzer« wird durch *Click-Through*-Lizenzen, deren Einhaltung durch DRM-Technologie erzwungen wird, jede Restriktion auferlegt, auf die sich ein Geschäftsmodell aufbauen läßt. Haben Bibliotheken früher einfach Bücher und Zeitschriften gekauft, beschäftigen sich heute ganze Abteilungen mit dem Aushandeln von Lizenzverträgen mit den Verlagen.

Auf Produzentenseite ist das Netz von vertraglichen Bindungen naturgemäß am komplexesten.

Die Vertragsfreiheit der Datenherren besteht darin, ihre Inhalte in einer bestimmten DRM-Architektur anzubieten oder eben nicht. Die Hardware-Hersteller in der Konsumelektronik- und der Informatikindustrie dagegen haben keine Wahl. Ein Hersteller von DVD-Playern z.B. muß CSS lizenzieren, da Hollywood seine Inhalte nur auf CSS-verschlüsselten Scheiben anbietet, ein Geräte ohne CSS also unverkäuflich wäre. Das lizenziert ihm aber die DVD *Copy Control Association, Inc.* (DVD CCA) nur, wenn er auch andere DRM-Komponenten wie Kopierschutzverfahren von *Macrovision*, Regionenmanagement, CGMS, DTCP und HTCP in seine Geräte einbaut. Stefan Bechtold zufolge ist dies ein allgemeines Charakteristikum von DRM-Technologielizenzverträgen, das damit begründet wird, daß nur durch die vertragliche Kopplung unterschiedlicher DRM-Komponenten auf dem Endgerätemarkt ein »einheitliches und durchgängiges Schutzniveau« geschaffen werden könne. Daß eine solche Politik der gekoppelten Technologielizenzen kartellrechtliche Fragen aufwirft, scheint offensichtlich, doch werden sie erstaunlicherweise bislang weder von gesetzlichen Vorschriften noch auch nur in der juristischen Literatur behandelt, so Bechtold.[17]

Da auch Verträge nicht verhindern können, daß die DRM-Technologien regelmäßig in kürzester Zeit geknackt werden, rufen die Datenherren doch wieder den Gesetzgeber auf den Plan.

Ein Ermächtigungsgesetz für den Cyberspace

The sovereignty issue, of who will write copyright regulations in Europe in future – will it be the European Commission assisted by national governments, as at present, or an application developer in Portland or Redmond?[18]

Rights-holders can effectively write their own intellectual property statute in computer code.[19]

Die derzeit laufende Reform des deutschen Urheberrechts steht am Ende einer Kaskade von Neuregelungen, die mit zwei Verträgen der *World Intellectual Property Organization* (WIPO) zum Urheberrecht und zu den Rechten aufführender Künstler 1996 begann. Die USA paßten ihr Copyright-Recht 1998 mit dem *Digital Millenium Copyright Act* (DMCA) an diese Verträge an. Europa zog im Mai 2001 mit der EU-Richtlinie zum Urheberrecht in der Informationsgesellschaft nach, die Deutschland und die anderen Mitgliedsländer nun in nationales Recht umsetzen müssen.[20] Dazu liegt seit dem 31. Juli 2002 ein Regierungsentwurf vor.

Zentralen Neuerungen dieser Regelungen sind das Umgehungsverbot für DRM-Technologie und die Umgehungserlaubnis fast aller gesetzlichen Nutzungsfreiheiten der Öffentlichkeit. Was mit den zu schützenden »technischen Maßnahmen« gemeint sein könnte, ist gelinde gesagt, unterspezifiziert. »Wirksamkeit« ist das einzige Attribut, das ihnen hinzugefügt wurde, und die scheint automatisch unterstellt zu werden, wenn überhaupt irgendeine Form von Zugangskontrolle, Verschlüsselung oder Verzerrung eingesetzt wird. Der Regierungsentwurf definiert fast wortgleich wie die EU-Richtlinie:

Technische Maßnahmen im Sinne dieses Gesetzes sind Technologien, Vorrichtungen und Bestandteile, die im normalen Betrieb dazu bestimmt sind, geschützte Werke oder andere nach diesem Gesetz geschützte Schutzgegen-

---

17. Bechtold, *Vom Urheber- zum Informationsrecht*, a.a.O., S. 178ff.

18. Ross Anderson, »Security in Open versus Closed Systems – The Dance of Boltzmann, Coase and Moore«, gehalten auf einer Konferenz zu Open Source Software Economics, Toulouse, 20. Juni 2002, S. 8, http://www.brokedown.net/~squash/anderson.html

19. Dan L. Burk/Julie E. Cohen, »Fair Use Infrastructure for Rights Management Systems«, in: *Harvard Journal of Law & Technology*, 41 (Fall 2001) (ein Entwurf dazu ist: http://www.law.georgetown.edu/faculty/jec/tprcfairuseinfra.pdf).

20. EU-Richtlinie 2001/29/eg des Europäischen Parlaments und des Rates zur Harmonisierung bestimmter Aspekte des Urheberrechts und der verwandten Schutzrechte in der Informationsgesellschaft, 22. Mai 2001, http://europa.eu.int/comm/internal_market/en/intprop/news/com29de.pdf

stände betreffende Handlungen, die vom Rechtsinhaber nicht genehmigt sind, zu verhindern oder einzuschränken.[21]

Geschützt werden sollen also nicht etwa Maßnahmen, die urheberrechtsverletzende Handlungen verhindern sollen, sondern unqualifiziert alle Handlungen, die nicht von Rechteinhabern genehmigt worden sind. Das ist eine unbegreiflich weit gefaßte Lizenz, Nutzungen von digitalen Werken zu genehmigen oder eben nicht. Denn technische Maßnahmen werden ja auch für ganz andere als urheberrechtliche Zwecke eingesetzt. CSS z.B. verhindert keineswegs das Kopieren von DVDs, sondern das Abspielen – gleich ob Original oder Kopie – auf Geräten ohne zertifiziertes CSS-Modul. Es dient also der Durchsetzung eines Konsortiumsstandards gegenüber Gerätehersteller und bei seiner Einführung auch dazu, die Anwender freier Betriebssysteme von der Nutzung von DVDs auszuschließen.

Der Auschluß von freien Betriebssystemen wird, wenn auch nicht erklärtes Ziel, so doch willkommener Nebeneffekt von DRM bleiben. Microsoft wird seinen *MediaPlayer* wohl kaum für *FreeBSD* oder *GNU/Linux* zur Verfügung stellen. Die Datenformate WMA und WMV sind proprietär. Für genau solche Fälle erlaubt das Urhebergesetz bislang ein Reverse Engineering, um interoperable Produkte zu entwickeln. Da diese Formate auch DRM-Elemente enthalten, werden sie durch das Umgehungsverbot dagegen geschützt. Damit fallen die Rechtsgüter Innovationsfreiheit und Wahlfreiheit eines Betriebssystems dem neuen Sonderschutz für DRM zum Opfer.

Ross Anderson, Informatiker an der Universität Cambridge, weist darauf hin, daß ein wechselseitiger »Echtheitsbeweis« von Soft- und Hardware auch noch in ganz anderen Gebieten eingesetzt wird. Einige Mobiltelefonanbieter verwenden eine *Challenge-Response* Authentifizierung, um zu überprüfen, ob ein Akku von ihnen ist oder der Nachbau eines anderen Anbieters. Im zweiten Falle weigert sich das Telefon den Akku aufzuladen. Die *Sony Playstation 2* verwendet eine ähnliche Authentifizierung, um sicherzustellen, daß nur originale Speicher-Cartridges verwendet werden können. Hier enthält der Authentifikations-Chip außerdem einen CSS-Algorithmus, so daß auch er vom urheberrechtlichen Umgehungsverbot gegen Reverse Engineering geschützt ist.[22]

Ein letztes Beispiel: DVDs z.B. von *Disney* erlauben es nicht, im Schnelldurchlauf über die Werbung vor dem Film hinwegzuspulen. Auch nicht wirklich eine Maßnahme, die die Väter des Urheberrechts sich als schützenswertes Gut vorgestellt hatten.

All diese »technischen Maßnahmen« werden mit dem neu zu schaffenden Sonderschutz des Urheberrechts privilegiert. Aber worin läge das Allgemeininteresse – das allein einen gesetzlichen Schutz rechtfertigen kann – an einer Technologie, die ihre Nutzer zwingt, Werbung anzusehen? In der Zeitung kann ich über die Werbung hinwegblättern, im TV weiterzappen, auf dem Leihvideo vorspulen.

---

21. Regierungsentwurf eines Gesetzes zur Regelung des Urheberrechts in der Informationsgesellschaft, 31. Juli 2002, http://www.bmj.bund.de/images/11476.pdf
22. Anderson, »Security in Open versus Closed Systems«, a.a.O.

Jetzt erlaubt es die Technologie, mich daran zu hindern. Und der Gesetzgeber schützt sie, weil sie Teil eines Systems ist, das den vorgeblichen Zweck hat, Urheberrechte zu schützen. Die Filmindustrie mag das nichtautorisierte Betrachten ihrer Werke verbieten, aber soll die Werbeindustrie künftig das nichtautorisierte Nichtbetrachten ihrer Werke unterbinden können? Solche hanebüchenen Absurditäten machen klar: Das Urheberrecht ist nur das propagandistische Einfallstor für die Privatisierung der Kontrolle über den digitalen Wissensraum.

Die Gesetzesnovellierung, die dem deutschen Gesetzgeber aufgetragen ist, könnte die letzte öffentliche Form der Regulierung in diesem Bereich sein. Die Volksvertreter werden damit eine technische Infrastruktur legalisieren, die es ihren Betreibern erlaubt, die Gesetze zu machen, die im Cyberspace gelten.

Lawrence Lessigs brillante Analyse hat die Architektur unserer computergestützten Umwelt nicht nur als Gegenstand, sondern auch als Mittel der Regulierung sichtbar gemacht. In einer technologischen Umwelt ist es der zugrundeliegende Code, der jedes Handeln ermöglicht oder verhindert. Und Lessig wirft die für ein demokratisches Gemeinwesen entscheidende Frage auf, wie dieser regulierende Code durch eine kollektive Willensbildung reguliert werden kann, wie also nicht das Partikularinteresse der stärksten Lobby-Gruppe, sondern das Gemeinwohl die Architektur unserer digitalen Wissensumwelt bestimmen kann.[23] Die Theorien über die Gestaltbarkeit, gar die demokratische Gestaltung von Technologie werfen mehr Fragen auf, als sie beantworten. Die realpolitische Antwort jedoch scheint klar: der Volkssouverän wird – WIPO-Verträge und EU-Richtlinie lassen hier nur noch wenig Spielraum – den von der Rechteindustrie geforderten Rahmenschutz für die von ihnen und ihren Partnern in Hard- und Softwareindustrie entwickelten »technischen Maßnahmen« schaffen. Die Datenherren können dann auf der vor externen Interventionen geschützten technologischen Plattform ihre eigenen Gesetze machen und sie weitgehend vollautomatisch durchsetzen. So können sie nicht nur immer neue Nutzungseinschränkungen implementieren, um die Nutzungen dann zu verkaufen, also Mangel erzeugen, um seine Behebung feilzubieten. Sie können selbst Urheberrechtsschranken, wie das vom deutschen Gesetzentwurf ausdrücklich ins Digitalzeitalter fortgeschriebene Recht der Allgemeinheit auf die Privatkopie ausschalten. Von einer demokratischen Kontrolle oder oder einer Balance der Interessen von Urhebern (und davon abgeleitet Verwertern) und Öffentlichkeit wäre im Cyberspace keine Rede mehr. Noch einmal Lessig: »Our law creates an incentive to enclose as much of an intellectual commons as possible. It works against publicity and transparency, and helps produce, in effect, a massive secret government.«[24]

Und damit niemand merkt, daß sie sich die Rolle des Volkssouveräns anmaßen, nennen die Datenherren es nicht »Gesetze«, sondern »Geschäftsmodelle«. Das neue Urheberrecht wird eine Selbstentmachtung der Volksvertre-

---

23. Lessig, Lawrence, *Code and Other Laws of Cyberspace*, [o.O.] 1999; http://code-is-law.org
24. Ebd., S. 225.

ter und ein Ermächtigungsgesetz für die Recht(ein)haber. »DRM« ist das Codewort für das Projekt der Machtübernahme der Datenherren im digitalen Wissens- und Kommunikationsraum.

And the Winner is...

> Computers were created at public expense and public initiative. In the 1950s when they were being developed, it was about 100% public expense. The same is true of the Internet. The ideas, the initiatives, the software, the hardware – these were created for about 30 years at public initiative and expense, and it's just now being handed over to guys like Bill Gates.[25]
> Caution: Microsoft Corporation asserts that this content is safe. You should only install/ view this content if you trust Microsoft Corporation to make that assertion. [...] Always trust content from Microsoft Corporation[26]

Kernstück von *Microsofts* heutiger DRM-Architektur ist der *Windows Media Rights Manager*, in der ersten Version im August 1999 vorgelegt. Er ist Bestandteil von *Microsoft Windows Media*, sowohl auf der Seite der Produzenten (Media Tools für die Content-Aufbereitung, die *Windows Media Format Software Development Kits* (SDKs)), der Distributoren (Media Services, Streaming-Technologie für Audio und Video, Digital Asset Server), wie der Rezipienten (*Windows Media Player, eBook Reader*). Er ist ebenfalls integriert in die aktuellen *Microsoft*-Betriebssysteme *Windows ME* und *XP*, sowie die verteilte Objektarchitektur *.NET*.

Nach Angaben von *Microsoft* gibt es derzeit mehr als 450 Millionen installierte *Media Player*. Demnach hätte fast die gesamte geschätzte Weltbevölkerung des Internet[27] einen MS Audio- und Video-Player mit einem MS DRM. Das ist nicht verwunderlich, wird er doch zusammen mit allen aktuellen MS-Betriebssystemen und somit auf 95% aller PCs vorinstalliert ausgeliefert. Darüberhinaus ist er verfügbar für alle gängigen *Windows*-Varianten, *Mac OS* einschließlich X, *Pocket PC*, *Solaris* und verschiedene Handhelds und Palms. Ebensowenig verwunderlich ist es daher, daß die meisten Content-Anbieter ihre Waren ausschließlich oder auch im *Windows Media*-Format bereitstellen. Im Streaming-Markt hat *Microsoft* nur noch Konkurrenz von *Real* und *Apples Quicktime*. Letzteres implementiert zwar als erstes den neuen ISO-Standard MPEG-4, den Nachfolger von MP3 Audio und MPEG-2 Video, doch ob der De-jure-Standard sich gegen den De-facto-Standard durchsetzen kann, muß sich erst zeigen.

Der Rights Manager verschließt jede Mediendatei mit einem Lizenzschlüssel, der beim Download auf einen bestimmten Rechner hin geprägt wird. Auch der

25. Noam Chomsky, »On Microsoft and Corporate Control of the Internet«, CorpWatch, 6. Mai 1998, http://www.corpwatch.org/issues/PID.jsp?articleid=1408
26. Zertifikatsannahmedialog beim Updaten des *Windows Media Players*.
27. http://www.nua.ie/surveys/how_many_online/index.html

Player selbst wird beim Download auf die Hardware-ID des jeweiligen Rechners hin »individualisiert«. Kompromittierte Player können so nicht weiterverbreitet und während der Content-Lizenzierung ausgeschaltet werden (»Revocation«). Die gesamte Medien-Bibliothek ist somit an einen einzigen Rechner gekoppelt. Mit dem »Personal License Migration Service« kann der Kunde dann Mediendateien durch eine Online-Neulizenzierung auf dem jeweiligen Zielrechner auf bis zu zehn Rechner übertragen und mit dem *Windows Media Device Manager* auch auf SDMI-konforme portable Geräte.

In Version 7 des *Windows Rights Managers* umfassen die verkaufbaren Nutzungsrechte (»Business Rules«): Verfallsdatum, unbeschränkte Darstellung, Übertragung auf ein SDMI-konformes Gerät, Brennen auf CD, Beginn und Ende einer Nutzung, Dauer, Anzahl der Darstellungen oder Transfers.

Content und Lizenz werden getrennt verbreitet. Versucht man, ohne Lizenz eine Medien-Datei abzuspielen, wird man auf eine Webseite geleitet, auf der man eine Lizenz erwerben kann (»virales Marketing«). Außerdem können auf diese Weise die Lizenzbedingungen auf dem Server einfach geändert werden, ohne daß der Content widerrufen und neu verbreitet werden müßte.

Da *Microsoft* festgestellt hat, daß viele Nutzer von umständlichen Authentifikations- und Lizenzierungsdialogen entnervt sind, hat es sich eine »transparente« (will sagen: für den Nutzer unsichtbare) »stille Lizenzierung« ausgedacht: »Silent licensing means that a content provider may deliver the license to the consumer without the need for the consumer to type more information.«[28]

Eine strukturelle Schwäche aller DRM-Systeme ist, daß der Content bei aller Sicherung letztendlich dargestellt, dazu entschlüsselt und dekodiert werden muß und in dem Moment abgefangen werden kann. Dagegen geht *Microsoft* auf Betriebssystemebene vor. *Windows ME* und *XP* legen einen *Secure Audio Path* zwischen Player und Sound-Karte. Doch das ist erst der Anfang.

Secure Boot

Im militärischen Bereich denkt man seit spätestens Anfang der 1970er darüber nach, wie man durch einen kontrollierten Boot-Vorgang einen gewöhnlichen Computer in einen gesicherten Zustand versetzen kann. Die ersten Modelle für einen sicheren Boot sahen kryptographische Koprozessoren vor. Das wurde verworfen, weil es architektonische Veränderungen in den meisten Computersystemen voraussetzt, und das würde einen ungeheuren industrie-übergreifenden Koordinationsaufwand erfordern. Oder ein Monopol, wie wir gleich sehen werden.

Eine der ersten sicheren Bootstrap-Architekturen stellten David Farber und zwei Kollegen von der University of Pennsylvania 1996 unter dem Namen AEGIS vor. Ausgehend von einem vertrauenswürdigen BIOS-Segment in einem zu-sätzlichen PROM werden nacheinander das zweite BIOS-Segment,

28. http://www.microsoft.com/windows/windowsmedia/WM7/DRM/features.asp

die Hardwarekarten, der Boot-Block, das Betriebssystem und schließlich die Anwendungsprogramme überprüft und gestartet. Zur Überprüfung wird ein krypto-graphischer Hash der Komponente errechnet und anhand einer gespeicherten Signatur verifiziert. Scheitert die Prüfung, sehen sie einen Recovery-Mechanimus über IPv6 von einem vertrauenswürdigen Netzrechner vor. Sie stellten ihre Arbeit in den Kontext des explosiv wachsenden eCommerce, aber es ging ihnen nicht um DRM, sondern generell um Zugangskontrolle, die auch Schutz vor Viren, Trojanern usw. bietet. Ihr Modell hat ein als vertrauenswürdig verifiziertes System zum Ergebnis.[29]

TCPA

AEGIS hat nie den Massenmarkt erreicht, doch die stetig wachsende Zahl von PCs, Internet-Nutzern und Online-Transaktionen hat die Notwendigkeit grundlegender Lösungen verschärft. Im Oktober 1999 gründeten *Intel, Compaq, HP, IBM* und *Microsoft* die *Trusted Computing Platform Alliance* (TCPA), der sich mehr als 180 weitere Unternehmen angeschlossen haben. Im Board of Advisors treffen wir David Farber wieder. Ihr Ziel ist es, die Sicherheit auf der Ebene von Plattform-Hardware, BIOS, System-Software und Betriebssystem zu verbessern. »The objective of the TCPA is to make trust just as much a part of the PC platform as memory and graphics.«[30]

»There are e-Business security and privacy issues that software alone cannot address.«[31] Kernstück der TCPA-Technologie ist daher ein kryptographischer Koprozessor namens *Trusted Platform Module* (TPM). Er verfügt über einen Zufallsgenerator, nichtflüchtigen Speicher für Schlüssel und Mechanismen für die Generierung und Verwaltung von asymmetrischen RSA und symmetrischen 3DES Schlüsseln, Signaturen und von Hashes. Auf dieser physikalischen Kryptoinfrastruktur setzt der *TCPA Software Stack* (TSS) auf. Er verwendet »Integritätsmetriken« zur Authentifizierung des Systems. Die Erzeugung von kryptographischen Zusammenfassungen der Komponenten wird als »Selbstinspektion« bezeichnet.

Das TPM übernimmt den Systemstart und authentifiziert als erstes den BIOS Boot Block. Das BIOS fragt dann, z.B. über eine SmartCard oder eine Biometrieprüfung ab, ob ein autorisierter Nutzer am Rechner sitzt. Es folgt die Authentifizierung des Programms, das das Betriebssystem lädt, das wiederum den Betriebssystemkern überprüft. Waren alle Überprüfungen erfolgreich, ist gewährleistet, daß sich keine unerwünschten Programme eingeschlichen haben und der Kernel das System vollständig kontrolliert. Schließlich startet das Betriebssystem auf dieselbe Weise die Anwendungsprogramme.

Die Ergebnisse der »Integritätsmessungen« des TSS werden im TPM abgelegt. Will nun ein Content-Anbieter entscheiden, ob er diesem System seine kost-

29. William A. Arbaugh/David J. Farber/Jonathan M. Smith, »A Secure and Reliable Bootstrap Architecture«, 2. Dezember 1996, http://www.cis.upenn.edu/~waa/aegis.ps
30. TCPA, *Building a Foundation of Trust in the PC*, Januar 2000, http://www.trustedcomputing.org/docs/TCPA_first_WP.pdf
31. Ebd.

baren Waren anvertrauen möchte, schickt es ihm die signierten kryptographischen Zusammenfassungen der aktuellen Konfiguration. Das TCPA-System attestiert also nur einen gegebenen Systemzustand und überläßt es dem Gegenüber, dessen Vertrauenswürdigkeit zu bewerten. Dringt nun ein Virus in dieses System ein, verändert es den gemessenen Systemzustand und der Zugang zu Daten kann gesperrt werden. Das Gegenüber kann auch ein lokaler Medien-Player sein, der den kostbaren Inhalte aus dem lokalen gesicherten Speicher nur freigibt, wenn nicht gleichzeitig ein vertrauensunwürdiges Programm geladen ist. Auf dieselbe Weise kann eine Nutzerin eigene sensible Daten gegen Ausspionieren schützen.

Das System schaltet keine Software ab oder blockiert Daten, sondern präsentiert einem Transaktionspartner gleichsam ein Röntgenbild des aktuellen Systemzustands. Ob die Integritätsmetrik erlaubt, nichtautorisierte Kopien von Programmen und Daten zu erkennen, geht aus den Informationen nicht hervor. Ihre Meßergebnisse sind aber charakteristisch für bestimmte Komponenten. Daß auch Seriennummern darin eingehen, ist nicht auszuschließen. Auch wenn die TCPA-Technologie selbst keinen Mechanismus enthält, um Hard- oder Software-Komponenten zu widerrufen, bietet sie Informationen, mit denen zusätzliche Systeme dies tun können.

Der Integritätsalgorithmus erzeugt einen statistisch einmaligen Identifikator des Systems. Außerdem enthält das TPM ein maschinenspezifisches Schlüsselpaar, das zur Identifikation benutzt werden könnte. Aus Sorge um den Datenschutz – und darum, einen ähnlichen Proteststurm auszulösen, wie *Intel* mit seiner CPU-ID im *Pentium 3* –, verwendet die TCPA-Technologie diese Schlüssel nicht direkt, sondern ausschließlich, um zufällige Schlüsselpaare zu generieren und sie von einer *Trusted Third Party* zertifizieren zu lassen. Für die Kommunikation mit Dritten werden ausschließlich diese Alias-Identitäten verwendet. Auf diese Weise soll eine pseudonyme Authentifikation möglich sein. Die Verwendung multipler Aliase erschwert das Erstellen von Nutzungsprofilen. Die TCPA sieht vor, daß der Eigentümer des Systems die vollständige Kontrolle hat. Er muß das TPM einschalten, um es zu benutzen (Opt-in). Alle Operationen des TPM müssen vom Nutzer, z.B. mit einer PIN, autorisiert werden, der es außerdem jederzeit durch einen Befehl oder einen physikalischen Schalter abschalten kann. Es kann dann auch nicht über ein Netz wieder eingeschaltet werden.[32]

Wie die *Public Key Infrastructure* und andere Kryptomodelle setzt die TCPA auf Vertrauensinstanzen. Doch wer soll diese Rolle übernehmen? Das Bundesamt für Sicherheit in der Informationstechnik, ver.di, die katholische Kirche (»im Gottvertrauen surfen«)? Wird mir *Disney* seine Filme anvertrauen, wenn die Zertifizierungsinstanz für mein Pseudonym der CCC ist? Und warum sollten diese Institutionen eine solche aufwendige Infrastruktur errichten, wenn schon die *Deutsche Post AG* das Handtuch geschmissen hat?

32. *TCPA Specification/TPM Q&A*, updated 18. Juli 2002, http://www.trustedcomputing.org/docs/TPM_QA_071802.pdf

Das TCPA-System soll gegen Software-gestützte Angriffe schützen. Ein physikalischer Angriff kann ein einzelnes System kompromittieren, enthüllt jedoch allenfalls die für diese Maschine spezifischen Geheimnisse. Neben DRM unterstützt die Hardware-basierte Schlüsselverwaltung auch andere Sicherheits-operationen wie Smart-Card-Transaktionen, Virtual Private Networks, SSL und S-MIME.

Die erste TCPA-Spezifikation wurde im Januar 2001 veröffentlicht. *National Semiconductor* und *Infineon* produzieren die Koprozessoren. IBM bietet seit April TCPA-konforme Laptops an, und *Windows XP* und auch *Microsofts X-Box* enthalten TCPA-Features.

Dem Konsortium geht es ums Ganze. Um die Plattform PC sicherer zu machen, sei eine flächendeckende Lösung erforderlich. »The concept of ubiquity [...] implies that at some point, all PCs will have the ability to be trusted to some minimum level. [...] Every PC will have hardware-based trust, and every piece of software on the system will be able to use it.«[33] Dazu will das Konsortium einen Industriestandard etablieren, doch bislang hat sich trotz endloser Presserklärungen außer den Mitgliedern niemand wirklich dafür interessiert. Und mindestens eines der Mitglieder zieht es vor, eigene Standards zu setzen.

Palladium

Im Dezember 2001 meldete *Microsoft* ein DRM-Betriebssystem zum Patent an, das die meisten der genannten Elemente eines Secure Boot enthält. Ein Patent ist noch kein Produkt. Und in diesem Fall ist es noch nicht einmal ein sicheres Patent. *Microsofts* Anmeldung wird von DRM-Pionier *InterTrust* angefochten, das darin seine eigene geschützte Technologie wiedererkennt. Ein erstes Betriebsystemprodukt, das einige der im Patent beschriebenen Mechanismen verwendet, kündigte *Microsoft* im Juli diesen Jahres an. Edelfeder Steven Levy erhielt die Rolle des Newsbreakers.[34] Er sparte nicht mit Superlativen: »Microsoft's plan to literally change the architecture of PCs [...] one of the riskiest ventures the company has ever attempted«, so Levy. »It's one of the most technically complex things ever attempted on the PC«, so ein Gartner-Analyst.

Über die Funktionen von *Palladium* erfahren wir von Levy wenig. Er zählt eine Reihe möglicher Anwendungen auf, darunter generische Sicherheits- und Datenschutzaspekte. Es stoppe Viren und Würmer, beseitige Spam, mache den Hausputz ... nein, das dann doch noch nicht. Als letztes Beispiel erwähnt er, daß *Palladium* Filmstudios und Platten-Labels angeboten werde, um ihre Waren per DRM zu verkaufen. Und auch das ist nur zum Nutzen der Nutzer, denn es könne ihnen erlauben, »to exercise ›fair use‹ (like making personal copies of a CD)«.[35]

---

33. TCPA, *Building a Foundation of Trust*, a.a.O.
34. Steven Levy, »The Big Secret. An exclusive first look at Microsoft's ambitious-and-risky-plan to remake the personal computer to ensure security, privacy and intellectual property rights. Will you buy it?«, in: *Newsweek*, 1. Juli 2002, vorab veröffentlicht auf MSNBC: http://www.msnbc.com/news/770511.asp?cp1=1
35. Ebd.

Levy spricht von einer Wiedergeburt von »Passport«, die damals noch »My Man« hieß (kein Witz!) und in aktuelleren Informationen nicht mehr auftaucht. Ein pikantes Feature erfahren wird noch: »the system's ability to ineluctably log [employees'] e-mail, Web browsing and even instant messages.« Levy schiebt den genüßlichen Kommentar von Windows-Zar Jim Allchin nach: »I have a hard time imagining that businesses wouldn't want this.«[36]

Offenbar kam Levys Enthüllung vorzeitig.[37] *Microsoft* selbst veröffentlichte an dem Tag nicht mehr als eine Presseerklärung von John Manferdelli, dem Leiter der Palladium Business Unit. Er stellt *Palladium* in den Rahmen des »Trustworthy Computing«, das Bill Gates im Januar als neue Devise für sein Unternehmen ausgegeben hatte.[38] Das Projekt habe aber bereits etwa 1998 begonnen, also zwei Jahre nach Farbers AEGIS. Ursprüngliches Ziel war die Rechtekontrolle von Online-Filmen, doch habe sich die Vision bald weit darüber hinaus auf eine neue PC-Architektur gerichtet. Seine wichtigste Botschaft: Für den Nutzer bleibt zunächst alles, wie es ist. Was heute großartig an *Windows* sei, werde es auch morgen noch sein. Jede Software (mit einigen »exotischen« Ausnahmen wie Debugger, Perfomanzwerkzeuge, bestimmte BIOS-Funktionen und Programme, die TCPA-Hardware verwenden, wie wir später erfuhren[39]) soll laufen wie bisher. *Palladium* füge dem eine neue Dimension hinzu, die Vorteile bringt, die wir heute nur erahnen können.

Aus den spärlichen bislang veröffentlichten Information läßt sich folgendes Bild erahnen. Die Hardware-Neuerungen von *Palladium* bestehen aus einem kryptographischen Koprozessor und struktuellen Änderungen in der CPU, im Chip-Satz und in Peripheriegeräten wie Tastatur und Drucker. Herzstück ist die *Security Support Component* (SSC), ein Prozessor mit einem kleinen nicht-flüchtigen Speicher, ähnlich einer Smart-Card. Genauso wie das TPM der TCPA kann die SSC kryptographische Operationen ausführen und Schlüssel speichern, nur daß hier für die symmetrische Verschlüsselung AES statt 3DES vorgesehen ist. Ebenso nützen hier die maschinenspezifischen Schlüssel, wenn sie einem Hardware-Angriff zum Opfer fallen, nur etwas auf dem betroffenen System, das sich zudem als kompromittiert zu erkennen gibt und daher von gesicherten Diensten ausgeschlossen werden kann (*revocation*).

Wer diese Hardware-Komponente herstellen wird, ist noch nicht bekannt. Die neuen CPUs kommen von AMD und *Intel*. »A whole new class of processors not differentiated by speed, but security,« zitierte Levy einen AMD-Vertreter. Intel hat angekündigt, daß »LaGrande«, der Nachfolger des *Pentium 4* in der zweiten Hälfte 2003 *Palladium* unterstützen wird. AMD sagt, sie hätten die Chips, wenn der Markt danach verlangt. Bei der Hardware-gesicherten Verbin-

36. Ebd.
37. David Coursey, »Why we can't trust Microsoft's ›trustworthy‹ OS«, Ziff Davis Net, 2. Juli 2002, http://zdnet.com.com/2100-1107-941111.html
38. Bill Gates, »Trustworthy Computing«, Rund-Mail an alle *Microsoft*-Mitarbeiter, 15. Januar 2001, http://www.theregister.co.uk/content/4/23715.html
39. *Microsoft Palladium Initiative Technical FAQ*, 21. August 2002, http://www.microsoft.com/technet/security/news/PallFAQ2.asp

dungen zu Tastatur und Bildschirm, die das Abfangen und Einspielen von Signa-
len verhindern soll, handelt es sich offenbar um eine Erweiterung des *Secure
Audio Path*, der die Strecke zwischen CPU und Sound-Karte verschlüsselt.

Im Zentrum der Software-Elemente von *Palladium* steht der »Nexus«, der vorher als *Trusted Operating Root* oder mit dem Spitznamen *the nub* (»Knopf« oder
»springender Punkt«) bezeichnet wurde. Er entspricht dem *TCPA Software Stack*.
Mit Hilfe der Dienste der CSS erzeugt er eine gesicherte Betriebsumgebung
namens *Trusted Space*. Nexus authentifiziert Hard- und Software und kann den
signierten Systemzustand gegenüber einer Online-Bank oder einem Content-
Anbieter attestieren. Palladium-Anwendungen (»*trusted agents*«) führt er in jeweils eigenen gesicherten Bereichen des *Trusted Space* aus, die physikalisch und
kryptographisch isoliert sind. Jeder dieser getrennten »Tresorräume« (*vaults*) ist
mit seinen eigenen Schlüsseln und *policies* ausgestattet, die die Kommunikation
von und zu den Agenten regeln und die vom Nutzer, der IT-Abteilung eines
Unternehmens, einem Online-Händler oder -Diensteanbieter festgelegt werden. Die dazugehörigen Daten werden ausschließlich verschlüsselt auf der Festplatte gespeichert und können an die Maschine, den Nexus oder die Anwendung gekoppelt werden.

Palladium wird als eine Ausführungsumgebung parallel zum herkömmlichen
Windows Betriebssystem präsentiert, ein auf einer eigenen Hardware aufsitzen-
der, getrennter Software-Stack mit Nexus als einer Art Mikrokernel, der nicht
auf den ungesicherten Bereich durchgreift. »Since Palladium does not interfere
with the operation of any program running in the regular Windows environment, everything, including the native OS and viruses, runs there as it does
today. [...] realms allow a user to have a locked-down work environment and
fully open surfing environment at the same time, on the same computer.«[40]

Es handelt sich also offenbar um eine »Sandkasten«-Architektur, wie sie *Sun* mit
seiner *Java Virtual Machine* eingeführt hat. Potentiell bösartige Java-Applets,
denen man im Web begegnet, werden dabei in einem von der übrigen Laufumgebung abgeschirmten Speicherbereich ausgeführt – gewissermaßen in einem
Rechner im Rechner. Java-Applets haben standardmäßig keine Lese- und
Schreibrechte und nur beschränkte Zugriffsrechte auf das Umgebungsbetriebs-
system. Ein Home-Banking-Applet beispielsweise kann aber mit einem vertrauenswürdigen Zertifikat vom Nutzer zusätzliche Rechte anfordern. Bei *Palladium*
dient der Sandkasten dem inversen Zweck: nicht die Laufumgebung soll vor
seinem Inhalt gesichert werden, sondern dieser gegen Zugriffe von dort.

Darin scheint auch der Hauptunterschied zum TCPA-Modell zu liegen: Die
TCPA-Technologie überwacht den Bootvorgang und den Zustand des gesamten Systems, während *Palladium* sich auf die Sandkiste beschränkt. (Dazu gibt es
widersprüchliche Aussagen: Das White Paper nennt »authenticated boot« als
eines seiner Features, das FAQ sagt, *Palladium* ist nicht am Bootprozeß beteiligt.)

---

40. Microsoft, *Palladium White Paper: A Business Overview*, August 2002, http://www.micro-
soft.com/PressPass/features/2002/jul02/0724palladiumwp.asp

Vertrauenswürdig für wen? Das ist die Frage, die sich jedem stellt, der sich mit *trusted systems* beschäftigt. *Microsoft* stellt in den Internet-öffentlichen Papieren durchgängig die Vorteile und den Datenschutz für individuelle Nutzer heraus. Die Vorteile für Content-Provider werden, wenn überhaupt, als letztes genannt. Die Kontrolle über seine persönlichen Daten und die Funktionen des Systems läge ganz allein beim Nutzer. Die *Palladium*-Funktionen sollen wie bei der TCPA standardmäßig ausgeschaltet und per Schalter deaktivierbar sein. Es entsteht eine Situation wie bei Cookies: Man kann sie deaktivieren, ist dann aber von bestimmten Diensten ausgeschlossen.

Wie die TCPA sieht *Microsoft* voraus, daß der maschinenspezifische öffentliche Schlüssel nicht direkt, sondern in der Regel nur zur Zertifizierung von Zufallsschlüsseln durch einen *»pseudo-identity provider«* des eigenen Vertrauens verwendet wird (MS FAQ). Steht uns also dank *Microsoft* eine Zeit des pseudonymen Surfens bevor? Das White Paper macht dazu zwei Aussagen: »Palladium authenticates software and hardware, not users« und »A closed sphere of trust binds data or a service to both a set of users (logon) and to a set of acceptable applications.« Daß für die Kommunikation mit Bank und Content-Provider eine personenbezogene Identifikation erforderlich ist, versteht sich. Auch die erste Aussage ist korrekt, verschleiert aber die Tatsache, das *Palladium*, um Daten an Nutzer binden zu können, die Dienste von Chip-Karte, Biometrie-Modul, Passport oder ähnlichem verwenden wird. *Palladium* ist somit vielmehr ein Schlüsselbaustein in einer Welt des allgegenwärtigen Identifikationszwangs.

Eine »feinmaschige Zugangskontrolle« soll dem Anwender erlauben zu bestimmen, welche Rechte Programme bekommen und wie und wem Personendaten preisgegeben werden (MS FAQ). Diese Aussage steht allerdings im Widerspruch zum neuen Design-Ziel, das *Microsoft* für seine *Windows Media Suite* verkündet hat. Da Zertifikatsannahmedialoge und ähnliche Prozeduren die *»User Experience«* stören, solle DRM »transparent«, also unsichtbar für den Nutzer funktionieren (*»silent licensing«*). Aus demselben Grund ist kaum damit zu rechnen, daß *Palladium* seine Nutzerin tatsächlich bei jeder Operation um Erlaubnis fragt.

Neben Datenschutzfragen gibt sich *Microsoft* große Mühe, den – gegenüber einem Monopol erwartbaren – kartellrechtlichen Bedenken zu begegnen. *Palladium* wie TCPA funktionieren nur, wenn sie ubiquitär verbreitet sind. Wer »buchstäblich die Architektur des PC verändern« will, braucht dazu Partner. Daher will *Microsoft* sein System als eine »kooperative Konsumenten- und Industrieinitiative« entwickeln und das Feedback von Daten- und Konsumentenschützern, Sicherheitsexperten, Staat und sämtlichen anderen Parteien berücksichtigen. »The Palladium technology must be broadly adopted to be fully effective [...] it's something that everyone across the landscape of computing needs to be invested in.«[41]

---

41. John Manferdelli, (General Manager, Microsoft »Palladium« Business Unit), »Microsoft Seeks Industry-Wide Collaboration for ›Palladium‹ Initiative«, http://www.microsoft.com/ presspass/features/2002/jul02/07-01palladium.asp

Alles soll offen sein. *Microsoft* will Drittanbieter von alternativen Nexusen zulassen. Neben *Microsoft* sollen auch andere *Palladium*-Hard- und Software zertifizieren dürfen. Niemand soll ausgeschlossen werden. Freie Betriebssysteme wie *GNU/Linux* und *FreeBSD* sollen weiterhin auf der *Palladium*-Hardware laufen. Technisch sei es möglich, auch einen Nexus für diese Plattformen zu entwickeln, allerdings müßten Fragen des geistigen Eigentums geklärt werden, da das *Palladium*-Design patentiert ist (MS FAQ). Das Unternehmen grenzt sich ab gegen andere »übermäßig restriktive«, nutzerunfreundliche, geschlossene DRM-Systeme. »Unlike closed, captive platforms, ›Palladium‹ allows any provider or even individual to build a trustworthy interoperable mechanism that is not in the exclusive control of a single entity.« Für ein Unternehmen, dessen Strategien zur Zementierung seiner *captive platform* gerichtsnotorisch sind, eine erstaunliche Aussage.

Microsoft hat sogar angekündigt, daß es den Quellcode des Nexus im Rahmen der *Shared Source Initiative* veröffentlichen wird. Eine breite Überprüfung solle die Sicherheit der Software gewährleisten. »The beauty of publishing the nexus source code is that this is a type of technology that even when known, still can't be broken. In fact, knowing what's going on is going to be essential to being able to trust it.«[42] Auch das ist eine erstaunliche Kehrtwende, setzt das Unternehmen doch gleichzeitig seine FUD-Kampagne gegen den Einsatz freier Software besonders durch die öffentliche Hand fort, da sie durch ihre Quelloffenheit inhärent unsicher sei.

Microsofts Einladung zur allseitigen Kooperation verliert durch seine Haltung gegenüber der TCPA erheblich an Glaubwürdigkeit. Laut FAQ ist *Palladium* ausdrücklich keine Implementierung der Spezifikationen der *Trusted Computing Platform Alliance*, also des von ihm selbst mitgegründeten Konsortiums mit genau dem Ziel, einen ubiquitären Industriestandard zu entwickeln. TCPA und *Palladium* hätten gemeinsame Merkmale wie Attestierung und versiegelten Speicher, aber eine »grundlegend verschiedene Architektur.«

Nach Unterschieden muß man in der teilweise wortgleichen Argumentationen allerdings suchen. Für die symmetrische Verlüsselung wird AES statt 3DES verwendet. Möglicherweise gibt es Abweichungen in der Art, wie einzelne Bits gesetzt werden. Geofrey Strongin, der Sicherheitsarchitekt von AMD, nannte im Juli als den größten Unterschied, daß *Palladium* die CPU für die kryptographischen Berechnungen verwendet, während die TCPA einen eigenen Prozessor dafür vorsieht, aber erstens sei dieser Unterschied nicht schrecklich wichtig und zweitens könne auch Palladium einen kryptographischen Koprozessor verwenden.[43] Was nach *Microsofts* Informationen aus dem August mit der SSC zur Standardkonfiguration geworden zu sein scheint.

Bliebe der Hochsicherheits-Sandkasten als struktureller Unterschied zur TCPA-Technologie, die beim Booten die gesamte Plattform authentifiziert.

42. Ebd.
43. Mark Hachman/Sebastian Ruple, »Microsoft's Palladium: A New Security Initiative«, in: *ExtremeTech*, 25. Juni 2002, http://www.extremetech.com/print_article/0,3998,a=28481,00.asp

Doch wenn dies eine Verbesserung gegenüber der gemeinsam entwickelten Architektur ist, warum hat *Microsoft* sie nicht in das Konsortium eingebracht? Am 18. Juli, also drei Wochen nachdem Levy Palladium ge-leaked hatte, veröffentlichte die TCPA einen Nachtrag zu seinen FAQs (TCPA 7/02). Die Kernaussage liest sich wie eine Rüge gegen den Alleingang von *Microsoft*: Die TCPA-Spezifikationen seien daraufhin entworfen, auf jeder Plattform, jedem Betriebssystem und jeder CPU zu funktionieren. Nun behauptet auch *Microsoft* Offenheit und Transparenz (doch Achtung: Ein Informatiker meint mit »Transparenz« das genaue Gegenteil der Umgangssprache, nämlich *Information Hiding*), spricht aber auch von einem »Palladium PC«. Wenn nur *Intel* und *AMD* die modifizierten CPUs produzieren, bleiben die neuen Errungenschaften der Mac-Welt verschlossen. Linux & Co bleiben ohnehin außen vor, weil freie Software und Patente sich kategorisch ausschließen. Selbst wenn es im Bereich der *embedded* Systeme Alternativen geben wird, ist klar, daß die schöne neue Welt von Fernsehen und Radio im Computer die von *Windows* und Gates sein wird. Das wäre im wesentlichen auch so, wenn sich die Spezifikationen der TCPA durchsetzen würden. *Microsofts* Ausscheren hat seine Gründe wiederum im »Management« von geistigem Eigentum, diesmal seines eigenen. Oder auch nicht. Es sieht ganz so aus, als habe sich *Microsoft* von *Farber*, *InterTrust*, *Sun*, den übrigen 170 Mitgliedsunternehmen der TCPA und anderen, sagen wir, inspirieren lassen, die Rosinen gepickt und backe nun daraus seinen eigenen Kuchen. Der Hauptunterschied zwischen *Trusted Computing* und *Trustworthy Computing* scheint darin zu liegen, wessen Patente zum Zug kommen und wer den Ton angibt.

Einiges aus den bisherigen Verlautbarungen kann man getrost als Propaganda abtun. *Palladiums* angepriesene Fähigkeit, Spam und Viren zu blockieren, dementiert das FAQ. Es stelle Mechanismen, die das können, lediglich eine kryptographische Infrastruktur zur Verfügung.

Auffällig ist die Vehemenz, mit der *Microsoft Palladium* von DRM abgrenzt. Die beiden hätten überhaupt nichts miteinander zu tun. Palladium stelle wiederum nur Funktionen bereit, die von DRM-Systemen verwendet werden können. Damit geht eine Neudefinition von DRM einher, über deren Ursprung Levy berichtete:

> *But a more interesting possibility is that Palladium could help introduce DRM to business and just plain people. »It's a funny thing,« says Bill Gates. »We came at this thinking about music, but then we realized that e-mail and documents were far more interesting domains.« For instance, Palladium might allow you to send out e-mail so that no one (or only certain people) can copy it or forward it to others. Or you could create Word documents that could be read only in the next week. In all cases, it would be the user, not Microsoft, who sets these policies.[44]*

Das Palladium-FAQ von *Microsoft* bestätigt diesen Strategieschwenk: »Anyone can impose access control over remote networks and/or enforcement of user policy over sensitive information.« DRM von einem Kontrollinstrument der Datenherren zu einem Werkzeug für jedermann umzudefinieren ist ein überaus

---

44. Levy, »The Big Secret«, a.a.O.

raffinierter Schachzug. Der propagandistische Effekt mag gering sein. Allzu durchsichtig ist der Wunsch, uns glauben zu machen, *Microsoft* entwickle Sicherheitssoftware zum Wohle der Endkunden – die hat der Monopolist ohnehin in der Tasche – und nicht vielmehr, um die Datenherren zu überzeugen, ihre Inhalte in seinen Formaten zu verkaufen.

Der reale Effekt dagegen könnte tiefgreifend sein. In einer Welt von allgegenwärtigen *Palladium*-Systemen, würde jede Software seine Funktionen verwenden. Jedes Textverabeitungsprogramm, jeder Editor für die Fotos und Videos aus unseren DigiCams, jeder Mailer würde uns beim Speichern fragen, ob wir unseren »Content« rechtetechnisch als unser Eigentum sichern wollen. Wenn tatsächlich der gesamte Umfang des DRM-Nutzungsvokabulars für den Massenkonsumenten freigeschaltet wird, werden sicher viele die eine oder andere Option sperren. Ohne Frage wird es auch dann noch Menschen geben, die ihre Texte, Bilder und Musik frei ins Web stellen, damit sie anderen Freude und Belehrung seien, aber auch sie werden nicht an der Lizenzmaske vorbei kommen. Bestenfalls können sie eine GPL-artige Content-Lizenz wählen, wie sie derzeit von Lessigs neuer Initiative *Creative Commons* vorbereitet wird.[45] Die Option, ihre kreativen Werke von DRM frei zu halten, werden sie nicht mehr haben.

Was bislang auf kommerzielle Unterhaltungsdaten beschränkt war, wird auf jede beliebige digitale Äußerung ausgeweitet. Damit wird uns beigebracht, von unseren Urlaubsfotos, unseren Seminararbeiten, unseren Mailinglisten-Postings als »geistiges Eigentum«, als »Content« und als potentielle Ware zu denken. Das »Volks-DRM« führt zu einer Ver-Copyright-ung der gesamten Wissensumwelt.

Es ist ähnlich wie mit der Erfindung der »Volksaktie« beim Börsengang der *Telekom*. Der »kleine Mann« wähnte sich plötzlich als Kapitalist, las das Börsenblatt und zeterte, wenn die Arbeiter in »seinem« Unternehmen streikten. Die technisch implementierte Vorstellung, das jede digitale menschliche Äußerung Eigentum sei, wird uns in eine ähnliche Komplizenschaft im Informationskapitalismus locken.

Vieles wird sich ohne Frage auch noch ändern, bevor die ersten Systeme ausgeliefert werden. Unter den *Microsoft*-Kremelogen hält sich die Einschätzung, daß *Palladium* in der nächsten *Windows*-Version enthalten sein wird, die unter dem Codenamen »Longhorn« für 2004 angekündigt ist. Nach Unternehmenssprechern soll die Markteinführung noch »mehrere Jahre« dauern und eine breite Akzeptanz weitere Jahre. Allerdings könnte es sehr viel schneller gehen, wenn der *Consumer Broadband and Digital Television Promotion Act* (CBDTPA) verabschiedet werden sollte. Dieser US-amerikanische Gesetzentwurf will für sämtliche digitalen Mediengeräte DRM vorschreiben.[46] Offenbar dauert es den Datenherren mit der ubiquitären Verbreitung durch den Markt zu lange. Dann müßten sich Hardware- und Content-Industrie innerhalb von zwei Jahren auf einen Standard einigen. Und hier findet sich auch eine Erklärung für die ange-

---

45. http://www.creativecommons.org/
46. Declan McCullagh, Materialsammlung zum *Consumer Broadband and Digital Television Promotion Act* (CBDTPA), http://www.politechbot.com/docs/cbdtpa

kündigte Quelloffenheit des Nexus. Die schreibt der CBDTPA nämlich vor. Unter der derzeitigen monopolfreundlichen und sicherheitshysterischen US-Administration ist schwer vorzustellen, daß *Microsoft* diesen Jackpot nicht einstreichen sollte. Doch schon jetzt hat Gates gewonnen. Der Hype, den Levys *Newsweek*-Artikel nach sich zog, und der Sturm der Entrüstung aus dem Lager der Fair-Use-Verteidiger läßt den Monopolisten ohne Frage im Ansehen der Datenherren steigen.

Fluchtpunkt Abschaffung des Universalmediums

Conventionally, we use general-purpose computers with general-purpose operating systems and general-purpose programs. The computer industry, grounded on the premise that computers can do anything that can be programmed in software, produces a wide range of programs [...], and both hardware and software are intended for general purposes – that is, any purpose the user wants to put them to. [...] Stuck within this framework, the community of computer users protests against any attempt to regulate the copying of digital property. [...] Honoring their [writers of words, interactive games, and songs] *creative works in the digital systems of tomorrow requires us to challenge the design assumptions of the systems we use today.*[47]

Der größte Feind einer architektonischen Aufrüstung des Cyberspace mit DRM-Technologie ist der frei programmierbare Allzweck-Computer – ein Allerwelts-PC mit Allerwelts-Werkzeugen wie Debuggern, denn jede Manipulation von Daten mit Hilfe eines Computers kann im Prinzip mit einem anderen Computer wieder rückgängig gemacht werden.

Der Kryptographieexperte Andreas Pfitzmann von der TU Dresden benennt im Problemaufriß seiner jünsten DRM-Studie den PC als primären Faktor, der der Kulturindustrie große Sorge bereite. »Das anhaltend exponentielle Wachstum der Speicher- und Rechenleistung und die modulare Erweiterbarkeit erlaubt es, auf diesen Geräten heute Funktionen einfachst in Software zu realisieren, für die wenige Jahre zuvor noch sehr teuere spezielle Industrieausrüstung notwendig war.«[48]

Sein US-amerikanischer Kollege Bruce Schneier schrieb: »If you think about it, the content industry does not want people to have computers; they're too powerful, too flexible, and too extensible. They want people to have Internet Entertainment Platforms: televisions, VCRs, game consoles, etc.«[49]

Wenn ein umfassendes DRM-Szenario Wirklichkeit wird, möglicherweise staatlich vorgeschrieben durch den CBDTPA, – der in der Informatikwelt den Spitznamen »Consume But Don't Try Programming Act« erhalten hat –, was bleibt dann vom frei programmierbaren Universalmedium? Wenn neue Hard-

---

47. Stefik, »Letting Loose the Light, a.a.O, S. 10f.
48. Pfitzmann, *Gutachten*, a.a.O., S. 9.
49. Zit. nach Godwin, »Coming Soon: Hollywood Versus the Internet«, a.a.O.

ware und »secure boot« tatsächlich das Starten eines alternativen Betriebssystems unterbinden: nichts. Doch selbst wenn die Hardware dies zuließe, ist der PC ab dem »secure boot«, also dem Zeitpunkt, wo er für alle praktischen Belange zu einem frei programmierbaren Allzweckrechner wird, dank der Datenherrentechnologie bald genau kein solcher mehr. Ein »modifizierter Universalrechner«, wie es in *Microsofts* DRM-Betriebssystempatent heißt, ist keiner, denn eine Maschine kann genausowenig ein bißchen universal sein, wie frau ein bißchen schwanger sein kann.

Mit *Microsofts* Sandkasten-Architektur entsteht im günstigsten Fall eine Zweiklassengesellschaft im Computer: die *Palladium*-gesicherten Bereiche mit ihren Privilegien, wie dem Zugang zu kommerziellen Multimediadaten, und der Rest, in dem weiterhin »bösartige« Software wütet und in dem der Nutzer ohne Sicherheitsausweis Programme starten und programmieren darf.

Den schlimmsten Fall hat Richard Stallman bereits 1997 in seinem Copyright-Dystopia vorweggenommen.[50] In einer Welt in nicht allzu ferner Zukunft hat ein Richter Debugger für illegal erklärt, weil ihr Hauptzweck das Umgehen von DRM-Technologie geworden sei. Programmierer brauchen sie natürlich immer noch für ihre Arbeit, aber ihre Hersteller geben nur numerierte Kopien an offiziell lizenzierte und in Knebelverträge gebundene Programmierer ab. Im Informatikunterricht werden sie hinter einer Firewall gehalten und streng darauf geachtet, daß sie nur für den jeweiligen Lehrzweck verwendet werden.

Die Technik hat sich seither verfeinert, aber sie verfolgt weiter das Ziel, aus der *Universal Machine* eine *Conditional Access Machine* zu machen. Und die Zugangsbedingungen werden von Anbietern bestimmt und per Fernbedienung festgelegt, überwacht, aktualisiert und widerrufen. Eine Welt am Draht steht uns bevor. Bruce Schneier in einer ersten Einschätzung von Microsofts jüngstem Coup: »My fear is that Palladium will lead us down a road where our computers are no longer our computers, but are instead owned by a variety of factions and companies all looking for a piece of our wallet.«[51]

Im schlimmsten Falle steht uns also eine Spaltung in Computer als Produktions- und andere als Konsumptionsmittel bevor, ähnlich wie bei der DAT-Technologie, wo in Konsumentengeräten ein *Serial Copy Management System* gesetzlich vorgeschrieben, aber die teuren »professionellen« Studiogeräte frei davon sind. Dann muß natürlich der Zugang zu diesen »freien« Rechnern kontrolliert werden. Nach Stallmans Szenario könnten nur noch professionelle, mit einer Art Amateurfunklizenz oder Waffenschein zertifizierte Programmierer und Systemadministratoren legal von der Allzweckmaschine Gebrauch machen. Für den Rest von uns gäbe es nur noch reine Medienabspielgeräte. Hier das Programmierwerkzeug, dort »vending machines« – and never the twain shall meet. Das wäre das traurige Ende der Konvergenz. Die Konterrevolution der Datenherren und ihrer Wegbereiter in Redmond hätte gesiegt.

50. Richard Stallman, »The Right to Read: A Dystopian Short Story«, in: *Communications of the ACM*, 40/2 (1997); http://www.gnu.org/philosophy/right-to-read.html
51. Bruce Schneier, »Palladium and the TCPA«, Crypto-Gram, 15. August 2002, http://www.counterpane.com/crypto-gram-0208.html#1

Rena Tangens

Informationen sind schnell – Wahrheit braucht Zeit
Einige Mosaiksteine für das kollektive Netzgedächtnis

Meine Musik soll nicht mehr Bedeutung haben als die Wärme, das Licht oder die Möbel in einem Raum, sagte der französische Komponist Erik Satie (1866-1925) sinngemäß über seine »Musique d'Ameublement«. Sie soll sich nicht in den Vordergrund drängen, die Menschen nicht faszinieren und passiv machen, sondern einen Rahmen und einen Zeit-Raum eröffnen, der ruhig und zugleich anregend ist: Das Publikum wird zur Hauptperson, ganz ohne Animation und Mitmachprogramm. Die Beobachtung ist: Wer den Raum als angenehm empfindet, sich willkommen fühlt und sich Zeit lassen kann, wird irgendwann ganz von selbst Aktivität (vielleicht auch »nur« geistige) entfalten.

Eine gute Aufführung von Erik Saties Stück *Pages Mystiques* braucht mindestens zwei Pianisten und mindestens 15 Stunden. Netzwerke aufbauen, pflegen und gute Software dafür gestalten braucht Jahre. Mit den *Pages Mystiques*, gespielt von Karin Kettling und Ulrich Sperl, waren wir 1984 auf Tour in Deutschland. Die Kunst, einen Raum für eine *Pages Mystiques*-Aufführung einzurichten, so daß Menschen sich darin gerne 15 Stunden aufhalten, nennen wir Rahmenbau. Oder auch *Art d'Ameublement*: Kunst im Sinne des französischen Komponisten Erik Satie. Wir: padeluun und Rena Tangens.

Dieses Kunstkonzept – *Art d'Ameublement* – war stets die Leitidee bei all unseren folgenden Projekten: Für die Veranstaltungsreihe *PUBLIC DOMAIN*, für die Gestaltung des MailBox-Systems *BIONIC*, beim Aufbau der elektronischen Bürgernetze *Z-Netz, / CL* und *Zamir Transnational Network* und bei der Softwaregestaltung für das *Zerberus* MailBox-Programm. All diese Projekte boten (und bieten) vielen sehr unterschiedlichen Menschen einen Rahmen für Kommunikation, Austausch und eigene Aktivität. Ein gelungener Rahmen liefert nicht fertigen Inhalt, sondern Anregung, Orientierung, Raum für Imagination und eigene Aktion, Freiheit ohne Beliebigkeit. In der Galerie *Art d'Ameublement* war denn 1985 eine Veranstaltung mit dem *Chaos Computer Club* für viele der erste Kontakt mit einer neuen Welt: online im Rechner der *Washington Post* die Nachrichten von morgen lesen, war eine ganz neue Erfahrung. Und die Entscheidung war klar: Diese neue Welt wollen wir mitgestalten und sie zu einer lebenswerten Umgebung machen. So entstand die Idee der Veranstaltung *PUBLIC DOMAIN*...

Erik Satie – der Kopf hinter
Art d'Ameublemen

PUBLIC DOMAIN

Der Name der Veranstaltungsreihe ist Programm: öffentlicher Raum (offen für alle) und
öffentliche Angelegenheit (wir machen etwas zu
unserer Angelegenheit). Seit 1987 gibt es diese
monatliche Veranstaltung, die sich im Spannungsfeld von Zukunft und Gesellschaft, Technik und Umwelt, Wissenschaft und Allgemein-
wissen, Kunst und Kultur bewegt. Die Themen
sind vielfältig (www.foebud.org/pd/index.
html). Das Publikum, auch hier handelnde Per-

Logo des *FoeBuD* e.V.

son, gründete flugs noch im selben Jahr den
FoeBuD e.V. und beschloß als erstes gemeinsames Projekt ein eigenes Kommunikationssystem: die *BIONIC* MailBox. Aber der Reihe nach.

FoeBuD

Der merkwürdige Name ist so etwas wie eine
Parodie der grotesken Abkürzungen (z.B.
»FeTAp mit GebAnz« = Fernsprechtischapparat
mit Gebührenanzeiger) der Deutschen Bundes-
post, die seinerzeit noch für die Telekommu-
nikation zuständig war. Und die Hackern,
Haecksen und anderen Netzwerkern das Leben
mit dem Verbot schwermachte, Modems ohne
Postzulassungszeichen (das waren die, die
schneller und vor allem bezahlbar waren) an die
Leitung anzuschließen. Der Zorn gegen diese

Das »Pesthörnchen«

Kriminalisierung der freien Kommunikation führte beim *FoeBuD* zur Schaffung
eines neuen Logos, einem Posthorn mit Totenkopf, kurz »Pesthörnchen«
genannt – noch heute das heimliche Logo des *Chaos Computer Clubs*, sozusagen
die Flagge der Datenpiraten. Ach ja, *FoeBuD* heißt: Verein zur Förderung des
öffentlichen bewegten und unbewegten Datenverkehrs. Denn wir wollten Austausch, wir wollten kommunizieren. Wir wollten MailBoxen …

MailBoxen

MailBoxen dienten in Deutschland schon lange der vernetzten Kommunikation,
bevor auch nur das Wort »Internet« bekannt wurde. Der in Deutschland
gebräuchliche Name »MailBox« ist etwas irreführend, da es in diesen öffentlichen Kommunikationssystemen eben nicht nur persönliche Postfächer, sondern
auch öffentliche Foren, die sogenannten »Bretter«, gab. Und diese Bretter waren

das eigentlich Faszinierende: Sie boten Möglichkeit, selbst zu veröffentlichen, sich auszutauschen, zum öffentlichen Diskurs. Ab etwa 1984 betrieben experimentierfreudige Menschen (z.b. Kerstin Freund in Wuppertal) MailBoxen mit Minimalausrüstung (Homecomputer, Akustikkoppler und abenteuerlichen Bastelkonstruktionen zum automatischen Telefonhörerabnehmen): Avantgardistische Kommunikationsserver.

Anfangs war noch jede MailBox eine Insel für sich. Der Austausch der Brett-nachrichten mit anderen Systemen lief damals auf Diskette und per »Gelber« Post. Der endgültige Anstoß, auch die verschiedenen MailBoxen per Telefon zu einem Verbund mit gemeinsamen Brett-Nachrichtenbestand und netzweitem Mailaustausch miteinander zu verbinden, war in Deutschland dann die Reaktorkatastrophe von Tschernobyl 1986. Zu dieser Zeit wurde vielen Menschen schlagartig klar, daß die Nachrichten in den offiziellen Medien nicht ihren Bedürfnissen entsprachen und wichtige Informationen aussparten.

Zerberus, Z-Netz und /CL

So entstand das dezentral organisierte *Zerberus-Netz* (später zu *Z-Netz* abgekürzt). Der Name Zerberus kommt vom dreiköpfigen Höllenhund der griechischen Mythologie. Und symbolisierte damit schon vom Namen her: mehrere Köpfe, mehr Biß und mehr Unabhängigkeit als das hierarchische *Fido-Netz*. *Z-Netz* war das erste deutschsprachige MailBox-Netz, das Nicht-Computerthemen in den Vordergrund stellte (z.B. Umweltschutz, Politik, Datenschutz, Verbrauchertips, Literatur). Über alle wichtigen Entscheidungen, die das Netz betrafen, wurde abgestimmt und auch die Netzkoordination wurde von den beteiligten Mail-Boxen (später von allen Netz-Teilnehmer/innen) demokratisch gewählt – im Brett */z-netz/koordination/wahlurne*. Zweimal im Jahr trafen sich die MailBox-Betreiberteams auch persönlich. Hier wurden Fragen von Technik, Inhalten, Organisation, rechtliche Fragen, die eigenen Regeln, die sich das Netz gibt (die sogenannte »Netikette«, also der Knigge fürs Netz) und auch die Visionen für die Netze aufgeworfen, diskutiert und gemeinsam weiterentwickelt. In diesen Netzen mit ihrer Selbstorganisation wurde Demokratie ständig herausgefordert, praktisch gelebt und neu erfunden.

Bald entstanden diverse Overlay-Netze, die auf den *Z-Netz*-Strukturen aufbauten, aber andere Inhalte transportierten und eine eigene Koordination hatten: So das *T-Netz* (für »teilvernetzt«, das waren im *Z-Netz* nicht mehrheitsfähige Bretter, z.B. *t-netz/pyrotechnik*), das *Solinet* (Gewerkschaften und Betriebsräte), Grüne, SPD, PDS (von den entsprechenden Parteien) und das *Comlink-Netz*, das später */CL-Netz* hieß. Das */CL-Netz* ist noch klarer politisch orientiert als das *Z-Netz* und hatte schon früh eine Dachorganisation: Kommunikation und Neue Medien e.V., betreut von Gabriele Hooffacker und Peter Lokk aus München. Aus der */CL*-Charta: »Öffentlichkeitsarbeit für soziale, ökologische und kulturelle Themen zu schaffen, ist Ziel der MailBoxen im */CL-Netz*. Sie dienen der aktuellen Recherche und als Archivsystem für Texte und

Informationen zu Antifaschismus, Behinderten, Bildung, Datenschutz, Energie, Frauen, Frieden, Gesundheit, Kultur, Medien, Recht, Soziales, Umwelt, Verkehr, Wirtschaft, von Pressediensten, Greenpeace und amnesty international.« Damit sind auch schon die wichtigsten Brettgruppen im /*CL-Netz* benannt, die dann jeweils noch in /*allgemein*, /*aktion* und /*diskussion* unterteilt waren. All diese Netzbiotope versammelten sich in der *BIONIC* MailBox…

Die BIONIC MailBox

Der *FoeBuD* nannte seine MailBox *BIONIC*, unter anderem, weil dem System ein gewisses Eigenleben zugestanden werden sollte. Hier hatte kein allmächtiger Systembetreiber das Sagen, sondern alle aktiven Teilnehmer/innen. Keine Zensur. Alle Inhalte kommen von den Nutzerinnen selbst. Die *BIONIC* war von Anfang an ein Gemeinschaftsprojekt, das auch gemeinsam von allen Teilnehmer/innen finanziert wurde. Dadurch war die MailBox nicht nur unabhängig von anderen Geldquellen, sondern vermittelte allen Beteiligten auch, daß ihnen ein Teil des Systems gehörte. Und damit das Gefühl, eine legitime Berechtigung zu haben, dieses System für die eigene Arbeit zu nutzen, Forderungen zu stellen, Vorschläge und Kritik zu äußern und mitzuarbeiten.

Dahinter stand auch die Vorstellung, daß jeder Mensch kompetent ist, und sich oft auch so äußern kann, wenn es um Themen geht, die sie oder ihn interessieren, die sie direkt betreffen oder mit ihrem Alltag und ihren Erfahrungen direkt zu tun haben.

padeluun und Rena Tangens vor der *BIONIC*

Und so entdeckte nach und nach eine bunte Mischung von unterschiedlichsten Menschen die *BIONIC* als »ihr« Kommunikationssystem: Vom Hacker zum Entwicklungshelfer, der die *BIONIC* aus Indonesien direkt anruft, vom Umweltzentrum, das hier eine Datenbank über Nitratwerte der Hausbrunnen der Umgebung anlegt bis zu den Hannoveraner Künstlern um Heiko Idensen, die das *Zerberus*-Hilfesystem kreativ zum Maschinen-Kunst-Hypertext umarbeiten. Ein Gewerkschaftsaktiver bringt das *Solinet* mit in die Box. Und das *ZAMIR*-Netz kam mit *FoeBuD*-Mitglied Eric Bachman, der ab 1991, als der Krieg in Jugoslawien begann, bei den Friedensgruppen vor Ort Seminare für gewaltfreien Widerstand veranstaltete. Das Projekt, das aus seinem Engagement entstand, wurde so groß, daß es eigentlich ein eigenes Buch verdient:

Das Zamir Transnational Network

»Za Mir« bedeutet in den meisten Sprachen, die im ehemaligen Jugoslawien gesprochen werden »für den Frieden«. Das *Zamir* MailBox-Projekt wurde eingerichtet, um Friedens-, Menschenrechts- und Mediengruppen in den verschiedenen Landesteilen eine Möglichkeit zu geben, miteinander zu kommunizieren – und mit dem Rest der Welt in Verbindung zu treten. Das war deswegen so schwierig, weil die Telefonleitungen zwischen den verschiedenen Teilen Ex-Jugoslawiens unterbrochen worden waren: Von Serbien aus war es nicht möglich, ein Gespräch nach Kroatien zu führen. Auslandsleitungen funktionierten aber noch. Dieses Wissen ermöglichte den »Hack«, jegliche Embargoverfügungen zu umgehen. Die Nachrichten von der *ZAMIR-BG* in Belgrad wurden über die *BIONIC* in Bielefeld nach Zagreb zur *ZAMIR-ZG* geschickt und vice versa. Es gab *Zamir*-Systeme in Ljubljana in Slowenien, Zagreb in Kroatien, Belgrad in Serbien, Tuzla in Bosnien, Pristina im Kosovo und sogar im mehrere Jahre lang von den Serben belagerten Sarajevo in Bosnien. Für viele Menschen dort war *Zamir* der einzige Draht nach außen. Die MailBox in Sarajevo hatte 3 Telefonzugänge und versorgte damit 5.000(!) Teilnehmer/innen. Mehr Telefonleitungen waren schlicht nicht verfügbar: Eine neue Telefonleitung zu bekommen, kostete in Sarajevo zu dieser Zeit nicht 100 DM wie in Deutschland, sondern 1.500 DM – und dauerte etwa drei Jahre.

Der Ansturm auf die MailBox war nur zu bewältigen, weil die *Zerberus*-Software stets bewußt ressourcenschonend programmiert worden war und die Teilnehmer/innen nicht direkt online im System arbeiteten, sondern ihre Nachrichten als eine komprimierte Datei mit einem kurzen Anruf bei der MailBox abholten und dann ihre Post in Ruhe offline auf ihrem Rechner mit einem Pointprogramm bearbeiteten. Damit war der Telefonzugang gleich wieder frei für den nächsten Anruf.

Das *Zamir Transnational Network* traf auf eine Situation, in der Vorurteile, Haß und Angst zwischen Menschen unterschiedlicher ethnischer Hintergründe sich fast widerstandslos ausgebreitet hatten. In solchen Zeiten ist die Möglichkeit zur Kommunikation, mit der Menschen sich erreichen können, neue Bekanntschaften finden oder alte Freundschaften wieder aufleben lassen können, von äußerster Wichtigkeit. *Zamir* diente deshalb nicht nur dem Austausch von Nachrichten innerhalb der Friedensgruppen, sondern auch dazu, die Menschen in den Gebieten der Kriegsparteien wieder miteinander kommunizieren zu lassen. Es ermöglichte so auch Flüchtlingen, sich gegenseitig wiederzufinden.

Das Open Society Institute und die Soros Foundation fanden das Projekt förderungswürdig und übernahmen die immensen Telefonkosten. *Zamir* wurde weltweit Thema in den Medien (www.foebud.org/archiv/zamir).

Das *Zamir*-Netz war zwischen 1992 und 1996 das wichtigste unabhängige Kommunikationsmedium in der Region. Es gab vielen Menschen Hoffnung und eine Möglichkeit, sich mitzuteilen. Nicht nur Freunden, sondern auch der Öffentlichkeit. Ein besonders eindrucksvolles Beispiel war das ...

Zagreb Diary

Die zwei höchsten Bürohochhäuser in Sarajevo — ausgebrannt, aber standhaft

Wam Kat, aus der Friedensbewegung in Holland, war nach Kroatien gereist, weil er es nicht mehr ertragen konnte, den Krieg in Jugoslawien im Fernsehen zu sehen. Er landete in Zagreb und wurde Systemadministrator der *ZAMIR-ZG.* Ursprünglich wollte er nur ein paar Monate bleiben – es wurden mehrere Jahre. So begann er Anfang 1992 Tagebuch zu schreiben, damit seine Kinder, die er in Holland zurückgelassen hatte, wußten, was ihr Vater macht, während er fort ist. Und er schrieb öffentlich, weil auch der Rest der Welt wissen sollte, was gerade in Ex-Jugoslawien passiert.

In seinem *Zagreb Diary* gibt er ausführliche Schilderungen der politischen Situation, der Kriegshandlungen, wie sie ihm von Leuten direkt berichtet wurden und kommentiert auch die Berichterstattung der lokalen Medien sowie CNN und SKY, die in Zagreb per

Satellit empfangen werden können. Er beschreibt auch, was er den Tag über getan hat, seine Arbeit, welche Menschen er getroffen hat, welche Musik er gehört hat.

Gerade die Schilderung der alltäglichen Begebenheiten, die sich beim Straßenbahnfahren, Einkaufen oder beim Besuch bei Freunden zugetragen haben, gaben Außenstehenden ein facettenreiches Bild vom (nicht so ganz) normalen Leben in Kroatien und Bosnien. Er berichtet von der Verwirrung durch neue Straßennamen (nach politisch motivierter Umbenennung), von bettelnden Kriegsinvaliden in der Straßenbahn und der Beschämung der Fahrgäste, die nichts geben können, weil sie selbst nichts haben, von Menschen, die sich zum ersten Mal in einem Wahlkampf engagieren und mit selbstgebastelten Plakaten und Klebeband oder einer Tasse voll Leim plakatieren gehen. Von der Bäckerei in Sarajevo, die wegen dauernder Stromausfälle zum ersten Mal die Produktion zeitweilig einstellen mußte, was sie sehr betrübte, da die Bäckerei auch ein Symbol für den Durchhaltewillen der belagerten Stadt war. Von den Parks in Sarajevo, die nach und nach zu Friedhöfen umfunktioniert wurden und von allen Fleckchen freier Erde innerhalb der Stadt, wo Gemüse ausgesät wurde, um etwas zu Essen zu produzieren.

Der Schriftsteller Peter Glaser, auch ein Nutzer der *BIONIC* MailBox, war vom *Zagreb Diary* so beeindruckt, daß er 1993 ein neues Projekt ins Leben rief, …

Das Europäische Tagebuch

Peter Glaser, Schriftsteller gebürtig aus Graz (»dort, wo die guten Schriftsteller für den Export hergestellt werden«), zu jener Zeit in Hamburg lebend und Nutzer der *BIONIC*-MailBox, war vom *Zagreb Diary* fasziniert. Als er 1993 vom Literaturhaus in Wien für die Veranstaltung »Worte brauchen keine Seiten« um einen Beitrag gebeten wurde, schlug er – anstelle des gewünschten 2-Stunden-Chats – ein Projekt mit Langzeitwirkung vor: Ein europäisches Tagebuch. Öffentlich im Brett */t-netz/tagebuch*. Schon bald gibt es hier neben den Texten des *Zagreb Diary* eine Vielzahl von Beiträgen aus vielen verschiedenen Orten, von Hamburg, Leipzig, Essen, Martinroda, Bielefeld bis Wien.

Die Tagebuchtexte sind Momentaufnahmen, die schon kurze Zeit später – im Rückblick – so nicht mehr so geschrieben werden könnten. Die entstehenden Geschichten sind zum Teil Miniaturen mit literarischen Qualitäten, die für sich stehen und verstanden werden können. Aber sie sind auch Teil eines kollektiven Gedächtnisses. Geschichte in Geschichten. *t-netz/tagebuch* ist damit Vorläufer der heutigen Blogs im WWW. Die Basis war auch damals eine Software, die Freiraum schuf …

Die Zerberus Software

Durch die Entscheidung für das *Zer-berus*-Netz – wegen seiner politischen Inhalte, wegen der dezentralen und demokratischen Struktur und wegen der klaren Ablehnung von Zensur – hatte sich die Verwendung der *Zerberus*-Software für die *BIO-NIC* MailBox quasi automatisch ergeben. Schon bald ergaben sich weitere Anknüpfungspunkte: Vom *FoeBuD* wurde ein *Zerberus*-User-

Das *Zerberus*-Logo

handbuch geschrieben. Und die *Zerberus*-Programmierer Wolfgang Mexner und Hartmut Schröder waren offen für Kritik und Anregungen zur Software.

Die erste Anregung, die verwirklicht wurde: Systembetreiber konnten nicht mehr auf dem Konsolenbildschirm mitlesen, was Teilnehmer gerade schreiben oder lesen. Und die persönlichen Postfächer wurden jetzt mit dem Userpaßwort verschlüsselt abgelegt, und zwar als Standard für alle. Während es in *Fido*-Netz-MailBoxen noch zur Policy gehörte, daß die Systembetreiber alles mitlesen konnten und sogar persönliche Nachrichten nach Gutdünken zensierten, wurde so bei *Zerberus* ein Schritt unternommen, um das Machtgefälle zwischen Techniker/innen und Nicht-Techniker/innen bzw. Systembetreiber/innen und Teilnehmer/innen etwas kleiner zu machen. Das Mitlesen von persönlichen Nachrichten wurde damals als Kavaliersdelikt angesehen, da es technisch so einfach war, solange sie im Klartext vorlagen. Bezeichnenderweise wurde die Diskussion darüber, ob das Lesen der Mail anderer Leute einen Bruch des Fernmeldegeheimnisses (Grundgesetz Artikel 10) darstellt, erst geführt, als durch die Technik vollendete Tatsachen geschaffen worden waren: Nach Installatation des *Zerberus*-Updates funktionierte das Mitlesen nicht mehr, beschwerten sich einige Systembetreiber… Genauso sollte es sein.

Die Gestaltung der Software hat Einfluß auf das Netz – sie bestimmt maßgeblich die Netzstrukturen und auch die Art und Weise, wie darin kommuniziert wird. *Zerberus* besaß von Anfang an eine Reihe charakteristischer Merkmale: *Zerberus* setzte auf »low tech« und »low cost« und hatte seinen Schwerpunkt auf Texttransfer. Es war damit ressourcenschonend sowohl in der Hardware-Infrastruktur als auch in den Telefonkosten, lief (und läuft noch!) äußerst stabil auch unter schwersten Bedingungen, erlaubte nicht-hierarchische, chaotische Netzstrukturen, machte damit Zensur schwer bis unmöglich und hatte bereits ein Bewußtsein für Datensicherheit und Datenschutz.

Die Bürgernetze waren die Avantgarde; Firmen folgten ins Netz – und nutzten *Zerberus*. Von *MAN* über *Nedlloyd Road Cargo* bis *Siemens*. Und sogar bei der *Telekom* wurde mit dem von *Zerberus* definierten Datenaustauschformat *ZCON-NECT* programmiert.

Das *Zerberus*-Team wuchs auf sechs Personen an und wurde 1992 eine GmbH
– aus Überzeugung ohne all die einige Jahre später für Internet-Firmen üblichen
Accessoires: Lügen, Aktien, Drogen, Venture-Kapitalisten – und begann neben
der *Zerberus*-Server-Software die Programmierung eines neuen Mail- und
Newsclients, *Charon*. (Charon ist in der griechischen Mythologie der Fährmann,
der die Seelen über den Styx in die Unterwelt, also auch zum Höllenhund Zerberus, geleitet.) Charon sollte auch ungeübte Nutzer/innen eine kompetente
Nutzung des Netzes ermöglichen.

Einige Zeit später begann AOL, Gratis-CDs mit ihrer Zugangssoftware in
jeden Briefkasten zu werfen, damit war der Markt für Mail&News-Software erst
einmal ausgetrocknet und den MailBoxen nach und nach die Existenzgrundlage
genommen; das Netz als sozialer Raum zur Neuentdeckung direkter Demokratie war AOLs Sache nicht, aber man konnte es sich leisten, jahrelang rote Zahlen
zu schreiben. *Zerberus* wollte das nicht und trennte sich vom Zusatz »GmbH«
und – auch dies eher untypisch – mit einem Restguthaben auf dem Konto und
in Freundschaft aller Beteiligten.

PGP

Die Verschlüsselung der privaten Postfächer in der *Zerberus* MailBox-Software
war ein erster Schritt, die Netz-Teilnehmer/innen vor neugierigen Menschen
und kontrollwütigen Institutionen (Regierungen, Firmen, Polizei, Geheim-
dienste) zu schützen. Eine Nachricht aber, wenn sie bereits einmal als Klartext
über eine Telefonleitung gegangen ist (von Teilnehmer/in zur MailBox), dann
kann sie nicht mehr als vertraulich angesehen werden. Wirkliche Sicherheit bietet nur eine End-zu-End-Verschlüsselung von Sender/in zu Empfänger/in.
Deshalb wurde in den Bürgernetzen *Z-Netz*, /CL etc. die Nutzung des Public
Key Verschlüsselungsprogramms »*Pretty Good Privacy*«, kurz *PGP*, gefördert. Der
FoeBuD gab 1992 das erste deutschsprachige Handbuch zu *PGP* heraus, das über
die Jahre vier aktualisierte und erweiterte Auflagen erreichte. Das Ziel war,
durch eine verständliche Anleitung möglichst vielen Menschen nahezubringen,
einen »Briefumschlag für ihre persönliche elektronische Post« zu verwenden.
Phil Zimmermann, der Programmierer von *PGP*, freute sich und berichtete
2001 am Rande eines Hackerkongresses, daß die *PGP*-Community in Deutschland die zweitgrößte weltweit sei.

Heutzutage wird oft argumentiert, daß doch sowieso niemand diese Mengen
an Mail mitlesen könne. Muß auch kein Mensch tun – Maschinen erledigen dies
völlig automatisch, fahnden z.B. nach bestimmten Absendern, analysieren, wer
bei welcher Gelegenheit an wen schreibt, oder durchsuchen den Mailtext nach
Schlüsselworten (berühmte Schlüsselworte: »weißes Haus«, »Bombe« »übermorgen«). Wer glaubt, daß das bei großen Datenmengen nicht geht, schaue sich die
Internet-Suchmaschine *Google* noch einmal an und mache sich klar: Aus Terabytes (Schätzungen ändern sich täglich) an Daten, die auf Milliarden von ver-

schiedenen Rechnern im World Wide Web verteilt liegen, werden hier auf eine Suchanfrage in Bruchteilen von Sekunden relevante Treffer gefunden.

Und weil der Übergang von der Disziplinargesellschaft zur Kontrollgesellschaft so glatt mit der Digitalisierung und großen Freiheitsrhetorik einhergeht, wird ein neues Projekt fällig: Seit dem Jahr 2000 organisiert der *FoeBuD* ...

Die Big Brother Awards

Die *Big Brother Awards*, »die 7 Oscars für Überwachung« (*Le Monde*), sind eine Ehrung, die bei den damit Ausgezeichneten nicht eben beliebt ist. Die *Big Brother Awards* brandmarken Firmen, Personen, Institutionen, die jeweils im vergangenen Jahr besonders böse durch Verletzung von Datenschutz, informationeller Selbstbestimmung und Privatsphäre der Bürger/innen, durch Installation von Überwachungsstrukturen und uferloses Datensammeln aufgefallen sind.

Der Name ist George Orwells negativer Utopie *1984* entnommen. Obwohl uns *Schöne Neue Welt* von Aldous Huxley und *Der Prozess* von Franz Kafka die treffenderen literarischen Metaphern scheinen. Die *BBA*-Preisskulptur, die von Peter Sommer entworfen wurde, zeigt daher auch nicht zufällig eine Passage aus Huxleys *Schöne Neue Welt*. Aber erstens wollen wir ja keinen Literaturpreis vergeben, zweitens weckt »Big Brother« auch Unbelesenen zumindest die Assoziation von Überwachung, Unfreiheit und Kontrolle, und drittens sind die *Big Brother Awards* ein internationales Projekt: Sie werden zur Zeit (2004) in 16 Ländern vergeben: Australien, Dänemark, Frankreich, Belgien, Großbritannien, Niederlande, Italien, Japan, Finnland, Österreich, Schweiz, Spanien, Ukraine, Ungarn, USA/Kanada.

Die *Big Brother Award* Jury besteht aus Persönlichkeiten von verschiedenen Bürgerrechts-, Datenschutz- und Netzorganisationen. Die Preise werden in

Statue und Logo des
Big Brother Award

unterschiedlichen Kategorien vergeben: Politik, Behörden und Verwaltung, Kommunikation, Verbraucherschutz, Arbeitswelt, ein Technik/Szenepreis und einer für das »Lebenswerk«.

Zu den Ausgezeichneten gehörten u.a. die *Payback*-Rabattkarte (für das zentrale Sammeln umfangreicher Konsumdaten), Innenminister Schily (2001 für die Anti-Terrorgesetze, den sogenannten »Otto-Katalog«), die *Bayer AG* (für den Drogentest per Urinprobe bei ihren Auszubildenden), die *Deutsche Postshop GmbH* (für Arbeitsverträge für die Postagenturnehmer mit Aufhebung der ärztlichen Schweigepflicht), die *Informa* (für das völlig intransparente Scoringverfahren, das die Kreditwürdigkeit jedes Bürgers in einer Zahl angibt), das Ausländerzentralregister (für institutionalisierte Diskriminierung), das Bundeskriminalamt (für seine Präventivdatenbanken AUMO, REMO und LIMO), *Microsoft* (u.a. für Digital Rights Management), *TollCollect* (für Kfz-Kennzeichenerfassung aller Fahrzeuge) und die *Metro AG* für ihre *Future Store Initiative* zum Test von RFID-Schnüffelchips.

Die *Big Brother Awards* werden heute (2004) in Deutschland schon als feste Institution mit Watchdog-Funktion wahrgenommen: Sowohl die Zahl der Anfragen von Bürgerinnen und Bürgern als auch die Menge und Qualität der Einreichungen/Vorschläge für Nominierungen nehmen beständig zu. Gelegentlich wird Firmen oder Politiker/innen bereits in der Presse mit einem möglichen *Big Brother Award* gedroht, wenn sie Projekte ankündigen, die Privatsphäre und Bürgerrechte potentiell gefährden. So geschehen zum Beispiel Gesundheitsministerin Ulla Schmidt in einer ap-Pressemeldung zur geplanten Patientenkarte.

Politik und Verbraucherschutz reagieren auf die von den *Big Brother Awards* aufgeworfenen Themen, wenn auch zum Teil erst Jahre später. Zum Beispiel in Sachen Kundenkarten: Der Bundesverband der Verbraucherschutzzentralen (vzbv) hat 2003 eine Untersuchung zum Datenschutz bei Kundenkarten durchführen lassen und Justizministerin Zypries hat sich kritisch zur Datensammelwut der Kundenkarten und der Sorglosigkeit der Bürger/innen geäußert. Das führt dann direkt zur …

Privacy Card

Die *Payback* Rabattkarte war 2000 der Hauptgewinner bei den *Big Brother Awards*. Weil Datenschutz so ein trockenes Thema scheint, weil Warnungen (»Kundenkarten gefährden Ihre Privatsphäre«) und Appelle auf Verzicht irgendwie nicht sexy sind und weil wir fanden, daß Widerstand wieder Spaß machen muß – deshalb wurde die *Privacy Card* erfunden. Der *FoeBuD* gab eine eigene Plastik-Karte heraus, mit eigenem Design, aber mit einer *Payback*-Nummer. Endlich eine Karte, mit der Punkte gesammelt werden können, also (anders als bei Verweigerung) der angebotene Rabatt (der ja vorab auf den Preis aufgeschlagen wurde) nicht dem Konzern geschenkt wird, aber dennoch der Einkaufszettel nicht zur Sammlung von personenbezogenen Profildaten verwendet werden

Die *FoeBuD* »Privacy-Card«

kann – jedenfalls nicht sinnvoll. Denn mit der *Privacy Card* gingen erst 1.000, dann 2.000 Menschen auf dieselbe *Payback*-Kartennummer einkaufen, sammelten Rabattpunkte und spendeten sie dem *FoeBuD* für die Organisation der *Big Brother Awards*. Und sie konnten auf die Frage an der Kasse »Haben Sie eine Karte?« stets mit einem strahlenden »Ja!« antworten. Als *Payback* den freundlichen »Hack« ihres Systems nach einem halben Jahr endlich bemerkt hatten bzw. ihn durch die zahlreichen Presseberichte zur Kenntnis nehmen mußten, kündigten sie die eine zugrundeliegende *Payback*-Karte – und dokumentierten damit, daß es ihnen eben nicht um Kundenbindung, Spaß haben und Punkte sammeln geht, sondern ums Datensammeln.

Eine andere Karte, obwohl gar nicht von uns, bescherte dem *FoeBuD* gut zwei Jahre später noch mehr Aufmerksamkeit in In- und Ausland. Es handelte sich um die *Payback*-Karte des *Extra Future Stores* in Rheinberg bei Duisburg. Der *FoeBuD* entdeckte nämlich, daß eben diese *Future Store* Kundenkarte mit einem RFID-Chip verwanzt war – ohne jeglichen Hinweis für die Kund/innen.

Die Metro AG und die RFID-Schnüffelchips

RFID (Radio Frequency Identification) sind winzige Chips mit Antenne, die eine eindeutigen Seriennummer enthalten und ohne Sichtkontakt aus der Entfernung (das heißt: auch unbemerkt) ausgelesen werden können. RFID-Chips sollen in einigen Jahren die Barcodes auf den Waren ersetzen. Und sie bringen eine neue Dimension der Überwachung und Manipulation. Mit einer mit RFID-Chip versehenen Kundenkarte wird nicht mehr nur die Liste der Sachen, die man kauft, gespeichert, sondern eine solche Karte kann verraten, wo ich mich gerade aufhalte, wie lange und mit wem zusammen. So kann aus der Information, vor welchem Regal, in welcher Abteilung ich länger war, ein Interessenprofil generiert werden, auch ohne daß ich etwas gekauft habe. Und diese Karte kann auch in der Handtasche gelesen werden, ohne daß die Besitzerin es bemerkt.

Science Fiction? Nein, bereits gestern in Metros *Future Store* in Rheinberg. Der fünftgrößte Handelskonzern weltweit (in Deutschland gehören nicht nur der

Metro Großhandel dazu, sondern auch *Kaufhof*, *real*, *Extra*, *Praktiker*, *Saturn* und *Mediamarkt*) bekam im Herbst 2003 den *Big Brother Award* für ihre *Future Store*-Initiative, mit der sie den Einsatz der RFID-Technologie propagieren. Und *Metro* testete RFID-Chips nicht nur auf einigen Waren im Laden, sondern auch heimlich in ihren Kundenkarten mit ihren *Extra-Markt*-Kunden als Versuchskaninchen. Bis der *FoeBuD* gemeinsam mit Katherine Albrecht von der amerikanischen Verbraucherorganisation *CASPIAN* im Februar 2004 die Schnüffelchips in den Karten entdeckte und den Fall veröffentlichte. *Metro* zog zurück und mußte 10.000 Karten, die seit fast einem Jahr an Kunden ausgegeben worden waren, in normale Plastikkarten ohne Chip umtauschen.

Wer nur etwas von Musik versteht, versteht auch davon nichts

Allerorts werden aus Bürgern »Kunden« gemacht, und ihnen wird suggeriert, Kunden würden besser behandelt. Ein fataler Irrtum. Kunden genießen ihre Rechte nur solange sie etwas kaufen, Bürger haben Grundrechte, die sie schützen – vor staatlichen und anderen Übergriffen. Datensammler an Schnäppchenjäger: Tausche Bürgerrechte gegen ein Linsengericht?

Wir glauben nicht an die Freiheit, sich selbst in die Sklaverei zu verkaufen – und widersprechen damit den Marktfundamentalisten, die meinen, daß die Vertragsfreiheit über den Menschenrechten steht. (»Mit dem Grundgesetz dürfen Sie nicht argumentieren – das haben früher immer die Kommunisten getan.«)

Die RFID-Lobby träumt von einer Welt, in der »die Objekte kommunizieren wollen«. Die Waschmaschine mit den Socken, die Eingangstür im Supermarkt

Demonstration vor dem *Future Store* in Rheinberg

mit meiner Kundenkarte, der Seifenspender auf der Toilette mit dem Chip in der Arbeitskleidung (»did you wash your hands?«), der Kühlschrank schickt mir eine SMS, wenn die Kühlschranktür offen steht (ist einfach viel kommunikativer, als eine selbstschließende Kühlschranktür zu konstruieren), etc. pp. ...

Für jede vorhandene technische Applikation läßt sich nach einigem kreativem Nachdenken auch ein Problem (er)finden. Und unser Innenminister träumt von biometrischen Daten aller Bürger/innen in ihren Pässen per RFID-Chips gespeichert und auch aus Entfernung auslesbar. Toll, bei der nächsten Demonstration von Globalisierungskritikern kann die komplette Teilnehmerliste samt Namen und Adressen ganz ohne Einkesseln mit einem RFID-Scanner vom Straßenrand aus ermittelt werden. Das ist doch sicher auch im Sinne der Demonstranten.

Die RFID-Lobby träumt von einer Welt, in der jedes Objekt eine weltweit eindeutige Seriennummer trägt. Wo analog zum Domain Name Service (DNS) des Internet ein ONS, ein zentraler Object Name Service, eingerichtet wird, also eine gigantische Datenbank für RFID-Nummern.

Vor Jahren haben wir mit *Zerberus* und den Bürgernetzen konkret für eine Utopie gearbeitet, jetzt kämpfen wir für die Grundlagen, ohne die eine Utopie nicht einmal mehr gedacht werden kann.

Mittlerweile gelten wir als »watchdog organisation« für Bürgerrechte in der digitalen Gesellschaft. Ich habe letzte Woche einmal im Lexikon nachgeschaut, wie »watchdog« eigentlich ins Deutsche übersetzt werden kann. In LEOs steht: Zerberus.

Ob Erik Satie sich das hat träumen lassen?

Otto E. Rössler

Künstliche Universen im Computer

Für J.O.R.

Um das Utopische soll es also gehen, und ich hatte versprochen, dazu ein wenig über die Arbeiten meines Schülers Hans Diebner zu erzählen, der als einer der ersten wirklich schöne Computer-Universen gemacht hat – zumindest wenn man recht strenge Maßstäbe anlegt. Ich habe gehört, daß Herbert W. Franke heute schon über zelluläre Automaten berichtet hat. Wenn man so will, haben alle Computer etwas Zelluläautomatenhaftes. Aber es gibt noch einen anderen Extremfall von Computerwelten. Diskret sind sie alle, weil Computer selbst diskret sind, aber es gibt eben auch den kontinuierlichen Fall, und in der Physik hat man über Jahrhunderte hinweg immer an das Kontinuum geglaubt. Newton ist da das Stichwort, auf ihn kann die ganze Verantwortung abgeladen werden. Ein Newton'sches Universum kann man sich schon recht lange vorstellen. Auch schon vor Newton hat Kepler sich die richtigen Bahnen der Bewegungen um die Sonne vorstellen können und hat herausgefunden, daß es Ellipsen sind. Newton brauchte dann aus den Ergebnissen von Kepler ›nur noch‹ Gleichungen zu basteln. Diese Gleichungen von Newton waren ungeheuer mächtig: Das war das erste Mal, daß der Mensch ein künstliches Universum ›in der Hand‹ hatte. Er konnte vollkommen verstehen, wie sich die verschiedenen Bewegungen der Himmelkörper um die Sonne herum exakt abspielen müßten. Es gab sozusagen nichts, was man daran nicht ausrechnen konnte. Es hat dann Jahrhunderte gedauert, bis man diesen mathematischen Formalismus soweit aufgeschlüsselt hatte, daß man ihn besser durchschauen und gezielter ausdrücken konnte, wozu Laplace, Hamilton und Poincaré beitrugen. Auf dieser Grundlage wurde dann später auch die Quantenmechanik formuliert. Es lag also ein ungeheurer Fortschritt in diesen kontinuierlichen Gleichungen.

Ich erzähle Ihnen das deshalb so begeistert, weil das Chaos, mit dem ich mich seit langem beschäftige, in diesen Newtonschen Gleichungen enthalten ist. Das Chaos, das sind Schwingungen, die aber eben nicht periodisch sind, sondern sich nicht wiederholen und ganz ungeheuer empfindlich sind, so daß – wenn irgendwo eine Kleinigkeit anders ist – nach kurzer Zeit alles total anders wird. Jeder kennt das Chaos z.B. von einem Springbrunnen. Eine senkrechte Wassersäule, die mal höher springt, mal niedriger steigt, wiederholt sich niemals in der Geschichte des Universums. Man versucht dann Gesetzmäßigkeiten zu finden (die es statistisch natürlich gibt), aber im Detail ist es jedes Mal ganz anders und ungeheuer schöpferisch – so ähnlich wie eine Wolke, die jeden Tag anders aussieht. Die Newton'schen Gleichungen – obwohl sie eine Maschinenwelt waren, das erste Maschinenuniversum gewissermaßen – sind trotzdem etwas ungeheuer reichhaltiges. Sie kennen vielleicht die Fraktale von Benoît Mandelbrot. Chaos und Fraktale sind eng verwandte Phänomene, denn überall wo Fraktale sind, steckt das Chaos im Hintergrund. Die Querschnitte durch chaotische oder hyperchaotische Lösungen sind fraktal. Diese ganze wunderschöne Komplexität geht bis ins unendlich Kleine und dann ins noch Kleinere als das unendlich Kleine weiter: Man nennt das überabzählbar unendlich feine Strukturen (wie etwa Cantormengen). Manche Leute lieben (mit Cantor) dieses ungeheuer fein-codierte, künstliche Denken, das man im Computer nur annähern kann.

In der molekulardynamischen Simulation ist es gelungen, im Computer Kügel-chen, Billardkugeln, zu simulieren, die sich nach Newtonischen Gesetzen bewe-gen. Man weiß, daß mehrere Billardkugeln auf einem Billardtisch, die sich stoßen und keine Reibung haben, ein Beispiel für Chaos sind. Man kann das auch leicht begründen, denn wenn zwei sich stoßen und man ersetzt das eine Kügelchen durch eines mit einem nur leicht anderen Winkel, dann ist völlig ein-sichtig, daß sie nach einem Stoß in einem anderen Winkel auseinander fliegen, und es daher nach wenigen Stößen eine vollkommen andere Bewegung gibt. Das ist wieder ein Beispiel für Chaos und seine unendliche Empfindlichkeit gegen ganz kleine Änderungen. Das ganze kontinuierliche Universum ist also wahnsinnig empfindlich. Alder und Wainwright haben 1949 in einem der ersten Computer, die damals in der Kriegsschmiede von Los Alamos zur Verfügung standen, das Aneinanderstoßen von Kugeln simuliert. Man redet also über harm-lose Dinge und merkt auf einmal, wie viel Verantwortung in der Wissenschaft auch mit den Spielereien verbunden ist, die man macht. Ich werde aber nicht über die technischen Details reden, sondern darüber, was man damit anfangen kann und was es bedeutet.

Man kann nun etwas Merkwürdiges im Computer machen, wenn man viele Teilchen hat, die sich wie Billard-Moleküle in einem Gas bewegen. Man kann nämlich diesen Teilchen Farben geben und kann Regeln aufstellen, daß wenn sich z.B. ein blaues Teilchen mit einem grünen Teilchen stößt, z.B. ein rotes Teilchen herauskommt. Die Mengenverhältnisse dieser Teilchen verändern sich dann durch die Stöße, und so ist es Hans Diebner gelungen,[1] daß er eine Art che-mischer Reaktion ablaufen ließ – aber so, daß sich bei der Zahl der blauen und der roten Teilchen im Lauf der Zeit eine Schwingung ergeben hat. Man könnte nun sagen: Wir hatten doch schon Chaos im Kleinen, und jetzt haben wir kein Chaos mehr, sondern nur noch eine periodische Lösung; erst hatten wir mehrere 1000 chaotische Teilchen verwendet, und jetzt haben wir nur noch zwei Varia-blen für eine periodische Schwingung. Was soll also das Ganze? Genau diese absurde Eigenschaft hat jedoch auch unser Universum. Wir bauen uns in unse-rem Universum – etwa in unseren Neuronen, mit vielen Teilchen, mit Chemie, mit Molekülen – mühsam etwas auf, was nachher eine makroskopische Schwin-gung ist. Unser Gehirn ist ein makroskopisches Ding, die Neuronen sind makro-skopisch. Das Besondere an so einem künstlichen Universum ist also, daß es zum ersten Mal gelungen ist, eine makroskopische Sache mit den typischen Eigen-schaften von makroskopischen Systemen wie Reibung, Energieverbrauch usw.

1.   Hans H. Diebner/Otto E. Rössler, »Deterministic Continuous Molecular-Dynamics-Simu-lation of a Chemical Oscillator«, in: *Zeitschrift für Naturforschung,* 50a(1995), S. 1139-1140.

auf einer mikroskopischen Ebene zu realisieren. (Wobei hier kein Energieverbrauch stattfindet, weshalb man es eine reversible – oder eben eine Newton'sche – Simulation nennt.) Daß man das mit den Newton'schen Gleichungen machen kann, bringt uns ungeheuer nahe an die nicht-diskrete, kontinuierliche Realität, die unsere Wirklichkeit ist, und bedeutet einen erstaunlichen Fortschritt.

Ende des 19. Jahrhunderts hat der Physiker Ludwig Boltzmann in Wien behauptet, daß unser Universum auf einer solchen reversiblen Grundlage beruhen würde. Merkwürdigerweise wurde diese Sicht von Boltzmann über hundert Jahre lang nicht richtig rezipiert. Es gibt immer noch viele Menschen, die glauben, daß Boltzmann nicht recht hatte – nämlich daß man die Irreversibilität, die wir in unserer Welt finden, durch Reversibilität erklären kann. Hans Diebner konnte in einer späteren Arbeit jedoch zeigen, wie sich die sogenannte Entropie in so einem System verhält, und daß man sie ganz genau messen kann. Das heißt auch, man kann nun bei einem reversiblen System die Simulation rückwärts laufen lassen obwohl sie chaotisch ist. Das aber widerspricht der Definition von Chaos! Wenn es doch so ungeheuer sensibel ist, wieso kann es dann rückwärts gehen? Aber merkwürdigerweise geht es, und die Theoretiker können immer noch nicht erklären, warum es möglich ist, daß diese ganze Reversibilität nun in ihrer Entropieentwicklung numerisch exakt nachvollziehbar ist. Man bekommt dadurch eine gewisse Sicherheit, daß man auch Evolutionsprozesse, wie wir sie in unserem eigenen Universum haben, im Computer mikroskopisch simulieren kann und daß Konzepte wie die chemische Evolution, die unserem Leben zugrundeliegt, auch auf mikroskopischer Basis besser vorstellbar werden. Wenn man will, kann man also sagen, daß solch ein künstliches Universum eine Kopie unseres eigenen Universums ist. Der Nachteil ist natürlich, daß die Computerpower heute für nicht viel mehr als etwa 10^9 Teilchen ausreicht. Aber allein eine einzige Nervenzelle enthält schon viel mehr Teilchen als 10^9. Das bedeutet, daß es noch ziemlich lange dauern wird, bis man ein ganzes Gehirn auf reversibler Basis simulieren kann. Eines Tages wird das mit Sicherheit gelingen, und man kann sich nun fragen, was man von einer solchen, auf Computerpower basierenden Version unseres Universums hat.

Was hat man also nun davon, wenn man die Physik auf diese Grundphänomene, die aus der Chaostheorie verständlich sind, reduzieren kann? Man kann einen verfremdeten Blick von außen – wie Christian Morgenstern so schön sagte – auf eine künstliche Welt werfen. Das ist etwas, was uns in unserer Welt natürlich nicht möglich ist. Wir können unsere Welt immer nur von innen betrachten. Und wenn man von innen auf die Welt schaut, dann hofft man, daß irgendein Gegenstand, den man beobachtet, genau so aussieht als würde man von außen, mit einem viel größeren Auge, darauf schauen. Aber es ist natürlich nie gesagt, daß dem so sein muß. Gerade wenn man auf einer exakten Beschreibung besteht (so schrecklich exakt, wie ich es eben beschrieben habe und es heute möglich ist), dann merkt man, daß diese Exaktheit einen gravierenden Nachteil hat, wenn man im System ist. Weil die Welt so exakt gebaut ist, daß die Erhaltungssätze in ihr gelten, daß die Energie erhalten sein muß und daß die Entropie nicht abnehmen kann, wirken sich diese Eigenschaften so aus, daß für den Beobachter auf einmal gewisse Eingriffe subjektiv in der Welt stattfinden, die ihn daran hindern, dieses Objekt, das er genau anschauen will, so anzuschauen als ob er es von außen anschauen könnte. Dafür kann man hier neue Begriffe einführen wie z.B. »Interface«. Ein Interface ist nicht nur das, was am Arbeitsplatz zwischen Computer und Benutzer vermittelt, sondern es ist noch etwas viel allgemeineres. Sobald man in einer Welt ist, kriegt man nichts objektiv geliefert. Man hat keinen objektiven Zugang, sondern die Realität, die man hat, ist eine Interface-Realität. Das heißt, man sieht nicht das, was hinter dem Vorhang ist, sondern man sieht nur den Vorhang. Nun könnte man sagen, daß der Vorhang schon nicht viel anders sein wird als die Wirklichkeit selbst. Mit dieser Frage haben sich schon interessante Leute aus dem 18. Jahrhundert – mein Liebling dort heißt Boskovic – beschäftigt.

Rudjer Boscovic hat 1755 ein wunderbares Paper gemacht. Der Maxwell'sche Dämon, der ja recht bekannt ist, gehört genau in diese Denkweise hinein, was nicht sehr bekannt ist. Boskovic hat also ein Paper verfaßt, das hieß: *Über Raum und Zeit*, und er schrieb ein zweites *Über Raum und Zeit, wie sie von uns erkannt werden*. Er hat also streng unterschieden wie die Sachen objektiv, von außen sind und wie sie von uns in Raum und Zeit erkannt werden. Das ist genau der Unterschied, den ich Ihnen hier, im modernen Kontext der Computersimulation, geschildert habe und der Boskovic vollkommen geläufig war. Maxwell kannte ihn natürlich und hat von ihm gelernt und hat gemerkt, daß man die Frage stellen kann: Kann ich gegen den zweiten Hauptsatz der Thermodynamik (d.h. gegen die Entropiezunahme) in einem Universum handeln, von dem ich selbst ein Teil bin? Und er hat dann bewiesen, daß es nicht geht. Nur ein Dämon könnte gegen den zweiten Hauptsatz die Gasmoleküle wieder auseinanderdividieren, die schon ungeordnet waren. Maxwell hatte sich dazu ein Türchen überlegt, auf dessen Seiten ungeordnete Gasmoleküle sind, und einen Dämon, der diese Tür immer dann aufmacht, wenn ein schnelles Molekül kommt, und sie schließt, wenn ein langsames kommt. Auf diese Weise bekommt er zum Schluß lauter schnelle (oder heiße) Moleküle auf der einen und lauter langsame (oder kalte) auf der anderen Seite. So hätte er aus einem bereits im Gleichgewicht befindlichen System, in dem überall dieselbe Temperatur herrscht, wieder zwei verschiedene Temperaturen erzeugt ohne daß es ihn etwas gekostet hätte. Diese Frage von Maxwell gehört in unseren Zusammenhang hinein, denn er hat mit Recht gesehen, daß das nicht geht. Es geht allerdings wunderbar, wenn man das Ganze im Computer hat. Dann läßt man den Computer so lange laufen, bis ein ›heißes‹ Teilchen in die Nähe kommt, macht das Türchen auf usw. Von außen geht es. Nur daß es damals noch keine Computer gab und daher der Freund von Maxwell ihm vorschlagen mußte, das Wort »Dämon« zu verwenden. Er hatte eigentlich von einem *being* gesprochen, von einem »Wesen«. Der Dämon ist ein Wesen das außerhalb ist, und heute nennt man das »Operateur«, also jemanden, der einen Computer oder eine Konsole hat. Die deutschen Schulkinder hätten um ein Haar alle so einen geschenkt bekommen, und ich weiß nicht, warum das nicht gemacht wurde. Bei so einem Laptop sitzt man an einer Konsole und hat die Welt im Computer vor sich bzw. auf dem Bildschirm. Wenn man also einen

Computer zur Verfügung hat, dann braucht man keinen, sondern dann *ist* man ein Dämon. Und Maxwell hat diesen Begriff des Operateurs, also des Computerspielers, schon in das Wort Dämon konzentrieren können ohne vorauszusehen, daß man das tatsächlich einmal machen könnte.

Wir haben also nun ein bißchen Dämonologie betrieben, und Sie sehen, daß die Dämonologie des 19. Jahrhunderts nichts anderes ist als die Computer Science von heute. Doch was haben wir davon, wenn wir uns freuen, ein paar Geräte zur Verfügung zu haben, die Boltzmann und Maxwell noch nicht hatten? Man kann jetzt tatsächlich einige Dinge verstehen, die man früher so nicht verstehen konnte oder bei denen man entschuldigt war, wenn man sagte, daß man leider Boltzmann nicht folgen könne, was ja viele Leute lange Zeit von sich behauptet haben. Wir sind also in einer bevorzugten Position, denn wir haben heute eine Welt im Computer – sozusagen an unseren Fingerspitzen –, und wir können uns vorstellen, daß man gleichzeitig eine Welt von außen *und* von innen betrachten kann.

Nun haben Sie aber sicher auch gehört, daß es in der Physik des 20. Jahrhunderts zwei wichtige Revolutionen gab. Die eine heißt Relativitätstheorie, die andere Quantenmechanik, und diese beiden haben merkwürdige Dinge in die Welt gebracht, die für die meisten Leute zur damaligen Zeit sehr überraschend und auch ein bißchen absurd waren. Zum Beispiel die Absurdität von c: Nichts kann sich schneller bewegen als mit Lichtgeschwindigkeit. Wenn ich mich nun aber mit 99 Prozent der Lichtgeschwindigkeit bewege und einen Lichtstrahl anschaue, der von mir wegfliegt, dann fliegt er immer noch mit c anstatt mit $0,01c$ von mir weg. Diese Absurdität hat Albert Einstein erkannt und einen Weg gezeigt, wie man es wieder zusammenbringen kann, so daß es nicht mehr ganz unlogisch ist. Das ist die berühmte Lorentz-Transformation. Man kann sich vorstellen, daß die Zeit nach oben (y-Achse) und der Raum nach rechts (x-Achse) aufgetragen ist. Dann bewege ich mich auf einer schrägen Linie in dieser Ebene (nach rechts oben). Dummerweise ändert sich aber die Geschwindigkeit der Zeit, wenn ich mich bewege. Wenn ich mit einer Bahn mitfahre und eine Uhr habe, dann tickt sie nicht mehr genauso schnell wie auf dem Bahnhof. Das ist aber gar nicht so schlimm. Schlimmer ist, und die Lorentz-Transformation zeigt es schon, daß wenn ich mich mit einer gewissen Geschwindigkeit bewege, alle Orte, die zu einem bestimmten Zeitpunkt für mich gleichzeitig sind, auf einmal »geneigt« sind.[2] Das ist die Kippung der Gleichzeitigkeit und ein Skandal, wenn man sich nur hineindenkt! Einstein behauptete ernsthaft, daß das, was für uns hier im Raum gleichzeitig ist, für jemanden, der durch den Raum hindurchfliegt (einen Engel etwa), nicht gleichzeitig ist. Das heißt, wenn zwei Lichter hier für

---

2.   Man betrachtet zwei rechtwinklige Koordinatensysteme (x,y,z mit der Zeit t und x',y',z' mit der Zeit t'), die sich mit der Geschwindigkeit v gegeneinander bewegen. Die Funktionen von Ort und Zeit lassen sich dann durch die einen oder die anderen Koordinaten ausdrücken. Im klassischen Fall benutzt man dazu die Galilei-Transformation, d.h. $x'=x-vt$, $y'=y$, $z'=z$, $t'=t$, bei großen Geschwindigkeiten aber die Lorentz-Transformation, d.h.:

$$x'=1/(\sqrt{1-v^2/c^2})(x-vt)\,,\ y'=y,\ z'=z,\ t'=1/(\sqrt{1-v^2/c^2})(t-vx/t^2)\ \text{[Anm. d. Hrsg.]}.$$

uns gleichzeitig blinken und es fliegt jemand durch den Raum hindurch, dann blinken sie für ihn nicht gleichzeitig. Für ihn ist etwas, was für uns an dieser Stelle in der Zukunft ist, schon gleichzeitig mit diesem einen Blinkereignis – und etwas, das für uns in der Vergangenheit ist, ist für ihn noch gleichzeitig. Das ist Einsteins größte Entdeckung, die aber nicht soweit rezipiert worden ist, daß man den Boskovic'schen Hintergrund verstanden hätte.

Bei der Quantenmechanik ist es so ähnlich: Da gibt es alle möglichen Dinge, an die man sich gewöhnt, sobald sie erst mal hundert Jahre alt sind. Es ist dann halt so, und es wäre absurd, es sich anders vorzustellen, und man kommt gar nicht auf die Idee, die Warum-Frage zu stellen. In der Quantenmechanik gibt es das p (den Impuls) und das q (den Ort). Meist nimmt man hierfür x oder s, aber q ist einfach netter, schon wegen des Ausspruchs von Pauli, einem Schüler Einsteins, der gesagt hat: Die Natur hat zwei Augen, das p-Auge und das q-(Kuh-) Auge. Man kann entweder den Impuls genau messen oder den Ort. Man muß entweder das p-Auge zumachen oder das q-Auge, und dann kann man auf einmal die Physik verstehen. Aber verstehen kann man das natürlich nicht: Es ist einfach absurd, daß wenn man den Impuls mißt, der Ort gestört ist (und umgekehrt) und daß man nur das eine scharf kriegt und das andere nicht. Man kann sich das zwar merken, und es gibt Dogmen, die es schön quantitativ fassen – aber warum gibt es so eine merkwürdige Störung in der Wahrnehmung in der Welt?

Da liegt es nun nahe, sich an Maxwell zu erinnern. In seiner Theorie der Wärme von 1871 hat er schon behauptet, daß es niemals gelingen würde, auf ein einziges Elementarpartikel den Finger zu legen und ihm den Puls zu fühlen. Man müßte schon ein Dämon sein, um das zu können. Diese Voraussage von Maxwell ist genau das, was man gefunden hat – nur daß sich natürlich kein Mensch daran erinnert hat. Erst heute, wo man es im Computer simulieren kann, merkt man dank des Interface-Begriffs (den Maxwell sinngemäß auch schon hatte, obwohl ihm das Wort fehlte), daß das tatsächlich stimmt. Man kann jetzt eine künstliche Welt machen (nämlich die vorhin geschilderte) und kann in dieser Kunst-Welt verifizieren, daß man die armen Leute, die da drin sind, im Prinzip schon aus Neuronen aufbauen kann – künstliche Gehirne im Computer, aber auf reversibler Basis. Reversible Basis heißt, wie wir sahen, daß diese Welt genauso fein strukturiert ist wie unsere, wenn auch leider diskret, aber sonst mit allen Eigenschaften. Man fährt in so einem künstlichen Universum herum wie in dem Film *Welt am Draht* von Faßbinder und interviewt darin die Leute. Daniel F. Gallouye, ein Kollege von Herbert W. Franke und ebenfalls ein ganz bedeutender Physiker, hat das in seinem Buch *Simulacron II* (das die Vorlage zum Film bildete) »Identitätseinheiten« (ID-units) genannt. Science Fiction-Autoren sind (glaube ich) überhaupt die wichtigsten Physiker, die es gibt und denke dabei auch an Gene Roddenberry, der, wie Sie wissen, verantwortlich für die *Star-Trek*-Erzählungen ist.

Ich habe Ihnen nun hoffentlich das Fremdheitsgefühl ein wenig genommen. Man kann die Quantenmechanik verstehen. Und dasselbe gilt für die Relativitätstheorie. Wenn jemand sagt, man könne deren Absurditäten verstehen, d.h. man könne sie voraussagen, dann wird jeder fragen: Wozu denn? Wir sind doch mitten drin in dieser Realität, warum sollen wir sie noch erklären? Man sieht daran, daß wir durch Gewöhnung in eine Zeit geraten sind, in der die Wissenschaft etwas von ihrem Biß verloren hat. Vielleicht kennen Sie das Buch *The End of Science* von John Horgan. Es war ein Bestseller im Jahre 1998 und heißt im Deutschen so, daß der Biß aus dem Titel wieder raus ist.[3] Daß nämlich Wissenschaft etwas ist, was aufs Ganze geht und sich nicht mit halben Wahrheiten zufrieden gibt, ist ein wenig vergessen worden. Da war das 20. Jahrhundert vorbildlicher und hat leider auch die Bombe gebracht. Das ist vielleicht ein Grund dafür, daß die Menschen der Wissenschaft gegenüber skeptischer geworden sind. Andererseits ist der Computer – obwohl er bisher nur als Werkzeug erwähnt wurde – eine ganz ungeheure Macht, die die Welt vollkommen verändert hat.

Und das ist nicht nur eine wirtschaftliche Angelegenheit. Es gibt ein ganzes hochentwickeltes Land (nämlich Japan), das gemerkt hat, wieviel wichtiger es ist, auf Computerspiele zu setzen als auf die Automobilindustrie, weil schon in wenigen Jahren viel mehr Menschen virtuelle Autos fahren werden und da ein viel größerer Markt wartet als in diesen langweiligen, dinosaurierhaften Technologien, die in Europa noch immer für die wichtigsten gehalten werden.

Niemand weiß, was der Computer wirklich ist. Er kommt ursprünglich aus der Wissenschaft, aber wir haben auch gesehen, daß wir wunderschöne Dinge mit ihm verstehen können. Und er ist ein Instrument, das es furchtbar billig gemacht hat, human sein zu können. Merkwürdigerweise wird auch das nicht gesehen. Denn so wie die Wissenschaft an Biß verloren hat, hat gleichzeitig das Wort »Humanität«, das früher sehr mit Wissenschaft verbunden war, ein wenig an Zugkraft verloren. Das würde ich gerne als Frage stellen und versuchen, diese beiden Begriffe zusammenzubringen.

Zum einen haben wir eine technische Utopie, die gar keine ist, denn man kann tatsächlich künstliche Universen auf der Entwicklungsstufe einer Nervenzelle bauen. Man kommt dabei zu erstaunlichen Erkenntnissen über Quantenmechanik und Relativität, auch wenn es bisher nicht so sehr bekannt ist, daß man hier einen großen Erkenntnisfortschritt machen kann. Zum anderen tauchte das Wort Humanität auf, und im Zusammenhang mit den neuen technischen Möglichkeiten kann die Wissenschaft auch an dieser Stelle etwas beitragen. Wenn man ein ganzes Universum im Computer hat, dann stellt sich die Frage: Kann man auch einen Menschen, ein künstliches Gehirn, im Computer machen? Natürlich geht das, denn wenn man ein Universum machen kann, warum dann nicht auch ein Gehirn? Alles eine Frage der Rechenpower. Künstliche Gehirne kann man sogar ohne diese reversiblen Komplikationen in viel einfacheren Gleichungen simulieren. Das setzt aber voraus, daß man die Biologie verstehen kann. Wir hatten vorhin z.B. die Evolution als etwas, das man im Computer verstehen kann. Ich selbst komme von der Evolutionstheorie her, und es waren zwei Leute, die mich gefördert haben. Der eine war Carl Friedrich von Weizsäcker, der andere war Konrad Lorenz. Beide haben den Fehler gemacht, einen harm-

3. John Horgan, *An den Grenzen des Wissens. Siegeszug und Dilemma der Naturwissenschaften,* Frankfurt/M. 2000.

losen Mediziner (wie mich damals) sehr ernst zu nehmen, obwohl normalerweise ein Physiker und auch ein Biologe mit einem Mediziner nicht reden kann. Damals war das noch anders. Es war eine Idee von Weizsäcker gewesen, daß man die Atombombe nicht bauen sollte. Er hat Werner Heisenberg dazu gebracht, daß der seinem Freund Nils Bohr 1941 eine Reaktorzeichnung übergeben hat, nur damit Bohr und Heisenberg gemeinsam beschließen, daß beide nicht an einer Bombe bauen werden. Diese Tatsache, daß damals ein Dokument übergeben wurde, war ein Akt des Hochverrates, denn ein wichtiges militärisches Geheimnis wurde an die Gegenseite verraten. Danach konnte Heisenberg gar nicht mehr – selbst wenn er gewollt hätte – die Bombe bauen, denn sonst hätte ja herauskommen können, daß er schon einmal etwas dagegen getan hat. Merkwürdig, wie in dieser dunklen Zeit der Hitler-Jahre nicht nur das größte Verbrechen der Geschichte der Menschheit in Deutschland passiert ist, sondern auch ein paar Leute das größte Nicht-Verbrechen begangen haben und dadurch das zweitgrößte Verbrechen der Geschichte unmöglich gemacht wurde: den Abwurf der ersten Atombombe. Es ist schon interessant, wie kompliziert die Welt gebaut ist und wie an der selben Stelle böse Menschen und gute Menschen durcheinander gemischt sein können und gute und böse Ideologien gleichzeitig vorhanden sein können. Das bringt uns zum Stichwort der Humanität zurück.

Es gibt ein Buch von Lorenz über *Das sogenannte Böse*,[4] und er hat mir damals – 1966 – erzählt, daß er an einem weiteren Buch arbeiten würde, das hieße: *Das wirkliche Böse*. Soviel ich weiß, gibt es darüber keine Dokumente, und er hat es nicht geschafft, es zu schreiben. Aber wenn Wissenschaft sich mit dem Gehirn beschäftigen und künstliche Gehirne mit dem Computer bauen kann, dann könnte und müßte sie auch – wenn sie das Gehirn beschreibt – das Böse im Gehirn beschreiben. Das ist etwas, das ich Ihnen hier vorschlagen möchte: eine Gehirntheorie, die ich damals, am Schluß meiner Zeit mit Lorenz, entwickelt habe. Er war so nett mir zu erzählen, daß es etwas in der Gehirnbiologie gäbe, was er nicht verstünde und sein ganzes Leben lang nicht verstanden habe, nämlich warum die Natur mit Bestrafung und Belohnung arbeite. Warum nicht nur mit Bestrafen? Und warum nicht nur mit Belohnen? Warum beides? Das ist eine konzentrierte Frage. Eine so merkwürdige Frage, die jemand wie Lorenz in seinem ganzen Forscherleben nicht beantworten konnte, müßte man natürlich beantworten, wenn man Gehirne künstlich verstehen wollte. Tatsächlich ist es möglich, eine Theorie zu machen, wofür Gehirne da sind, und genau anzugeben, was die Natur machen müßte. Obwohl hier kein Platz ist, dies auszuführen, kann ich zumindest den Trick verraten, denn es ist eine ganz einfache Idee.

Man könnte annehmen, daß das Überleben eines Organismus vom Ort abhängt und dies in einem Diagramm gegeneinander auftragen. An dem einen Ort ist das Überleben beispielsweise günstig, weil es genug zu fressen gibt und nicht zu heiß ist, an einem anderen Ort ist das Überleben sehr ungünstig. Wenn man eine Motte ist, sollte man nicht am Ort einer Flamme sein. Das sieht trivial aus, aber wir haben auf einmal eine Erklärung, warum Organismen sich bewegen

---

4. Konrad Lorenz, *Das sogenannte Böse. Zur Naturgeschichte der Agression*, Wien 1963.

müssen. Wenn sie das können, heißen sie Tiere, wenn sie es nicht können, heißen sie Pflanzen. Wir können damit sagen, was ein Tier ist – aber nicht von der Biologie her, als Phänomenologen, sondern abstrakt. Man kann damit eine Theorie machen, eine theoretische Biologie, wie es sie bisher noch nicht gibt – eine Theorie, wie sich Organismen im Raum bewegen müssen. Und sobald man weiß, was sie *müssen* (denn das ist ein starkes Wort), kann man dafür ein Programm schreiben. So kann man tatsächlich ein Modell und eine Theorie machen, wie Gehirne funktionieren müssen. Ich habe dazu einmal eine Vorlesung mit dem Titel *Wozu sind Gehirne da?* gehalten. Das ist provokant, weil natürlich jeder weiß, daß die Antwort im Katechismus steht. Wenn man sich klarmacht, daß man eine theologische und eine naturwissenschaftliche Antwort auf die Frage geben kann, ist man immer besonders stark und man merkt eben auch, daß wir an dieser Stelle wieder einmal dabei sind, eine Grenzüberschreitung zu machen. Denn was wäre, wenn wir es geschafft hätten? Nehmen wir an, wir wüßten, wofür Gehirne da sind, und wir könnten künstliche Gehirne bauen, naiv, makroskopisch, aber wir könnten sie auch reversibel machen und das Programm des künstlichen Universums mit künstlichen Gehirnen liefe. Dann merken Sie (ich habe den Katechismus erwähnt) mit Schrecken, daß diese biologische Theorie sagt, was in der Evolution mit Gehirnen passieren muß, was die Natur machen muß, und wie nichts funktioniert, wenn sie sich nicht daran hält. Dieses Müssen bedeutet (wie bei Hegel): Wenn die Natur sich nicht an meine Regeln hält, dann tut sie mir leid. Umso schlimmer für die Natur. *Tant pis pour la nature.*

Diese wunderschöne Theorie hat jedoch einen großen Haken. Sie beschreibt Gehirne oder Maschinen, die einen Nachteil in ihrer Funktion haben. Sie sind autistisch, d.h. sie sind von der Natur programmiert und müssen dieses und jenes machen. Wenn es für das Überleben gut ist, daß man als Fleischfresser an einer bestimmten Stelle am Kopf seines Opfers hineinbeißt, führt das zu einer lustvollen Reaktion beim Tötungsbiß. Ich erwähne das, weil es die Harmlosigkeit dieser Wesen zeigt. Sie sind programmiert, das zu tun, was ihnen Spaß macht, und sie tun es mit äußerster Energie und Ernsthaftigkeit und sind dabei ganz friedlich und wissen nicht, was sie tun. Als Menschen wissen wir es halt, und man kann das – abstrakt gesehen – als Nicht-Autismus bezeichnen. Das wäre zwar noch nicht wissenschaftlich, aber immerhin deskriptiv.

Nun kann man wieder eine Frage stellen, die über den Optimismus, den wir Menschen gegenüber der Wissenschaft gegenwärtig aufbringen, hinausgeht. Sie lautet: Kann man eine Theorie der Welt der Biologie (oder von Nervenzellen oder von Beobachtern) so gestalten, daß sie auch diese Grenze überwindet? Nicht nur, wie wir es vorhin hatten, die Grenze von einer inneren Welt nach außen, sondern die Grenze, an der aus einem Wesen, das naiv in dem Sinne ist, daß es immer seinen Bedürfnissen folgt, auf einmal ein nicht-naives Wesen wird, das ein Gewissen oder einen »freien Willen« hat, an dem man ja Nicht-Naivität erkennt. Diese Frage ist für die Aufgabe einer konsistenten Naturwissenschaft wichtig, und sie ist wesentlich für die Frage, von der wir ausgegangen sind, nämlich ob wir den Computer auf der Welt für unsere Zwecke verwenden dürfen oder vielleicht verwenden müssen. Denn der Computer ist billig, und man kann das Lampsacus-Projekt, das vor 8 Jahren begonnen wurde,[5] auf dem Internet mit wenig Aufwand durchführen.

Worin besteht dieses Projekt? Es besteht darin, daß man das Menschenrecht auf Information einführt. Alle Menschen werden Bürger von Lampsacus und alle haben dort das Recht auf kostenlosen Zugriff auf jede Information. Es wird ein bißchen Geld kosten, aber die Computer werden immer billiger, und wahrscheinlich wäre es nicht kostspieliger für die ganze Welt ein kostenloses Bildungssystem anzubieten als für ein einziges Land wie Nordrhein-Westfalen. Warum macht das niemand? Und warum sagt niemand: Ihr müßt das machen? Man nennt diese Frage eine ethische Frage. DeKlerk hat es geschafft, seinem politischen Gegner Mandela zu glauben und als Minorität nach dessen Rat die Macht an die Majorität abzugeben, als die Majorität dies nicht erzwingen konnte. Nie zuvor in der Geschichte ist es passiert, daß eine Minorität, die an der Macht war, einer Majorität, die machtlos war, eine Existenzgarantie gegeben hat. Das ist die Frage, die wir auf diesem Planeten im Moment haben. Soll die Minorität, die die Macht hat – das sind fast alles Europäer oder die Nachkommen von Europäern – der Mehrheit eine Existenzgarantie geben? Und gibt es überhaupt so etwas wie Menschenrechte? Menschenrechte sind zwar zur Zeit sehr ›in‹, aber niemand kommt auf die Idee, daß man sie naturwissenschaftlich oder wissenschaftlich definieren könnte. Das ist etwas, das wir eben hier probiert haben, als wir die Frage gestellt haben, ob man aus einer naturwissenschaftlichen Theorie des Verhaltens von Gehirnen etwas ableiten kann, das sich »Personwerdung« oder »Nicht-Autismus« nennt. Kann man künstliche Personen herstellen – nicht nur im Computer, sondern (wenn man eine Theorie hätte) auch in Wirklichkeit? Wenn es wahr wäre, daß hier eine gute Gehirntheorie vorliegt, dann hätte das zur Folge, daß man die Frage stellen könnte, ob auch das menschliche Gehirn so gebaut ist. Bei einer guten Theorie müßte es so sein. Was ist dann aber das Besondere daran? Warum hat dieses eine Gehirn eine andere Funktion als die anderen Gehirne? Man kann vielleicht verstehen, wie es passieren konnte, daß vom menschlichen Gehirn eine andere Funktion übernommen wird.

Wir kommen damit zu guter Letzt auf das Lächeln. Der Mensch ist das lächelnde Tier. Auf den ersten Blick scheint das banal, denn man kann inzwischen auch Computergesichter machen, die lächeln können.[6] Aber das reicht nicht. Ein Biologe namens Jan van Hooff, den ich vor 30 Jahren kennengelernt habe, hat folgendes entdeckt: Das Lächeln und das Lachen sind zwei Ausdrucksweisen, die es als gemeinsame Ausdrucksweisen nur bei einer einzigen Tierart auf diesem Planeten gibt, und Sie können raten, welche das ist. Diese beiden Ausdrücke, der Ausdruck der Freude (das Lachen) und der Ausdruck der

5. Otto E. Rössler, *Das Flammenschwert. Wie hermetisch ist die Schnittstelle des Mikrokonstruktivismus?*, Bern 1996.
6. Wilfried Musterle und Otto E. Rössler, »Computerfaces: The Human Lorenz-matrix«, in: *BioSystems,* 19(1986), S. 61–80.

Freundlichkeit (das Lächeln), sehen beim Menschen gleich aus. Das ist eine biologische Tatsache, die nur wenigen Leuten aufgefallen ist, und van Hooff war der erste, der sie wissenschaftlich beschrieben hat.[7] Diese merkwürdige Tatsache kann man nun als Verdachtsgrundlage benutzen und sich fragen, ob ein normales (sprich: ein tierisches) Gehirn, wenn man ihm die Ununterscheidbarkeit des Ausdrucks der Freude und des Ausdrucks der Bindung künstlich antut, ebenfalls auf einmal eine ganz andere Funktion annimmt als vorher als ›gesundes‹. Denn vom Standpunkt aller Tiere aus gesehen ist das menschliche Verhalten ›krank‹.

Was ist krank am menschlichen Verhalten? Das Wohlwollen, die Empfindung des Wohlwollens, das Mißverständnis der Benevolenz, bei dem das kleine Kind auf einmal, wenn die Mutter sich freut und lacht, meint, sie lächle. Wenn man sich in diese Interaktion hineindenkt, dann kommt man auf einmal darauf, daß das kleine Kind meint, daß die Mama es gut meint. Ob sie es auch in Wirklichkeit tut, darauf kommt es nicht an, denn auch wenn sie es nicht täte, würde das kleine Kind das meinen. Weil die Mutter sich freut, meint es, sie sei freundlich. Und dann prüft es nach, ob die Mama freundlich ist, und siehe da: Es versucht, die Mama zu füttern, es kommt auf die Idee, daß es vielleicht der Mama Gutes tun könnte, so wie die Mama ihm gerade gut getan hat. Und plötzlich entsteht es, daß einer will, daß der andere sich freut. Der Wille, daß der andere sich freut, ist etwas, was infolge dieser biologischen Überlappung aus Versehen entsteht, aber zugleich etwas, was sich bestätigt und was dann beide auf einmal wollen. In dem Moment, wo man dem anderen Freude machen will, nennt man das technisch Wohlwollen. Es ist der Wohlwollensverdacht, den das Kind entwickelt.

Dieser Wohlwollensverdacht ist eine self-fulfilling prophecy. Man könnte vermuten, daß er das Besondere am Menschen ist, daß die Katastrophe – wenn man so will – eingetreten ist, daß diese Wesen auf einmal angefangen haben, nett zueinander zu sein. Man kann das auch nachprüfen. Die Theorie würde verlangen, daß Kinder, die blind geboren sind, in vielen Fällen autistisch bleiben. Die Antwort ist: So ist es, und es gibt ein berühmtes Buch von Selma Fraiberg, die das 1977 beschrieben hat.[8] Die eine Konsequenz wäre eine neue Therapie, denn man könnte zum ersten Mal den Müttern sagen, wie sie ihre Kinder heilen können. Sie müßten nämlich das, was bei den Blindgeborenen nicht funktioniert – die Überlappung von Lachen und Lächeln – künstlich akustisch machen, denn akustisch sind Lachen und Lächeln nicht das Gleiche. Aber die zweite Konsequenz wäre noch aufregender: Man könnte dasselbe Experiment jetzt mit Tieren machen. Man könnte ein sehr intelligentes Tier, einen Schimpansen oder einen Elefanten, nehmen und ihm immer, wenn man sich freut, vorspielen, daß man freundlich ist – so wie die Mutter, die ihr blindgeborenes Kind heilen könnte, indem sie immer, wenn sie sich freut, statt zu lachen Koseöne von sich gibt. Damit wäre akustisch dasselbe Mißverständnis möglich wie optisch. Aber da es

---

7. J.A.R.A.M. van Hooff, »A Comparative Approach to the Phylogeny of Laughter and Smiling«, in: *Non-verbal Communication*, Hg. R.A. Hinde, Cambridge 1972, S. 209-241.
8. Selma Fraiberg, *Insights From the Blind. Comparative Studies of Blind and Sighted Infants*, New York 1977.

eben nur ein Mißverständnis ist, können wir diesen Trick verwenden, können diese Wissenschaft heuristisch anwenden und die Benevolenz, das Wohlwollen, exportieren. Wir können dann aus Wesen Personen machen, die von Haus aus keine Personen sind, und wo die Natur dieses Mißverständnis nicht vorgesehen hat.

Die Frage ist nur: Darf man das? Das ist wieder eine ethische Frage. Bei künstlichen Personen im Computer stört das niemanden, aber darf man auch einen kleinen weißen Elefanten dazu bringen, daß er sich auf einmal als Person sieht und so nett ist, wie das in buddhistischen Erzählungen vom weißen Elefanten immer geschildert wird? Diese Frage ist nicht geklärt. Ich könnte mir vorstellen, daß viele sagen würden: Das darf man auf keinen Fall tun, das ist ja ein viel größerer Eingriff in die Natur, als wenn man nur mit Stammzellen operiert. Andererseits wäre der Vorteil, daß man auf einmal die Personenrechte (nicht Menschenrechte) wissenschaftlich sehen würde. Was ist eine Person? Eine Person ist ein Wesen, dessen Würde man nicht verletzen darf. Diese Würde entsteht dadurch, daß jeder von beiden sieht, daß der andere ihn versteht, und daß man das Wohlwollen nicht mit Füßen treten darf, daß man nicht grausam sein darf. Daß zum ersten Mal Grausamkeit wissenschaftlich definiert werden kann, wäre ein Vorteil dieser Theorie. Ein weiterer Vorteil wäre, daß etwas exportiert würde, was für Menschen charakteristisch ist. Man könnte dafür den Ausdruck »galaktischer Export« verwenden. Denn der Übergang auf eine andere Spezies im Rahmen des Biosystems der Erde ist ungefähr genau so groß, wie dieselbe Eigenschaft auf ein anderes Biosystem im Kosmos zu übertragen. Darf der Mensch das, was ihn vom Tier unterscheidet, so hoch schätzen, daß er es exportiert?

Damit komme ich zum Schluß. Wir haben künstliche Universen in der reversiblen Physik, wir haben künstliche Universen im Sinne der Biologie (wie etwa künstliche Gehirne) und zuletzt künstliche Personen betrachtet. Und dann war auf einmal die Ethik im Spiel. Darf Wissenschaft so weit gehen, daß sie auch die Ethik mitbehandelt, war die eine Frage. Und die zweite: Ist diese humane Seite des Menschen etwas so wertvolles, daß es auf andere Tierarten und andere Planeten exportiert werden darf? Und drittens: Wenn Humanität etwas so Interessantes ist, kann man vielleicht beweisen, daß die Mehrheit der Menschen es verlangen darf, daß Lampsacus eingerichtet wird? (Darauf wollte ich ja eigentlich hier hinaus.) Dieses Lampsacus hat die Eigenschaft, daß es ungeheuer lukrativ wäre. Wenn ein Land es wagen würde, Lampsacus einzurichten, wäre es nicht nur ungeheuer beliebt bei der Mehrheit der Menschen des Planeten, einer Mehrheit der Menschen der Zukunft, sondern es würde auch ungeheure wirtschaftliche Vorteile dabei haben. Die Tatsache, daß bisher der Heilige Vater es ablehnt, Lampsacus zu sponsern (obwohl die Kirche damit ungeheuer beliebt würde), und daß die Bundesregierung es ablehnt, daß die Queen es ablehnt, daß auch Japan es bisher ablehnt – das alles würde nur beweisen, daß das alles ganz liebe, bescheidene Leute sind: Sie wollen partout nicht reich werden. Denn sie wollen nicht davon profitieren, daß sie nett sind zur Mehrheit der Menschen.

Ausschnitte aus der Diskussion über Lampsacus

Sie sprachen von dem Recht auf Information. Aber Information ist, Joseph Weizenbaum folgend, doch gar nichts – erst ihre Bewertung macht das aus, was wir als Wissen erfahren. Es geht dabei um eine Wertigkeit.

O.R.: Ich bin vollkommen Ihrer Meinung, denn das Wort Information war viel zu kurz gegriffen. Dieses Lampsacus würde das Recht auf Bildung geben, d.h. Wissen im Sinne von Erfahrung und nicht nur im Sinne von Wissensmanagement. Es würden so viele Arbeitsplätze in Lampsacus geschaffen, weil das Wissen so aufgearbeitet werden müßte, daß es für den Vorwissensstand jedes einzelnen Menschen optimal vorbereitet wäre. Der Benutzer könnte nicht nur jede Prüfung machen (denn Lampsacus wäre die größte Universität), sondern Lampsacus würde auch alles Wissen in Form der Pyramide aufgearbeitet anbieten, d.h. man würde es nicht nur dem Fachmann in der ganzen Breite zur Verfügung stellen, sondern man würde es auch für jedes Stadium des Nicht-Wissens optimal zubereiten. An der Spitze der Pyramide würde das ganze Wissen eines Fachgebietes in einem oder zwei Sätzen zusammengefaßt sein. Das ist besonders schwer: Wenn man einem Kind oder einem alten Herrn, eine Entwicklung optimal präsentieren möchte. Auf der höchsten Stufe stehen die philosophischen Versionen, die oft viel wertvoller sind als die Detailversionen dieser (16-stufigen) Pyramide. Die Hauptarbeit wäre, das Wissen so zu präsentieren, daß es tatsächlich von jedem Menschen optimal genutzt werden kann. Und natürlich gehört zum Wissen auch, zu erfahren, wer noch in einer ähnlich prekären Lage ist wie ich und wer sich darauf spezialisiert hat, solchen Leuten gerade die richtige Hilfe in Form von Kontakt oder Unterstützung zur Verfügung zu stellen. Das Prinzip der Selbsthilfe gehört auch zum Wissen. Wissen meine ich also nicht im Sinne von Information, sondern als ein Wissen, das lebendig ist.

Das »optimale Wissen« macht in zweierlei Hinsicht unruhig. Optimal heißt, daß etwas überprüfbar besser ist als etwas anderes, und das nährt den Verdacht: Wenn alles Wissen auf solch ein Optimum gebracht werden kann, dann endet das bei einer Art Faschismus, der qua System definiert, was das Optimum ist. Die andere Frage betrifft die Gesamtheit: Borghes hat in einer Geschichte über die unendliche Bibliothek beschrieben, was passiert, wenn man alles aufgeschrieben hat. Man fängt wieder von vorne an zu suchen, zu selektieren usw… Der Prozeß Erfahrung zu machen ist ein zeitlicher, und man kann einen zeitlichen Prozeß nicht durch ein Produkt ersetzen.

O.R.: Man braucht natürlich Lehrer. Die meisten Arbeitsplätze, die in Lampsacus zur Verfügung gestellt werden würden, wären solche für Lehrer – für Menschen, die anderen etwas beibringen können, die gefragt werden können. Es muß interaktiv sein. Sie haben vollkommen recht, es darf nicht dogmatisiert, sondern muß nach den Kriterien der wissenschaftlichen Wahrheit behandelt werden. Und auch sämtliche Kulturen müssen ihr eigenes Wissen mit einbringen können. Alles muß abgelegt sein und alles muß gleichberechtigt sein. Das kommt natürlich von selber: In hundert Jahren wird all das im Internet vorhanden sein – nur daß man es heute schon schneller machen könnte, künstlich, als Angebot. Diese Fehler, die Sie mit Recht gesehen haben – daß es auf einmal so dogmatisch wird, daß es schon eine Form des Faschismus wäre – das muß vermieden werden. Aber das geht. Man muß von denen, denen man *dienen* möchte her denken. Und dann macht man es nicht falsch. Das Wort dienen ist sehr wichtig.

Wissenschaftliches Wissen heißt seit der modernen Naturwissenschaft: etwas berechenbar machen. Heinz von Foerster hat dagegen betont, daß im Leben nur die nicht-entscheidbaren Fragen entscheidend sind, denn diejenigen, die man berechnen kann, sind durch den Wahrheitsformalismus, dem ich mich aussetze, schon gelöst. Wenn es also dieses Wissen so gäbe, dann gäbe es entweder keinen Freiraum für mich mehr oder es wäre kein wissenschaftliches Wissen.

O.R.: Es gibt etwas, das man Überlebenswissen nennen könnte. Für junge Menschen ist es wichtig, daß sie lesen und schreiben können. Das hat überlebenswichtige Funktionen, und man sollte es ihnen nicht vorenthalten. Es gibt Formen der Kompetenz, die man ein Recht hat zu erwerben. Zum Beispiel auch die Kompetenz, den Lebensunterhalt zu verdienen. Also zum Beispiel im Internet etwas anbieten zu können, wenn man auf einer Südsee-Insel sitzt und damit sogar Geld zu verdienen. Dieses Lampsacus würde, wenn Sie so wollen, ein riesiges Unternehmen. Man kann heute die Menschen schon an eine funktionierende ökonomische Gesellschaft anschließen, aber man tut es aus einem bestimmten Grunde nicht. Um diese Frage geht es hier.

Wir haben erkannt, daß wenn man anderen Völkern und Gesellschaften irgendetwas Gutes tun will, meist das Gegenteil herauskommt. Und in diesem Sinne wäre auch die Einführung von Information ein ganz starker Eingriff. Ich fürchte, daß das genau so schief gehen kann wie vieles andere, das wir (mit durchaus guten) Absichten in der Geschichte getan haben. Nur der kleinste Teil davon ist so ausgegangen, wie man sich's erhofft hat. Selbst wenn man sich vorstellen kann, daß das Wissen angemessen aufbereitet würde, müßte man z.B. damit rechnen, daß durch seine enorme Zunahme auch eine enorme Zunahme an Bedürfnissen eingeleitet würde. Man müßte zusätzlich also die Voraussetzungen schaffen, daß dieses Wissen überhaupt angewandt werden kann.

O.R.: Das spricht die Frage an: Wieviel Arbeit gibt es auf dem Planeten? Man tut ja zur Zeit so, als ob Arbeit ein knappes Gut wäre. Als ob Bildung immer etwas wäre, das man verkaufen muß. Im Moment wird das, was früher Dienstleistungen waren, wieder zu etwas, das bezahlt werden muß. Man denkt falsch, glaube ich. Gerade daß es so viel Arbeit gibt, daß man auf einmal so viele Menschen in den Arbeitsprozeß hineinholen könnte, bedeutet etwas Positives. Die Pyramide in Lampsacus ist ein Riesenprojekt, da steckt ungeheuer viel Arbeit drin.

Ich danke Claus Pias für sein Zaubern.

Die Autoren

Frank Dittmann ist Kurator am Heinz Nixdorf MuseumsForum, Fürstenallee 7, 33102 Paderborn. Arbeitsschwerpunkte sind Geschichte der Kybernetik und Mikroelektronik. Letzte Veröffentlichungen: »Microelectronics under Socialism«, in: *ICON, Journal of the International Committee for the History of Technology* 8(2002), »Aspects of Early History of Cybernetics in Germany«, in: *Transactions of the Newcomen Society 71* (1999/2000). E-mail: fdittmann@hnf.de

Herbert W. Franke ist theoretischer Physiker und Schriftsteller; seit 1953 im Bereich der Computergrafik tätig; Mitbegründer des Festivals *Ars Electronica*; seit 1960 Autor von über 35 Sachbüchern, 20 Romanen, zahlreichen Erzählungen und Hörspielen, die in 16 Ländern übersetzt wurden. Arbeiten auf den Gebieten der Ästhetik, der Kybernetik, der Zellulären Automaten und der Speläologie. Letzte Buchveröffentlichungen: *Das P-Prinzip. Naturgesetze im Rechnenden Raum*, Frankfurt a.M. 1995; *Wege zur Computerkunst*, Wien 1995; *Animation mit Mathematica*, Berlin u.a. 2002; *Shinx_2*, München 2004. E-mail: franke@zi.biologie.uni-muenchen.de

Michael Gerhard arbeitet seit August 2003 am Fraunhofer Institut für Software- und Systemtechnik in Dortmund. Zuvor war er langjährig als Senior Lecturer an der Leeds Metropolitan University in England tätig, wo er im März 2003 mit dem Thema *A Hybrid Avatar Agent Model for Collaborative Virtual Environments* promovierte. E-mail: gerhard@do.isst.fraunhofer.de

Volker Grassmuck ist wissenschaftlicher Mitarbeiter an der Humboldt-Universität zu Berlin, Helmholtz-Zentrum für Kulturtechnik. Arbeitsschwerpunkte sind Geistiges Eigentum und Wissensfreiheit. Letzte Veröffentlichungen: *Geschlossene Gesellschaft. Mediale und diskursive Aspekte der »drei Öffnungen« Japans*, München 2002; *Freie Software. Zwischen Privat- und Gemeineigentum*, Bonn 2002. e-mail: vgrass@rz.hu-berlin.de

Thomas Kamphusmann promovierte als Literaturwissenschaftler mit einer Arbeit über *Literatur auf dem Rechner* (Stuttgart/Weimar 2002) und arbeitet seit 2000 am Fraunhofer Institut für Software- und Systemtechnik in Dortmund mit den Schwerpunkten Prozeß- und Informationsmanagement. Seit 2003 leitet er dort die Abteilung »Coordination Management«, die sich mit der Entwicklung avancierter kommunikationsunterstützender Systeme beschäftigt. E-mail: kamphusmann@do.isst.fraunhofer.de

Geert Lovink ist Lector für Interactieve Media an der Hogeschool van Amsterdam und Hauptdozent für neue Medien an der Universitaet Amsterdam. Arbeitsschwerpunkte sind Netzkultur, Medientheorie und global governance. Letzte Veröffentlichungen: *Dark Fiber*, Bonn 2003, *Uncanny Networks*, Cambridge, Mass. 2003, *My First Recession*, 2003. E-mail: geert@xs4all.nl

Mihai Nadin ist Ashley Smith Professor of Anticipatory Studies, Technology and Computer Science an der University of Dallas; Gründer von *Computational Design* an der Universität Wuppertal; nach seiner Emeritierung Gastprofessor an der Universität Bremen. Letzte Veröffentlichungen: *Anticipation: The End is Where We Start From*, Baden 2003; »Not everything we know we learned«, in: *Adaptive Behavior in Anticipatory Learning Systems. Lecture Notes in Artificial Intelligence*, Heidelberg 2003; *The Civilization of Illiteracy*, Dresden 1998. E-mail: nadin@acm.org

Frieder Nake ist Professor für Grafische Datenverarbeitung und Interaktive Systeme in der Informatik der Universität Bremen. Er befaßt sich mit Grafik, Interaktion, Medien und Kunst. Im technischen Sinn vielleicht: Hypermedien (das sei aber altmodisch geworden). – Eine alte Publikation: *Ästhetik als Informationsverarbeitung*, Wien 1974. Eine liebgewonnene: »Informatik und die Maschinisierung von Kopfarbeit«; in: W. Coy, F. Nake et al. (Hrsg.): *Sichtweisen der Informatik*, Braunschweig 1992. Eine mit mehreren Beiträgen: K.-H. Rödiger (Hrsg.): *Algorithmik Kunst Semiotik*, Heidelberg 2003.
nake@informatik.uni-bremen.de

Claus Pias ist Professor für Kommunikationstheorie und elektronische Medien an der Universität Essen. Arbeitsgebiete: Geschichte und Theorie der Medien, Kybernetik, Bildwissenschaft. Letzte Veröffentlichungen: *Anna Oppermann in der Hamburger Kunsthalle*, Hamburg 2004 (mit M. Warnke und C. Wedemeyer); *Cybernetics/Kybernetik. Die Macy-Konferenzen 1946-1953* (Hg.), 2 Bde., Zürich-Berlin 2003; *ComputerSpielWelten*, München 2002; *Kursbuch Medienkultur* (Hg. mit L. Engell und J. Vogl), Stuttgart 4. Aufl. 2002.
E-mail: claus.pias@uni-essen.de

Wolfgang Pircher ist Professor für Philosophie an der Universität Wien. Arbeitsschwerpunkte: Politische Philosophie, Wirtschafts- und Technikphilosophie. Letzte Veröffentlichungen: *Gegen den Ausnahmezustand. Zur Kritik an Carl Schmitt* (Hg.), Wien 1999; *Tyrannis und Verführung* (Hg. mit M. Treml), Wien 2000; *Sozialmaschine Geld: Kunst. Geschichte* (Hg.), Frankfurt/M. 2000; *Kunst, Zeichen, Technik. Philosophie am Grund der Medien* (Hg. mit M. Kubaczek/E. Waniek), Münster 2004.
E-mail: wolfgang.pircher@univie.ac.at

Otto E. Rössler ist Professor für Theoretische Biochemie an der Universität Tübingen. Arbeitsschwerpunkte: deduktive Biologie, Chaosforschung, Gehirntheorie und Philosophie der Naturwissenschaften. Letzte Veröffentlichungen: *Das Flammenschwert, oder: Wie hermetisch ist die Schnittstelle des Mikrokonstruktivismus?*, Bern 1996; *Mut zu Lampsacus. Das Internet als Chance* (mit Wilfried Kriese), Rottenburg 1998; *Endophysics. The World as an Interface*, Singapore 1998; *Medium des Wissens. Das Menschenrecht auf Information* (mit Arthur P. Schmidt), Bern 2000; *Descartes' Traum* (CD), Köln 2002.

Margret Schwarte-Amedick ist Kuratorin am Heinz Nixdorf MuseumsForum, Fürstenallee 7, 33102 Paderborn. Arbeitsschwerpunkte sind Schreib- und Bürotechnik, Computergeschichte, Medieneinsatz im Museum. Letzte Veröffentlichungen: (mit F. Dittmann), »Paderborn – eine Domstadt wird IT-Standort«, in: Norbert Börste (Hg.), *Vom Stadtboten zur Informationsgesellschaft. Post- und Kommunikationsgeschichte in Paderborn und Ostwestfalen-Lippe*, Paderborn 2002.
E-mail: mamedick@hnf.de

Cornelia Sollfrank ist Künstlerin und lebt in Hamburg und Celle. Lehrtätigkeit an den Universitäten Lüneburg und Oldenburg, Hochschule für bildende Künste Hamburg, Bauhaus-Universität Weimar. Zentrale Anliegen in ihrer performativen und konzeptuellen Arbeit in Mixed Media ist das subversive Potential neuer Medien, neue Formen von Autorschaft, geschlechtsspezifischer Umgang mit Technik und eine Verschiebung des Künstlerbildes durch neue Medien, sowie Networking und Kommunikation als Kunst. Veröffentlichungen u.a.: *first cyberfeminist international*, Kassel 1988 (Hg.); *next cyberfeminist international*, Rotterdam 1999 (Hg.).
E-mail: cornelia@snafu.de

Richard Stallman arbeitete bis 1984 am MIT und konzentrierte sich danach ganz auf das von ihm begründete GNU-Projekt, die *Free Software Foundation* und die *League for Programming Freedom*; Verfasser der *GPL (General Public License)* und Programmierer des *GNU Emacs*-Editors, des *GNU C-Compilers* und des *GNU Debuggers*; popularisierte ab 1989 das Prinzip des *copyleft*. Veröffentlichungen: *http://www.gnu.org/philosophy/; http://www.stallman.org/;* Joshua Gay (Hg.), *Free Software, Free Society. Selected Essays of Richard M. Stallman*, Boston 2002.

Rena Tangens ist Künstlerin und lebt in Bielefeld. Hat gemeinsam mit padeluun 1984 das Galerie- und Kunstprojekt *Art d'Ameublement* gegründet. Brachte 1987 das erste Modem auf die *documenta* und 1988 die Häcksen in den *Chaos Computer Club*. Seit 1987 Kuratorin der monatlichen Kultur- und Technologie-Veranstaltungsreihe PUBLIC DOMAIN und Mitbegründerin der BIONIC-MailBox und des *FoeBuD* e.V. in Bielefeld. Aufbau der Bürgernetze Z-NETZ und /CL sowie des *Zamir Transnational Network* in Ex-Jugoslawien. 1990-1996 Softwaregestaltung für das MailBox-Programm ZERBERUS mit der Zielsetzung: Förderung der freien Kommunikation, von Datenschutz und Privatsphäre und dem Netz als sozialen Raum. 1993 Veröffentlichung des deutschen Handbuchs zum Verschlüsselungsprogramm PGP *(Pretty Good Privacy)*. Forschung zum Thema Androzentrismus im Netz. Seit 2000 Organisatorin und Mitglied der Jury der deutschen *Big Brother Awards*. Promoviert z.Zt. zum Thema »Citizens need parks, netizens need privacy«.
E-mail: rena@tangens.de/home: www.tangens.de

Georg Trogemann ist seit 1994 Professor für Audiovisuelle Medien/Informatik an der Kunsthochschule für Medien Köln. Derzeitige Arbeitsschwerpunkte sind Cultural Interfaces, Selbstreferentielle und heterarchische Strukturen, sowie Fragen der Programmierung in künstlerischen Zusammenhängen. Letzte Veröffentlichungen: *Computing in Russia – The History of Computing Devices and Information Technology revealed*, Braunschweig 2001 (Hg. mit Alexander Y. Nitussov/Wolfgang Ernst); *Code Art – Eine elementare Einführung in die Programmierung als künstlerische Praktik*, Wien 2004 (mit Jochen Viehoff).
E-mail: georg@khm.de

Martin Warnke ist Akademischer Direktor an der Universität Lüneburg, durchlief eine mathematisch-naturwissenschaftliche Ausbildung, promovierte zum Dr. rer. nat., ist Leiter des Rechen- und Medienzentrums der Universität Lüneburg, lehrt und forscht im Fach Kulturinformatik, ist einer der Veranstalter der HyperKult-Workshops, dokumentiert Kunst auf digitalen Medien und arbeitet über den Zusammenhang zwischen Informatik und Kultur. Veröffentlichungen: *HyperKult*, Basel 1997 (Hg. mit W. Coy und G.C. Tholen); »Virtualität und Interaktivität«, in: Pfisterer (Hg.): *Metzler Lexikon Kunstwissenschaft*, Weimar 2003; *Anna Oppermann in der Hamburger Kunsthalle*, Hamburg 2004 (mit C. Wedemeyer und C.Pias); *HyperKult II. Zur Ortsbestimmung analoger und digitaler Medien*, Bielefeld 2004 (Hg. mit W. Coy und G.C. Tholen).
E-mail: warnke@uni-lueneburg.de

Bildnachweise

S. 30, 31: aus Harold Abelson/Gerold Jay Sussman/Julie Sussman, *Structure and Interpretation of Computer Programs*, Cambridge, Mass. 1996 (mit freundlicher Genehmigung der Autoren); S. 69: aus *Epoche Atom und Automation*, Bd. 7, Genf 1959; S. 70: Heinz Nixdorf MuseumsForum; S. 73: Fujitsu-Siemens; S. 74, 79: König+Neurath; S. 78: aus Christian Wurster, *Computers. Eine illustrierte Geschichte*, Köln 2002; S. 84: VW Wolfsburg; S. 134, 137, 140, 150, 152, 153: Heinz Nixdorf Museums-Forum; S. 143: aus *Epoche Atom und Automation*, Bd. 7, Genf 1959; S. 146: aus Viktor Pekelis, *Kleine Enzyklopädie von der großen Kybernetik*, Berlin 1977;

Namenindex